EDITORIAL

VILLE DES CONTRASTES

Saint-Étienne est sertie entre deux fleuves français majeurs : le Rhône à l'est qui serpente jusqu'à la Méditerranée ; et la Loire à l'ouest, dont la course vers l'Atlantique démarre quelques dizaines de kilomètres au sud, sur les plateaux d'Ardèche. Son histoire est intimement liée à celle de la Révolution industrielle. L'exploitation des nombreuses mines de charbon de la région va en effet permettre à la métallurgie lourde de se développer dans la ville, la propulsant au rang de capitale industrielle de l'Europe du XIXe siècle. Ce rayonnement s'est accompagné d'un bond démographique soudain : pendant la première moitié du XIXe siècle, la population de Saint-Étienne a connu l'un des essors les plus rapides en France à l'époque. Saint-Étienne devient alors un important centre de production d'armes, de vélos, d'instruments de musique et de rubans. La croissance fulgurante de la ville se traduit dans son architecture qui compte peu de bâtiments anciens, mais est surtout dominée par un style Second Empire rehaussé par plusieurs immeubles Art nouveau du début du XXe siècle. Aujourd'hui encore, les Stéphanois sont très fiers des origines ouvrières et minières de leur ville qui continuent de marquer la culture locale. Depuis 2021, Sainte-Barbe, la patronne des mineurs, est célébrée le 4 décembre lors d'une grande fête populaire qui embrase toute la métropole. Loin d'être passéiste, Saint-Étienne se réinvente grâce à la culture et à son dynamisme. Elle a entamé sa transition de ville industrielle à capitale du design. Ouverte sur la nature, la métropole stéphanoise bénéficie d'une variété de paysages à quelques encablures de ses faubourgs : au nord-ouest, la plaine du Forez s'étend jusqu'aux contreforts de l'Auvergne, tandis qu'au nord-est, la vallée du Gier débouche sur Lyon. Aux portes de la ville, le massif du Pilat culmine jusqu'à 1 400 mètres. Forte de cette diversité d'influences et de terroirs, la gastronomie locale a développé une identité forte.

EDITION

Directeurs de collection et auteurs : Dom nique AUZIAS et Jean-Paul LABOURDETTE

Responsable d'édition : Mélanie PEREIRA

Auteurs : Meryam ZIANI, Grégoire MEYER, Marie-Charlotte AMBLARD, Valérie MAYINGILA, Olivier CALCAGNO, Elodie VAQUERO-NOURRISSON, Pierre PICHERE, Mélaine NIBEL, Mélanie DERAIL, Muriel DECITRE-DEMIRTJIS, Louis THUBERT, Julie SELORON, Martial MOSSMANN, Clément DENGERMA, Jean-Paul LABOURDETTE, Dominique AUZIAS et alter

D recteur Editorial : Stéphan SZEREMETA

Rédaction France : Briséis CREAC'H-MENUT, Audrey VEDOVOTTO, Marie VIGNERON, Nicolas WODARCZAK, Mélanie PEILLET

Rédaction Monde : Laure CHATAIGNON, Morgane VESLIN, Pierre-Yves SOUCHET, Natalia COLLIER

FABRICATION

Maquette et Montage : Romain AUDREN, Julie BORDES, Delphine PAGANO

Iconographie et Cartographie : Anne DIOT, Julien DOUCET

WEB ET NUMERIQUE

Directeur Web : Louis GENEAU DE LAMARLIERE

Technical Project Manager : Hervé MARION

Développeurs : Guillaume BARBET, Adeline CAUX

Intégrateur Web : Mickael LATTES, Antoine DION

Webdesigner : Caroline LAFFAITEUR

Community Traffic Manager : Alice BARBIER, Noémie LE SAUX

DIRECTION COMMERCIALE

Directeur commercial : Guillaume VORBURGER

Coordinatrice des Régies commerciales : Manon GUERIN

Account Manager Marketplace : Leila ROUGEOT

esponsable Régies locales : Michel GRANSEIGNE

Responsables Développement régie inter : Jean-Marc FARAGUET et Guillaume LABOUREUR et Camille ESMIEU

Assistante commerciale Régie internationale : Leila ANTRI-BOUZAR

efs de Publicité Régie nationale : Caroline AUERY, François BRIANCON-MARJOLLET, Perrine DE CARNE MARCEIN, Jonathan TOUTOUX

DIFFUSION ET PROMOTION

Directrice des Ventes : Bénédicte MOULET assistée d'Aissatou DIOP

Responsable des ventes : Jean-Pierre GHEZ assisté de Nelly BRION

Relations Presse-Partenariats : Jean-Mary MARCHAL

ADMINISTRATION

Président : Jean-Paul LABOURDETTE

Directrice des Ressources Humaines : Dina BOURDEAU assistée de Sandra DOS REIS et Eva BAELEN

Directrice Administrative et Financière : Valérie DECOTTIGNIES

omptabilité : Guillaume PETIT, Aminata BAGAYOKO, Jeannine DEMIRDJIAN, Adama DIABY

Recouvrement : Fabien BONNAN assisté de Sandra BRIJLALL

Responsable informatique : Elie NZUZI-LEBA

PETIT FUTÉ SAINT-ÉTIENNE

LES NOUVELLES EDITIONS DE L'UNIVERSITE
18, rue des Volontaires - 75015 Paris.
✆ 01 53 69 70 00 - Fax 01 42 73 15 24
Internet : www.petitfute.com
SAS au capital de 1 000 000 € - RC PARIS B 309 769 966

Couverture : © Ron Dale - stock.adobe.com / eg Kapustin - stock.adobe.com / © mkos83 - stock.adobe.com / © master1305 - stock.adobe.com / ier brosch - stock.adobe.com / © Corona Borealis - ock.adobe.com / © amenic181 - stock.adobe.com / © svetazi - stock.adobe.com / © Minerva Studio - stock.adobe.com / © Lustre - stock.adobe.com / ostock-Studio - iStockPhoto.com / © Stramyk Igor - stock.adobe / © Cathédrale d'Aix, Aix-en-Provence © Jean-Luc Ichard - iStockPhoto.com

Impression : IMPRIMERIE CHIRAT - 42540 Saint-Just-la-Pendue

Achevé d'imprimer : mars 2023

Dépôt légal : 17/04/2023

ISBN : 9782305084770

Pour nous contacter par email, indiquez le nom de famille en minuscule suivi de @petitfute.com

Pour le courrier des lecteurs : info@petitfute.com

PEFC™
10-31-1895

Certifié PEFC

Ce produit est issu de forêts gérées durablement et de sources contrôlées.

pefc-france.org

SOMMAIRE

© OLIVIER CALCAGNO

La Comète.

© JONATHAN EXBRAYAT

L'Absinthe Restaurant.

© MÉLANIE PEREIRA

Dame d4 café.

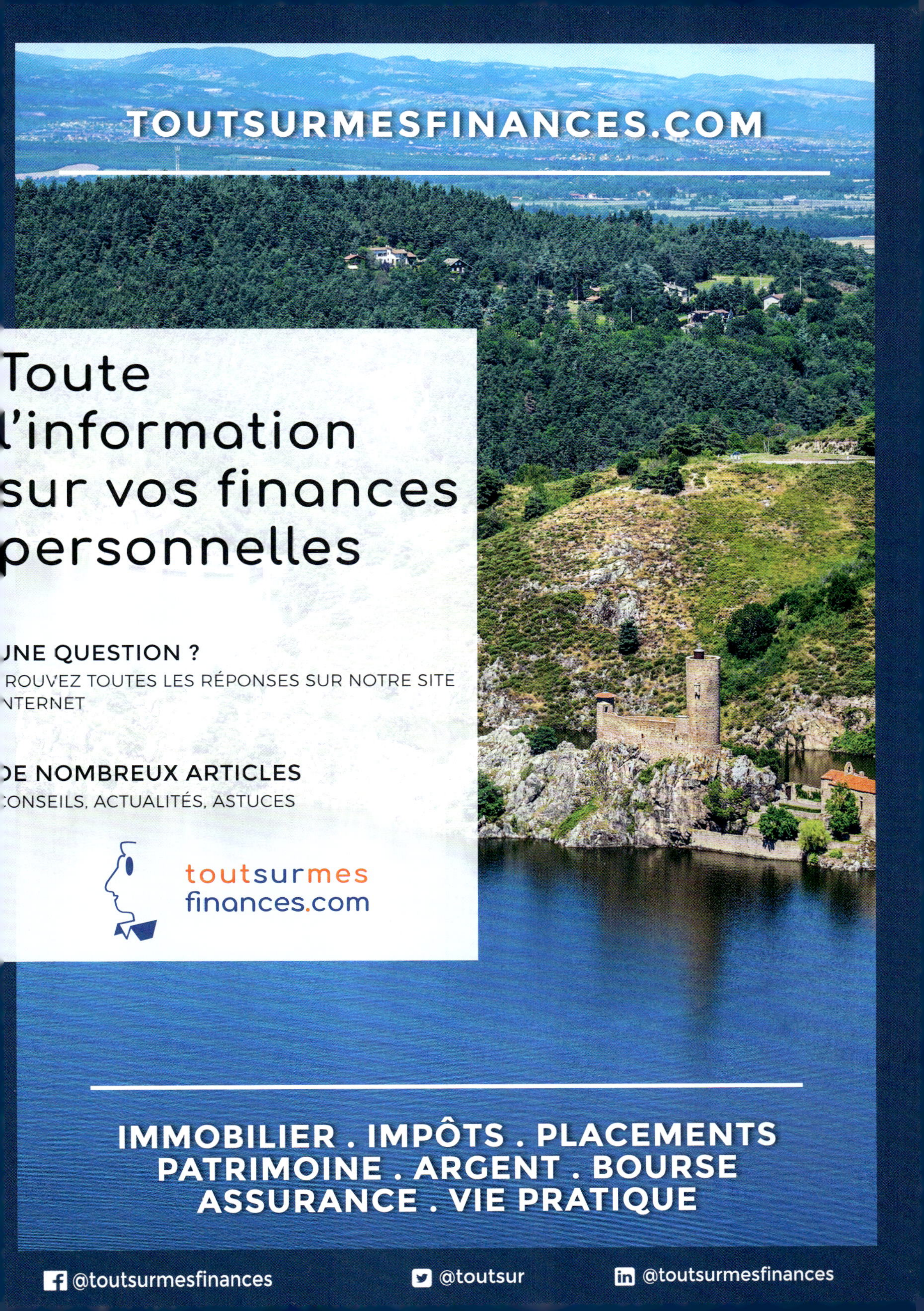
TOUTSURMESFINANCES.COM
Toute
l'information
sur vos finances
personnelles
UNE QUESTION ?
ROUVEZ TOUTES LES RÉPONSES SUR NOTRE SITE
NTERNET
DE NOMBREUX ARTICLES
ONSEILS, ACTUALITÉS, ASTUCES
toutsurmes
finances.com
IMMOBILIER . IMPÔTS . PLACEMENTS
PATRIMOINE . ARGENT . BOURSE
ASSURANCE . VIE PRATIQUE
@toutsurmesfinances
@toutsur
@toutsurmesfinances

SOMMAIRE

© F2 LA SUITE
F2 La suite.

© CLIMB UP SAINT-ÉTIENNE
Climb Up.

© LEDAHLIA NOIR
Le Dahlia Noir.

ARENA SAINT-ETIENNE MÉTROPOLE

Au terme de 19 mois de travaux cet élégant complexe sportif a été inauguré en septembre dernier. Basée à Saint-Chamond, cette salle flambant neuve peut accueillir jusqu'à 4 200 spectateurs pour les grands événements sportifs de la région. le bâtiment est certifié Haute qualité environnementale et accessible aux personnes à mobilité réduite.. Handball, volley-ball, boxe : on a hâte d'y voir un match !

LA CULTURE POUR LES JEUNES

Saint-Étienne a reçu en début d'année le label « 100% éducation artistique et culturelle ». Il s'agit d'un label accordé pour une durée de 5 ans, renouvelable, qui reconnaît l'engagement des villes dans des projets de médiation culturelle et artistique auprès des jeunes. C'est une consécration pour la municipalité qui a établi de nombreuses actions culturelles auprès des jeunes sur tout le territoire.

CITÉ DU DESIGN 2025

Ce projet d'urbanisme visant à donner un coup de neuf à la Cité du Design se dévoile peu à peu. De nouveaux quartiers vont êtres érigés autour de la Cité afin de

mieux l'intégrer au tissu urbain stéphanois. On trouvera dans ces quartiers de nouveaux commerces, un hôtel et un tiers-lieu socio-culturel. Afin de faciliter l'accès à la Cité, la place Carnot va être réaménagée avec un chemin pédestre.

UNE BRASSERIE TANT ATTENDUE

Implantée depuis septembre dernier dans l'enceinte du stade Geoffroy Guichard, cette nouvelle brasserie ravit autant les amateurs de bonne chère que les fans de l'épopée des Verts. Avec ses vitrines ornées de plusieurs générations de maillots et le gigantesque portrait de Robert Herbin, le lieu incarne une certaine facette de l'âme stéphanoise. La cuisine, locale et accessible, a tout pour séduire !

www.bgg.rest

COUPE DU MONDE DE RUGBY 2023

L'événement sportif de l'année qui va propulser la métropole stéphanoise sous les projecteurs : le stade Geoffroy Guichard accueillera 4 matchs officiels de la Coupe du monde de rugby en 2023. Ils auront lieu entre le 8 septembre et le 28 octobre. Deux de ces matchs seront disputés par l'Australie qui s'établira à Andrézieux-Bouthéon, au stade Roger Baudras pour la première phase de la coupe.

QUATRE TROPHÉES POUR SAINTÉ

Les Trophées des territoires sont des prix nationaux décernés par des spécialistes des médias, de la communication et des experts en compétitivité territoriale. Ils mettent en avant les territoires les plus actifs. Saint-Étienne Métropole en a raflé 4 en 2022 - Prix de la citoyenneté, Prix rénovation de centre-ville, Trophée de la mobilité et Trophée de la solarisation, une très belle performance !

INTERVIEW

L'AQUEDUC ROMAIN DU GIER

L'aqueduc romain du Gier permettait d'approvisionner Lugdunum – l'actuelle Lyon – en eau. Il part de Saint-Chamond et chemine jusqu'à la cité des gones. Nous avons rencontré Yves Alamercery, délégué à la valorisation de ce patrimoine à Saint-Chamond et vice-président du Syndicat intercommunal de l'aqueduc romain du Gier (SIARG) afin qu'il nous présente ce bijou historique méconnu des Ligériens.

Quelles sont les caractéristiques de l'aqueduc ?

Parmi les quatre aqueducs qui alimentaient la ville romaine de Lugdunum, c'est le plus récent. D'après une récente datation effectuée près de Lyon, il daterait de 110 apr. J.-C. C'est également le plus long : il s'étend sur 86 km. À 85 % souterrain, il est construit dans une tranchée enterrée qui suit les courbes du terrain en respectant une pente moyenne de 1 mm par mètre permettant à l'eau de s'écouler naturellement. Tous les 77 m, on trouve des regards. Il s'agit de puits d'accès vers l'intérieur de l'aqueduc pour son entretien.

En quoi s'agit-il d'un ouvrage exceptionnel ?

Tout d'abord de par sa taille : c'est l'un des plus longs aqueducs du monde romain. Autre particularité : la grande majorité des parties aériennes de l'aqueduc présentent un parement réticulé. Il s'agit d'un revêtement composé de petites pierres en forme de dent dont la face externe est carrée et fait une dizaine de centimètres de côté. Elles sont disposées à 45 degrés par rapport à la verticale. C'est le seul usage systématique connu de ce type de revêtement sur un ouvrage hydraulique dans le monde antique.

Quels sont les sites notables où l'on peut observer les parties aériennes de l'aqueduc dans la Loire ?

Ce sont les vestiges du premier siphon de l'aqueduc à Genilac avec le réservoir de chasse de Leymieux et les piles de la Durèze. À Saint-Chamond, on observe les restes d'un pont-canal qui traversait la vallée du Langonand. Sur les neuf piles d'origine, cinq sont encore visibles. À Chagnon se trouve une borne de l'époque romaine sur laquelle est inscrit que l'aqueduc se situe juste en dessous et qu'il est interdit d'y semer, d'y planter ou d'y labourer afin de ne pas endommager l'ouvrage hydraulique. Toujours à Chagnon, on trouve la cave du curé : un tunnel creusé directement dans la roche sur 80 m.

© LAURENT GIACRI

© CLÉMENCE ALAMERCERY ET MICHEL PEYRARD

© LAURENT GIACRI

ET ACCESSIBLE À TOUS !

HANDI'STAS

Tous les quais des transports en commun de la métropole sont entièrement accessibles aux personnes à mobilités réduite. Tous les bus et trams sont aussi équipés de palette rétractable. Des minibus adaptées peuvent également être réservée par des personnes à mobilités réduites et les déficients visuels afin de se déplacer dans la métropole. Ce service est accessible via un abonnement de 10€ par mois.

UNE OFFRE CULTURELLE FOISONNANTE

© LOIC NYS

De nombreuses structures culturelles de Saint-Étienne ont mis en place des moyens de médiation afin d'accueillir du public en situation de handicap. La Comédie et l'Opéra proposent des spectacles adaptés en audiodescription ainsi que des représentations en langue des signes. Le Musée d'Art et d'Industrie propose des parcours tactiles, et le Musée de la Mine des visites sensorielles.

ACCEO

© ACCEO

Ce système permettant de faciliter l'accueil des personnes sourdes et malentendantes a été mis en place dans une centaine de structures municipales. Équipé d'un tablette disposant de l'application Acceo, l'agent d'accueil peut rentrer instantanément en contact par visioconférence avec un traducteur en langue des signes lorsqu'une personne signale être sourde ou malentendante.

DES GUIDES ADAPTÉS

Depuis 2021, la municipalité édite des guides qui recensent toutes les structures et ressources adaptées à un handicap précis. Il s'agit d'un annuaire qui couvre tous les champs utiles : association, sport, culturel, médical ; emploi etc. Quatre guides sont déjà parus, ils sont consacrés à l'autisme, la déficience visuelle, le handicap auditif et au handicap cognitif. D'autres suivront très prochainement.

BINÔME2RUN

Depuis 2021, ce collectif de bénévoles accompagne les personnes présentant une déficience visuelle dans leur pratique de la course à pied ou de la marche. Des accompagnateurs sont disponibles dans toute la Loire pour vous accompagner bénévolement dans votre pratique sportive. Fin mai, le collectif organise pour la première fois, une course et une marche à l'aveugle afin de sensibiliser sur la déficience visuelle.

www.instagram.com/binome2run

© BINÔME2RUN

FALC

C'est une méthode de traduction d'un langage classique vers un langage simplifié à destination des personnes en situation de handicap cognitif. Les phrases sont courtes, le vocabulaire simple et les caractères plus gros. De la documentation en FALC réalisée par des traducteurs labellisés est disponible à l'office du tourisme, dans les musées et tous les principaux lieux touristiques de la ville.

INFORMÉ
radio
SCOOP
LA RADIO DE SAINTÉ
fm
dab+
RCS LYON 324872894. Photos : DR

LES RENDEZ-VOUS
INCONTOURNABLES DE L'ANNÉE

JANVIER

VILLE EN PARTAGE
(SAINT-ETIENNE)

Un programme d'animations (plus de 40) favorisant l'accès à la culture pour tous et sensibilisant le grand public au handicap.

LES POLY'SONS
(MONTBRISON)

Ce festival dédié à la chanson française réunit chaque année les grands artistes du moment. Il a organisé sa vingtième édition en janvier dernier.

FÉVRIER

ARCOMIK FESTIVAL
(SAINT-ETIENNE)

Pendant la première quinzaine de février, ce festival met à l'honneur le rire à travers des spectacles dans toute la métropole.

MARS

PRINTEMPS DES POÈTES
(SAINT-ETIENNE)

Un festival consacré à la poésie contemporaine dans le réseau des médiathèques de la métropole, avec lecture et ateliers d'écriture.

FESTIVAL DU FILM CURIEUX VOYAGEURS
(SAINT-ETIENNE)

Des globe-trotters rapportent de leurs voyages films, photos, musique afin de partager leur expérience. Une véritable ouverture sur le monde.

JUILLET

BIKE & TROC FESTIVAL
(SAINT-ETIENNE)

Le festival de la Loire à vélo, plusieurs parcours et de nombreuses animations.

CHALMATRAIL
(SAINT-ETIENNE)

Une course à pied dans le cadre magnifique du parc naturel régional Livradois-Forez. Parcours de 8 à 42 km.

ROCHES CELTIQUES
(SAINT-ETIENNE)

Durant 5 jours, Saint-Etienne met la musique celtique à l'honneur avec 22 concerts.

AOÛT

FOREZTIVAL
(SAINT-ETIENNE)

Ce festival est le plus gros rassemblement musical de la Loire. Programmation éclectique et de qualité.

FESTIVAL BWD12
(SAINT-ETIENNE)

Un festival de 4 jours consacré à la musique de chambre à Saint-Victor-sur-Loire.

SEPTEMBRE

COUPE DU MONDE DE RUGBY
(SAINT-ETIENNE)

De septembre à octobre, quatre matchs de la Coupe du monde de rugby seront joués au stade Geoffroy Guichard.

JOURNÉES EUROPÉENNES DU PATRIMOINE
(SAINT-ETIENNE)

Un week-end pour découvrir le patrimoine, certains édifices ouvrent exceptionnellement leurs portes durant ces deux jours.

FOIRE INTERNATIONALE DE SAINT-ÉTIENNE
(SAINT-ETIENNE)

Installée chaque année dans le Parc Expo, cette gigantesque foire s'étend sur plus de 40 000 m^2.

L'année 2023 s'annonce chargée pour la métropole stéphanoise avec une offre culturelle foisonnante ! Le grand rendez-vous sportif de l'année 2023 sera sans aucun doute la Coupe du monde de rugby. Du jazz à la musique de chambre, côté son il y en aura pour tous les goûts ! Les amoureux de la chanson française pourront se rendre aux Poly'sons. Si c'est la cornemuse qui vous fait vibrer, il faudra attendre les Roches Celtiques en juillet. Puis arrive août, avec le Foreztival, le plus grand festival de la Loire. Enfin, nous sommes impatients de découvrir l'édition 2023 du Positive Education. Les cinéphiles auront également de quoi se réjouir avec le Festival Curieux Voyageur ainsi que le Festival Tête de Mule. Tandis que les gourmands pourront se régaler aux Journées de la Fourme ou au salon C'est Tout Chocolat.

AVRIL

FESTIVAL TÊTE DE MULE
(SAINT-ETIENNE)

Un festival de cinéma au Méliès proposant une programmation riche et variée, avec des films venus des quatre coins du monde.

MAI

PAROLES ET MUSIQUES
(SAINT-ETIENNE)

Un festival pour découvrir la chanson française sous toutes ses formes. Cette année c'est le chanteur M qui tient la tête d'affiche.

FESTIVAL DES MONTS DE LA BALLE
(VERRIÈRES-EN-FOREZ)

Deux jours pour découvrir toute la richesse du spectacle vivant à Verrières-en-Forez : cirque, théâtre de rue, danse, concerts.

LA NUIT DES MUSÉES
(SAINT-ETIENNE)

Le samedi 13 mai, les musées de la métropole ouvrent gratuitement leurs portes jusque minuit. Nombreuses animations prévues.

JUIN

FESTIVAL LA RUE DES ARTISTES
(SAINT-CHAMOND)

Un festival musical et d'art de rue à Saint-Chamond.

LES GUINGUETTES DE COURIOT
(SAINT-ETIENNE)

L'été, le Puits Couriot se transforme en une grande guinguette. Des concerts ont lieu le soir, du mercredi au samedi.

OCTOBRE

LES JOURNÉES DE LA FOURME
(MONTBRISON)

De nombreuses animations autour de ce délicieux fromage.

RHINO JAZZ (S) FESTIVAL
(SAINT-ETIENNE)

Le rendez-vous international des amoureux du jazz. Plus de 50 concerts entre Saint-Chamond, Lyon, Firminy et Saint-Etienne.

FÊTE DE LA SCIENCE
(SAINT-ETIENNE)

Animations, rencontres et conférences autour de l'actualité scientifique.

FÊTE DU LIVRE DE SAINT-ÉTIENNE
(SAINT-ETIENNE)

Dédicaces, conférences et rencontres.

NOVEMBRE

POSITIVE EDUCATION
(SAINT-ETIENNE)

Un festival techno avec une programmation aux petits oignons.

PLÉIADES
(SAINT-ETIENNE)

Le festival des arts numériques à Saint-Etienne.

C'EST TOUT CHOCOLAT
(SAINT-JUST-SAINT-RAMBERT)

Le rassemblement des professionnels du chocolat et des gourmands à Saint-Just-Saint-Rambert.

LA SAINTÉLYON
(SAINT-ETIENNE)

Course nocturne entre Saint-Etienne et Lyon, à la lampe frontale, sur une distance de 77 km. À réaliser seul ou en relai !

DÉCEMBRE

FÊTE DE LA SAINTE-BARBE
(SAINT-ETIENNE)

Une immense fête dans tout Saint-Etienne en l'honneur de Sainte Barbe, la patronne des mineurs. Défilé, spectacles, animations et feu d'artifice.

Place Jean Jaurès à Saint-Étienne.

LES ÉCO-RESPONSABLES

Les Stéphanois sont branchés verts ? Qui cela peut-il encore surprendre ! Les initiatives écologiques se multiplient dans la région, et prennent des formes très variées afin de s'attaquer aux différents problèmes qui menacent notre planète : réduction des déchets, valorisation du circuit-court et des produits locaux, lutter contre l'obsolescence et redonner une seconde vie à nos objets afin de ne pas surconsommer. Vous trouverez ici une liste de 10 structures afin de vous engager écologiquement à votre échelle. Pour découvrir d'autres projets engagés, nous vous recommandons la visite du salon Tatou Juste fin novembre. C'est le grand rendez-vous de la transition écologique de la Loire, qui rassemble plus de 200 exposants proposant leurs solutions pour un avenir responsable.

PHYLUM FUNGI

LA BIÈRE ÉCORESPONSABLE

Située dans le quartier du Crêt-de-Roc, cette brasserie low-tech tenue par un jeune couple de brasseurs propose une très belle gamme de bières réalisées avec produits locaux et de saison. Blondes, brunes, ambrées, en bouteilles, en vrac ou en fût, le choix est large et les bières délicieuses ! En plus de proposer des bières brassées avec des ingrédients du cru, les bouteilles sont aussi consignées.

© PHYLUM FUNGI

© LAURA FAURE

DE LA FERME AU QUARTIER

DU PRODUCTEUR AU CONSOMMATEUR

Fruits et légumes, fromages, poissons, viandes, confitures : cette coopérative stéphanoise, De la Ferme au quartier, vous donne accès aux produits de plus d'une centaine de producteurs locaux garantis à un prix équitable. On adhère à l'association, puis on passe commande en ligne avant de récupérer ses produits dans l'un des 11 points de distribution de la métropole ou se les faire directement livrer chez soi.

LA FOURMILIÈRE

UN SUPERMARCHÉ PLEIN DE BONNES IDÉES

Ce supermarché coopératif est géré directement par et pour ses adhérents. Les coopérateurs contribuent à la tenue du magasin en y travaillant 3h par mois. Ils sélectionnent les produits, le but étant de favoriser le circuit-court et le local. Les visiteurs non-membre sont les bienvenus pour venir découvrir le magasin et ses produits. Il est possible de régler ses achats avec le Lien, la monnaie locale.

▶▶ Page 121

COMPOST'OND

MERCI LES LOMBRICS

Située au Chambon-Feugerolles, cette coopérative de réduction et de traitement des déchets alimentaires peut vous former à l'art mystérieux du compostage. Si vous souhaitez mettre en place votre propre compost afin de transformer vos déchets organiques en un puissant engrais naturel entièrement biologique, Compost'ond vous transmettra tout le savoir indispensable à sa création et à sa gestion.

OCIVÉLO

L'HOSTO DES VÉLOS

Cette association œuvre au développement de la pratique du vélo dans la ville de Saint-Étienne, notamment grâce à son atelier. Ici, on met à la disposition des adhérents les outils et on leur donne les conseils nécessaires afin de permettre à chaque cycliste de réparer lui-même son vélo. On y trouve même des pièces détachées à prix libre ! L'association récupère également les vieux vélos.

▶▶ Page 190

LA BRICOLEUSE

ENVIE D'APPRENDRE LE BRICOLAGE ?

La Bricoleuse, c'est un atelier de bricolage associatif qui a pour but de transmettre le goût et le savoir-faire du bricolage. À l'intérieur, on a accès à tout le matériel et les outils pour créer ou réparer. Qu'il s'agisse de menues réparations ou de ramener à la vie un lave-linge, les bénévoles de l'association seront ravis de vous accompagner et de vous conseiller dans votre projet.

▶▶ Page 203

© LES COURSIERS STÉPHANOIS

JEAN LES CROCS

LE BONHEUR EN BOCAL

Jean les Crocs nous régale d'une cuisine équilibrée concoctée avec des ingrédients frais, locaux et de saison, à déguster sur place ou à se faire livrer directement au bureau. Les plats du jour se présentent en bocaux à faire réchauffer, mais on peut aussi leur préférer de délicieux sandwichs. À accompagner d'une entrée, d'une soupe savoureuse ou d'un dessert gourmand. Nombreuses options végétariennes.

►► Page 96

© CHRYSALIDE

CHRYSALIDE

VALORISER SES DÉCHETS

Chrysalide est une structure stéphanoise permettant la formation et l'insertion professionnelle de personnes sans emploi. C'est également une ressourcerie spécialisée dans la gestion de déchets de proximité. Meubles, électronique, vêtements, vaisselle, bibelots, jouets : les salariés les collectent, les rénovent, les valorisent et les mettent à la vente à bas prix dans le magasin de la Chrysalide.

© THIERRY MARTIN

LE PAIN DU LOUP

DU PAIN DÉLICIEUX ET ENGAGÉ

Ici, on fabrique peu, mais on fabrique bien et raisonnablement. Tenue par trois jeunes boulangers établis en coopérative, cette boulangerie de Saint-Étienne ne vend que du pain biologique réalisé avec des farines locales, fait à la main et sur place. Et cela se ressent évidemment en bouche ! Les autres produits proposés à la vente sont réalisés avec le même engagement et la même expertise.

►► Page 113

© POPOTAM

POTOTAM

PRENDRE SOIN DE LA PLANÈTE ET DE SON BAMBIN

Cette marque basée à Montbrison propose des soins, des savons et des crèmes d'une qualité exceptionnelle à destination des tout petits et des mamans. Ces produits sont concoctés à partir d'ingrédients 100% naturels et à plus de 99 % bio. Le packaging est totalement écologique, et tous les produits sont fabriqués directement sur place à Montbrison. En plus de cela, ils sentent délicieusement bon !

ALICE NAVE

La Fabrique de la Transition est une association rassemblant dans son giron plusieurs structures du bassin stéphanois engagées à construire une société soutenable environnementalement et socialement. Depuis décembre 2022, le label Tables en Transition met en lumière les restaurateurs stéphanois qui s'engagent dans leurs pratiques. Nous avons rencontré Alice Nave, salariée de l'association, afin qu'elle nous présente ce nouveau label à destination des restaurateurs et des consommateurs.

Alice, comment ce label a-t-il vu le jour ?

Notre but est d'accompagner des projets collectifs portés par des entreprises et des associations engagées pour la transition sociale et environnementale. Avec l'appui de Saint-Etienne Métropole, nous proposons donc ce label aux restaurateurs du territoire. Son but est de valoriser celles et ceux qui adaptent leurs pratiques à ces enjeux, et d'aider ceux qui souhaitent sauter le pas. Nous leur proposons pour cela des solutions clés en main. Pour le consommateur, ce label permet de découvrir ces restaurants engagés.

Quels sont les critères qui permettent de se voir décerner ce label ?

Pour obtenir ce label, il faut remplir au moins deux critères parmi les suivants :

- s'approvisionner en produits bio et locaux à hauteur de 50 %,
- avoir une mobilité douce : utiliser le vélo ou les véhicules électriques,
- utiliser Le Lien, la monnaie locale, afin de favoriser les boucles d'économie vertueuse,
- réduire et composter ses déchets organiques. Nous savons que cela a un coût en termes de temps et d'argent. En plus de garantir l'engagement du restaurateur auprès des consommateurs, nous proposons donc de le mettre en valeur sur les réseaux sociaux ou dans la presse, pour encourager les gastronomes (stéphanois ou non) à découvrir leur cuisine.

Est-ce que ce label va être amené à évoluer ?

Avec l'avis des restaurants, oui ! Nous avons pensé à un critère autour des emballages consignés, plutôt que jetables. Nous aimerions aussi ajouter un volet « solidaire », dont le contenu reste à définir. Il s'adresserait à ceux qui travaillent à rendre accessibles leurs produits ou développent une action sociale autour de leur restaurant : cafés et repas suspendus, invendus…

© LES COURSIERS STÉPHANOIS

© LES COURSIERS STÉPHANOIS

© MAGRAPHISTE

Tables en transition

SÉM SAINT-ÉTIENNE la métropole

LES RESTAURANTS

L'année précédente a marqué un véritable renouveau dans le paysage culinaire stéphanois, grâce à l'ouverture de nombreux restaurants de qualité. Beaucoup de ces nouvelles adresses ont été de véritables coups de cœur. Nous sommes donc ravis de voir l'offre culinaire locale se développer et se diversifier, participant ainsi au dynamisme de la région. Nous sommes toujours sous le charme des institutions qui continuent de nous surprendre et de nous régaler et sommes fiers de constater l'accueil chaleureux, le service impeccable et le savoir-faire dont ils font toujours preuve. Une autre source de fierté est bien sûr de constater que plus en plus de restaurateurs mettent en avant les produits de nos terroirs, et valorisent le circuit-court et les pratiques écoresponsables.

AUBERGE CHEZ CAZOT

AMBIANCE CHALEUREUSE ET CARNÉE

Située au cœur du Pilat, cette auberge ravira les amoureux de bonne nourriture. Dans l'assiette, tout est local : on y trouve de très belles pièces de viande et les accompagnements changent au fil des saisons afin de toujours proposer des produits frais. La carte des vins met également en valeur le terroir. En plus de cela, le service est adorable et le chef parle de sa cuisine avec une joie communicative. ▶▶ *Page 81/235*

© JONATHAN EXBRAYAT

© LA BOUCHE PLEINE

LA BOUCHE PLEINE

LA BEAUTÉ DE LA TRADITION

Dans une atmosphère joyeuse et détendue, on sert ici des plats magnifiques qui mettent en valeur tout le savoir-faire, la beauté et la générosité de la cuisine française traditionnelle. La carte se renouvelle régulièrement, mais on y propose toujours de beaux poissons et surtout de belles viandes à accorder avec des vins de qualité rigoureusement sélectionnés. Une institution de Saint-Étienne ! ▶▶ *Page 63*

© COLINE CUISINE

COLINE CUISINE

DES PLATS RAFFINÉS DANS UN CADRE MAGNIFIQUE

De la décoration au design épuré à la grande finesse des plats, tout respire l'élégance dans ce nouveau restaurant de La Talaudière. La carte change chaque semaine afin de suivre avec une précision d'horloger le passage des saisons, et ainsi de ne proposer que du frais et du local. On y retrouve toujours de beaux plats originaux très bien réalisés mettant en avant de beaux légumes du terroir.

▶▶ *Page 60*

© MÉLANIE PEREIRA

LA PETITE ASSIETTE

UNE CUISINE BISTRONOMIQUE PAR UN CHEF PASSIONNÉ

Ouverte l'été dernier, La Petite Assiette s'est imposée comme une expérience culinaire incontournable de la plaine. Le cadre est cosy et chaleureux, et les assiettes sont gourmandes et pétillantes, réalisées avec des produits de qualité. Le chef n'hésite pas à nous sortir de notre zone de confort pour mieux nous faire voyager à l'aide d'associations surprenantes. On adore !

▶▶ *Page 56*

© JONATHAN EXBRAYAT

LULU À TABLE

UN RESTAURANT/CONCEPT-STORE AUSSI DÉLICIEUX QU'ÉTONNANT

Situé dans les environs de Saint-Just-Saint-Rambert, ce restaurant à l'esprit bohème chic est très original : toute la décoration peut être achetée ! Pour ceux qui préfèrent manger que chiner, la cuisine du chef nous fait voyager avec ses saveurs exotiques. Le poisson et les fruits de mer y tiennent souvent la place d'honneur. Les amateurs de ceviche devraient notamment y trouver leur bonheur.

▶▶ *Page 57*

© MÉLANIE PEREIRA

LITTLE GARDEN RESTAURANT

LE JARDIN DES SAVEURS

Situé en plein cœur de Saint-Étienne, ce restaurant vietnamien est tenu par Tam Thuy. La cuisine de cette cheffe est aussi délicieuse que son accueil est charmant. Salades fraîches, délicieux bo buns, nems croustillants, soupes parfumées : tout est frais et local, et on trouve de nombreuses options véganes. Idéal pour découvrir toute la richesse de la cuisine vietnamienne.

▶▶ *Page 89*

© MÉLANIE PEREIRA

LE CHÂTEAU D'ORIGNY

LE SAVOIR-FAIRE CULINAIRE FRANÇAIS À SA QUINTESSENCE

Sous la tutelle experte du chef Julien Laval, le Château d'Origny s'est récemment doté d'un restaurant gastronomique à la hauteur de sa réputation. On y sert une merveilleuse cuisine française modernisée faisant la part belle aux produits du terroir. Si vous êtes à la recherche d'une expérience gastronomique exceptionnelle dans la Côte Roannaise, un arrêt au château s'impose. ▶▶ Page 55 / 226

© MÉLANIE PEREIRA

LE DARSHEEN

SAVEURS IVOIRIENNES

Dans un cadre chaleureux rappelant la Côte d'Ivoire natale du chef Hamed Kalhil Traoré, on se délecte d'une cuisine délicieusement relevée et généreusement servie. Chaussons au bœuf colombo, acras de haricots, soupe d'agneau et choukouya de poulet sont à accompagner des délicieux jus pressés maisons. Le service est adorable et le chef passionné. Un des meilleurs restaurants africains de Saint-Étienne ! ▶▶ Page 90

© MÉLANIE PEREIRA

MADAME, TABLE DE CHEFFE

UNE CHEFFE INSPIRANTE

Un restaurant tenu par une cheffe passionnée et cela se sent. Au milieu d'une décoration élégante et un poil carrollienne, on déguste une cuisine colorée et créative reposant sur des associations pleines d'audace : la douceur de la carotte rencontre l'acidité de la mandarine pour un dessert. Ici pas de gaspi : le restaurant est en passe d'obtenir le label Écotable. ▶▶ Page 58

© MÉLANIE PEREIRA

GRABUGE

FAITES CONFIANCE À NOS EXPERTS

Envie d'une cuisine traditionnelle audacieusement réinventée ? Vous avez frappé à la bonne porte ! Reposez-vous sur l'expertise de la cuisine et laissez le chef vous concocter un menu sur mesure en fonction de vos envies. Une véritable expérience gustative ! Une formule propose également de faire confiance à l'équipe pour le choix des vins qu'elle sélectionnera en fonction de vos goûts. ▶▶ Page 66

LA GÉOGRAPHIE

SELON TL7

LES ACTEURS DU BIEN-ÊTRE

Les lieux dédiés au bien-être sont nombreux et divers à Saint-Étienne et dans ses environs.Que vous souhaitiez vous défouler au sport ou vous relaxer au fond d'un bain nordique bien chaud après une dure semaine de labeur, vous y trouverez votre bonheur. Saint-Étienne étant de plus une ville ouverte sur ses campagnes environnantes, il est facile de sortir de la ville pour savourer le contact avec la nature. Ainsi, de nombreuses structures consacrées à la détente tirent avantage d'un cadre magnifique et verdoyant. En plus de bénéficier d'un grand nombre de spas, instituts de beauté et salles de sport, nous avons la chance de compter plusieurs concepts novateurs consacrés au bien-être. Voici un petit florilège non exhaustif, de nos coups de cœur en matière de chouchoutage.

© JONATHAN EXBRAYAT

MON WELLNESS STUDIO

UN NOUVEAU CENTRE COMPLET

Ce nouveau centre est devenu le rendez-vous santé à Saint-Étienne. C'est l'endroit idéal pour s'entretenir, se dépenser et prendre soin de soi. Au programme, des cours de sport dans un cadre moderne et apaisant : Pilates, aquabiking et cours de gym. Après l'effort, le réconfort ! Soins esthétiques du visage et du corps, épilations et massage peuvent venir compléter la détente après une séance de sport. ▶▶ Page 179

© VIRGINIE MARTA

FLOWTHÉ

UN YOGA BERCÉ PAR L'EAU

Une séance de yoga sur un bateau naviguant dans le cadre magnifique des Gorges de la Loire. Cette expérience novatrice a lieu toutes les 5 semaines à Saint-Victor-sur-Loire, deux créneaux horaires d'une durée de 3 heures sont disponibles. En fonction de l'horaire choisi, on conclut la séance par un brunch ou par un apéro dînatoire. Les dates sont à retrouver sur la page Instagram de Flowthé.

© CAP OXYGÈNE

CAP OXYGÈNE

RESPIREZ !

Perché dans un cadre magnifique, cet espace balnéo est équipé pour atteindre une relaxation totale. Quoi de mieux pour se détendre qu'un bain nordique à 40 °C, en respirant l'air revigorant du Pilat ? VTT, rando ou raquette : le centre organise toute l'année des activités dans la montagne qui se concluent par une séance de balnéo, et par un repas montagnard dans une véritable yourte mongole.

▶▶ Page 178

© LE VINGT-QUATRE

LE VINGT-QUATRE

LA PARADIS DU MASSAGE

Ce salon de massage zen et épuré est parfait pour se recentrer sur soi-même et se relaxer à Saint-Étienne. Drainage lymphatique, soins énergétiques, reiki et bien d'autres à découvrir : l'Espace 24 est certainement le salon de la région qui propose la plus large palette de soins et de prestations autour du bien-être. Les praticiens experts savent s'adapter aux corps et aux besoins de leurs clients.

▶▶ Page 178

© LOULETTE PHOTOGRAPHIE

SUBLIM'EZ VOUS

LE TEMPLE DE LA BEAUTÉ

Un élégant institut de beauté où vous trouverez votre bonheur parmi les nombreux services proposés : salon de coiffure, d'esthétique et de maquillage. Besoin d'un relooking complet ? Anne la gérante vous accompagne avec son expertise et ses conseils avisés. Vous pouvez aussi passer un moment convivial à l'institut grâce aux nombreux ateliers qui y sont organisés.

▶▶ Page 170

LES PERSONNALITÉS

Saint-Étienne peut se targuer d'avoir une riche tradition musicale autant inspirée par les conditions de vie des ouvriers et des mineurs que par les exploits des Verts. Il nous semblait important de lui rendre hommage en nommant Mickey 3D, une figure bien établie ainsi que Terrenoire un jeune duo en pleine ascension. Nous souhaitions également célébrer la polyvalence et la passion de Salomé Desmet qui après avoir crée avec son associée sa propre entreprise lance parallèlement un festival de street-food et un bar à cocktail. Nous félicitons aussi Virginie Perrin, une athlète exceptionnelle de Roanne, qui est arrivée première de sa catégorie à l'Ironman de Cascais au Portugal. Enfin, nous saluons l'association exceptionnelle de deux Meilleurs Ouvriers de France : Bruno Montcoudiol et Philippe Bel.

© THÉO SOYEZ

TERRENOIRE

LES HÉRITIERS SPIRITUELS DE BERNARD LAVILLIERS

Terrenoire est un duo composé de deux frères, Raphaël et Théo Herrerias. Originaires de Saint-Étienne, leur formation porte le nom du quartier qui les a vu grandir. Après un premier album *Les Forces contraires* sorti en 2020 et avoir fait les premières parties des plus grands artistes français du moment, ils ont été récompensés aux Victoire de la musique 2022 par le trophée de la Révélation masculine.

© JACO BERGER

MICKEY 3D

LE RETOUR DU FILS PRODIGUE

Originaire de Montbrison, Michaël Furnon a marqué la chanson française du début des années 2000 avec son groupe Mickey 3D et leurs chansons engagées et politiques. Désormais seul aux manettes du groupe, Michaël a sorti après une longue absence un nouvel album en janvier dernier : *Nous étions des humains*. On y retrouve ce même goût pour des textes bouleversant et sans concessions sur notre époque.

© EDOUARD BRAY

VIRGINIE PERRIN

UNE IRON WOMAN INSPIRANTE

Médaillée or de la longue distance, cette roannaise a terminé première dans sa catégorie lors de son cinquième Ironman au Portugal en 2022, avant d'enchaîner avec les Championnats du Monde d'Ironman à Hawaii. La prochaine étape : le half-Ironman finlandais en 2023. Quand Virginie Perrin ne parcourt pas le globe à pied, à la nage ou à vélo, elle travaille à la réinsertion sociale par le sport.

© DAMIEN JUQUEL

SALOMÉ DESMET

FOODISTA TOUCHE-À-TOUT

Cette jeune femme dynamique a fait ses armes dans l'événementiel à New-York avant de créer sa propre agence de communication spécialisée dans le mapping à Saint-Étienne : www.lightlab.io. Elle ouvrira prochainement un bar à cocktail proposant des tapas haut-de-gamme afin de concrétiser sa passion pour la gastronomie. En plus de cela, elle est en train de nous concocter un festival dédié à la *street food*.

© BRUNO MONTOCUDIOL PHILIPPE BEL

BRUNO ET PHILIPPE

UN DUO LÉGENDAIRE

Ces deux figures internationalement reconnues du savoir-faire français ont ouvert ensemble une boutique proposant leurs produits à Andrézieux-Bouthéon, pour le plus grand plaisir de toute la métropole stéphanoise. Tous deux ont été récompensés du titre de Meilleur Ouvrier de France : Philippe Bel pour ses chocolats et Bruno Montcoudiol pour ses pâtisseries, confiseries et glaces.

▶▶ *Page 115*

COUPS DE CŒUR TOP 10

LES GRAINES DE VAINQUEUR

Les commerçants et les entrepreneurs le savent mieux que quiconque : lancer un concept n'est jamais facile. Car même avec une bonne idée de départ, les chances de réussite s'amenuisent sans la ténacité. Et, lorsqu'une crise sanitaire mondiale surgit, il serait encore plus normal de baisser les bras. Pourtant, et nous sommes les premiers heureux, les Ligériens continuent à innover. Ainsi, que ce soit pour créer un complexe sportif, imaginer un lieu atypique, sublimer des produits d'occasion, vous faire voyager le temps d'un instant à l'autre bout du monde ou encore vous faire découvrir de bons produits locaux, ces différentes adresses de graines de vainqueur rayonnent grâce à la créativité et à la volonté de jeunes entrepreneurs.

ATELIER ESPOIR

DE LA LINGERIE POUR TOUTES

Amal a ouvert cette jolie petite boutique de lingerie à Saint-Chamond en octobre dernier. Après 12 ans d'expérience dans la couture – plus particulièrement dans la lingerie - elle a ouvert son propre commerce à 28 ans. Ici, tout est sur mesure et fait main, Amal s'adapte à toutes les morphologies et nous aide à choisir parmi une belle sélection de tissus et de dentelles afin de concevoir la pièce idéale.

© MÉLANIE PEREIRA

© 909_UPCYCLING & CLÉMENT HUMBERT

909 UPCYCLING

FAIRE DU NEUF AVEC DU NEUF

Léo Moja et Romain Coll, deux Ligériens de 28 ans, ont eu l'idée de génie de réaliser des vêtements en *upcycling* : ils ont établi un partenariat avec une grande marque de sport française afin de récupérer des toiles provenant de tentes ayant un défaut de fabrication, pour les transformer en vestes hyperstylées à l'épreuve des intempéries. Elles sont à retrouver sur le site www.909-upcycling.com.

© MÉLANIE PEREIRA

LES SIMON[E]S

UN SALON DE THÉ COSY ET ENGAGÉ

Tenu par Audrey et Nathalie, ce nouveau salon thé stéphanois sert de délicieux gâteaux, de savoureuses boissons, ainsi que de la petite restauration dans un cadre coloré et charmant. Un petit espace boutique est dédié au bien-être féminin sous toutes ses formes. On y trouve toutes sortes de livres et de produits qui abordent sans tabous tous les aspects de la féminité à travers tous les âges de la vie.

▶▶ Page 137

© MÉLANIE PEREIRA

VERT DE COEUR

TOUR DU MONDE EN 57 DEGRÉS

Plus jeune, Marius aidait son grand-père à distiller. Guide de montage à Ushuaïa, le procédé lui revient et il propose des treks en montagne se concluant avec une dégustation d'alcool maison dont tout le monde raffole. Il concocte désormais dans sa distillerie, des alcools réalisés à partir de plantes rapportées de ses voyages, dont la fameuse 108 à 57° et qui contient 108 plantes médicinales.

▶▶ Page 128

© ALAIN MANIOUANT

CAMINO CAFÉ

LES MEILLEURS CAFÉS DU MONDE

Rachel nous accueille dans sa récente boutique de Saint-Pierre-de-Bœuf afin de nous faire partager son amour du bon café, torréfié sur place. Le lieu est magnifique, design et lumineux : on en prend plein les mirettes avant de passer aux papilles. Rachel sélectionne elle-même le meilleur des cafés de tous les horizons, autant en termes de goût que d'écoresponsabilité ou d'équité avec les producteurs.

▶▶ Page 234

© LE JARDIN DES 4M

LE JARDIN DES 4M

UN HÔTEL TRÈS ZEN

Besoin de quitter l'agitation de la ville et de vous retrouver en pleine nature ? Cette ancienne ferme transformée en hôtel a fait de la détente son fer de lance. En plus du cadre apaisant et serein du massif du Pilat, le lieu baigne dans une atmosphère chaleureuse et confortable. Un espace détente est équipé d'un sauna et d'un bain nordique, et il va sans dire qu'on y pratique d'incroyables massages.

▶▶ Page 234

© JONATHAN EXBRAYAT

HALLES MAZÉRAT BILTOKI

LE RENDEZ-VOUS DU GOÛT

Ouvertes en septembre 2021, les Halles Mazerat sont depuis devenues un véritable épicentre social et gastronomique. À la fois marché et food court, on s'y rend pour faire ses courses et pour se restaurer dans les nombreux stands de nourriture. C'est l'endroit idéal pour se retrouver pour boire un verre en se partageant une planche. ▶▶ *Page 111*

© LISÈLE TEYSSIER

KEMET

DESIGN STÉPHANOIS

Tenue par 3 jeunes artistes talentueux, cette nouvelle boutique située rue de la République fait honneur à la tradition stéphanoise du design. Poteries épurées aux formes lunaires, risographies flamboyantes, objets décoratifs originaux : leurs collections sont magnifiques et originales. Pour ceux qui désirent exprimer leur fibre artistique, des animations sont parfois organisées dans l'atelier. ▶▶ *Page 200*

© LA FABULEUSE CANTINE

LA FABULEUSE CANTINE

UN FABULEUX SUCCÈS

Restaurant associatif réalisant de savoureux repas à partir d'invendus ou de produits biologiques issus du circuit court ; cette référence de l'antigaspi locavore cartonne ! Initialement basée à Saint-Étienne dans la Cité du design, le concept s'exporte partout en France. On attend de nouvelles antennes à Paris, à Luzech et à Roanne ! ▶▶ *Page 79*

© MÉLANIE PEREIRA

DAME D4 CAFÉ

UN NOUVEAU BAR CULTUREL

Situé dans les magnifiques Halles Mazerat, ce bar bohème propose une vingtaine de bières en provenance de toute l'Europe. La carte des vins n'est pas en reste et on y trouvera aussi de quoi se sustenter en partageant pizzas ou planches. Véritable lieu culturel, le Dame d4 Café accueille toute sorte d'événements comme des projections de films, des expositions dédiées au street-art ou encore des tournois d'échecs. ▶▶ *Page 141*

petit futé
2023
SAINT-ÉTIENNE

JE VISITE MA VILLE

Les touristes ne pensent pas spontanément à visiter Saint-Étienne. Dans l'imaginaire collectif, cette ville demeure sombre et en déclin. Pourtant, un séjour prolongé dans notre cité suffit à détruire ces *a priori* tenaces et à se laisser séduire par l'âme stéphanoise. Les premières qualités que le touriste reconnaît au Stéphanois sont sa bonté, son tempérament cordial et hospitalier. Saint-Étienne a ses beautés mais ne les livre pas, il faut savoir écarter ses voiles. À travers ces quelques pages du Petit Futé, nous vous emmenons à la découverte de la richesse artistique et patrimoniale de Saint-Étienne et sa région, parfois trop réservée à quelques initiés, afin que notre pays vert devienne pour vous aussi, un pays enchanteur. Vous trouverez de quoi occuper vos journées seul, en couple ou en famille. Afin de parcourir notre belle région sous ses multiples facettes, prévoyez un séjour de plusieurs jours. La vie ligérienne est plutôt bon marché. Pour cela, différents modes d'hébergement sont possibles : hôtels, chambres d'hôtes coquettes, campings… Piochez les bonnes adresses dans ces quelques pages !

VOTRE GUIDE DEVIENT
INTERACTIF

TAPEZ PETITFUTE.APP
DANS LE NAVIGATEUR DE VOTRE SMARTPHONE.

PRENEZ UNE PHOTO DE LA PAGE DÈS QU'ELLE A CE PICTO !

CINÉMA

FESTIVAL DU FILM CURIEUX VOYAGEURS

23, rue Ponchardier ✆ 07 61 26 35 43
www.curieuxvoyageurs.com
Du 17 au 19 mars 2023. Entrée : 7,50 € (accès par film). Tarif réduit : 5 €. Gratuit pour les moins de 10 ans.

Depuis plus de 40 ans, le festival Curieux Voyageurs est une invitation à découvrir d'autres vies, d'autres cultures. Des globe-trotters rapportent de leurs voyages des photos, des films hauts en couleur et en musique afin de faire partager leurs aventures. Le public ne manque pas, 15 000 personnes sont chaque année au rendez-vous, pensez à réserver vos places ! Mais cet événement est aussi un voyage olfactif et gourmand. De nombreux stands sont liés au tourisme solidaire, au commerce équitable, à l'humanitaire, aux saveurs du monde... Ateliers pour les enfants.

MUSIQUE

FESTIVAL BAROQUE EN FOREZ

MONTBRISON
✆ 04 77 96 08 69
www.baroque-en-forez.fr
Une dizaine de jours début octobre. Programmation en ligne.

Depuis plus de 10 ans, ce festival ravit les amateurs de musique baroque. Situé sur le territoire de Saint-Bonnet-le-Château et des villages alentour, il permet de se délecter des grandes œuvres baroques interprétées par des musiciens prestigieux. Dans des lieux insolites ou en promenade, les différents concerts prennent des formes diverses. Les tarifs sont très accessibles : 5 € pour les concerts découverte ; 20 € plein tarif pour les concerts grand format ; gratuit pour les concerts promenade. En marge du festival, des conférences sont également organisées.

CULTURE

FÊTE DE LA SCIENCE

Octobre 2023.

La fête de la science est un rendez-vous national gratuit. À Saint-Étienne, de nombreuses animations, rencontres et conférences sont prévues. Vous avez toujours voulu savoir ce que sont les nanoparticules, pratiquer la réalité virtuelle, connaître les chaînes YouTube sciences fiables ? Pendant une semaine, la science fuse pour vous permettre de découvrir ses apports dans notre société et d'aborder la science de sorte à la rendre plus proche et accessible à tous. Alors, rendez-vous au planétarium, à l'École des Mines..., il y en a pour tout le monde, grands et petits ! De nombreuses animations sont prévues pour les enfants, même tout petits, de quoi les éveiller dès leur plus jeune âge !

CULTURE

FESTI'MÔMES

16, rue Jean Claude Tissot ✆ 04 77 25 01 13
www.saint-etienne.fr
Entrée : 1 €. Billetterie uniquement le jour du spectacle. CB et chèques non acceptés.

Organisés par la ville de Saint-Étienne, Festi'Mômes ce sont des spectacles destinés au jeune public à partir de 6 ans. Ils ont lieu un dimanche par mois, de janvier à avril, dans la salle du Panassa, situé à la Comète. Grâce à un prix attractif (1 euro la place), les familles peuvent assister à une représentation culturelle de qualité : cirque, concert, spectacle de hip-hop ou de portées acrobatiques. L'occasion de découvrir des spectacles enchanteurs qui raviront petits et grands. Les artistes se produisent à deux reprises (11h et 15h) les dimanches concernés (généralement le dernier dimanche du mois). Une belle initiative permettant l'accession à la culture pour tous.

FOIRE

TATOU JUSTE

31, boulevard Jules Janin
✆ 06 52 77 56 85
www.tatoujuste.org
Novembre 2023, 2 jours, 10h à 19h. Restauration.

Le Salon Tatou Juste est devenu un événement incontournable de la ville. Il attire de nombreux exposants venus de Saint-Étienne et des alentours et une foule de visiteurs friands de produits bio et de solutions pour le vivre ensemble et en harmonie avec l'environnement. Ici, tous les domaines sont représentés : alimentation bien sûr, mais aussi modes de déplacement, éducation, construction, textile, habitat... Des animations, des ateliers pratiques et des activités pour les enfants sont aussi organisés. Il est possible d'y passer la journée, plusieurs exposants proposent de petits plats gourmands le midi. Chacun peut y trouver son bonheur, quels que soient son âge et ses centres d'intérêt !

EXPOSITION

FLUX LIBRE

Boulevard de la Loire
SAINT-JUST-SAINT-RAMBERT
✆ 06 78 42 18 57
fluxlibre.fr

L'espace culturel créé par Stéphane Caniard, sculpteur sur métal, vise à diffuser des créations artistiques contemporaines. Quelques artistes s'y installent en résidence, et proposent ensuite des expositions d'œuvres intimistes ou monumentales. La programmation peut accompagner la Biennale du design, qui ainsi s'étend hors les murs de Saint-Étienne. Peinture, sculpture, photographie : de nombreuses expressions artistiques trouvent leur place au sein des volumes impressionnants de Flux Libre, à la fois simples et majestueux. L'idée n'est pas ici de proposer une galerie pour vendre les œuvres, mais de mettre en avant des artistes et de les faire découvrir aux curieux et aux amateurs.

FOIRE

FOIRE INTERNATIONALE DE SAINT-ÉTIENNE

31, boulevard Jules-Janin ✆ 04 77 45 55 45
www.foiredesaintetienne.com
Fin septembre, début octobre 2023. Entrée : 5 €. Gratuit pour les moins de 8 ans.

La Foire de Saint-Étienne, qui s'érige comme la plus grande boutique éphémère de la région, est toujours un événement important et attendu. Ce ne sont pas moins de 40 secteurs d'activités qui, en septembre, investissent le tout nouveau Parc Expo. Lieu de négoce et de rencontres, cette foire qui s'étend sur 40 000 m^2 permet à nombre d'entreprises de se faire connaître. On vient souvent s'y promener en famille pour profiter de l'offre commerciale inédite mais aussi des nombreuses animations et journées à thème. Que de belles découvertes chaque année au moment de la rentrée !

CULTURE

BIENNALE INTERNATIONALE DU DESIGN

✆ 04 77 47 88 00
www.biennale-design.com
Prochaine édition en 2025.

La Biennale du Design de Saint-Étienne fait rayonner la métropole au niveau international depuis 1998. L'occasion de découvrir la modernité dans une ville marquée par un riche passé industriel. La Biennale off vaut également d'être parcourue : le design s'invite partout sur le territoire à travers une centaine d'événements. De quoi nourrir la double labellisation de Saint-Étienne par l'Unesco, à la fois «Ville créative design» et «Ville inclusive». La prochaine édition aura lieu en 2025 et les premières informations sur le thème de l'événement arriveront l'année prochaine.

CINÉMA

FESTIVAL FACE À FACE

10, Place Jean Jaurès
www.festivalfaceaface.fr
Les 4 derniers jours du mois de novembre. Programmation à découvrir sur le site de l'association.

Ce festival annuel du film LGBT est organisé depuis 2005 par l'association stéphanoise Face à face. L'objectif initial de ces rencontres cinématographiques était d'améliorer la visibilité LGBT à Saint-Étienne. Aujourd'hui, c'est devenu un rendez-vous attendu autant pour son engagement, que pour sa convivialité et sa programmation de qualité. Le festival a lieu au cinéma Méliès et dure 4 jours, les courts et longs métrages projetés sont sélectionnés par les membres de l'association et se voient récompensés au terme du festival par divers prix : Prix du Public, Grand Prix du Jury, Prix Spécial du Jury, Prix du Meilleur Scénario. Show de drag queens, et concerts viennent rythmer le festival.

FÊTE

LES GUINGUETTES DE COURIOT

3, Boulevard Maréchal Franchet d'Esperey ✆ 04 77 43 83 23
www.musee-mine.saint-etienne.fr
De fin juin à début septembre. Du mercredi au dimanche de 16h à minuit. Programmation à retrouver en ligne.

A partir de fin juin, le Puits Couriot change d'ambiance et passe en mode guinguette pour l'été ! Bière locale, pétanque, *mölkky*, cinéma en plein air et transats : l'ancienne mine devient le cadre idéal pour se retrouver pour un *afterwork* estival en attendant les vacances… Jazz, électro, funk, chanson française, blues, pop, rap ou techno : des concerts sont programmés tous les soirs du mercredi au samedi, et il y en a pour tous les goûts ! Le dimanche, c'est activités et animations familiales. Restauration sur place. Programmation à retrouver en ligne.

GOURMAND

C'EST TOUT CHOCOLAT

SAINT-JUST-SAINT-RAMBERT ✆ 04 77 96 08 69
www.cesttoutchocolat.fr
Un week-end à la mi-novembre. Entrée gratuite aux expositions, ateliers payants. Restauration.

Depuis plus de dix ans, la fête « C'est tout chocolat » de Saint-Just-Saint-Rambert rassemble les plus grands professionnels du secteur. Cette animation est une vitrine de savoir-faire, une démonstration de talents. Pâtissiers et chocolatiers partagent leur passion avec les visiteurs. Conférences, ateliers pour découvrir diverses recettes telles celles des mendiants, des liégeois, des soufflés au chocolat..., réalisation de chocolats en direct, activités pour les enfants, défilé de mode avec des robes agrémentées d'accessoires en chocolat et bien sûr dégustations rythment pendant trois jours la vie de la commune des bords de Loire. Un événement gourmand unique en son genre.

LIVRE

FÊTE DU LIVRE DE SAINT-ÉTIENNE

6, rue Francis Garnier
✆ 04 77 34 32 53
https://fetedulivre.saint-etienne.fr
Du 13 au 15 octobre 2023. Entrée gratuite.

Chaque année, les Stéphanois retrouvent avec plaisir un grand évènement : la Fête du Livre qui se déroule sur les places de l'Hôtel-de-Ville, Jacquard et Jean-Jaurès. Près de 250 auteurs, des libraires et des bouquinistes et de nombreux visiteurs sont attendus. Dédicaces, conférences, rencontres… Une jolie balade urbaine et culturelle intégrant design et numérique, la scénographie ayant été revue en partenariat avec l'École supérieure d'Art et de Design et la Cité du Design. À l'image de la ville, une fête culturelle alliant échanges, tradition et modernité.

MUSIQUE

LES OREILLES EN POINTE

FIRMINY ✆ 07 62 23 83 36
www.oreillesenpointe.com
En novembre 2023. Tarifs variables selon les concerts à consulter sur le site Internet.

Le festival Les Oreilles en Pointe existe depuis 31 ans, c'est la plus ancienne manifestation de chansons de la région stéphanoise. Des concerts dispersés sur plusieurs communes et salles de l'Ondaine sont organisés. Le festival est axé sur la découverte de nouveaux talents. Plus de 570 artistes se sont produits ici, des stages et des événements festifs autour des concerts sont proposés. Cette manifestation met en avant des artistes peu ou mal connus. La liste complète des artistes ainsi que l'agenda de leurs interventions sont disponibles sur le site Internet. Autant de talents francophones à découvrir ou à redécouvrir dans le cadre d'un festival très sympathique.

MUSIQUE

PAROLES ET MUSIQUES

Rue Scheurer Kestner ✆ 04 77 25 01 13
www.festivalpm.com
Du 22 au 28 mai 2023. Pass festival 2023 : 100 €. Les tarifs diffèrent selon le concert proposé.

Né en 1992 à la Salle Jeanne d'Arc sous le parrainage de Léo Ferré et la direction de Marc Javelle, le Festival a pour objectif de faciliter la découverte de la chanson française alors méconnue et sous-estimée par le public. Depuis 25 ans, une soixantaine de bénévoles et d'intermittents se mobilisent aux côtés de l'association et de son président Richard Verney-Carron. Rassemblant tous les publics de 7 à 77 ans, celui qui se nomme désormais Saint-Étienne Live se plaît à faire découvrir des chanteurs de styles très variés, de la pop au hip-hop en passant par la variété. Tête d'affiche de l'édition 2023, le chanteur m se produira le 27 mai au Zénith. Ne tardez pas à réserver !

MUSIQUE

ROCHES CELTIQUES

Hôtel de ville
✆ 04 77 48 77 48
www.saint-etienne.fr
Début juillet. Entrée gratuite.

Les Roches Celtiques, c'est l'un des événements festifs de l'été. Organisé par la ville, le festival offre chaque année un riche programme de musiques celtiques, donnant l'occasion aux Stéphanois de découvrir des groupes irlandais, gallois, écossais.... Gratuit, le festival se déroule en plein air sur 3 sites majeurs de l'agglomération : dans la cathédrale Saint-Charles, aux abords des remparts de Rochetaillée et sur le site des Condamines à Saint-Victor, offrant un panorama musical sur les Gorges de la Loire. De nombreux concerts sur plusieurs jours, un bal, des Master Class ouvertes à tous, un feu d'artifice et un marché artisanal bio : vibrez au son des cornemuses !

MUSIQUE

RHINO JAZZ [S] FESTIVAL

✆ 04 77 19 59 15
www.rhinojazz.com
Du 1er au 22 octobre 2023 dans 27 communes entre la Loire et le Rhône.

Le Rhino Jazz(s) Festival crée l'événement chaque année en octobre depuis 1979. Véritable institution dans le paysage musical du jazz, chaque année ce sont plus de cinquante concerts qui sont donnés dans une trentaine de communes entre la Loire et le Rhône. Qu'il s'agisse d'artistes émergents ou de figures légendaires, le festival brille par la qualité et l'éclectisme de sa programmation. Vous pourrez y écouter de nombreux styles de jazz différents, de la soul, du blues, voire une touche de rock : chacun devrait y trouver son bonheur. Le festival s'accompagne également d'expositions de photographies, et de projections de documentaires sur la musique à la cinémathèque.

MUSIQUE

POSITIVE EDUCATION

3, Rue Javelin Pagnon
www.positiveeducation.fr
4 dates mi-novembre.

En seulement 7 ans d'existence, le festival de techno Positive Education, monté par le collectif éponyme, s'est établi en véritable institution. Considéré comme l'un des meilleurs de France et bénéficiant d'une notoriété dans toute l'Europe, il est devenu le rendez-vous automnal de la scène techno. Pendant 4 nuits, les pointures du milieu se succèdent aux platines dans les halles de la Cité du design. La programmation comporte autant de DJ bien établis – l'édition 2022 accueillait Laurent Garnier et Manu Le Malin – que de jeunes talents plus confidentiels. Pour l'édition 2023, le festival proposera aussi une scène off et des concerts de jour en dehors de la Cité du design.

THÉÂTRE

ARCOMIK FESTIVAL

11, Boulevard Karl Marx ✆ 06 12 07 05 26
www.arcomik.com
De début à mi-février, programmation à retrouver sur le site internet.

Association visant à promouvoir le spectacle vivant par l'engagement citoyen dans la métropole, ArcomiK organise chaque année en février son Arcomik Festival. Ce festival est un rendez-vous immanquable dans le paysage culturel stéphanois et dans le monde de l'humour. Stand-up, spectacle humoristique, comédie : la programmation est éclectique afin que chacun y trouve son bonheur, y figure toujours les grands humoristes du moment. Les spectacles ont lieu dans plusieurs salles à Saint-Étienne mais aussi, afin de faire rayonner le rire dans toute la métropole, à Chambon-Feugerolles, à Firminy, et à Saint-Chamond. Programmation à retrouver sur le site internet de l'association.

L'IMPASSE DU BOUT DU MONDE

L'Impasse du bout du monde est un petit hameau de la Côte Roannaise entièrement dédié aux arts. C'est le rêve devenu réalité de Marius.

Marius, L'Impasse du bout du monde est un projet protéiforme. Pouvez-vous nous le présenter ?

Le premier élément qui a vu le jour est la distillerie. S'y sont ensuite ajoutés un centre culturel et une auberge de jeunesse. Sur place, nous organisons des festivals, des expositions, des concerts, des séminaires et des formations autour de la distillation. Nous accueillons des artistes en résidence, et nous disposons d'une salle de projection. L'ensemble du hameau peut aussi être loué afin d'y organiser un festival.

Comment vous est venue l'idée d'un projet aussi éclectique ?

J'ai à la base une formation en ingénierie du son, et je rêvais d'ouvrir un lieu pour permettre aux artistes de travailler sereinement sur leur musique. J'ai voyagé en Amérique latine à la recherche de l'endroit où le créer, notamment à Ushuaïa, où je travaillais comme guide de montagne. Enfant, j'avais l'habitude d'assister mon grand-père lorsqu'il préparait des liqueurs. En retrouvant les bouteilles d'alcool à distiller en Argentine, tout le processus m'est revenu à l'esprit. J'ai donc organisé des treks au pied d'un glacier avec repas et dégustation de liqueurs maison. Mes clients adorant mes liqueurs, ils m'ont conseillé de me professionnaliser. Je suis rentré provisoirement en France afin de me former en distillerie à Cognac. Puis en retournant en Amérique latine, j'y rencontre Lavinia qui deviendra l'amour de ma vie. De son côté, elle s'apprêtait au contraire à retourner en Europe, alors je décide de la suivre. Elle embrasse mon rêve d'ouvrir un lieu consacré aux arts et nous posons finalement nos bagages ici. Après un an de rénovation, notre rêve prend forme et notre hameau ouvre ses portes.

Est-ce que le hameau a atteint sa forme définitive ou votre projet va-t-il encore évoluer ?

Le hameau n'est qu'à son début ! Nous avons commencé la construction d'un amphithéâtre dans une forêt fruitière. Nous étendons également la partie hébergement. Enfin, nous souhaiterions agrandir le pôle restauration en rénovant un vieux four à pain afin de proposer des pizzas et des flammekueches.

› L'IMPASSE DU BOUT DU MONDE
121, Chemin de la gay
Lieu dit Combe
SAINT-JEAN-SAINT-MAURICE-SUR-LOIRE
✆ 06 49 33 65 35
www.impasseduboutdumonde.fr

© L'IMPASSE DU BOUT DU MONDE

© L'IMPASSE DU BOUT DU MONDE

© L'IMPASSE DU BOUT DU MONDE

OFFICE DE TOURISME

ADT LOIRE

22, rue Paul Petit ✆ 04 77 59 96 97
www.loiretourisme.com

Ouvert du lundi au vendredi de 9h à 18h. Pour les informations touristiques : ouvert du lundi au vendredi de 9h à 17h.

L'Agence de Développement Touristique de la Loire a pour objectif de valoriser la beauté du département. Vous avez besoin d'informations pour partir à la découverte de la Loire ? N'hésitez pas à vous rapprocher de l'ADT ou à vous rendre sur le site Internet. Vous y trouverez toutes les informations nécessaires, que ce soit pour connaître les balades nature, le patrimoine architectural, les manifestations pour adultes mais aussi pour le jeune public, les équipements de sports d'hiver... Vous pourrez y découvrir les produits du terroir, les détentes avant l'hiver, les hébergements insolites, les villages de caractère, les randonnées... Il y en a pour tous les goûts et toutes les envies !

OFFICE DE TOURISME

OFFICE DE TOURISME LOIRE FOREZ

1, place Eugène Baune - **MONTBRISON** ✆ 04 77 96 08 69
www.loireforez.com

En juillet et août, ouvert du lundi au samedi 9h30-12h30 et 13h30-17h30, fermé le mardi.

Située dans le magnifique cloître des Cordeliers, la Maison du Tourisme vous fera découvrir les sites d'intérêt de Montbrison et des alentours. Tenté par une visite guidée des hôtels particuliers de Montbrison par exemple, une ville qui a connu une période extrêmement prospère et qui possède un fabuleux patrimoine Renaissance ? L'organisme bénéficie des labels Tourisme et Handicap avec un circuit du centre historique de Montbrison adapté à la déficience visuelle. La Maison du Tourisme comporte aussi un service de billetterie pour les spectacles programmés sur le territoire.

OFFICE DE TOURISME

SAINT-ÉTIENNE HORS CADRE

16, avenue de la Libération ✆ 04 77 49 39 00
www.saint-etienne-hors-cadre.fr

Du mardi au samedi 10h à 13h et 14h à 18h. Fermé le 1er janvier, le 1er mai, le 1er novembre et le 25 décembre.

Plutôt Pilat ou plutôt flânerie design ? Toutes les envies se retrouvent dans les suggestions de Saint-Étienne Hors Cadre, l'office de tourisme de la métropole. Les locaux sont accueillants et lumineux, grâce à l'éclairage zénithal.

Prospectus et tablettes sont à votre disposition. Lieu d'échanges, des expositions et des animations y sont régulièrement proposées. Vous y trouverez également un service de billetterie pour les spectacles. L'office de tourisme dispose également d'une boutique bien achalandée où vous pourrez trouver différents produits locaux : livres régionaux, objets de design, gastronomie locale... Et rendez-vous en ligne pour poursuivre l'exploration.

JOOKS

Lauréate du Prix RunningTech en 2021, Jooks embarque vocalement ses utilisateurs pour des découvertes touristiques sur nos sorties sportives. Du tourisme sportif loin d'être barbant, qui invite à se cultiver tout en marchant, courant, pédalant. Parmi les 1 300 parcours proposés dans 300 villes du monde, certains sont spécialement conçus pour les fauteuils roulants. Inclusive et drôlement décalée.

OFFICE DE TOURISME

OFFICE DE TOURISME DU PILAT

2, rue Benaÿ
PÉLUSSIN
✆ 04 74 87 52 00
www.pilat-tourisme.fr

Haute saison : ouvert tous les jours de 9h30 à 12h30 et de 14h à 18h. Hors juillet et août, se renseigner.

Un office de tourisme installé dans la Maison du Parc pour ne rien manquer de tous les sites, talents, producteurs de ce magnifique terroir regroupant une cinquantaine de communes sur la Loire et sur le Rhône. Installée dans un ancien moulin à soie, la Maison du Parc se prête à des expositions et accueille les classes d'enfants ; son jardin de découverte s'ouvre à des installations artistiques. Sorte de maison mère des offices de tourisme et syndicats d'initiative, elle centralise toutes les informations touristiques du parc. Utile pour sillonner ce territoire magnifique !

OFFICE DE TOURISME

OFFICE DE TOURISME DE MONTROND-LES-BAINS

125, avenue des Sources - **MONTROND-LES-BAINS**
✆ 04 77 94 64 74 - Face aux Foréziales, sur la N982.
www.forez-est.com

Lundi et samedi 14h-18h ; mercredi-vendredi 9h-12h et 14h-18h. Le dimanche matin en juillet/août et jours fériés 9h-13h.

Idéalement placé à proximité des sites d'intérêt de Montrond-les-Bains, l'office de tourisme saura vous faire découvrir la ville et les différentes activités qui s'y déroulent. Vous y trouverez des conseils avisés et des documents complets concernant les 42 communes qui composent Forez-Est. Le bureau pourra également vous organiser différentes visites sur le patrimoine historique de la ville et sur le thème du thermalisme. Tout au long de l'année, et plus particulièrement en été, de nombreuses animations sont organisées, n'hésitez pas à demander le programme.

MUSÉE

LES ATELIERS WEISS

1, rue Eugène Weiss ✆ 04 77 49 41 41

Visite guidée du lundi au vendredi, à 10h ou 10h30. Adulte 4,50 €, gratuit -12 ans. Réserver en ligne.

Les Ateliers Weiss proposent une découverte du chocolat en faisant entrer les visiteurs dans les secrets de fabrication. Vous découvrirez l'histoire de Weiss, chocolaterie créée en 1882 à Saint-Etienne et ses savoir-faire. Les Ateliers Weiss comportent trois dimensions : des expositions, une boutique et un bar à chocolat chaud. Les dégustations ne manquent pas ! Des ateliers pour les enfants sont proposés régulièrement. Dans la boutique, vous découvrirez diverses sortes de chocolats. Les visiteurs peuvent même créer leur propre tablette avec les ingrédients de leur choix. Un maître chocolatier vous la fabriquera dans la demi-heure. Une expérience gourmande et riche en découvertes !

MUSÉE

CONSERVATOIRE DES MEILLEURS OUVRIERS DE FRANCE

4, rue Jean-Itard ✆ 04 77 74 57 79

http://ateliers-conservatoire-mof.com

Visite guidée 5 €. Uniquement sur réservation dès 5 personnes (min 15 jours à l'avance). Du lundi au vendredi.

Ce musée conservatoire qui existe depuis 1976 est animé pour une bonne partie par des bénévoles, des passionnés et des artistes-artisans. Ce temple du savoir-faire stéphanois rassemble depuis la création du concours national en 1924, les plus grands chefs-d'œuvre des meilleurs ouvriers de France de notre région dans tous les domaines : armes, gravures, bijouterie, textile, ébénisterie, et bien d'autres corporations encore. Si ce conservatoire vous émerveillera au plus haut point, vous pouvez à votre tour vous lancer dans les ateliers accessibles à tout public. Ludique !

MUSÉE

CITÉ DU DESIGN

3, rue Javelin-Pagnon ✆ 04 77 47 74 70

www.citedudesign.com

Du mardi au dimanche, de 10h à 18h.

Mêlant art, technique, industrie, création et technologie, la Cité du Design est un lieu unique en son genre. La sensibilisation des publics aux réalités et aux usages du design est une de ses missions. Elle propose visites guidées des expositions pour les individuels ou les professionnels, actions de sensibilisation, ateliers jeunes publics et visites en famille, éditions, colloques, conférences et séminaires d'envergure internationale. La Cité du Design organise aussi la Biennale Internationale du Design, événement majeur dans le paysage du design en France. Chaque édition propose des expositions thématiques, des colloques, des conférences, des visites guidées, des ateliers pour enfants.

MUSÉE

ESPACE ARCHÉOLOGIQUE FOREZ-JAREZ

4bis, rue André-Malraux ✆ 04 77 47 23 14

www.forez-jarez.fr

Le mardi et le vendredi 8h-12h et 14h-18h ; le mercredi 16h-18h ; le samedi 14h-18h. Adulte : 3 €. Enfant : 2 €.

Cet espace archéologique situé dans le centre-ville présente, de manière très didactique malgré l'exiguïté des locaux, l'évolution des sociétés qui ont habité notre région depuis la Préhistoire jusqu'au bas Moyen Âge, avec des reconstitutions de scènes de vie, les maquettes, les objets issus de fouilles archéologiques. Les collections riches d'explications traversent plusieurs siècles en couvrant différents thèmes : vie quotidienne, religion, croyances, artisanat et commerce. Des sorties sur le terrain sont organisées, notamment à l'aqueduc romain du Gier.

MUSÉE

MAISON DES FORGERONS - LA MOURINE

2, rue Antoine Seytre - **SAINT-MARTIN-LA-PLAINE**

✆ 04 77 93 45 80 - www.maisondesforgerons.fr

Ouvert d'avril à octobre le week-end de 14h à 18h. Visite possible en semaine pour les groupes (sur réservation).

La maison des forges, c'est avant tout l'histoire de passionnés qui n'ont jamais baissé les bras. En effet, il a fallu 10 ans entre l'idée de départ et l'ouverture de ce site. Alors, vous vous demandez sans doute ce que vous pourrez découvrir à l'intérieur de ce lieu ? Ici, vous allez pouvoir mieux connaître les métiers de la forge et découvrir les outils utilisés par les forgerons et entrer dans un atelier interactif. Notons que des expositions temporaires ainsi qu'un film sur toute la vie de ces travailleurs depuis l'Antiquité vous sont également proposés.

MUSÉE

MAISON DU PASSEMENTIER

20, rue Victor-Hugo - **SAINT-JEAN-BONNEFONDS**

✆ 04 77 95 09 82 - Ligne bus STAS n° 16 arrêt Baraillière.

www.ville-st-jean-bonnefonds.fr/mdp

Ouvert du mardi au vendredi et les 1er et 3e dimanches du mois de 14h à 18h. Visite gratuite. Ateliers créatifs : 5 €.

Il y a un siècle, le bruit des métiers Jacquard retentissait encore entre les murs de cette vielle bâtisse devenue musée. Tout au long de la visite, vous suivrez Jean, chef de famille et d'atelier, au cours de sa journée de labeur entouré de sa femme et de ses enfants. Une immersion dans l'atmosphère de l'époque et le quotidien ouvrier : passion du travail bien fait, craintes et angoisses face à l'avenir... Des fourneaux de la cuisine à la chambre à coucher, en passant par l'atelier, vous découvrirez la vie d'un de ces artisans du ruban. À travers cette histoire, vous découvrirez de belles collections : textiles, vie quotidienne, industrie et création contemporaine.

MUSÉE

MOULIN DES MASSONS

799, chemin des Massons - **SAINT-BONNET-LE-COURREAU**
✆ 04 77 76 86 45
www.moulindesmassons.com

Début février-fin novembre, visites guidées de 14h à 18h : week-end et jours fériés ; du mardi au dimanche (vacances).

Dans les monts du Forez, cet écomusée propose une expérience originale : faire revivre aux visiteurs le riche passé de la meunerie. Un moulin en héritage, qui outre la farine sert aussi à la production d'huile et d'électricité, ou encore au sciage du bois. Une plongée dans presque mille ans d'histoire et d'artisanat, avec de nombreuses animations tout au long de l'année : fête du pain, journées du patrimoine, journée mondiale de l'abeille... A la boutique, vous pourrez vous approvisionner en huile de colza, de noix ou de noisette, mais aussi en fourme ou en saucisson. Une belle balade sur le chemin du Bief, avec un jeu de parcours à faire en famille, vous attend depuis le moulin.

MUSÉE

LA MAISON DU PATRIMOINE ET DE LA MESURE

Rue du Stade - **LA TALAUDIÈRE** ✆ 04 77 01 06 63
www.mairie-la-talaudiere.fr

En visite libre : lundi 14h-17h et le 1er dimanche du mois 14h-18h. Fermé en août et pdt les vacances scolaires.

Installée dans une grange de ville de 1860, la Maison du Patrimoine et de la Mesure présente l'histoire de La Talaudière et la vie quotidienne de ses mineurs grâce à la reconstitution d'une maison de mineur. Mais c'est aussi une importante collection de poids et mesures qui relate trois siècles d'histoire, de l'Ancien Régime à l'époque contemporaine. Plus de 3 000 pièces de poids et mesures de toutes sortes vous sont présentées. Ce musée permet ainsi de découvrir ou redécouvrir la laborieuse histoire de la mise en place du système métrique ! Une belle étape.

MUSÉE

MUSEE D'ART ET D'INDUSTRIE

2, place Louis-Comte ✆ 04 77 49 73 00
Tram Bourse du Travail ou Anatole France

Ouvert du mardi au dimanche de 10h à 18h. Gratuit jusqu'à 25 ans. Adulte : 6,50 € (visite libre).

Le Musée d'Art et d'Industrie existe depuis plus d'un siècle. Incontournable pour tout visiteur, il permet de mieux connaître la ville et son passé industriel de premier ordre. Vous y découvrirez plusieurs industries majeures et pionnières à Saint-Étienne avec l'histoire de la bicyclette, la collection de rubans et la mise en route de métiers à tisser et une remarquable collection d'armes. Des expositions temporaires sont organisées tout au long de l'année. Enfin, il est possible de venir réaliser des ateliers sur réservation pour les enfants comme pour les adultes.

MUSÉE

MAMC DE SAINT-ÉTIENNE MÉTROPOLE

Rue Fernand-Léger - **SAINT-PRIEST-EN-JAREZ** ✆ 04 77 79 52 52
www.mam-st-etienne.fr

De 10h à 18h lundi, mercredi, jeudi et vendredi ; de 10h à 18h30 samedi et dimanche. Tarif 6,50 €.

En arrivant à Saint-Étienne côté nord, impossible de manquer le musée d'Art moderne avec ses murs noir et blanc. Sa collection, qui regroupe des œuvres du XXe et du XXIe siècle, est riche de grands noms comme Andy Warhol, Fernand Léger, Picasso, Miró, Wassily Kandisky, Pierre Soulages… ou de personnalités plus récentes de l'art contemporain. Le musée propose également de nombreuses expositions temporaires, pour explorer les facettes les plus avant-gardistes de l'art contemporain. Bon à savoir : l'entrée est gratuite le premier dimanche de chaque mois.

NEW

ART & CULTURE

LA COMÈTE

7, avenue du Président Emile Loubet
✆ 04 77 48 71 30

Ouvert du lundi au samedi de 9h à 23h.

La Comète : drôle de nom pour un lieu dédié aux spectacles vivants. Pourtant, on l'a vite oublié, mais ce sont bien les Stéphanois qui ont décidé d'appeler ce pôle culturel ainsi lors d'un vote. Mais d'ailleurs, que retrouve-t-on concrètement à l'intérieur de ce bâtiment de 5 000 m² ? Ici, 5 salles de répétition peuvent être louées par tout un chacun, professionnel ou amateur. Il est également possible d'y prendre des cours de musique ou de théâtre. La Comète, ce sont aussi 2 salles de spectacles, dont une de 650 places, ainsi que le Solar qui est à la fois un restaurant et une scène de jazz. Enfin, sachez également que l'Espace info jeunes de la Ville a pris place dans le hall du bâtiment.

NEW

MUSÉE

LA MAISON DU PATRIMOINE ET DES LETTRES

5, Place Boivin, ✆ 04 77 48 76 27

Ouvert du mercredi au dimanche de 13h30 à 18h30. Gratuit.

Située dans la maison François Ier, la Maison du Patrimoine et des Lettres permet de mieux connaître les origines de la ville de Saint-Étienne. Grâce à une tablette tactile, vous pourrez voyager à travers le temps, parcourir l'histoire des différents quartiers ou encore visiter des bâtisses méconnues. Ainsi, vous pourrez notamment entrer dans la Maison sans escalier, dans la Préfecture, dans l'église Sainte-Marie mais aussi dans le Grand Cercle.... Bref, c'est une belle visite ludique qui vous sera proposée avec un grand avantage, c'est que c'est gratuit.

MUSÉE

MUSÉE DE LA MINE JEAN-MARIE SOMET

Rue du Puits Gallois - **VILLARS**
✆ 04 77 06 82 07

Ouvert le samedi de 14h30 à 17h30. Les autres jours, sur demande pour les groupes et les scolaires.

Ce musée aux riches collections est géré par l'association du Vieux Villars. À l'intérieur de ce lieu qui porte le nom de son créateur, Jean-Marie Somet, ancien mineur villardaire et rescapé de la tristement célèbre catastrophe de la Chana, vous retrouverez de nombreux vestiges du passé minier de Villars. Sont également présentés des témoignages évoquant la passementerie et l'histoire locale. Bref, ce petit musée qui a récemment été rénové permet de découvrir ou redécouvrir l'histoire de Villars qui a eu un passé important mais assez mal connu.

MUSÉE

PUITS COURIOT / PARC-MUSÉE DE LA MINE

3, boulevard Franchet-d'Espérey ✆ 04 77 43 83 23
www.musee-mine.saint-etienne.fr

Ouvert tous les jours de 10h à 18h, sauf le lundi. Visite libre : 6,50 €. Visite guidée : 8,50 €.

Creusée en 1907, mise en activité en 1919, cette exploitation minière fut la plus importante du bassin. Un millier de mineurs environ a travaillé sur ce site. Le site, fermé en 1973, a été classé monument historique en 2011. Refaites le parcours de ces ouvriers qui commençaient par se rendre au vestiaire (la salle des pendus), prenaient ensuite un casque avant de prendre l'ascenseur qui les emmenaient dans les galeries souterraines. Cette visite offre un aperçu du danger et de la peur que ces mineurs pouvaient ressentir eu égard aux nombreux coups de grisou.

MUSÉE

MUSÉE DES TRANSPORTS URBAINS - STAS

Avenue Pierre-Mendès-France - **SAINT-PRIEST-EN-JAREZ**
✆ 07 71 60 82 39 - www.musee-transports42.fr

Tous les mercredis de 14h à 17h. Des visites peuvent avoir lieu d'autres jours. Adulte : 4 €. Enfant : 2 €.

Dans ce vaste local, vous découvrirez l'histoire du tram, moyen de transport préféré des Stéphanois, mais aussi des trolleys et des cars. Vous y ferez notamment connaissance avec le trolleybus Vetra BB de couleur verte qui œuvrait durant les années 1960. Le musée traite aussi des dépôts. Une histoire à découvrir avec des véhicules grandeur nature, un vrai plaisir pour petits et grands, dans une ville qui peut s'enorgueillir d'avoir toujours conservé son tramway, quand tant d'autres l'ont détruit pour finalement le reconstruire quelques décennies plus tard.

MUSÉE

VILLAGE CAFÉ CHAPUIS

35, rue des Aciéries ✆ 07 75 26 14 25
www.cafeschapuis.fr

Ouvert du lundi au jeudi de 9h à 18h30 ; le vendredi de 9h à 18h ; le samedi de 9h à 12h30. Adulte : 5,50 €.

Ce musée de 230 m² est entièrement dédié au café, à son histoire, à sa consommation, à sa botanique et à ses arômes. La présentation débute par un dessin animé retraçant la fameuse légende du Berger Kaldi qui découvre le café. Puis voyagez au pays de l'or vert et de l'or brun, parcourez les plantations de café mondiales et percevez l'évolution du café de la fleur au grain, plongez dans l'univers de la torréfaction et découvrez les transformations de la cafetière à travers les temps ainsi que les différents emballages et techniques marketing. Ce parcours muséal est pensé de manière interactive et ludique. En fin de visite, vous pouvez tester votre odorat à la table des odeurs.

MUSÉE

MUSÉE DES VERTS

14, rue Paul-et-Pierre-Guichard ✆ 04 77 92 31 80
www.museedesverts.fr

Ouvert du mardi au samedi 14h-18h. Horaires modifiés les jours de match et vacances scolaires. Groupes sur réservation.

À tous les nostalgiques de la grande période des Verts, pour les supporters ou simplement pour les curieux, ce musée est un immanquable ! On découvre de manière chronologique l'histoire de l'ASSE, de sa création en 1931, jusqu'à l'entrée du club dans la légende. Les célèbres poteaux carrés, la salle des trophées ou encore des maillots de joueurs… : tout y est ! Grâce à des dispositifs interactifs, vous pourrez tester vos connaissances ou vous essayer au tir au but. La visite du musée peut se combiner à la visite du célèbre stade Geoffroy Guichard. En 2021, le musée a été rénové : les espaces d'exposition ont été modernisés, et de nouvelles installations interactives ont été ajoutées !

BÂTIMENT PUBLIC / HÔTEL DE VILLE

HÔTEL DE VILLE

Place de l'Hôtel-de-Ville
✆ 04 77 48 77 48 - Tram Hôtel de Ville.

Ouvert toute l'année. Du lundi au jeudi de 9h à 17h ; le vendredi de 9h à 16h30.

L'hôtel de ville de Saint-Étienne est édifié par Jean-Michel Dalgabio de 1822 à 1830. En 1858, un dôme construit par Étienne Boisson vient rehausser l'édifice par rivalité entre le pouvoir rubanier et le pouvoir municipal, et dépasser la maison Colcombet qui lui fait face. En 1953, le dôme, trop lourd, est démoli. En 1958, le soubassement est percé pour aménager des arcades commerçantes. Des statues symbolisant la rubanerie et la métallurgie, deux industries stéphanoises majeures, ornent les escaliers côté place de l'Hôtel de ville. Côté Jean Jaurès un carillon sonne régulièrement avec un son cristallin. Et à l'intérieur, une galerie de portraits des maires successifs de Saint-Étienne.

MONUMENTS & ÉDIFICES

LES MAISONS SANS ESCALIER

54 et 56, rue Daguerre

Saint-Étienne abrite deux maisons dites « sans escalier », édifiées en 1933 et en 1940 par l'architecte Auguste Bossu. Cette édification est unique dans l'histoire pour un immeuble d'habitation, classé à l'inventaire supplémentaire des monuments nationaux en 1989. Une rampe hélicoïdale dessert 35 appartements de 2 ou 3 pièces alternés sur une hauteur qui correspond à peu près à 6 étages d'un immeuble classique. Elle permet de supprimer les paliers et les escaliers. Une innovation destinée à réduire la fatigue liée à l'utilisation des escaliers.

CHÂTEAU

CHÂTEAU DE ROCHE-LA-MOLIÈRE

Rue Victor-Hugo - **ROCHE-LA-MOLIÈRE** ✆ 06 56 71 35 01
www.roche-la-moliere.fr

Le samedi à partir de 15h. Visites possibles pour les groupes sur rendez-vous. Gratuit jusqu'à 16 ans. Adulte : 2,50 €.

En premier lieu, le château de Roche-la-Molière était une forteresse du XIIe siècle. Modifié au XVe siècle puis au XVIIIe siècle, il est l'un des rares vestiges médiéval du sud de la Loire. Entouré d'un magnifique jardin, le château vous ouvre ses portes pour une visite parmi ses tours, courtines, mâchicoulis... Cuisine du XIIIe siècle avec un très rare ensemble de 3 fours, voûtes du XVIIe siècle à décor de blasons, salons du XVIIIe siècle et salon kabyle, chapelle ornée de tableaux… un grand intérêt historique. Des expositions temporaires sont régulièrement organisées.

CHÂTEAU

CHÂTEAU DE BOUTHÉON

Rue Mathieu-de-Bourbon - **ANDRÉZIEUX-BOUTHÉON**
✆ 04 77 55 78 00 - www.chateau-boutheon.com

Fermé en janvier. Ouvert tous les jours de 13h30 à 17h30. Juillet-août : de 10h à 18h30. Tarif parc et château : 8,60 €.

Le village de Bouthéon recèle un trésor architectural : un château Renaissance, qui a conservé quelques éléments datant du Moyen Âge. A l'intérieur, vous découvrirez l'architecture et la restauration du lieu au fil des siècles. S'y trouvent également un centre d'interprétation, un vaste aquarium sur le Fleuve Loire, et un espace dédié aux expositions temporaires. Le château possède un beau jardin à la française, une roseraie, un verger, une bambouseraie, un jardin de plantes aromatiques et médicinales... et un parc zoologique. Des animations sont proposées pour les enfants : chasse aux œufs de Pâques, balade contée au château, enquête au château, balade en calèche…

CHÂTEAU

LE CHÂTEAU DE ROCHETAILLÉE

Rue du Parc ✆ 04 77 32 88 52
www.loiretourisme.com

Ouvert toute l'année et tous les jours. Accès libre. Donjon ouvert selon la météo. Gratuit.

Le château de Rochetaillée affiche fièrement les ruines de ses remparts. Un escalier en fer vous permet de visiter l'intérieur gratuitement et sans surveillance. Bâtie sur un pic de quartz, cette bâtisse date du XIe siècle et ne comporte plus que 3 de ses 4 tours d'origine. Épargné par la Révolution, le château se dégrade à partir du début du XIXe siècle, et son propriétaire d'alors, le baron de Rochetaillée, refuse de payer des impôts pour un bâtiment non occupé. Accessible de jour comme de nuit, le haut des tours offre une vue imprenable sur le village et ses alentours !

CHÂTEAU

CHÂTEAU DE LA BÂTIE-D'URFÉ

1061, route de la Bâtie d'Urfé
SAINT-ETIENNE-LE-MOLARD
✆ 04 77 97 54 68
www.loire.fr

Animations spécifiques (conférences, animations en famille, ateliers pour enfants). Visite guidée : 4,50 €.

La Bâtie d'Urfé, à l'origine maison fortifiée du Moyen Age, est née au XVIe siècle sous l'inspiration, venue notamment de voyages en Italie, de Claude d'Urfé. Des jardins au château, chaque pièce mérite que l'on s'y attarde pour en admirer les traits. Parmi les merveilles de la Bâtie, les jardins offrent une composition originale et pleine de symboles à décrypter (visites guidées possibles) : le fameux sphinx qui garde l'entrée du château à la rampe cavalière conduisant à la bibliothèque, sans oublier la seule grotte de rocailles du XVIe siècle encore conservée en France.

NEW

CHÂTEAU

CHÂTEAU NUMÉRIQUE D'AUREC-SUR-LOIRE

3, Place de l'Église - **AUREC-SUR-LOIRE** ✆ 04 77 75 00 75
www.lesrivesdaurec.fr

Juillet-août : ouvert tous les jours de 10h à 18h. En basse saison, ouvert le mercredi après-midi et le week-end.

Un château de l'an mil transformé en tiers-lieu dynamique ! On trouve dans ce nouvel espace des bureaux, un espace de coworking ainsi qu'un fablab équipé à la pointe de la technologie. Immersion 3D avec casque de réalité virtuelle, muséographie numérique interactive : deux espaces d'exposition résolument modernes sont ouverts aux visiteurs. Ce château numérique propose également des séminaires d'entreprise complétés par une visite des lieux et une balade en bateau sur la Loire. La cour est également idéale pour y organiser des vins d'honneur ou des réceptions.

FOCUS

CHÂTEAU NUMÉRIQUE D'AUREC-SUR-LOIRE

Situé à Aurec-sur-Loire, non loin de Firminy, ce château historique date de l'an 1000 mais n'a jamais semblé aussi jeune ! Racheté en 1994 par la Commune, il a été entièrement rénové et c'est désormais un tiers-lieu à la pointe de la modernité qui va ouvrir dans ses murs millénaires. Derrière cet ambitieux projet se trouve la société Les Rives d'Aurec, une entreprise publique locale spécialisée dans le tourisme, le tourisme d'affaires et le divertissement. L'ouverture du château en avril 2023 devrait participer au dynamisme d'Aurec-sur-Loire et à l'attractivité touristique de la Métropole stéphanoise.

Un Cowork d'avant-garde

Un des points forts de ce nouveau projet est son espace de coworking flambant neuf à destination des professionnels. On y trouvera en effet quatre espaces bureaux à louer pour les entreprises, ainsi qu'un espace de coworking de 10 places. Un fablab y est également installé. Il est entièrement équipé afin de pouvoir y mener à bien tous les projets. On y trouvera donc des machines à coudre, des ordinateurs, des imprimantes 3D, une presse à chaud, une découpeuse laser. Cet environnement original devrait permettre à toute la créativité des esprits de s'exprimer pleinement ! Le château sera également le cadre idéal pour organiser vos séminaires d'entreprise, qui se verront complétés par une visite des lieux ou par une balade en bateau électrique sur la Loire !

Une muséographie résolument moderne

L'autre atout de ce château, ce sont ses espaces d'exposition. Là encore, le choix de la modernité et de l'accessibilité a été fait. Le spectacle itinérant « La Vie de Château » permet de découvrir l'histoire millénaire de cette demeure à travers une exposition ludique où l'on trouvera des portraits numériques, des salles immersives et d'autres installations interactives. Un second espace fait partie du dispositif Micro-Folies mis en place par le ministère de la Culture. Il s'agit d'un musée numérique qui permet de découvrir les chefs-d'œuvre réunis par les établissements partenaires du programme.

Pour tout renseignement complémentaire, n'hésitez pas à vous connecter à www.chateaudaurec.fr ou à téléphoner au 04 15 98 02 68.

> CHÂTEAU NUMÉRIQUE D'AUREC-SUR-LOIRE
3, Place de l'Église
AUREC-SUR-LOIRE
✆ 04 77 75 00 75
www.lesrivesdaurec.fr

© ADOBESTOCK

© LES RIVES D'AUREC

© CLAUDE VIAL

MONUMENTS & ÉDIFICES

L'ANCIEN BÂTIMENT DE MANUFRANCE

51-53, cours Fauriel

Les locaux de Manufrance sont l'une des plus remarquables traces du passé industriel stéphanois. Construits cours Fauriel par l'architecte Léon Lamaizière pour les industriels de l'arme Étienne Mimard et Pierre Blachon, ces bâtiments constituent un véritable palais industriel, visités autrefois par de nombreux industriels et chefs d'État. Manufrance deviendra ensuite célèbre dans le monde entier pour ses divers objets vendus par correspondance : armes et cycles puis maison, loisirs, pêche... Après une glorieuse histoire, l'entreprise Manufrance ferme définitivement en 1981.

EDIFICE RELIGIEUX

NOTRE-DAME DE L'HERMITAGE

3, chemin de l'Hermitage
SAINT-CHAMOND
✆ 04 77 22 10 56
www.maristes-ndh.org
Chambres individuelles : 50 €. Chambres doubles de 66 à 70 €. Petit déjeuner : 9 €. Déjeuner : 17 €. Dîner : 15 €.

La Maison de L'Hermitage est le grand reliquaire de Marcellin Champagnat. À Notre-Dame de l'Hermitage vous pourrez tout d'abord découvrir la vie et l'œuvre des maristes fondés. Ce lieu est également un but pour les pèlerins qui viennent se recueillir devant le reliquaire de Saint-Marcellin, exposé dans la chapelle de Notre-Dame. En dehors de sa vocation première qui est d'accueillir des maristes en provenance du monde entier, cet établissement, totalement rénové en 2010, est organisé pour recevoir des personnes en recherche de retraite personnelle.

MONUMENTS & ÉDIFICES

ANCIENNE CHARTREUSE DE SAINTE-CROIX-EN-JAREZ

Le Bourg - **SAINTE-CROIX-EN-JAREZ**
✆ 04 77 20 20 81
Ouvert toute l'année. Visites guidées tous les jours à 11h et 15h. Tarif plein 6,50 €, réduit 5 €.

Le village de Sainte-Croix-en-Jarez est classé parmi les plus beaux villages de France. Seule chartreuse au monde à être devenue village dans sa totalité, vous pourrez découvrir à travers une visite guidée la cour des Frères, la cour des Pères, l'église et ses peintures murales du XIVe siècle, le petit cloître et la cuisine du monastère. Enfin, la visite d'un ermitage d'un père chartreux vous fera ressentir toute la dimension mystique du lieu. En plus des visites guidées, vous y trouverez des produits du terroir, des souvenirs liés à la chartreuse.

EDIFICE RELIGIEUX

SANCTUAIRE NOTRE-DAME DE VALFLEURY

71, rue du Genet d'Or
VALFLEURY
✆ 04 77 20 85 73
www.notredamedevalfleury.fr

Niché dans la vallée du Gier, le sanctuaire a vu le jour au IXe siècle lorsqu'une statue de la Vierge fut découverte dans un genêt en fleur à quelques jours de Noël. Une chapelle a aussitôt été construite à proximité pour abriter cette Vierge au genêt d'or. Ce sanctuaire est très vite devenu un lieu de pèlerinage. Le sanctuaire de Valfleury offre aux pèlerins différents lieux de prière et de promenade : le calvaire et chemin de croix, la statue de l'Immaculée Conception, la Chaise de la Vierge... Aujourd'hui encore, le lieu invite au repos et à la méditation.

ARCHITECTURE

SITE LE CORBUSIER

Route de Saint-Just-Malmont - **FIRMINY** ✆ 04 77 61 08 72
www.sitelecorbusier.com
Ouvert tous les jours de 10h à 12h30 et de 13h30 à 18h. Gratuit jusqu'à 8 ans. Adulte : 6,50 €. Boutique.

Claudius Petit, ancien maire de Firminy, décide d'édifier le Centre de récréation du Corps et de l'Esprit, inscrit aujourd'hui au patrimoine mondial de l'Unesco. Cet ensemble architectural se voit destiné à l'origine à l'habitat ouvrier : une unité d'habitation avec tout le nécessaire à proximité, le sport avec un stade, les loisirs avec la Maison de la Culture, et la vie spirituelle avec l'église Saint-Pierre. Commencé par Charles-Edouard Jeanneret-Gris dit Le Corbusier, et achevé par son élève André Wogenscky, il forme aujourd'hui un site d'exception au cœur du Firminy vert, le plus grand réalisé par Le Corbusier en Europe et le 2e dans le monde. Une chance.

EDIFICE RELIGIEUX

ÉGLISE SAINTE-MARIE

1, rue Sainte-Marie
✆ 04 77 32 28 51

Édifiée sur l'emplacement de l'ancien couvent des Visitandines datant de 1622, cette église de style néo-byzantin, unique en son genre à Saint-Étienne, est inscrite aux monuments historiques. Prison puis dépôt de charbon, elle reprend ses fonctions d'origine au début du XIXe siècle. Elle rappelle la basilique San Marco à Venise, avec ses deux taureaux ailés qui accueillent les visiteurs. Deux œuvres majeures sont placées dans le chœur : *La Descente de Croix* (1842), peinte par Théodore Chassériau, et *La Délivrance de saint Pierre par l'ange* de Jean-Marie Faverjon, artiste stéphanois. Cette église conserve une relique de la Sainte-Épine de la couronne du Christ.

SITE DE DÉCOUVERTE

LES GORGES DE LA LOIRE

SAINT-VICTOR-SUR-LOIRE

Les gorges de la Loire, 355 hectares classés comme réserve naturelle régionale, ondulent à travers des paysages pittoresques verdoyants dans lesquels s'insèrent une foule de villages et de châteaux. Vous vous demandez par où débuter ? Commencez par prendre de la hauteur à Chambles et grimpez dans les ruines d'Essalois, en libre accès, pour admirer la vue à couper le souffle sur les méandres des gorges et sur l'île de Grangent. Continuez en flânant à Saint-Victor, un bourg médiéval plein de charme sis sur un éperon rocheux, et finissez en contrebas pour vous rafraîchir sur sa plage, surveillée l'été, avec sa base nautique et son port de plaisance. Un programme largement approuvé !

PARC / JARDIN

PARC DE L'EUROPE

Rue de Wuppertal ✆ 04 77 48 73 53 - Lignes 4 et 6, arrêt Le Rond-Point ou Parc de l'Europe. - www.saint-etienne.fr

Entrée du parc gratuite. Un petit train fonctionne les mercredis, samedis, dimanches et pendant les vacances scolaires.

Situé au niveau du Rond-Point, au sud de Saint-Étienne, le parc de l'Europe est un coin de verdure pour tous les âges. Ce lieu offre d'agréables balades ombragées au milieu de parterres fleuris. Des visites sont ponctuellement organisées pour découvrir des plantes de collection voire historiques avec notamment le cèdre offert par le général Aoun, le chêne olympique, l'arbre du bicentenaire... Chaque année s'y tient la fête des plantes le deuxième week-end d'avril. Les jeunes peuvent venir se détendre, lire ou travailler en pleine verdure. Quant aux plus petits, de nombreux jeux leur sont proposés avec balançoires, toboggans, escalade, araignée... mais aussi parcours pour vélo ou trottinette.

PARC / JARDIN

JARDIN DES PLANTES

Ligne 16 : arrêt Villebœuf-le-Haut
www.saint-etienne.fr

Accès libre et gratuit toute l'année.

Véritable poumon vert du centre-ville, le jardin des plantes est le plus ancien parc de la ville. Situé autour de la colline Villeboeuf, le parc abrite l'Opéra-théâtre de Saint-Étienne et diverses variétés d'arbres rares. À l'origine, au milieu du XIXe siècle, il s'agissait d'offrir aux mineurs un lieu de distraction où ils pourraient respirer un air pur, contrastant avec leur quotidien dans les mines de charbon. Aujourd'hui, les Stéphanois ont reçu en héritage un bel espace de verdure. Au fil du circuit, il est possible de découvrir divers aménagements dont la célèbre statue érigée en l'honneur de Francis Garnier, officier explorateur stéphanois parti en expédition sur le Mékong.

PARC / JARDIN

PARC DE MONTAUD

41, rue de Laharpe ✆ 04 77 33 41 76
Ligne 21 : arrêt Crêt de Montaud.
www.parc-montaud.fr

Ouvert toute l'année. Accès libre et gratuit pour le parc.

Sauvage et bucolique, le parc de Montaud offre un cadre campagnard aux Stéphanois désireux de retrouver calme et verdure à proximité du centre-ville. Situé sur le Crêt de Montaud, il offre une vue panoramique permettant d'apprécier la plaine du Forez, la Loire et la ville. Les visiteurs seront surpris par la diversité des essences de bois et contempleront de nombreuses espèces d'oiseaux. Idéal pour les pique-niques et les séances de sport, on y trouve aussi des aires de jeux, un circuit d'orientation, un sentier pédestre, un parcours santé, et un point d'observation astronomique avec le Crêt des 6 Soleils. Enfin, le parc est un superbe spot d'observation pour le feu d'artifice du 14 juillet.

PARC / JARDIN

JARDINS VOLPETTE

21 A, rue Aristide-Briand-et-de-la-Paix
✆ 04 77 32 98 56
www.jardins-volpette.net

Permanence le mardi de 14h à 18h.

Saint-Étienne aime ses jardins, lieux de convivialité, de jeux et de sourires. Ici, aux Jardins Volpette on aime cultiver sa parcelle de terre, entouré de camarades jardiniers qui viennent dans ces jardins par passion, pour se vider la tête, pour avoir de bons légumes à donner à leurs enfants... En tout, l'association possède près de 40 jardins répartis aux quatre coins de la ville. Notons que les parcelles, limitées à 200 m², sont attribuées pour une période allant du 1er janvier au 31 décembre. D'ailleurs, dans sa parcelle, on cultive des légumes, pour l'aspect économique, mais surtout pour le plaisir ! Et quoi de mieux quand le plaisir est accompagné de l'esprit d'entraide ?

PARC / JARDIN

LA ROSERAIE DU BERLAND

Rond-Point du Berland - **SAINT-VICTOR-SUR-LOIRE**
✆ 04 77 48 77 48
https://loiretourisme.com

Ouvert toute l'année. Gratuit.

Aux portes du village de Saint-Victor-sur-Loire, la Roseraie du Berland est un petit coin de paradis. Ce somptueux jardin aux allées ombragées abrite plus de 80 variétés de rosiers dont certaines portent des noms de célébrités locales comme « Aimé Jacquet » ou « Muriel Robin ». On dénombre ainsi plus de 11 500 rosiers de 85 variétés différentes. Sur une superficie de 3 hectares, entouré par des centaines d'arbres et arbustes, ce havre de paix invite à la contemplation. Un parcours pédagogique sur l'histoire et l'origine des rosiers permet d'en savoir un peu plus sur ces fleurs magnifiques et délicates au parfum agréable. Une promenade ludique à partager en famille.

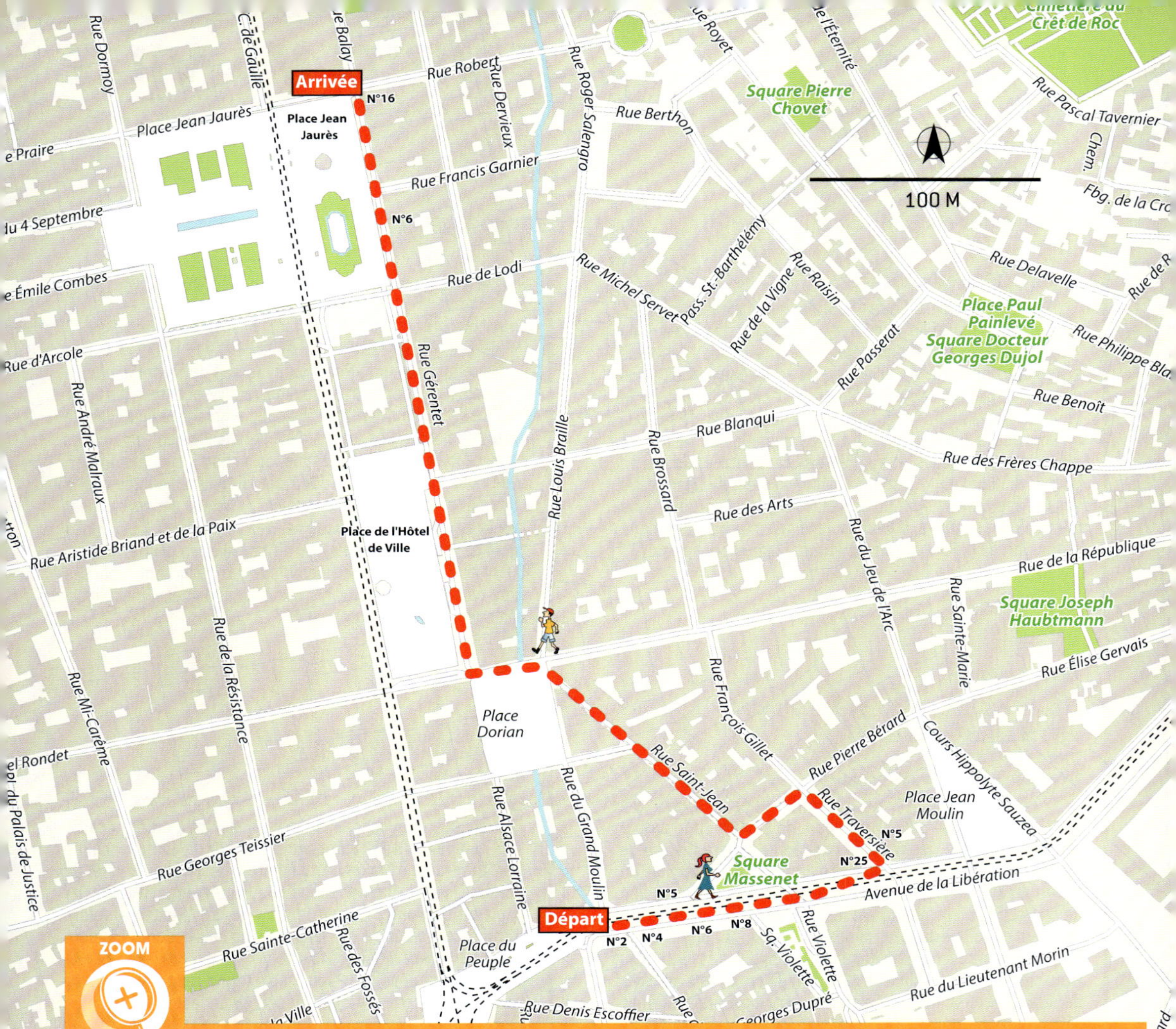

BALADE ART NOUVEAU

Marqué par ses lignes courbes, ses motifs naturels et ses compositions asymétriques, l'Art nouveau a marqué l'architecture stéphanoise dès la fin du XIXe siècle et a orné la ville de certains de ses plus beaux immeubles. Notre parcours commence sur l'avenue de la Libération où la bourgeoisie a exprimé tout son goût pour l'ostentation et la modernité. C'est depuis ce lieu que va se diffuser l'architecture Art nouveau dans tout Saint-Étienne. Commandité en 1907, au n° 2 on peut admirer l'un des premiers immeubles construits sur cette artère. La magnifique façade se distingue par ses éperons courbes et son toit en bulbe couronné d'un pinacle orné de têtes de lions. Avec leurs fenêtres arrondies et leurs bow-windows, on retrouve le vocabulaire architectural de l'Art nouveau sur les immeubles de Paul Noulin-Lespès situés au nos 4, 5, 6 et 8. On peut apercevoir un lézard sculpté au-dessus de la porte du n° 6, et au n° 8 ce sont deux chats en pierre qui se trouvent au premier niveau à l'angle du bâtiment. Guirlandes sculptées, décors floraux en fer forgé, bow-windows : en continuant l'avenue de la Libération vers l'est, on retrouve des détails disséminés çà et là sur les immeubles bourgeois. Ne ratez pas au n° 25 la loggia à colonnettes métalliques au dernier niveau du bâtiment. Prenez à gauche sur la rue traversière : au n° 5, on trouve sur la façade de cet immeuble de Joanny Morin de nombreux chardons ainsi que des lézards. En continuant jusqu'à l'angle des rues Pierre Bérard et François Gillet, on peut admirer l'immeuble d'angle avec sa façade rehaussée par des motifs en briques jaunes, ses fleurs de tournesol sculptées dans la pierre et ses ferronneries ondulantes. Continuez la rue Pierre Bérard vers l'ouest jusqu'au croisement avec la rue Saint-Jean puis empruntez cette dernière vers le nord jusqu'à gagner la place de l'Hôtel de Ville puis la place Jean Jaurès. Au n° 6, des motifs végétaux soulignent un bow-window qui s'élève sur toute la façade de l'immeuble. Notez les motifs de tournesol en ferronneries. D'autres guirlandes de fleurs et tournesols au n° 16 l'ancienne rédaction de *La Loire républicaine* qui offre à la place Jean Jaurès une splendide façade couverte de motifs végétaux.

PARC D'ATTRACTIONS

LES ACROBOIS

Les Trois-Croix - **LA VERSANNE** ✆ 04 82 29 80 01
www.pilat.les-acrobois.fr

Du 1er we d'avril à fin septembre, week-end et vacances scolaires de 10h à 18h. Adulte 24 €. Enfant (6-10 ans) 12 €.

Du petit bambin qui veut crapahuter dans les arbres jusqu'à l'adulte qui se rêve en Tarzan, il n'y a pas d'âge pour s'amuser ! À 20 km de Saint-Etienne, 14 parcours et 150 jeux différents vous attendent. Le must, la vertigineuse descente en tyrolienne sur 130 m. Le Snack des Acros propose boissons, glaces, pizzas ou gaufres : la faim est vite calée. Pour les 2-3 ans, rendez-vous au Village des Elfes : parcours d'initiation, espace bébé, un endroit parfait pour former de bons grimpeurs ! Les Acrobois, c'est l'idéal pour les familles avec son aire de pique-nique. Tout est envisageable, de l'enterrement de vie de garçon aux séminaires d'entreprises ou simplement pour un goûter d'anniversaire.

PARC D'ATTRACTIONS

FRANCE AVENTURES

Crêt Beauplomb - **SAINT-JEAN-BONNEFONDS** ✆ 04 77 46 02 83
www.france-aventures.com

De février à début novembre. En juillet-août : ouvert tous les jours de 10h à 20h. Enfant : 18 €. Adulte : 24 €.

Amoureux du plein air, France Aventures vous propose une journée en forêt avec ses 10 parcours acrobatiques en hauteur. Accessible dès 2 ans, le parc de loisirs dispose de formules adaptées à chaque niveau : parcours Ouistiti pour les plus petits, balades ou tyroliennes, plus de 100 ateliers suspendus offrant un beau panorama sur les essences d'arbres de notre région. Descentes vertigineuses et frissons garantis pour les plus intrépides ! Les plus jeunes apprécieront le Monde de Fuzz, un univers de 12 activités sans baudrier. Toboggan, toile d'araignée, obstacles au sol, slackline, soft arc ou encore balade pieds nus sur parcours sensitif. Une agréable sortie familiale ou entre amis !

SITE DE DÉCOUVERTE

PLANÉTARIUM DE SAINT-ÉTIENNE

28, rue Pierre et Dominique Ponchardier ✆ 04 77 33 43 01
https://planetarium.saint-etienne.fr/

Boutique ouverte du lundi au vendredi de 10h à 12h15 et de 13h45 à 16h45. Séance selon planning. Entrée 8,20 €.

Vous êtes d'une nature à avoir la tête dans la lune ou que vous avez suivi les aventures de Thomas Pesquet ? Alors, vous êtes prêt pour un voyage intergalactique en 2 ou 3D. Dans la salle dotée d'un dôme et d'un écran en demi-sphère, confortablement installé dans votre fauteuil, venez vivre une aventure mêlant la connaissance et le mystère autour de l'univers et des planètes. Films et animations en immersion hyperréaliste, il y en a pour tous les âges que vous soyez connaisseur ou non. Une sortie insolite qui permet de regarder le ciel sous un nouvel angle.

NEW

PARC AQUATIQUE

JARDIN AQUALUDIQUE DES GORGES DE LA LOIRE

Rue de la Rivière - **AUREC-SUR-LOIRE**
✆ 04 77 35 35 72
www.lesrivesdaurec.fr

Ouvert du 1er mai au 15 septembre.

Le Jardin Aqualudique des Gorges de la Loire va venir remplacer l'ancienne piscine au printemps 2023. Au programme : 750 m² de jeux d'eau spécialement conçus pour passer des moments inoubliables en famille ! Ouvert de début mai à mi-septembre, on compte parmi les équipements de ce parc aquatique des cascades, des toboggans, un solarium, des brumisateurs. Le lieu est même équipé d'un espace réservé aux tout-petits (0-3 ans), afin de les éveiller aux joies de la pataugeoire ! Venez vous rafraîchir en toute sécurité ! Snacks, boissons et petite restauration sur place.

PARC D'ATTRACTIONS

FOREZ AVENTURES

47, chemin des Giraudières - **SAINT-JUST-SAINT-RAMBERT**
✆ 06 30 63 56 44 - Bords de Loire, côté Saint-Rambert.
www.forezaventures.fr

Fermé de novembre à mars. Basse saison : ouvert le mercredi, week-end et jours fériés. Haute saison : tous les jours.

Forez Aventures bénéficie d'un cadre unique, en bord de la Loire. Ce parc d'acrobaties spectaculaires permet d'en avoir plein la vue sur les 5 parcours berges accessibles dès 3 ans, ou lors d'un grand voyage d'île en île, pour les adultes et les adolescents de plus d'1,40 m. Si les émotions et les sensations sont au rendez-vous sur les ponts de singe, sur les passerelles ou au détour d'une tyrolienne, les parcours se suivent en toute sécurité. Des guides encadrent les participants toujours assurés. Au sol, Explor'game, jeu en équipe d'aventures et d'exploration scénarisé, mêle quant à lui course, observation et énigmes... Prêt à relever le défi dans le Forez ?

PARC ANIMALIER / FERME

FERME PÉDAGOGIQUE DE CRAINTILLEUX

124, chemin du Canal - **CRAINTILLEUX** ✆ 04 77 30 67 22
http://ferme.craintilleux.free.fr/

Fermé de novembre à mars. Ouvert mercredi, samedi, dimanche 14h-18h, tous les jours pendant les vacances. Tarif 5 €.

La ferme pédagogique de Craintilleux est une sortie incontournable pour les parents désireux de faire découvrir les animaux de la ferme à leurs enfants. Plus de 100 animaux sont présents autour d'un parcours sécurisé : vaches, cochons, poules, lapins, chèvres... ainsi que des races anciennes et insolites en voie de disparition. Des jeux sont même prévus pour favoriser la découverte par le toucher, l'observation et l'odorat. Joliment aménagée dans des containers, la Graineterie est idéale pour une pause restauration et même en afterwork, dans un esprit guinguette.

PARC ANIMALIER / FERME

LA FERME AUX TROIS GRANGES

5, Chemin des étangs
BOISSET-LES-MONTROND
✆ 06 77 22 51 22

Horaires et jours d'ouvertures variables selon période, à partir de 7,50 €.

© FERME AUX TROIS GRANGES

Créée en 1936, installée sur 150 ha, la Ferme aux Trois Granges est le lieu de rendez-vous des amoureux de nature. Les plus petits viennent quant à eux s'émerveiller devant les animaux de la ferme, dans le cadre de sorties scolaires ou privées. Goûters d'anniversaires, dégustations de produits de la ferme... : outre les nombreuses animations régulièrement proposées, pour les petits et les grands, vous pourrez réserver les locaux pour organiser vos propres évènements. Notez que la ferme est 100% bio et labellisée Gîte de France grâce à son gîte de 55 personnes.

ENFANTS

LA ROTONDE - CCSTI SAINT-ÉTIENNE ET LOIRE

158, cours Fauriel ✆ 04 77 42 02 78
https://www.larotonde-sciences.com/

Horaires variables, programmation à consulter sur le site Internet. Tarif plein 6 €, réduit 4 €.

Seul centre culturel scientifique en France à être hébergé au sein d'une grande école, La Rotonde propose aux plus jeunes comme aux plus anciens de découvrir les sciences sous un aspect ludique. Au programme : des expositions et des ateliers tout public, des événements gratuits ouverts à tous, des débats et conférences pour les adultes. Le centre travaille aussi en collaboration avec des chercheurs et des chercheuses qui se déplacent dans les écoles afin de faire connaître leur métier et de prouver que la science est abordable et aussi attrayante que n'importe quel loisir.

SITE DE DÉCOUVERTE

EXPLORA

8, rue Calixte Plotton ✆ 04 77 42 02 78
https://explora.saint-etienne.fr

Ouvert du mardi au samedi de 9h à 12h et de 14h à 17h30. Plein tarif atelier : 6 €, tarif moins de 16 ans : 4 €.

Les sciences ont désormais leur lieu dédié à Saint-Étienne. Son nom : Explora. Concrètement, ce lieu dispose de 2 espaces. Le premier est un parc de 8 000 m² en accès libre, où l'on peut découvrir 2 paraboles sonores qui se font face ou encore un tourniquet qui génère de l'électricité. Bref, on peut s'amuser avec des installations interactives. Le second espace est accessible au grand public sur réservation. Dans ce laboratoire, des ateliers sont proposés aussi bien pour les enfants que pour les adultes : créer la voiture du futur, apprendre à utiliser une imprimante 3D... D'ailleurs, n'hésitez pas à consulter les prochains ateliers proposés directement sur le site Internet !

ZOO

ESPACE ZOOLOGIQUE

Combe Plotton - **SAINT-MARTIN-LA-PLAINE** ✆ 04 77 75 18 68
www.espace-zoologique.com

Haute saison tous les jours de 9h à 19h, basse saison de 10h à 17h. Adulte : 17 €. Enfant de 3 à 9 ans : 13 €.

L'Espace zoologique met un point d'honneur à assurer la sauvegarde des animaux et la protection de la nature ! Ici, parmi les mammifères, lions, tigres de Sibérie, loups et chimpanzés attirent tous les regards. Mais vous serez tout aussi surpris par les oiseaux comme le siffleur du Chili, l'émeu ou le youyou du Sénégal. Les plus courageux oseront visiter le vivarium avec ses incroyables reptiles. Si les conditions météorologiques le permettent, vous pourrez même assister aux repas des loups et des gorilles ! Vous découvrirez les risques et les joies du métier de soigneur avec les formules «Soigneur d'un jour» pour les plus grands et «Graine de soigneur» pour les enfants de 6 à 14 ans.

SITE DE DÉCOUVERTE

LA SOUCOUPE - CENTRE DE SCIENCES

158, Cours Fauriel
✆ 04 77 42 02 78
www.larotonde-sciences.com

Ouvert pendant les expositions. Ateliers sur réservation.

Bâtiment historique du Centre de Culture Scientifique Technique et Industrielle, La Soucoupe est un centre d'exposition et de rencontre consacré à la découverte de la science. Tout est ici fait pour la désacraliser et la rendre la plus accessible possible, afin de transmettre le goût de la curiosité et de s'ouvrir sur le monde. Les médiateurs scientifiques nous accompagnent à travers les expositions et les ateliers interactifs et ludiques afin de nous aider à percer les mystères de sujets aussi vastes que l'intelligence artificielle ou l'astrologie.

HÔTEL

LE CHEVAL NOIR***

11, rue François-Gillet ✆ 04 77 33 41 72
www.hotel-chevalnoir.fr

Ouvert toute l'année. Accueil 7h-21h. 42 chambres. De 75 € à 150 €. Petit déjeuner : 12 €. Garage : 10 €.

Situé dans la rue François Gillet, à la fois calme et en centre-ville, l'hôtel du Cheval Noir vous reçoit avec sympathie et professionnalisme. Les 42 chambres de l'hôtel sont classieuses et cosy, tout comme l'espace d'accueil qui vous donnera envie de flâner sur les fauteuils en cuir ou autour du bar. Les chambres sont élégantes et entièrement équipées, certaines disposent d'une tropézienne avec une vue imprenable sur les toits de la métropole et les collines qui l'entourent. Envie d'explorer la ville ou de partager un repas en terrasse ? Vous avez accès à de nombreux restos et bars sans même prendre les transports ni la voiture qui peut rester au parking couvert !

HÔTEL

ÉCLOSION

40, avenue du Château - **SAINT-PAUL-EN-JAREZ**
✆ 04 77 61 99 09 - http://restaurantEclosion.fr

7 chambres. Restauration : menu de l'Instant à midi de 38 à 50 € ; menu de dégustation en soirée de 75 € à 95 €.

Saint-Paul-en-Jarez, ville agréable idéalement située entre Lyon et Saint-Étienne, abrite un lieu d'exception : Éclosion. Ce petit château du début du XXe siècle au milieu d'un parc prend encore une autre dimension quand on y pénètre. À l'intérieur, mêlées aux murs épais, aux sols anciens, aux matériaux d'origine, des boiseries brutes et claires, diffusent une chaleur douce à un ensemble particulièrement harmonieux. Les chambres parfaitement équipées nous emmènent dans un univers naturel de bien-être, sans en rajouter. Il règne dans la maison de Pierre Carducci, jeune chef talentueux et inspiré, une atmosphère apaisée propice aux délices. Une adresse déjà incontournable dans la région.

HÔTEL

HÔTEL CONTINENTAL**

10, rue François-Gillet ✆ 04 77 32 58 43
www.hotelcontinental42.fr

Accueil de 7h15 à 21h. 23 chambres. Chambre double à partir de 50 €. Petit déjeuner 9 €. Parking fermé.

Cet ancien relais de poste du XIXe siècle est devenu un hôtel moderne et fonctionnel. Grand Prix du Jury 2009 Commerce et Design, le Continental est un pur bijou ! Entièrement restauré au fil des ans, il mérite largement ses deux étoiles. La cour intérieure entièrement pavée donne de l'élégance à ce lieu. Son décor signé par une équipe de designers, dont certains très connus, intègre la modernité dans l'ancien. Tons pastel, fresques murales et jeux de lumière, le client bénéficie de l'excellence ! Trompe-l'œil, motifs floraux, vitraux, magnificences des peintures, on pourrait parler pendant des heures des moindres recoins de cet hôtel hors du commun situé en plein centre-ville.

HÔTEL

O'LODGE***

Lieu-dit Naconne - **CLEPPÉ** ✆ 04 77 27 14 73
www.o-lodge.fr

Chambre double à partir de 70 €. Petit déjeuner : 9 €. Séminaires. Wifi gratuit. Bain bouillonnant, sauna.

Il y a des lieux et des concepts plus difficiles à décrire que d'autres «hôtels traditionnels». L'hébergement imaginé par Sylvie Labrosse est un concept personnel que cette personne adorable souhaite partager avec ses hôtes en leur proposant des séjours sur mesure. Ce qui est sûr, c'est que vous serez parfaitement reçu dans ce lieu merveilleux. Entre l'hôtel, le gîte et la chambre d'hôtes, le lodge est abrité dans 4 bâtisses différentes offrant de nombreuses chambres personnalisées de grand confort. Terrasses pour profiter des lieux, bassin de nage, sauna et bain bouillonnant pour se détendre, chacun peut composer son séjour à sa façon. Un lieu à part et une belle découverte.

HÔTEL

DOMAINE DE LA PLAGNETTE***

RD73
LES SALLES
✆ 04 77 97 74 10
www.domaine-plagnette.com

Chambre simple à partir de 75 € ; chambre double à partir de 80 € ; chambre triple à partir de 107 €.

À seulement 5 minutes de la sortie de l'autoroute, vous pourrez découvrir un lieu particulièrement ressourçant. Car le Domaine de la Plagnette est entouré d'une vaste forêt et se trouve au bord d'un étang de pêche de 3 hectares. Notons que les chambres, à la fois rustiques et chaleureuses, disposent de tout le confort nécessaire pour se reposer. Dans le hall d'accueil vous trouverez un salon de lecture qui invite à la détente. Par ailleurs, en plus de l'hôtel, le Domaine dispose de deux gîtes, et d'un restaurant proposant une cuisine de marché 100 % maison.

NEW HÔTEL

DOMAINE ET CHÂTEAU DE VALINCHES****

2979, Route de Valinches - **MAROLS** ✆ 04 77 52 22 47
www.domaine-valinches.fr

30 chambres, suites et junior suites, à partir de 110 € la nuit. Restaurant, espaces de travail et de réception.

Offrez-vous la vie de château le temps d'un séjour au Domaine de Valinches. Si le luxe des lieux est certain, il n'en néglige pas pour autant le respect de l'environnement. Niché au creux d'un parc clos et arboré de 15 hectares, ce complexe hôtelier classé 4 étoiles invite assurément à la détente. Les chambres sont calmes et spacieuses et seul le chant des oiseaux viendra vous réveiller. Profitez de la bonne table du restaurant et de la possibilité de jouir de l'espace pour une réception ou un séminaire, laissez-vous faire, l'équipe du domaine s'occupe de tout !

ET POUR DORMIR ?

HÔTEL

HÔTEL DU GOLF****

67, rue Saint-Simon ✆ 04 77 41 41 00
www.hoteldugolf42.com

Ouvert toute l'année. Accueil 24h/24. 48 chambres. À partir de 95 €. Animaux acceptés. Séminaires. Restauration.

Les charmes de l'Hôtel du Golf n'ont pas échappé à l'une des plus grandes stars françaises. En 2009, c'est en effet depuis la suite de 140 m², créée pour lui, que Johnny Hallyday prépara sa tournée, face au golf de Saint-Étienne et à 5 min du centre-ville, de la gare TGV Châteaucreux, du Zénith. Cet établissement moderne, à l'accueil très agréable, vous ravira lors de votre séjour à Saint-Étienne. Les chambres climatisées contiennent un coffre-fort, un lit king size, un bureau, une penderie... 365 jours par an, le restaurant L'Albatros propose ses services dans un cadre moderniste. Quelques restaurants autour, dont La Table des Lys. Le plus : le moment de détente au bord de la piscine.

HÔTEL

IBIS BUDGET CHÂTEAUCREUX**

4, rue du Plateau des Glières
✆ 08 92 68 03 60

Accueil 24h/24. Chambre double de 48 € à 65 €. Parking : 9 €. Animaux acceptés (supplément 5 €). Wifi gratuit.

Dans le même bâtiment que le Novotel, ce franchisé Accor vous propose un Ibis Budget deux étoiles qui en vaudraient trois. Cet hôtel récent offre en effet des chambres refaites à neuf, dans un esprit déco. Un panneau mural, en ciel de lit, crée, à partir de superpositions de photos, une esthétique urbaine originale. Le petit-déjeuner est conforme aux standards des Ibis Budget. Literie de qualité, chambres calmes et lumineuses. Les voyageurs peuvent, depuis quelques mois, se restaurer au pied de l'hôtel, dans le pub Au Bureau nouvellement ouvert, ou au restaurant du Novotel.

HÔTEL

NOVOTEL SAINT-ÉTIENNE CENTRE GARE CHÂTEAUCREUX****

5, cours Antoine Guichard ✆ 04 28 04 10 90
www.accorhotels.com

Accueil 24h/24. 77 chambres. De 70 € à 161 €. Parking fermé (payant). Restauration (plats chauds et snacks froids).

Situé dans le quartier d'affaires de Châteaucreux, face à la gare, Novotel propose 77 chambres, 4 salles de réunion et un espace fitness. Avec sa réception ouverte 24h/24 et le service online check-in, c'est une adresse idéale pour les touristes ou un voyage professionnel. Vous vous trouvez à proximité des transports en commun et à 5 min à pied du Zénith, du Parc Expo et du Stade Geoffroy Guichard. Les chambres sont élégantes, les équipements pratiques (literie neuve, air conditionné...). Le bar lounge et la terrasse vous offriront un agréable moment de détente.

INSOLITE

O TIPI LODGE

la Côte Reymond - **SAINT-CHRISTO-EN-JAREZ** ✆ 07 71 80 32 52
www.tipi-lodge.fr

Ouvert toute l'année. Accueil à partir de 16h. Tipi 120-180 €. Parking.

A seulement 10 minutes de Saint-Étienne, ces logements insolites sont idéals pour les voyageurs à la recherche d'un cadre apaisant, loin des turbulences de la ville. Situé dans une campagne calme et verdoyante, cet ensemble abrite 8 tipis entièrement en bois et fabriqués par des artisans locaux. Chaque tipi peut accueillir 6 personnes et dispose de tout le nécessaire pour passer un séjour dans le confort : cuisine tout équipée, chambre avec lit double, dortoir de 4 couchages, séjour avec canapé convertible, salle de bains, toilettes. Chacun de ces chaleureux tipis dispose d'une terrasse bénéficiant d'une vue magnifique sur la campagne environnante ainsi que d'un terrain de pétanque.

HÔTEL

HÔTEL LA CHARPINIÈRE****

8, allée de La Charpinière - **SAINT-GALMIER** ✆ 04 77 52 75 00
www.lacharpiniere.com

Ouvert toute l'année. 57 chambres dont 3 suites. Chambre double de 155 € à 380 €. Petit déjeuner : à partir de 17 €.

À Saint-Galmier, l'hôtel La Charpinière est l'un des hébergements les plus remarquables du bassin stéphanois. Situé dans une gentilhommière, cet hôtel 4 étoiles a été rénové en 2012. Un parc de 3 hectares embellit cet établissement aux services haut de gamme. La suite de la Tour offre même un lit à baldaquin blanc. Pour vos loisirs, vous pouvez aussi profiter de tous les équipements aménagés à l'hôtel : tennis, piscine, parcours santé, espace forme et détente avec spa et hammam, salle de fitness, piscine extérieure chauffée, centre de beauté, espace jeu pour les enfants... Cet hôtel est accompagné de deux restaurants : un gastronomique étoilé et une brasserie à viande.

CHAMBRE D'HÔTE

LE COTTAGE DU PARC

10, allée du Four à Pain - **CHAMBÉON** ✆ 04 77 28 33 44
www.lecottageduparc.com

3 chambres et 1 suite parentale. Chambre à partir de 100 € ou en gîte. Accès au centre de bien-être : à partir de 15 €.

Profitez de la vie au Cottage du Parc : chambres d'hôtes, spa et salle de réception. Le lieu conserve son charme authentique et offre un séjour relaxant dans un parc privatif. Les trois chambres et la suite parentale sont aussi réservables en gîte pour les groupes. Le spa (comprenant piscine couverte et chauffée, accessible toute l'année ; sauna ; salle de fitness) est privatisé rien que pour vous pour profiter pleinement de votre instant bien-être. Bref, tous les ingrédients pour prendre du temps pour soi. Le spa est également ouvert aux non-résidents. Organisez vos événements dans la salle de réception, chaleureuse et raffinée, ou dans la cour les jours d'été.

ET POUR DORMIR ?

INSOLITE

CHÂTEAU DES PERICHONS

155, Les Perichons - **PONCINS** ✆ 09 70 19 04 25
www.chateau-des-perichons.fr

3 chambres (les moins de 15 ans ne sont pas admis). Chambre double à partir de 155 €.

Au château des Périchons, le maître mot est le calme. Car loin du stress du quotidien, vous pourrez flâner dans le magnifique parc. Vous pourrez également choisir un livre dans la bibliothèque, puis bouquiner à l'abri d'un arbre ou au bord de la piscine. D'ailleurs, ici, vous ne serez pas dérangé par des enfants qui courent autour du bassin. Et si vous le souhaitez, vous pourrez aussi monter dans une montgolfière. Les hôtes se chargeront de réserver pour vous. Bref, vous aurez de quoi oublier votre train-train quotidien dans cet hébergement qui dispose de 3 chambres d'exception avec tout le confort nécessaire. Notons également qu'il est possible de privatiser tout le domaine.

NEW
CHAMBRE D'HÔTE

DOMAINE FOR REST

111, route de Regny Chateau de la forêt - **LAY** ✆ 06 17 62 72 92
www.domaine-for-rest.com

4 logements indépendants. Table d'hôtes. Parc, piscine et jacuzzi. Appartement 4 personnes 700 € la semaine.

À vous qui recherchez un logement insolite, le Domaine For Rest va vous apporter ce dépaysement dont vous rêvez, sans avoir à prendre l'avion. Caché dans un superbe parc arboré, et quelques minutes de Lyon, le manoir et ses logements insolites convoquent sérénité et standing, agencés avec goût. Vous serez séduit par le romantisme des lieux, idéal pour des séjours en amoureux. La piscine en été et le spa ajoutent au confort déjà présent, et la touche luxe recherchée. Du côté de la table, on vous bichonne avec des produits frais cuisinés avec amour. De fréquentes offres permettent de s'évader le temps d'un week-end ou encore d'effectuer une retraite zen entre ateliers bien-être et créatifs.

CHAMBRE D'HÔTE

LA FORTANCE PARADIS NATUREL

Route du Barrage - **PLANFOY** ✆ 06 14 14 23 39
www.la-fortance-paradis-naturel.com/fr

Ouvert toute l'année. 3 chambres. Chambre double à partir de 80 € ; suite à partir de 135 €.

Un petit paradis au cœur du Pilat proposé par Rachel dans cette ancienne ferme entièrement rénovée de ses propres mains. Le bois, le Tadelakt et la pierre apportent confort et douceur au lieu. Ses chambres d'hôtes, décorées avec goût, offrent la quiétude avec aucun bruit de civilisation, pourtant si près du col de la République. Notons qu'en 2022, il y a de la nouveauté avec l'installation de la piscine naturelle et la construction d'un chalet insolite. Bref, tout est fait pour que vous vous sentiez bien dans ce lieu où vous pourrez aussi rencontrer des lamas.

CHAMBRE D'HÔTE

LA MINUTE PAPILLON

35, Chemin du Gué - **JONZIEUX** ✆ 06 15 49 13 81
www.la-minute-papillon.com

3 chambres d'hôtes (3 à 4 personne/chambre). Gîte 7 personnes. Table d'hôtes végétarienne. Stages et séjours bien-être.

Nous connaissons tous l'effet papillon et ses réactions en chaîne, mais connaissez-vous la Minute Papillon ? Un séjour réservé dans ce cocon et vous avez toutes les chances de ressentir d'agréables effets sur votre moral. Car dans ce havre de paix, le maître mot est : zen ! Pour une nuit ou pour un séjour bien-être, vous allez profiter des petites attentions de votre hôtesse, la thérapeute énergéticienne Élodie Franck. Les chambres claires et soignées invitent au repos, tandis que l'on pourra, dans l'ordre choisi, profiter du cadre pour se promener, pratiquer le yoga, ou ne rien faire du tout ! La table d'Élodie est végétarienne et fait la part belle aux produits de saison.

CHAMBRE D'HÔTE

LES LOGES DE L'OPÉRA

3, rue Lassaigne ✆ 06 82 09 08 11
Ligne M2 arrêt Conservatoire. - www.leslogesdelopera.fr

2 chambres (55 à 65 € la nuit). Petit déjeuner inclus. CB non acceptée. Wifi gratuit.

Les Loges de l'Opéra sont des chambres d'hôtes situées près du cours Fauriel, une situation idéale à deux pas du centre-ville avec un calme assuré. Tenues par des passionnés de musique et d'opéra, ces chambres d'hôtes portent les noms de différents grands musiciens. Cette maison bourgeoise des années 1920 a été rénovée de manière contemporaine, avec de belles couleurs. L'accueil y est fort sympathique, la maîtresse des lieux met tout en œuvre pour que vous passiez un agréable séjour et elle est toujours disponible pour des échanges enrichissants. Vous aurez également accès à la piscine, au jardin, à la bibliothèque... Bref, vous vous sentirez vite comme chez vous.

AUBERGE DE JEUNESSE

LA MAISON ROUGE

7, rue Paul-Appel ✆ 07 83 95 27 66
www.lamaisonrouge-backpackerhostel.fr

Café ouvert de 8h à 10h et de 18h à 21h. Dortoir 20 €. Petit déjeuner : 4,50 €. Salle de bains et sanitaires partagés.

Inspirée d'un concept néo-zélandais, La Maison Rouge créée à l'initiative de Carole Timstit est un *backpacker hostel*, c'est-à-dire une auberge pour randonneurs à prix modique. Maison à taille humaine, rénovée avec des matériaux naturels, cette maison du Crêt de Roch s'inscrit dans le respect du développement durable. Au rez-de-chaussée, des locaux collectifs : une cuisine, un salon, une bibliothèque permettent aux personnes venues d'horizons différents de se rencontrer et d'échanger. Un bel état d'esprit ! Au premier étage, un dortoir de 14 lits est destiné à une clientèle de personnes seules ou en petits groupes de passage pour une courte durée dans la région.

JE ME RÉGALE

Les périodes de fermeture qu'ont traversées les restaurants en 2020 et 2021 nous ont permis de mesurer combien nous étions collectivement attachés à nos bonnes tables, celles qu'on découvre au hasard comme celles dans lesquelles on prend ses habitudes. On finit par s'y sentir un peu chez soi. Saint-Étienne et sa région, de ce point de vue, offrent une très grande diversité d'adresses, dont nous vous proposons une sélection. Des adresses de prestige au restaurant de quartier, il y en a ici pour tous les goûts, et pour toutes les bourses. On trouvera de la cuisine contemporaine aussi bien que des auberges de terroir. Beaucoup de restaurateurs, quelle que soit leur inspiration, travaillent avec les produits locaux, en circuits courts. Une tendance qui conjugue respect de l'environnement et plaisir des sens. Pour les plus pressés, des foodtrucks offrent de découvrir des cuisines aux saveurs variées : portugaises, indiennes ou du terroir. Restaurants bio, végétarien, cuisine savoyarde, crêperie, street food… il serait bien étonnant que, face à un tel choix, vous ne trouviez pas un établissement qui puisse répondre à vos attentes. Les touristes l'affirment : on mange bien à Saint-Étienne et dans le département de la Loire.

VOTRE GUIDE DEVIENT INTERACTIF

TAPEZ PETITFUTE.APP DANS LE NAVIGATEUR DE VOTRE SMARTPHONE.

PRENEZ UNE PHOTO DE LA PAGE DÈS QU'ELLE A CE PICTO !

GASTRONOMIQUE
À LA TABLE DES LYS

58, rue Saint-Simon ✆ 04 77 25 48 55
www.latabledeslys.fr
Ouvert du lundi au vendredi le midi et le soir. Menus de 54 € à 115 €. Formule midi : 39 €.

La Table des Lys est l'un des meilleurs restaurants de Saint-Étienne. Installé depuis 2019 près du golf, il vous accueille dans un cadre contemporain, raffiné et en pleine nature pour déguster une cuisine traditionnelle agrémentée d'une pointe de modernité. Ici, on vous propose un repas inoubliable. La carte est originale et luxueuse : homard sur un lit d'épeautre, turbot rôti en croûte de sel, marcassin accompagné d'escalopine de foie gras poêlé, noix de Saint-Jacques saisies sur plancha... La carte des vins est inégalable, demandez conseil auprès du sommelier. Un très bon moment pour vous ou pour offrir : vous pouvez acheter des bons cadeaux sur le site Internet du restaurant.

GASTRONOMIQUE
LE CLOS PERCHÉ

Le Bourg - **MONTARCHER** ✆ 04 77 50 00 08
www.leclosperche.fr
Haute saison : le lundi midi ; du mercredi au dimanche le midi et le soir. Menus de 41 € à 61 €.

Pour y aller, la route est un peu sinueuse, mais une fois sur place, vous vivrez un véritable moment magique ! D'ailleurs, ce sera sans doute l'un des restaurants qui restera dans vos mémoires ! En tout cas, il restera dans la nôtre. Car en ce soir de début février, tout a été parfait. Déjà, pour commencer : un accueil chaleureux. Puis, que dire de l'entrée : un cromesquis de fourme et truffe, le tout immergé dans un velouté de potimarron. Un véritable mélange de saveurs ! Et la suite du repas a été dans la même intensité gustative : un pigeon sur une purée de chou rouge et pour finir avec un bel assemblage de mandarine, de bergamote et de châtaigne ! Inoubliable.

GASTRONOMIQUE
AUBERGE DE LA GRAND'FONT

1, rue de la Grand-Font - **BARD** ✆ 04 77 76 21 40
www.auberge-lagrandfont.com
Ouvert du mercredi au samedi le midi et le soir. Menus de 36 € à 88 €.

En 2018, Stéphane Sanial s'est vu récompensé par le trophée de la gastronomie, des saveurs et des vins, décerné au meilleur chef de l'année des départements de la Loire et de la Haute-Loire, dont il est originaire, pour son travail des produits du terroir avec toute la finesse et l'exigence qui le caractérisent. Depuis plus de 10 ans, il œuvre seul en cuisine à la campagne, au sein du village de caractère de Bard, à quelques encablures de Montbrison, dans une auberge en pierre dont l'excellence jaillit de sa dichotomie : elle sait offrir dans son cadre simple et authentique des plats purement gastronomiques. Une halte nature aux accents de plaisir dans le paysage forézien.

GASTRONOMIQUE
ÉCLOSION

40, avenue du Château - **SAINT-PAUL-EN-JAREZ**
✆ 04 77 61 99 09 - http://restauranteclosion.fr
Ouvert du mercredi au samedi midi et soir et dimanche midi. Menu midi : 35 €. Menu Dégustation de 67 à 87 €.

Aux portes du Pilat, installé dans un château au milieu d'un parc, L'Eclosion s'inscrit dans un paysage gourmand. Formé à de grandes tables – Paul Bocuse et Christian Têtedoie à Lyon –, le chef Pierre Carducci met tout son savoir-faire au service des meilleurs produits. Fils de maraîcher bio, il propose une cuisine gastronomique bio, réalisant dans de superbes assiettes des associations de saison. Le végétal est à l'honneur (il y a même un petit jardin dans le parc pour la cueillette), mais d'autres produits nobles emmènent les gourmands en voyage comme dans cette assiette : noix de Saint-Jacques, langoustine géante, truffe, bœuf bazadaise... Belle carte des vins.

GASTRONOMIQUE
LA CHARPINIÈRE - RESTAURANT LA SOURCE

8, allée de La Charpinière - **SAINT-GALMIER** ✆ 04 77 52 75 00
www.lacharpiniere.com
Ouvert du mercredi au dimanche. Service midi et soir, excepté le dimanche soir (fermé). Réservation recommandée.

Et dire qu'il y a un peu plus de cinquante ans, la Charpinière était une blanchisserie. Désormais, elle est un lieu synonyme de raffinement et de bien-être, avec, implantés dans un parc arboré de 3 hectares, un hôtel 4 étoiles Resort & Spa, relais du silence, pour une détente absolue, et la table d'exception d'Antoine Bergeron, étoilée dans un célèbre guide rouge. Ici, le chef travaille en circuits courts et les produits sont de saison. Ainsi, dans un cadre unique dans la région, vous pourrez faire un voyage à la découverte des saveurs ligériennes.

GASTRONOMIQUE
HÔTEL-RESTAURANT CHÂTEAU BLANCHARD

36, route de Saint-Galmier - **CHAZELLES-SUR-LYON**
✆ 04 77 54 28 88 - www.hotel-chateau-blanchard.com
Ouvert du mercredi au samedi de 12h15 à 13h30 et de 19h30 à 21h. Menus de 80 € à 129 €.

Au Château Blanchard, la cuisine gastronomique rime avec originalité et créativité. Les parfums, les saveurs, un travail tout en finesse, les bons produits de la région sont à l'honneur et s'harmonisent au fil des saisons. Les amateurs seront séduits par la belle carte des vins. Les chambres sont spacieuses, douillettes et romantiques, décorées avec soin. Pour vos séminaires, conférences et réceptions familiales, de beaux volumes sont mis à votre disposition avec tout l'équipement nécessaire. Le personnel et le service sont parfaits. Une étape incontournable de la région !

GASTRONOMIQUE

RESTAURANT DE LA LOIRE

30, rue de la Berge - **POUILLY-SOUS-CHARLIEU** ✆ 04 77 60 81 36
www.restaurantdelaloire.fr

Ouvert du jeudi au samedi midi et soir, dimanche midi, lundi midi et soir. Réservation recommandée. Menus de 38 à 79 €.

Avez-vous déjà choisi un menu dans un restaurant sans avoir la moindre idée de ce qu'il contenait ? Avant que vous répondiez, on est quasiment sûrs que cela ne vous est jamais arrivé. Pourtant, c'est le concept du restaurant de la Loire ! Ici, on vous présente une carte contenant une liste d'ingrédients pouvant être ou non dans les assiettes. Et on vous demande également vos allergies. Puis, vous n'aurez plus qu'à vous laisser guider et savourer les plats succulents que l'on vous propose. Alors, faites-vous confiance au chef Fabien Raux ? On peut vous dire que nous, on n'a pas été déçus ! Et si jamais vous ne souhaitez pas tenter l'expérience, une carte plus détaillée vous sera présentée.

GASTRONOMIQUE

RESTAURANT LE PETIT PRINCE

Le Bourg
SAINT-ALBAN-LES-EAUX
✆ 04 77 65 87 13
www.restaurant-lepetitprince.fr

Ouvert du mercredi au samedi le midi et le soir ; le dimanche midi. Menus de 29 € à 98 €. Accueil des groupes.

Pierre Reure, chef cuisinier, concocte une cuisine au goût du jour à base de produits frais et régionaux. Les Menus - qui changent chaque semaine - vous permettront de déguster des mets exceptionnels comme du lapin en râble farci entier et gâteau de pomme de terre à la truffe, un homard servi avec une brioche butternut-noisette et mousseline de potimarron et de magnifiques douceurs pour terminer le repas. La carte des vins est à la hauteur. Les salles et la merveilleuse terrasse vous plongent, été comme hiver, dans une ambiance calme et chaleureuse. Sublimissime !

GASTRONOMIQUE

CHÂTEAU D'ORIGNY

2210, route de Roanne - **OUCHES** ✆ 04 77 72 52 67
www.chateaudorigny.com

Restaurant ouvert du mercredi au dimanche, midi et soir. Menu «Marché» 55 €, menu 75-105 €.

Charme à la française, romantisme anglais, fresque et couleur pastel : l'atmosphère de chacune des cinq chambres de ce château du XVIe siècle est unique, mais toutes sont décorées avec un sens du détail et du luxe. Récemment, cette institution de la Côte Roannaise s'est dotée d'un restaurant où l'on retrouve avec plaisir ce même goût de l'accueil et de la perfection. C'est Julien Laval qui y conçoit des plats splendides et créatifs à partir de produits frais et locaux : risotto d'épeautre, gelée de cresson, encornets juste raidis et crème Dubarry. De belles associations ! Le lieu est très beau avec sa grande et splendide cuisine ouverte sur la salle, et le service est impeccable.

750 GRAMMES

Recettes, tutos vidéo, conseils… Une application complète pour se mettre facilement derrière les fourneaux, impressionner ses invités ou tout simplement parfaire sa culture culinaire. Il y en a pour tous les goûts et tous les niveaux parmi plus de 80 000 idées. Les vidéos sont courtes, les recettes clairement expliquées et la recherche par ingrédients/thématiques nous fait gagner un temps fou.

GASTRONOMIQUE

LES PLATS CANAILLES

3, rue du Parc ✆ 04 77 32 88 48
www.lesplatscanailles.fr

Ouvert le dimanche et le lundi le midi ; du mardi au samedi le midi et le soir. Menus de 31 € à 68 €.

Julien Gomez et sa compagne Caroline Karakotchian proposent, dans cette bonne table de Rochetaillée, des menus élaborés à base de produits de saison pour une cuisine créative. Un délice gastronomique. Tout est fait maison, les plats aussi bien que les glaces et même le pain qui, du reste, est un vrai délice. Vous pourrez déguster par exemple une mousseline de brochet au potimarron, une longe de marcassin braisée à la sauge, et en dessert un soufflé chaud au cassis et un parfait glacé à l'eau-de-vie de prune. Un lieu idéal pour un repas en famille ou entre amis. La vue panoramique en salle vous permet de profiter de la beauté du massif du Pilat, éclatant quelle que soit la saison.

GASTRONOMIQUE

TABLE L'ESSENTIEL - DOMAINE DE CHAMPLONG

100, Chemin de La Chapelle - **VILLEREST**
✆ 04 77 69 69 69

Le restaurant L'EsSENSiel est ouvert le mardi soir, le mercredi soir et du jeudi au dimanche midi. Menus 55-120 €.

Dans le cadre magnifique du château de Champlong, le restaurant L'EsSENSiel, tenu par le chef Olivier Boizet, vous accueille pour un repas gastronomique exceptionnel. La carte suit avec précision le passage des saisons et fait la part belle aux produits frais et locaux. La cuisine qu'on y sert est généreuse et inventive : noix de Saint-Jacques blanches françaises en carpaccio, fenouil et orange sanguine ; côte de turbot rôtie sur l'os, grecque d'artichauts violets, beurre de cuisson au wasabi ; fraîcheur de kiwi, bouillon à la citronnelle et sorbet yuzu.

BISTRONOMIE

LA PETITE ASSIETTE

Place François Mitterand - **BONSON** ✆ 04 77 02 59 05
https://la-petite-assiette.fr/

Ouvert le midi du mardi au dimanche, le soir du jeudi au samedi. Formule déjeuner 16-19 €, menus du soir 29-32 €.

Ouvert en juillet dernier à Bonson, ce nouveau restaurant bistronomique a déjà conquis les cœurs – et les estomacs - des habitants de la plaine. Œuf parfait sur tombée de jeunes pousses d'épinard, sauce au lard paysan saupoudré de pecorino et croûtons ; pavé d'omble chevalier, écrasé de pommes de terre et poireaux, mayonnaise aux petits pois et siphon au champagne : les assiettes sont savoureuses et éclatantes. Dedans, on retrouve uniquement des produits frais et de saison qui mettent à l'honneur les producteurs locaux. La cuisine ouverte donne au lieu une atmosphère chaleureuse, tandis que le chef prend un réel plaisir à se rendre en salle et à échanger avec les clients.

BISTRONOMIE

LA TABLE DES CHAMPS

1018, route de Saint Genest Malifaux - **SAINT-ROMAIN-LES-ATHEUX**
✆ 06 98 53 89 07 - https://la-table-des-champs.eatbu.com

Ouvert le lundi, le jeudi et le vendredi le soir ; le week-end le midi et le soir. Formule unique : 30 €.

Si l'envie vous prend de tenter une expérience insolite, vous pourrez prendre la direction de ce restaurant. Car ici, vous mangerez dans une yourte ! Dans ce lieu atypique qui a ouvert en 2021, une vingtaine de convives peuvent savourer une cuisine raffinée. Côté carte, les plats peuvent changer en fonction de l'arrivage de la semaine. Autrement dit, lors de votre réservation, vous ne pourrez pas forcément savoir ce qu'il y aura dans votre assiette. Toutefois, les hôtes vous demanderont si vous avez des allergies ou si vous n'aimez pas certains aliments. Notons également que Vincent, le cuisinier, travaille essentiellement avec des produits locaux ou qui proviennent de son potager.

BISTRONOMIE

LE PONT NANTIN

44, route de la Varizelle - **SAINT-CHAMOND** ✆ 04 77 22 86 06
www.restaurant-lepontnantin.fr

Ouvert du lundi au vendredi le midi. Le soir sur réservation. Menus jour de 20 € à 24 €.

Priorité aux circuits courts dans cet ancien relais de diligence sur la route de Saint-Etienne à Lyon. Un lieu plus que centenaire. Le chef Alexandre Cipriani, Maître Restaurateur, propose tous les jours un menu à l'ardoise, avec quatre entrées, quatre plats et quatre desserts. Le chef travaille particulièrement les viandes grillées. A noter, les glaces sont elles aussi maison. La maison propose des solutions sur mesure pour les régimes alimentaires spécifiques et les allergies. Une belle terrasse vous accueille aux beaux jours, pour prolonger le plaisir du repas en plein air. En intérieur, la salle joue la carte chaleureuse, mêlant des teintes sobres, du bois et des tissus.

RESTAURANT

CUEILLETE RESTAURANT

2, Cours Victor Hugo ✆ 04 28 04 44 41
www.hotelrestauranteclosion.fr

Ouvert le mardi de 10h à 14h, du mercredi au samedi de 9h à 13h et de 17h à 21h, le dimanche de 9h à 13h.

Pierre Carducci, le chef du restaurant Éclosion à Saint-Paul-en-Jarez, a ouvert un nouvel établissement au cœur des Halles Mazerat. Il s'agit d'un stand où l'on vient commander, puis on s'installe directement au comptoir ou sur l'une des tables des Halles en attendant que le biper qui nous a été confié vibre pour nous signaler que notre plat est prêt. Dans l'assiette, on retrouve la patte et l'engagement écologique du chef, avec une cuisine contemporaine, préparée avec des produits frais et locaux. La carte change au fil des saisons et comporte toujours une option végétarienne. Charcuterie, fruits frais, viennoiseries, œufs : le dimanche, le stand est recouvert d'un brunch gargantuesque.

BISTRONOMIE

LA MAISON DORÉE

19 bis, cours Victor Hugo
✆ 04 77 32 43 63

Ouvert du mercredi au samedi le midi et le soir ; le dimanche midi. Formule déjeuner à 17,90 €.

Changement d'ère sur le cours Victor Hugo. Le célèbre chef André Barcet, propriétaire des lieux pendant près 40 ans, a laissé la place à Mohand Souiki, qui a ouvert au printemps 2021 un nouveau restaurant, La Maison dorée. Une cuisine à découvrir, avec comme promesse des produits de saison en circuit court. Dans cet établissement au charme d'un grand hôtel parisien, vous pourrez déguster le midi une cuisine de bistro, et le soir une cuisine du monde. Entre les deux services, le restaurant reste ouvert pour l'heure du thé, avec pâtisseries maison. Un lieu très original à Saint-Étienne, à découvrir dans toutes ses dimensions ! À noter également une belle carte de cocktails.

BISTRONOMIE

LES AGAPES DE VINCI

Route de Rozier - **CIVENS** ✆ 04 77 28 87 58
www.lesagapesdevinci.fr

Ouvert tous les jours, sauf le lundi toute la journée et le dimanche soir. Formule déjeuner 17 €. Menu de 27 à 32 €.

Frédéric Navez, maître cuisinier de France et vice-président de l'association Les Tables roannaises, est passionné par Léonard de Vinci au point de lui rendre hommage dans ce restaurant. Bisque d'écrevisses, fondue de poireaux aux moules, poitrine de veau cuite 16h accompagnée d'un écrasé de pommes de terre. Sous le regard impassible d'une reproduction de la *Joconde*, on déguste une cuisine raffinée et créative, forgée par une carrière de près de 40 ans dans la restauration, avec plusieurs distinctions, mais avant tout une véritable passion qui anime le chef en cuisine et qui se ressent dans l'assiette. Afin de découvrir toute l'habilité du chef, nous vous recommandons les menus du soir.

© JONATHAN EXBRAYAT

© JONATHAN EXBRAYAT

BISTRONOMIE

LULU À TABLE

2930, Route de Cordeyron
SAINT-JUST-SAINT-RAMBERT
✆ 07 67 11 98 43

Ouvert le jeudi soir ; du vendredi au dimanche le midi et le soir. Le mercredi soir : afterwork uniquement, 17h-22h.

On connaissait la boutique et son atelier, Les Petits Greniers, et le goût de Sophie pour la décoration. Désormais avec à Lulu à Table, restaurant et concept-store à la fois, on découvre une table. Esprit bohème chic, l'ambiance cosy invite à s'attarder. Lumière tamisée, assiettes et tables joliment dressées, on vous promet une belle soirée. Notez d'ailleurs que tout est à vendre. La carte, qui change régulièrement, est travaillée, sincère, comme nous l'explique Michaël le chef. Pleine de saveurs aussi comme avec ce médaillon de filet mignon de porc, crème de chorizo, bisque et queues de langoustine, que nous avons eu le plaisir de déguster. Un vrai coup de cœur !

© JONATHAN EXBRAYAT

© JONATHAN EXBRAYAT

© JONATHAN EXBRAYAT

BISTRONOMIE

MADAME, TABLE DE CHEFFE

Place Villeboeuf ✆ 04 77 47 26 54 - www.restaurantmadame.fr

Ouvert du mercredi au samedi de 12h à 13h30 et de 19h30 à 21h. Menu découverte à 37 €. Formule du midi : 23 €. Terrasse.

© AMA

La passion de Marie-Ange Martinez se ressent dans tous les aspects de son restaurant : dans le cadre élégant et soigneusement décoré, dans la sélection de ses produits auprès de partenaires locaux, dans son engament écologique, et bien entendu dans ses assiettes éclatantes. Les plats sont d'une finesse exceptionnelle et reposent sur des associations audacieuses, parfaitement réalisées. A l'image de ce velouté de céleri rave dans lequel fond une crème glacée au miel de lavande, apportant une magnifique touche crémeuse au plat. On sent que la cheffe prend énormément de plaisir à composer sa carte, qui change toutes les six semaines afin de toujours mettre en valeur les produits de saison.

BISTRONOMIE

L'INTUITION

450, avenue de la Route Bleue - **MONTROND-LES-BAINS**
✆ 04 77 33 42 90 - https://lintuition-bistronomie.fr

Ouvert du jeudi au mardi le midi ; du jeudi au samedi le soir. Menus de 20 € à 37 €. Salon privatif.

Quel plaisir de découvrir ce type d'établissement basé sur l'élégance des plats, des produits frais et de qualité ! Derrière, les fourneaux on retrouve Fabrice Laurençon, Maître Restaurateur et véritable passionné par son métier. La cheffe de salle qui prend soin des clients se prénomme Christine Dumas. Présentation faite, vous vous demandez ce que vous pouvez manger ici ? Si les menus changent fréquemment, voici une petite liste qui donne véritablement envie : escargot en brioche, accompagné de persillade et de champignons, dos de saumon aux écrevisses, quenelles de Saint-Jacques sauce safranée ou encore fondant au chocolat et son coulis de fraises. Largement de quoi égayer vos papilles.

BISTRONOMIE

L'ATELIER LOCAVORE

2, avenue de la Libération - **LE COTEAU** ✆ 04 77 68 12 71
www.atelier-locavore.fr

Ouvert du mardi au samedi le midi et le soir. Menus du mois de 37 € à 51 €. Menu du marché 19 €.

Voici un restaurant qui porte bien son nom ! L'Atelier Locavore, c'est une cuisine bistronomique réalisée avec des produits saisonniers, frais et locaux. Plus qu'un repas, c'est une démarche qui vous est proposée à la dégustation. Ici, les aliments proviennent tous des circuits courts, dans un rayon de 200 km. Ici, on vous parlera de la manière dont travaillent les producteurs locaux pour cultiver leurs terres, élever leur bétail. Vous découvrirez une carte différente chaque mois. Du foie gras, suivi d'un duo de lotte et de daurade accompagné de polenta et pourquoi pas un entremets à la vanille et aux marrons pour finir ! Des saveurs de terroir dressées avec élégance. On en redemande !

BISTRONOMIE

INSENS

10, rue de Lodi ✆ 04 77 32 34 34
www.insens-restaurant.fr

Ouvert du mardi au samedi le midi et le soir. Menus de 25 € à 68 €. Carte : 24 € environ.

Insens est une pépite dans le centre-ville. Derrière la façade sans prétention se cache un restaurant contemporain proposant une délicieuse cuisine bistronomique. Le chef Maxime Apert, Maître Restaurateur, élabore des plats faits maison avec des produits frais de qualité. Au rythme des saisons, vous dégusterez la fine fleur de la cuisine française, moderne et respectueuse des traditions. Caviar du Velay, pressé de foie gras de canard, croustillant de sanglier, duo de rascasse et colin... Aux plats savoureux joliment dressés se succèdent des desserts raffinés comme le sablé au caramel au beurre salé et au chocolat au lait. Le service est simple et soigné. Une vraie parenthèse enchantée.

JOW

Encore une recette qui nous fait de l'œil mais dont il nous manque un ingrédient pour la réaliser. Pour pallier ce problème récurrent de nos foyers, Jow propose à la fois un moteur de recherches à base de ses propres recettes personnalisées par catégories et un panier de courses relié à notre enseigne. Les deux se synchronisent et le tour est joué. Plus aucune excuse pour ne pas cuisiner !

MONTARCHER
SOURCE PERLE DES ROCHES
EAU DE SOURCE
1L
MONTAGNES DU HAUT-FOREZ
MONTARCHER
SOURCE PERLE DES ROCHES
FINEMENT PÉTILLANTE
1L
MONTAGNES DU HAUT-FOREZ

BISTRONOMIE

COLINE CUISINE

6, Rue Vauban - **LA TALAUDIÈRE**
✆ 04 77 01 50 74
Ouvert lundi et mardi de 12h à 14h, du mercredi au vendredi de 12h à 14h et de 19h30 à 21h30. Menu déjeuner 13-23 €.

Tableaux végétalisés, belles affiches avec des illustrations d'aromates, tables en bois massif, vaisselle magnifique : c'est d'abord la beauté du lieu et son cadre design qui nous émerveillent quand on passe la porte de Coline Cuisine. Puis on retrouve avec plaisir le même soin apporté aux détails dans l'assiette, avec des plats très bien travaillés et parfois audacieux. A l'image de cette entrée coquille Saint-Jacques, mandarine et topinambour. Les produits sont de grande qualité, ils sont de saison, issus d'une agriculture raisonnée et de producteurs locaux. Pour découvrir toute l'habileté de la cheffe, nous vous recommandons le menu du soir en quatre séquences.

NEW BISTRONOMIE

LA ROSE DES DÉLICES

915, Route de Saint-Bonnet-les Oules - **CHAMBOEUF**
✆ 04 77 06 48 86 - larosedesdelices.fr
Ouvert du mardi au dimanche le midi ; le mardi et du jeudi au samedi le soir. Menus de 44 € à 70 €, 26 € le midi en semaine.

Cette institution culinaire de Chambœuf a récemment déménagé dans une belle bâtisse afin d'ouvrir son hôtel-restaurant. Si vous souhaitez passer un moment chaleureux et savourer une authentique cuisine gastronomique, vous vous trouvez au bon endroit. Les produits sont de bonne qualité et cela se ressent lorsqu'on les déguste. Dans ce restaurant, vous pourrez savourer du foie gras proposé en 3 façons, des huîtres et crevettes pochées dans un velouté de cèpes, ou encore du poisson accompagné de poireaux et de moules au curcuma. D'ailleurs, même la présentation des assiettes est soignée. Notons également que la carte des vins vaut le détour et que les desserts sont exquis.

BISTRONOMIE

L'EMPREINTE

46, Avenue Carnot
ROANNE
✆ 04 77 63 10 52

Fondé par le chef Yannick Lecoq, le chef qui a travaillé aux quatre coins du monde a finalement posé ses valises à Roanne afin d'y ouvrir son premier restaurant. Architecturalement, le lieu est construit sur l'articulation entre trois espaces : une salle ouverte sur la cuisine pour ne rien perdre de la dextérité du chef, un espace éclairé par une large baie vitrée et une terrasse quand les beaux jours permettent de s'installer dehors. On retrouve dans l'assiette le savoir-faire d'un chef qui a beaucoup voyagé, avec une cuisine élégante et réalisée à partir d'ingrédients frais et de saison. Nous vous recommandons les menus du chef afin d'en apprécier toute la virtuosité.

BISTRONOMIE

RESTAURANT LA ROUTE BLEUE

40, rue du Vernay
LA FOUILLOUSE
✆ 04 77 30 12 09
www.restaurantlaroutebleue.fr
Ouvert du mardi au samedi de 12h à 13h45 et de 18h30 à 21h. Réservation recommandée. Menus de 18,50 € à 26 €.

La Route Bleue est un clin d'œil à la route nationale qui reliait Paris à la Méditerranée dans les années 1920. Dans un nouveau cadre fait de bois et de décorations contemporaines, Angélique et Ludivine vous accueillent et vous proposent une cuisine au fort accent gastronomique, la cherté en moins. Différents menus, des assiettes parfaitement dressées, le repas y est toujours excellent, concocté à partir de produits frais et de qualité. Le sourire est toujours au rendez-vous. Une adresse qui vaut le détour ! Pensez à réserver à l'avance pour être sûr d'avoir un couvert.

BISTRONOMIE

AU JARDIN GOURMAND

1, allée Claude Barge - **ROANNE** ✆ 04 77 67 18 52
www.aujardingourmand.fr
Ouvert du mercredi au samedi le midi et le soir, ainsi que le dimanche midi. Menus de 29 € à 49 €.

Bienvenue dans un restaurant qui porte bien son nom. Car ici, les assiettes sont copieuses et sont agréablement présentées. Laissez-vous donc subjuguer par le velouté automnal avec un mélange de saveurs qui saura satisfaire vos papilles. Puis, laissez-vous tenter par le filet mignon avec sa sauce au porto qui fond littéralement dans la bouche. Enfin, finissez votre repas par un dernier délice : la brioche perdue aux poires pochées, sauce caramel beurre salé. Selon vos envies, vous pourrez bien sûr choisir d'autres plats. D'ailleurs, vous pourrez même composer votre menu ! Mais, quel que soit votre choix, vous serez sans doute séduit par la créativité du chef.

NEW BISTRONOMIE

LA TABLE DES MATRUS

26, Rue du Grand Gonnet
✆ 09 78 80 27 54
Ouvert du mardi au samedi de 16h à minuit. Menu de 35 à 45 €.

Ouvert en décembre 2022, ce nouvel établissement original s'est installé à la place de l'ancien restaurant le Bougre d'âne et est tenu par deux anciens collègues qui y travaillaient. On sert à La Table de Matrus des plats d'inspiration paysanne rehaussés de touches gastronomiques à des prix très abordables. La cuisine nous fait redécouvrir avec gourmandises des ingrédients et des techniques de cuisson parfois peu connus : poireau vinaigrette, huître fumée citron noir ; porc fermier d'Auvergne cuit au foin, crémeux au chocolat, espuma à la bière tourbée, meringue flambée au malt et biscuit freekeh. Les produits utilisés proviennent à 90 % de circuits courts.

25 CÔTÉ COUR

25, rue des Aciéries
✆ 04 77 94 45 89
Ouvert du lundi au vendredi le midi. Menu unique à 23 € (entrée + plat + dessert).

© JONATHAN EXBRAYAT

© JONATHAN EXBRAYAT

Un service rapide, un personnel professionnel et une cuisine délicieuse. Voici les bons ingrédients du restaurant 25 Côté Cour qui a ouvert en novembre 2021 en face du Zénith. Concrètement, ici, c'est une cuisine simple du côté des ingrédients, mais élaborée au niveau de la création des plats qui est proposée. Avec au choix tous les midis : une carte restreinte mais qui donne envie ou un menu du jour renouvelé quotidiennement. Ainsi, en cette fin du mois de janvier, le multicolore de carottes et sa saucisse de Morteau, suivi d'un dos de lieu noir servi avec un gâteau de courgettes et pour finir une tarte chaude au chocolat m'ont permis de passer un moment gustatif très plaisant.

UN ÉLÉPHANT DANS UN JEU DE QUILLES

16, rue Léon-Nautin
✆ 04 77 49 12 72
Ouvert le mardi soir ; du mercredi au samedi le midi et le soir. Réservation recommandée. Menus de 28 € à 38 €.

Un Éléphant dans un Jeu de Quilles est un bistrot de chef proposant une cuisine moderne, inventive et raffinée. La carte est composée de produits de saison sélectionnés chez les meilleurs producteurs et bouchers. En automne par exemple, vous redécouvrirez les saveurs du risotto de petit épeautre au bouillon de légumes, courge butternut et fondue de poireaux, d'un foie gras d'Auvergne, ou encore d'un gâteau au potimarron à la ganache au café et aux brisures de nougatines. Un établissement idéal pour dîner en amoureux, entre amis ou organiser un déjeuner d'affaires.

BLIND CAT

52, boulevard Waldeck Rousseau - **SAINT-CHAMOND**
✆ 04 77 19 89 57
https://leblindcat.com
Ouvert du mardi au vendredi de 12h à 15h ; du mercredi au samedi de 19h à 23h. Carte : 15 € environ.

Fabrice Ariza et Nicolas Ciolfi ont investi la Maison des Chanoines de Saint-Chamond. Le nom de l'établissement fait directement référence aux établissements clandestins de la Prohibition américaine, dans les années 1920. Plusieurs ambiances y sont déclinées : le restaurant, le bar de dégustation de bières et de vins, et la microbrasserie produisant une blonde, une blanche, une IPA et quelques séries limitées, sous la marque Blindcat. L'ambiance chic Art déco souligne le retour vers les années folles, il y a cent ans. La carte est conçue dans un esprit tapas, avec de multiples plats à partager : arancini, gambas, houmous de brebis... Une adresse élégante et originale.

BISTROT - BRASSERIE

BISTROT DU GRAND HOTEL

10, avenue de la Libération
✆ 04 77 37 63 86
Ouvert du mardi au samedi le midi et le soir. Carte : 16 € environ.

À première vue, la décoration ne plaira pas à tous les clients. Car entre les faïences vertes ou encore la banquette en velours, il faut aimer le style des brasseries des années 1950. Mais, si vous ne souhaitez pas entrer dans ce restaurant car vous n'appréciez pas la déco, on vous le dit tout de suite : vous faites fausse route. Car les plats sont réellement savoureux et le service est parfait. Ainsi, le filet de bœuf grillé accompagné d'une savoureuse sauce béarnaise et de frites maison a réellement charmé mes papilles. Et pour le dessert : les profiteroles au chocolat étaient exquises. Bref, on a hâte de retourner dans cet établissement qui a remplacé le Zoobar !

NEW ATELIERS DES GRANDS CÈDRES

200, Changy
CORDELLE
✆ 04 77 66 69 18
www.grandscedres.com
Restaurant ouvert de mai jusqu'à octobre.

Sous le même toit on trouve un atelier de poterie et de céramique, des hébergements ainsi qu'un restaurant. C'est un lieu de résidence pour les céramistes, les potiers et les chefs qui se succèdent de mai jusqu'à octobre pour partager leur expertise. Ainsi, on peut réaliser sur place des stages de poterie afin de découvrir cette pratique ou de perfectionner sa technique. Dans le restaurant, la carte change au fil du passage des chefs, mais les plats sont toujours servis dans une vaisselle réalisée sur place. La carte des vins met en valeur le travail des vignerons locaux.

ARÔME D'SENS

5, place Jean Jaurès
✆ 04 77 33 01 36
Ouvert du mardi au samedi le midi ; du jeudi au samedi le soir. Formule du midi : 18,90 € (entrée/plat/dessert).

Direction l'Arôme d'Sens pour passer un moment agréable à la découverte de plats succulents. Car ce restaurant sait rendre délicieux des plats simples, qui renouent avec des goûts anciens. Salade de saint-marcellin, escalope de dinde panée, magret de canard, filet de sandre, dos de merlu, dorade royale... Ici c'est une cuisine savoureuse, comme à la maison, qui vous sera proposée avec des produits de qualité. Et n'oubliez pas de laisser une place pour les desserts. Du moelleux au chocolat à la crème brûlée, vous avez de quoi vous faire plaisir ! Bref, l'Arôme d'Sens est une adresse utile en plein centre-ville, pour un déjeuner réussi ou un dîner entre amis.

L'ART HOME

81, avenue Roger Salengro
UNIEUX
✆ 04 77 61 92 99
Ouvert le dimanche, le lundi et le jeudi le midi ; le mardi et du vendredi au samedi le midi et le soir.

Tout près des gorges de la Loire et du pont du Pertuiset, le restaurant L'Art Home vous accueille dans un espace moderne, épuré et chaleureux. Les jours ensoleillés, la terrasse agréablement ventée vous fera de l'œil quand vous arriverez. À l'intérieur, le cadre est sobre et charmant, avec ses pierres apparentes. Un décor engageant qui promet un bon repas ! Et ce ne sont effectivement pas les assiettes qui vous feront dire le contraire ! Les plats sont bien présentés, les produits sont frais et goûteux. Le chef utilise des matières premières nobles et change ses recettes chaque saison. Les vins, bien sélectionnés, et les plats originaux donnent envie de revenir !

LA BOUCHE PLEINE

21, place Chavanelle
✆ 04 27 64 59 40
Ouvert du jeudi au samedi le midi, du mardi au samedi le soir. Plat du jour : 14 €. Ardoise du soir 29 €.

© LA BOUCHE PLEINE

© LA BOUCHE PLEINE

La Bouche Pleine est un bouchon élégant, la cuisine française traditionnelle y est mise à l'honneur de l'entrée au dessert. Les amateurs de «bonne bouffe» hésiteront entre la traditionnelle entrecôte, travaillée avec un saint-marcellin, l'andouillette ou encore la fameuse quenelle aux verpes de Bohême servie dans un caquelon brûlant. La part belle est faite aux viandes. Les amateurs de poissons apprécieront les entrées originales comme la Carlexane, fameux mariage de Saint-Jacques, crevettes et saumon fumé aromatisé au pastis. Les amateurs de vin seront séduits par la carte de qualité. Le restaurant respire la bonne humeur. Un bistro à la bonne franquette qui ravit les papilles !

AUBERGE DU TREMPLIN

619, chemin du Tremplin
LE BESSAT
✆ 04 77 93 68 94
Ouvert du mercredi au samedi midi et soir et le mardi midi. Terrasse. Menus de 9 à 20 €.

© COBALTMEDIAS.COM

Ambiance chalet à la montagne pour cette auberge située aux abords du village du Bessat et offrant une vue splendide sur les pistes voisines. Calé au chaud à l'intérieur aux heures les plus fraîches ou attablé l'été en profitant d'une terrasse ensoleillée, on se sent toujours aussi bien ici au cœur de la nature ! Dans un décor qui mêle la pierre et le bois, le Tremplin est un réconfort pour les ventres comme pour les âmes. Un sourire, un bon mot, l'accueil est bienveillant et la cuisine généreuse. Parmi les spécialités, on craque pour la crêpe du Pilat, un régal ! L'après-midi est l'occasion de déguster les nombreux desserts, avec, selon la saison, un thé ou un cacao au pain d'épices.

L'HEURE DES METS

4, avenue de la Libération - **SAINT-CHAMOND**
✆ 04 77 31 86 82
www.lheuredesmets.fr
Ouvert le lundi et du jeudi au samedi, le midi et le soir ; et le dimanche midi. Formule du midi : 17,50 €.

L'Heure des Mets est un restaurant maîtrisant l'art du fait maison. Chez Sandrine et Jean-Luc, vous dégusterez une cuisine réalisée avec des produits locaux. Les menus changent tous les jours, les plats de saison, simples ou raffinés, sont délicieux, le chef ayant à cœur de travailler les produits bruts pour en révéler toutes les saveurs. Soucieux d'offrir une qualité maximale, il vient d'ailleurs à la rencontre de ses clients en fin de repas pour recueillir leurs impressions. Le service est rapide et souriant, la terrasse et la salle climatisée sont bienvenues l'été, mais vous pouvez aussi vous faire livrer plateaux-repas et buffets personnalisés. Une adresse à conseiller !

BISTROT - BRASSERIE

LE BISTROT DE PARIS

7, place Jean-Jaurès ✆ 04 77 21 56 74
www.lebistrotdeparis.com
Ouvert le lundi midi, du mardi au vendredi midi et soir et le samedi soir. Réservation recommandée. Menu déjeuner 15 €.

Dans un intérieur moderne et coloré avec mezzanine et grande terrasse, Le Bistrot de Paris, une institution stéphanoise, a rouvert ses portes sous l'égide de Maxime Apert, déjà propriétaire du restaurant L'Insens. Un concept de brasserie gourmande est mis en place. La cuisine proposée est simple et traditionnelle : escargots au beurre d'ail, fish and chips, tartare de bœuf, tête de veau croustillante sauce gribiche. Des planches apéritives sont également possibles, composées de falafels, de nems de fourme, d'accras de morue, ou de gambas. Et les desserts font aussi saliver. Un rapport qualité-prix correct pour un restaurant très bien situé avec une belle terrasse.

LE VICTORIA

1, rue Tiblier-Verne
✆ 06 03 67 19 66
Ouvert du dimanche au vendredi le midi. Formule du midi : 15 et 19 €. Accessible aux fauteuils roulants, climatisation.

© LE VICTORIA

Le premier Victoria, au cœur des Galeries Dorian, avait fermé en 2018 suite au départ de la Fnac du centre-ville. Mais Victoria del Grosso, épaulée par Adeline qu'elle a elle-même formée dans son précédent restaurant, est de retour à l'angle du boulevard Jules Janin. Tel un phœnix, le Victoria renaît, avec un décor teinté de rose et de blanc et une cuisine traditionnelle, uniquement à base de produits frais, simple et savoureuse en semaine avec une pièce de bœuf ou un poisson selon les arrivages, et plus élaborée pour le déjeuner du dimanche. Pour preuve ce jour-là, c'était feuilleté d'escargots et son coulis de tomate ou foie gras tuile dentelle au melon et aux fruits rouges. Un régal !

© AUBERGE DES LYS

AUBERGE DES LYS

122, rue du Vieux-Bourg
VEAUCHETTE
✆ 04 77 75 41 06
www.auberge-des-lys.fr

Mardi, jeudi, vendredi, samedi, dimanche midi ; vendredi et samedi soir. Menus 16,50-35,90 €. Menu Matru 11 €, Ado 13 €.

S'arrêter à l'Auberge des Lys est un réel délice. Déjà, on est séduit par l'accueil chaleureux proposé ! Et que dire des plats : ils sont autant savoureux que copieux. La salade périgourdine est d'une douceur infinie et la blanquette de veau, accompagnée d'un gratin dauphinois, d'un flan de légumes et de ses champignons, est vraiment exquise. À moins que vous préfériez opter pour une tourte d'escargots au beurre maître d'hôtel suivie d'une lotte à l'armoricaine ? Bref, on vous prévient : vous passerez un agréable moment et vos papilles seront aux anges. D'ailleurs, vous ne verrez pas forcément le temps passer. Et vous n'aurez qu'une envie, c'est d'y retourner !

© AUBERGE DES LYS

© AUBERGE DES LYS

© AUBERGE DES LYS

RESTAURANT

GRABUGE

12, Rue Léon Nautin
✆ 06 03 56 41 60

Ouvert le soir du mercredi au samedi de 19h à 23h30.Le midi vendredi et samedi. Menus de 24 € à 34 €.

© GRABUGE

Chez Grabuge, on sert une cuisine de comptoir reposant sur des associations audacieuses, et réalisée avec des produits de saison issus de producteurs locaux. Pour bien suivre le passage des saisons et les disponibilités des fermes de la Loire, la carte change toutes les semaines. Afin de découvrir toute l'expertise du chef, nous vous recommandons la formule du soir « En catimini avec la cuisine » qui propose une sélection de 5 plats, secrètement choisis par le chef après avoir échangé avec vous. Du côté des vins, une formule propose également de se reposer sur l'expertise de l'équipe, qui sélectionne les breuvages en fonction de vos goûts et des mets du jour.

BISTROT - BRASSERIE

LA COCOTTE STÉPHANOISE

2, Rue Ferrer ✆ 04 82 77 70 00
www.sevensquares.fr

Ouvert du mardi au samedi de 12h à 14h30 et de 19h à 22h30. Formule déjeuner 17,50 €.

Perchée sur les toits du centre commercial Steel, cette brasserie dispose d'un beau point de vue sur les environs. Murs de briques, poutres de métal, et immense baie vitrée illuminant la salle : son décor industriel jouant sur les différents matériaux plaira aux amateurs de design. La carte est aussi soignée que la décoration. On y trouve des plats de brasserie habilement préparés : salade, burger, tartare. Il y a également les fameuses cocottes qui donnent à l'établissement son nom. Dans une cocotte de fonte sont servis de délicieux plats en sauce : blanquette de veau, couscous, suprême de volaille rôti. Idéal pour un déjeuner gourmand lors d'une journée shopping.

LES VOILES

4, chemin de la Petite Loire - **ANDRÉZIEUX-BOUTHÉON**
✆ 04 77 89 01 62
les-voiles-restaurant.eatbu.com

Ouvert du dimanche au mardi le midi ; le jeudi et le vendredi le midi et le soir ; le samedi soir. Menus de 27 € à 40 €.

Je rentre tout juste de vacances : cinquième jour de reprise... ressenti trentième ! Je décide de mettre immédiatement les voiles sur les bords de Loire à Andrézieux. Une façon de profiter encore des longues soirées d'été sur la belle terrasse ombragée et de déguster une cuisine traditionnelle raffinée : des Saint-Jacques snackées dans une crème de patates douces, un dos de cabillaud en croûte de basilic accompagné de légumes à ratatouille grillés et une salade de fruits frais. Des convives s'installent dans la salle lumineuse et épurée, des enfants s'amusent dans le coin jeux aménagé. Moi, je termine par une promenade au bord des étangs, et me voilà ressourcée comme au retour de congés !

BISTROT - BRASSERIE

LE MELIES BRASSERIE

10, place Jean Jaurès ✆ 04 77 32 40 92
www.lemelies.com

Ouvert le lundi de 15h à 23h30 ; du mardi au samedi de 12h à 1h ; le dimanche de 12h à 0h.

Mieux que viser la lune, le Méliès nous l'offre sur un plateau en ouvrant sa nouvelle brasserie. Dans une belle unité de style Art déco, chaleureuse et conviviale en diable, le Méliès Brasserie offre de nouveaux horizons de gourmandise avec ses beaux volumes tout en élégance et un superbe espace cave dédié au vin. Cuisine maison réalisée à partir de bons produits régionaux par un chef inspiré par les saisons. Belle sélection de viandes, notamment un Tomahawk servi sur planche, et des fromages de la Maison Perrin pour accompagner son verre de vin. Desserts maison dans le même esprit de plaisir à partager. Il ne reste plus qu'à se faire une toile ou à taper du pied au Méliès Café.

BISTROT - BRASSERIE

LE GLASGOW

3, place de l'Hôtel-de-Ville ✆ 04 77 32 83 99
www.leglasgow76.fr

Ouvert du lundi au mercredi de 8h à 19h ; du jeudi au samedi de 8h à 22h ; le dimanche de 10h30 à 17h.

Depuis plusieurs années, le Glasgow propose une restauration de type brasserie sur la place de l'Hôtel de ville. Vous aurez le choix entre le menu du jour très exhaustif ou des plats typiques à la carte comme les salades composées, les burgers, les pièces de bœuf ou le poisson. La cuisine est bonne et le service sympathique. La viande est de qualité et les accompagnements variés. Le Glasgow est aussi un bar, ce qui permet aux personnes du quartier de prendre un café avant le travail. Le cadre est élégant et moderne, les lustres époque Space Age se mêlent aux maillots de foot de l'équipe des Verts. Aux beaux jours, vous profiterez de la belle et spacieuse terrasse en plein centre-ville.

© AUBERGE DE LUPÉ

© AUBERGE DE LUPÉ

RESTAURANT

NEW

AUBERGE DE LUPÉ

1, route de Maclas - **LUPÉ**
✆ 04 74 48 24 25 - www.aubergedelupe.com
Ouvert du mardi au samedi midi et soir. Menu complet à 30 €, menu du jour 16 €, menu enfant 10 €.

C'est dans une superbe bâtisse en pierre abritant un gîte pour 10 personnes que cette belle Auberge accueille ses visiteurs. Située au pied du mont Pilat, l'équipe de Marie et Lucas invite les gourmets à découvrir une cuisine aux fortes tendances locavores, une cuisine esprit bistrot qui respire les saisons et le bien-vivre. Une jolie salle, de confortables fauteuils, une belle verrerie autour d'une planche à partager ou d'un burger, il n'y a plus qu'à se laisser porter. Pour exemple : orzotto aux crevettes, chorizo et coriandre en plat, brioche façon pain perdu, glace vanille et pommes caramélisées au dessert. Mention spéciale pour le menu enfant, avec un vrai plat et un tout petit prix !

© AUBERGE DE LUPÉ

© AUBERGE DE LUPÉ

© AUBERGE DE LUPÉ

L'ESCARGOT D'OR

5, cours Victor-Hugo
✆ 04 77 41 24 04
https://lescargotdor.fr/
Ouvert du mardi au samedi midi et soir et les jours fériés. Réservation recommandée. Menus de 29 € à 45 €.

L'Escargot d'Or est une institution stéphanoise. Cet établissement, installé cours Victor Hugo, en face des halles depuis plus de 20 ans, vous offre, dans un cadre chaleureux ou en terrasse, un large choix : queues de lotte aux escargots, filet de cerf, ris de veau aux morilles, filet de bar crème d'oursin... Une cuisine traditionnelle présentée comme chez un gastro. Classiques parmi les classiques, les escargots de Bourgogne sont ici proposés de façon originale : un feuillantin d'escargots en poivrade ! Autre spécialité maison : le foie gras, un régal ! Si l'ambiance est typique le midi avec la salle à manger au rez-de-chaussée, la salle au premier étage accueille les grandes occasions.

BISTROT - BRASSERIE

L'ENTREPOTES

103, rue Paul de Vivie ✆ 04 77 59 66 82
www.lentrepotes.bar
Ouvert du lundi au vendredi de 12h à 14h ; le jeudi de 18h à 23h ; le vendredi de 18h à 1h30.

Dans la montée du Col de la République, l'Entrepotes offre un superbe cadre, sa terrasse ombragée est très agréable l'été. Vous y dégusterez des produits frais et locaux. La carte est simple, mais goûteuse, les portions sont généreuses : terrine maison, salades composées, viandes de bœuf, brandade de morue, burgers maison, fish & chips, fondant au chocolat... Les sauces sont toutes faites maison. Le service est rapide. Par ailleurs, le restaurant fait aussi bar : vous pourrez découvrir une large gamme de vins, bières, whiskies, rhums et cocktails maison. L'accueil est sympathique, l'ambiance conviviale, de nombreuses animations à thèmes sont organisées tout au long de l'année.

BISTROT - BRASSERIE

L'ATELIER DE FAURIEL

112, cours Fauriel
✆ 04 77 25 29 87
Ouvert du lundi au vendredi de 9h à 15h. Carte : 15 € environ. Plat du jour : 11 €. Menu du jour : 20 €.

L'Atelier de Fauriel, manufacture du goût, facilement reconnaissable avec son enseigne verte, et qui emprunte à la chambre de commerce et d'industrie située en face une décoration industrielle, propose des burgers, des salades mais aussi des plats du jour variés : pavé de saumon à la coriandre, suprême de poulet rôti à la basquaise ou un carpaccio de bœuf à l'huile de basilic et parmesan les jours de beau temps dont on profite sur la terrasse. Une cuisine agréable, à base de produits frais de provenance majoritairement locale, un service irréprochable et un accueil convivial permettent de passer un bon moment dans ce restaurant qui conjugue simplicité et qualité.

NEW

L'INSTANT PRÉSENT DOMAINE ET CHÂTEAU DE VALINCHES

2979, route de Valinches - **MAROLS** ✆ 04 77 52 22 47
Ouvert du lundi samedi midi et soir, et le dimanche midi. Uniquement sur réservation.

Niché au cœur du château de Valinches, L'instant Présent commence par nous éblouir par sa beauté : sous une lumières soignée, les pierres de taille de la forteresse rencontrent la voûte blanche du plafond, donnant à l'architecture de la salle un design magnifique. Du côté de l'assiette on trouve des produits de saison, issus du circuit court afin de garantir un respect de la nature et un goût à la hauteur du lieu. Poulpe rôti, suprême de chapon fermier, moelleux Grand Chocolat Jivara : les plats sont très créatifs et réalisés avec une grande habileté.

BISTROT - BRASSERIE

BISTROT DE LA GALERIE

10, rue des Aciéries ✆ 04 77 73 78 80
www.bistrotdelagalerie.com
Ouvert du lundi au samedi de 10h à 18h ; le jeudi jusque 0h30. Menus de 21 € à 23 €.

On peut avoir peur de rentrer dans une galerie d'art. Peur de ne pas se sentir à sa place. Pourtant, ce serait dommage de ne pas le faire. Alors, si vous êtes encore craintif, on vous propose une solution : passez d'abord par le bistrot de la galerie. Ici, tous les midis, c'est une cuisine locale qui vous sera proposée et chaque jeudi soir, vous pourrez profiter d'une soirée à thème. Si cela ne vous fait toujours pas envie, sachez que 300 références de vins se trouvent sur la carte. Bref, vous pourrez passer un agréablement moment avant de partir découvrir la galerie d'art de Ceysson & Bénétière. D'ailleurs, pour vous donner un avant-goût, des œuvres d'art sont accrochées dans le bistrot.

BISTROT - BRASSERIE

LA MAISON D'ŒUVRES

3, Place de l'Abbé Blard - **VEAUCHE** ✆ 04 28 70 60 64
https://maisondoeuvres.fr/
Ouvert le midi du lundi au samedi, le soir du mercredi au samedi. Formule déjeuner 18-21 €.

Ce très bel espace, épuré et élégant, est partagé entre plusieurs identités. On y trouve ainsi une cave avec une sélection de vins, de champagnes et de spiritueux ; un bar où l'on peut se retrouver en *afterwork* autour d'un verre et d'une planche à partager ; et également un restaurant. La carte change tous les jours afin de toujours proposer une formule déjeuner originale. La cuisine est créative avec des associations audacieuses, comme l'illustre le braisé de bœuf au chocolat, accompagné de ses pommes de terre et champignons. La déco du lieu vous plaît ? Toutes les marques de mobilier et de décoration sont à retrouver sur place dans le concept-store. Très belle terrasse en été.

LA JAVA BLEUE

2, cours Fauriel ✆ 04 77 21 80 68
www.restaurant-lajavableue.fr
Ouvert tous les jours le midi et le soir. Réservation recommandée. Carte : 16 € environ. Menu du jour : 15,90 €.

© LE BŒUF DE PÂQUES

La Java Bleue vous accueille dans un cadre rétro, style bistrot des années 1950. Une fresque en l'honneur de Charles Trenet et des photos de Georges Brassens, Edith Piaf, Luis Mariano... ornent les murs, on est bien accueilli dans la vaste salle. La spécialité de La Java Bleue : le bœuf ! Entrecôte, côte de bœuf, tartare, joue de bœuf, brochettes, os à moelle, ou même jambon cru de bœuf et terrine de confit de bœuf au foie gras... La viande est déclinée sous toutes ses formes ! Les meilleures races de viande ont été sélectionnées, elles sont traditionnelles et françaises. Toutes les viandes sont accompagnées de frites cuites dans de la graisse de bœuf, croustillantes et dorées à souhait.

LA CANTINE DU COIN

33, rue Etienne Mimard
✆ 04 77 50 22 36
Ouvert du lundi au vendredi le midi. Formule : 17 € (entrée + plat + dessert).

Ce petit restaurant situé à l'angle de la rue Étienne Mimard, à proximité de la place Fourneyron, se devine à peine, dans ce quartier aux marges du centre-ville. Mais il vaut le détour ! Un repas excellent avec un service et un cuisinier fort agréables ! Tout est fait maison, le choix est restreint mais suffisant avec possibilité de poisson ou de viande chaque jour et de très bons desserts. Les menus évoluent et s'adaptent en fonction des fruits et légumes de saison, l'offre change tous les jours. Les plats sont à la fois traditionnels et originaux, et les assiettes généreuses. Une vraie cantine comme on les aime ! Et une jolie déco, un brin scolaire ; pause déjeuner agréable garantie.

LE CANOPY

27, rue Léon-Nautin
✆ 09 83 99 79 79
www.canopy-saint-etienne.fr
Ouvert le lundi et le samedi soir et du mardi au vendredi midi et soir. Menus de 25 € à 30 €. Formule du midi : 12,90 €.

Installé dans le lieu historique et prestigieux de l'ancienne manufacture royale d'armes, Le Canopy, fondé par trois associés, est un restaurant moderne avec quelques notes industrielles. Le cadre est élégant et contemporain, décliné dans une palette de bleu, anthracite et métal. La cuisine est bistronomique avec des classiques revisités comme la cuisse de canard confite à la sauce aux airelles, ou les noix de Saint-Jacques servies avec des *linguine* au brocolis et au chorizo. En dessert vous apprécierez un millefeuille chocolat blanc et fruits exotiques. Des assiettes belles et cuisinées avec des produits frais et de saison, des serveurs jeunes et souriants… On passe un excellent moment !

AU CHAPELIER GOURMAND

4, rue Marguerite-Gonon - **CHAZELLES-SUR-LYON**
✆ 04 77 06 92 83
www.auchapeliergourmand.fr
Ouvert du mardi au dimanche le midi ; le vendredi et le samedi le soir. Menus de 26 € à 36 €. Formule du midi : 17,50 €.

© AU CHAPELIER GOURMAND

© AU CHAPELIER GOURMAND

Le chef Fabien Viricel s'est installé dans une ancienne chapellerie. Et dans ce cadre d'exception, avec plus de 25 ans d'expérience, ce cuisinier met en avant les producteurs locaux avec des mets originaux. Ainsi, les ravioles de gambas et bouillon de légumes thaï, ou encore le ris de veau pané aux épices sauront vous mettre l'eau à la bouche pour commencer. Puis la noix de veau confite aux miel, thym et citron saura satisfaire vos papilles. Enfin, pour le dessert, vous pourrez vous délecter avec l'ananas rôti aux épices ou la brioche perdue. Notons que tout est réalisé maison ! Par ailleurs, Fabien Viricel propose des cours de cuisine. L'occasion de devenir un véritable chef à la maison !

CARRÉ PÉTANQUE OBUT

5, route du Cros - **SAINT-BONNET-LE-CHÂTEAU**
✆ 04 77 45 57 05
www.carrepetanque.fr
Ouvert tous les jours le midi ; le vendredi et le samedi le soir. Réservation recommandée. Menus de 26 € à 30 €.

Le Carré Pétanque Obut propose un espace gourmet de 150 couverts dont 60 en terrasse. Le chef saura vous étonner par sa cuisine moderne à découvrir entre amis, en tête à tête ou dans le cadre de séminaires. Dans une ambiance conviviale, vous pourrez déguster, en entrée, un croustillant de fourme, puis un sauté de cerf ou un jarreton de veau, et pour finir un mi-cuit au chocolat Weiss ou une poire pochée au vin rouge. Les plats sont fait maison, et le lieu décline aussi des menus de fête. Ce restaurant est un vrai plaisir pour les papilles, un éveil à de multiples saveurs dans un cadre exceptionnel avec une vue imprenable sur la vallée. Possibilité de réceptions et de séminaires.

GARE & GAMEL'

Place du 19-Mars-1962 - **SAINT-JUST-SAINT-RAMBERT**
✆ 04 77 06 51 05
www.gare-gamel.fr
Ouvert le mardi midi ; du mercredi au samedi le midi et le soir. Réservation recommandée. Menus de 34 € à 39 €.

Situé dans l'ancienne gare de Saint-Just-Saint-Rambert, le restaurant Gare & Gamel' vous accueille dans un décor contemporain où vous pourrez apprécier une cuisine délicieuse et raffinée. Une bistronomie de saison avec des produits frais, si possible locaux, est proposée dans le style « bouchon lyonnais ». Le restaurant affiche avec fierté le sigle « fait maison », encore trop rare aujourd'hui. On apprécie également la belle terrasse située au calme sur laquelle vous pourrez apprécier en famille ou entre amis les bons plats mijotés en cuisine. « De tous les arts, l'art culinaire est celui qui nourrit le mieux son homme. » Une bonne façon de résumer ce restaurant !

COTÉ PARC

7, place Villebœuf
✆ 04 77 33 66 96
www.restaurant-saint-etienne.fr
Ouvert du lundi au samedi le midi ; du jeudi au samedi le soir. Menu entrée, plat, dessert à 17,90 €, midi et soir.

Place Villebœuf, Côté Parc sert une cuisine de qualité. Ce restaurant vous fait profiter d'une cuisine du marché à base de produits frais remarquablement concoctés par le chef. Plutôt qu'une carte longue comme le bras, le chef propose une carte concise, régulièrement renouvelée, avec quelques plats bien pensés et très bien réalisés. Vous succomberez certainement à la terrine de caille maison au foie gras et aux raisins, à la daube provençale de sanglier au vin rouge, ou encore à la crème brûlée à la vanille bourbon caramélisée aux pralines roses, ! Une belle sélection de vins vous est proposée pour venir accompagner votre repas, ainsi que des bières de la Brasserie de la Loire.

A FABULEUSE CANTINE

Au cœur de l'ancienne manufacture d'armes de Saint-Étienne, à deux pas de la Cité du design, la Fabuleuse Cantine propose une cuisine créative et gourmande, anti-gaspi, bio, locale et solidaire.

Plus qu'un simple restaurant, c'est un véritable lieu de vie où l'on peut boire, manger, mais aussi acheter de bons produits fabriqués sur place ou aux alentours, écouter de la musique, danser, travailler, bouquiner dans un canapé moelleux, découvrir un artiste ou participer à un cours de cuisine.

fabcantine.st 06 50 69 68 79
bonjour@lafabuleusecantine.fr
www.saint-etienne.lafabuleusecantine.fr
1 rue Claudius Ravachol 42000 Saint-Etienne

ABSINTHE RESTAURANT

4, rue Richelandière
✆ 04 77 25 06 89
Ouvert le midi du mardi au samedi ; le soir du jeudi au samedi. Menu du jour uniquement le midi : 20 €.

© JONATHAN EXBRAYAT

© JONATHAN EXBRAYAT

Après avoir fait le bonheur de nombreux gourmands rue des Martyrs-de-Vingré pendant de longues années, L'Absinthe occupe désormais les anciens locaux du Palazzo et dispose donc d'une terrasse de 300 m². Le cadre se veut chaleureux, la décoration est soignée et la cuisine est toujours raffinée et pleine de saveurs, avec notamment au choix : la tarte fine aux truffes et parmesan, le homard rôti au beurre d'aromates ou encore le ris de veau poêlé aux légumes de saison. Le service est très agréable et le personnel attentif. Aux beaux jours, on profite de l'agréable terrasse. Vous l'aurez compris, on ne peut que tomber sous le charme de cette adresse gourmande au cadre enchanteur !

EL CLANDESTINO

25, Avenue Denfert-Rochereau
✆ 04 77 41 77 40
www.el-clandestino.fr
Ouvert du lundi au vendredi de 7h à 15h ; le jeudi et le vendredi également ouvert de 18h à minuit.

Située dans le quartier d'affaires de Châteaucreux, cette adresse ouverte depuis novembre dernier est devenue le lieu de rendez-vous des employés de bureau, qui s'y retrouvent pour déjeuner ou autour d'un verre et de tapas en fin de journée. On les comprend : le cadre est chaleureux et la bonne humeur d'Hervé, le propriétaire, est contagieuse ! Côté carte, elle change au gré des inspirations du chef et met souvent les abats à l'honneur : ris de veau meunière, foie de veau poêlé aux éclats de framboise. On y trouve également des pièces plus classiques comme les escalopes de veau à la milanaise, les côtes de porc ou encore les côtelettes d'agneau. Belle sélection de bières stéphanoises.

NEW

BISTROT - BRASSERIE

BY GEORGETTE

2, Bd Pierre Desgranges - **ANDRÉZIEUX-BOUTHÉON**
✆ 04 77 36 10 50 - https://bygeorgette.fr/
Restaurant ouvert du lundi au vendredi le midi et le soir, le samedi uniquement le soir. Formule déjeuner 17-20 €.

Situé au cœur de l'hôtel Best Western à Andrézieux, L'instant by Georgette est un nouveau concept proposant des espaces de coworking spacieux et confortables, et un restaurant dont la décoration rappelle les bistrots d'antan. On y sert une cuisine maison faisant la part belle aux producteurs ligériens et au circuit court. Certains produits et spécialités locales sont d'ailleurs directement disponibles dans l'espace boutique. Une belle terrasse calme et agréable en bord de piscine deviendra vite votre lieu de prédilection pour une pause déjeuner relaxante. L'instant by Georgette, c'est vivre une nouvelle expérience de séjour, de travail et de restauration dans la Loire.

L'AMPHITRYON

9, boulevard Gabriel Cousin
SAINT-GALMIER
✆ 04 26 48 05 89
Ouvert du mardi au jeudi de 12h à 15h ; du vendredi au dimanche de 12h à 15h et de 19h à 21h30. Menus de 27 € à 38 €.

Entrez dans un restaurant au cadre élégant et raffiné où même l'accueil est soigné. Jonathan et Nicolas, un jeune duo passionné, savent parfaitement marier les saveurs. Au menu : une carte réduite mais qui donne envie avec des produits frais et de saison. Foie gras de canard marbré au cacao Weiss, lieu jaune accompagné de petits légumes ou encore pomme basse température et son caramel au beurre salé... Ça met l'eau à la bouche. Toutefois, en fonction de l'arrivage, certains menus peuvent être modifiés, mais ce n'est pas un problème tant les plats sont savoureux. Et cerise sur le gâteau : les assiettes sont également joliment présentées. Notons aussi qu'une belle carte de vins vous attend.

GOÛTS DU JOUR

48, rue Balay
✆ 04 77 33 52 48
Ouvert du lundi au vendredi le midi ; le vendredi et le samedi le soir. Menus de 21 € à 31 €.

Situé près de Carnot, Goûts du Jour est un restaurant à part dans le sens où il n'y a pas de carte déterminée. En effet, Yoann Krol, le patron et chef, propose une cuisine différente chaque jour, réalisée avec des produits frais et le plus possible locaux. Au hasard du retour de marché, vous dégusterez des plats savoureux à l'image du tartare de thon aux agrumes, du millefeuille d'escargots, de la queue de lotte à la citronnelle, de la daube de bœuf à la provençale… En dessert, vous vous régalerez d'un moelleux à la crème des marrons d'Ardèche ou d'une mousse au chocolat Weiss. La terrasse est agréable, le restaurant accepte les animaux. Une cuisine succulente, on en redemande !

BISTROT - BRASSERIE

QUARTIER LIBRE

10, rue Dorine Bourneton - **ANDRÉZIEUX-BOUTHÉON**
✆ 04 77 79 99 28 - www.quartierlibre42.fr
Ouvert le lundi midi ; du mardi au vendredi le midi et le soir ; le samedi soir. Menus de 34,50 € à 39,50 €.

J'avais quartier libre pour dîner ! J'avais repéré la vaste terrasse mais la pluie menaçant je m'installe en salle. Avec des fauteuils confortables et une décoration design, j'ai vite compris que j'avais rejoint le lieu branché du coin ! Après avoir hésité entre un wok, une salade ou un « plat canaille », j'opte pour un burger. On le définit comme inattendu, et avec son escalope de foie gras et son magret fumé, il a, il est vrai, ravi mon palais. En dessert des fruits et des sucreries plongés dans du Toblerone fondu me rappellent des saveurs d'enfance. Alors, avec des amis au sortir de l'Envol Stadium, ou pour une soirée autour du menu unique des jeudis de juillet, pour sûr je reviendrai !

BISTROT - BRASSERIE

TOUR DE TABLE

235, route de Bayard - **LA TOUR-EN-JAREZ** ✆ 04 77 75 39 19
https://tourdetable.eatbu.com
Ouvert du lundi au mercredi le midi ; jeudi et vendredi midi et soir. Sur rés. le week-end. Menus de 16,90 € à 24,90 €.

Tour de table est un joli petit restaurant de ville. Décoré avec élégance et modernité, Tour de table propose une cuisine traditionnelle composée de plats de saison. Salade périgourdine, gratin de ravioles, saint-marcellin pané, pavé de saumon crème à l'oseille, cuisse de canard confite aux morilles, faux-filet poêlé, mi-cuit de thon au sésame… La cuisine de Benoît, le propriétaire des lieux, est généreuse et élégante, entre brasserie et bistronomie. Un cadre idéal pour une pause déjeuner gourmande. L'occasion de passer un bon moment autour d'un repas et d'un bon vin. La salle étant plutôt étroite, il est vivement conseillé de réserver. Une adresse à retenir.

LE BISTROT GAGA

2, place Albert-Thomas ✆ 04 77 32 65 01
Tram direction Solaure, arrêt Bourse du travail.
www.bistrotgaga.fr
Ouvert le lundi et le mercredi de 10h à 16h ; le mardi, le jeudi et le vendredi de 7h à 16h ; le samedi de 6h30 à 16h.

© LE BISTROT GAGA

© LE BISTROT GAGA

Le gaga, c'est le dialecte stéphanois. Il était donc logique de baptiser un canit (troquet) de ce nom. Alors, si vous êtes de passage à Saint-Étienne, n'hésitez pas à faire un détour par le Bistrot Gaga. Pas en raison de son nom, mais plutôt car ici vous pourrez savourer de succulents plats établis à partir des produits frais du marché. Notons qu'en fonction des saisons, les aliments présents dans votre assiette ne seront pas les mêmes. D'ailleurs, ce restaurant propose une carte été et une carte hiver. Enfin, sachez que tous les matins, le Bistrot Gaga présente sur sa page Facebook le menu du jour. De quoi vous faire saliver en attendant la pause déjeuner !

BISTROT - BRASSERIE

AU TABLEAU

36, rue du 11 Novembre
✆ 04 77 50 89 05
www.autableau-mp.fr
Ouvert le lundi et mardi midi ; du mercredi au samedi le midi et le soir. Menus 25,50 €-30,90 €. Plat du jour à 10,90 €.

© AU TABLEAU

Ce restaurant situé près de l'université Jean Monnet est bien connu par les étudiants stéphanois et les habitants du quartier pour ses plats traditionnels et ses prix attractifs. Vous aussi, sortez vos livres et vos stylos, et délectez-vous. Les menus s'inscrivent sur un grand tableau noir. Au programme, cours de parler gaga puis dégustation ! Choisirez-vous un burger traviole ou teu-teu (termes affectueux adressés respectivement à un proche ou un enfant) ? Préfèrerez-vous une salade coissou (le petit dernier de la famille en stéphanois) ? Je vous laisse réfléchir et apprécier ! Le cadre moderne est très agréable et le personnel sympathique. Alors à table ! Au Tableau !

YOUMIAM

Qu'est-ce qu'on mange ce soir ? Youmiam a peut-être la réponse ! L'application suggère des idées recettes détaillées pas à pas en fonction de nos préférences (régime alimentaire, allergies, envies). On aime le mode cuisine qui permet de faire défiler rapidement la recette sans se perdre dans les explications et les différents niveaux d'accessibilité, de l'apprenti cuistot à l'habitué des fourneaux.

BISTROT - BRASSERIE

LA TABLE DU 10

10, rue des Fossés
✆ 04 77 53 45 30
Ouvert le lundi soir ; du mardi au samedi le midi et le soir. Plat du jour : 12 €. Menu du jour : 15 €.

La Table du 10 (rue des Fossés !) est un petit bistrot gourmand qui propose une cuisine simple et raffinée. Les burgers, spécialité de la maison, sont à créer. Vous pouvez en choisir le pain, le steak (bœuf, poulet ou saumon), le fromage, les légumes (du marché) et la sauce maison. Ils sont particulièrement copieux et accompagnés de frites fraîches, on voit mal ce qu'on pourrait demander de plus ! La Table du 10 propose de même des bruschettas, des omelettes et des salades, à composer également avec une liste d'ingrédients et des menus plus conventionnels renouvelés chaque jour, avec des desserts maison comme des mousses au chocolat ou des tartares de fruits de saison !

BISTROT - BRASSERIE

LA TABLE DU BRASSEUR

85, chemin de la Côte - **VILLARS** ✆ 04 28 70 40 75
www.latabledubrasseur.fr
Tous les jours 11h45-15h30 et 19h-23h, sauf le dimanche soir. Réservation recommandée. Carte : 16 € environ.

La Table du Brasseur est une adresse *family friendly* qui propose un accès à l'Inside Park, un complexe de jeux pour petits et grands. Moyennant un supplément sur le prix du menu, les enfants peuvent jouer dans un espace de 600 m² composé de toboggans, trampolines et zones d'escalade. Pour les plus grands, bowling, billard et trampoline sont accessibles après le repas, toujours moyennant un supplément. Côté carte, il y en a pour tous les goûts. Les assiettes sont copieuses et certains plats peuvent être partagés. Les bières sont brassées sur place. Le service est rapide, le personnel agréable et souriant. Et depuis peu, un coin snacking a également été aménagé.

BISTROT - BRASSERIE

BRASSERIE LE 1933

8, allée de La Charpinière - **SAINT-GALMIER** ✆ 04 77 52 75 00
www.lacharpiniere.com
Ouvert tous les jours le midi et le soir. Menus de 19,50 € à 29,50 €.

« Tout ce qui a trait à la vache m'émeut» peut-on lire sur le mur de cette brasserie design. En effet, si le 1933, l'un des 3 concepts de restauration déclinés à la Charpinière, propose des déjeuners de qualité en toute convivialité, c'est aussi et surtout le rendez-vous des amateurs de viandes d'exception maturées : pièces de bœuf Simmental, Charolais, Wagyu aux accents de beurre salé ou Black Angus au goût plus persillé, la viande est partout. On la choisit dans la vitrine d'exposition et on la savoure en salle sous le regard d'un bœuf en céramique multicolore ou sur la terrasse ombragée. Le service est soigné et la viande sublimée... Un vrai régal de carnassiers !

© JONATHAN EXBRAYAT

© JONATHAN EXBRAYAT

BISTROT - BRASSERIE

NEW

BRASSERIE GEOFFROY GUICHARD

14, rue Paul et Pierre Guichard
✆ 09 73 89 64 84
www.bgg.rest

Ouvert du lundi au samedi le midi. Du mercredi au samedi le soir. Menu du jour à midi 20 €. Menu BGG 37 €, enfant 8 €.

Situé dans le stade Geoffroy-Guichard, cet établissement cristallise tout l'attachement des Stéphanois à leur histoire et à leur équipe : des générations de maillots trônent fièrement dans des vitrines, et les paroles de la chanson *Saint-Étienne* de Bernard Lavilliers, « On n'est pas d'un pays, mais on est d'une ville… », figurent en lettres néon à côté d'un immense portrait de Robert Herbin qui domine la salle. Ce temple sacré est l'endroit idéal pour un débrief d'après-match. Côté carte, des plats de brasserie réconfortants mettent l'accent sur le terroir.

© JONATHAN EXBRAYAT

© JONATHAN EXBRAYAT

© JONATHAN EXBRAYAT

© JONATHAN EXBRAYAT

© JONATHAN EXBRAYAT

MISE EN SCÈNE

15, place des Pénitents
MONTBRISON
✆ 04 77 76 28 13
www.restaurant-miseenscene.com

Ouvert du mardi au samedi le midi ; du jeudi au samedi le soir. Menus de 39 € à 49 €. Formule du midi : 23,50 €.

En mangeant au restaurant Mise en scène, vous aurez la même sensation qu'après être allé voir un film que vous avez adoré. Vous n'aurez qu'une seule envie, c'est d'y retourner ! Ici, vous pourrez profiter de deux salles : la première étant spacieuse se prête parfaitement aux repas de groupe, alors que la seconde permet d'avoir une ambiance plus intime. Mais les deux choses que vous apprécierez le plus seront la qualité des produits et la présentation des assiettes. D'ailleurs, pour avoir l'eau à la bouche, n'hésitez pas à faire un tour sur leur page Facebook. Ça donne vraiment envie et en regardant les photos, vous comprendrez pourquoi ce restaurant s'appelle Mise en scène.

© JONATHAN EXBRAYAT

© JONATHAN EXBRAYAT

© JONATHAN EXBRAYAT

SUD-OUEST

Ô BENESTAR

7, place du Pont - **SAINT-JUST-SAINT-RAMBERT**
✆ 04 27 64 23 37
www.obenestar.fr
Ouvert du mardi au samedi le midi ; le vendredi et le samedi le soir. Menus de 28 € à 35 €. Formule du midi : 18,50 €.

© Ô BENESTAR

Ici le congélateur ne sert que pour les glaces ! Tout est fait maison à la sauce du Sud-Ouest par Benjamin Verkinderen, cuisinier et pâtissier trentenaire originaire de l'Ariège. Une façon de nous faire découvrir son terroir : une brouillade d'œuf à la truffe, un foie gras mariné au whisky, le moundjetado, véritable cassoulet occitan servi dans son plat en terre cuite, que l'on déguste avec une georgette, ce couvert hybride qui vous sert de fourchette, de cuillère à soupe et à café et même un peu de couteau ! On s'installe sur la terrasse en bord de Loire, ou en salle aux couleurs rouge et noir. Ô Benestar, une ode au bien-être, propose également un plat végétarien !

SAVOIE

CHEZ LES FONDUS

4, rue Sainte-Catherine ✆ 04 77 33 29 68
https://chezlesfondus.com
Ouvert tous les jours le soir ; le samedi midi. Menus de 18,50 € à 24,90 €. Menu enfant : 8,90 €.

Chez les Fondus, vous n'êtes plus en centre-ville mais au pied des pistes ! Dans ce restaurant savoyard, aux allures de chalet de montagne, le fromage est à l'honneur : raclettes, fondues à la fourme ou à la tomme, reblochonnade, croziflette, camembert et saint-félicien cuits au four, ou ossau iraty en gratin aux gnocchis ! On retrouve aussi des fondues bourguignonnes, vigneronnes et bressanes et en dessert celle, si appétissante, au chocolat. Les plats sont copieux, l'accueil est chaleureux, trois salles sont prévues pour les groupes pour plus d'intimité et la terrasse sur la rue piétonne est appréciable en été. À savoir : on chausse aussi ses skis Chez les Fondus à Montbrison !

CUISINE RÉGIONALE

LE VAL GOURMAND

64, place de la Mairie - **VALFLEURY** ✆ 04 77 93 20 45
www.levalgourmand.fr
Ouvert du jeudi au mardi le midi ; du jeudi au samedi le soir. Menus de 14,50 € à 29,50 €. Menu enfant : 8 €.

Saint Valentin, soirée italienne avec chanteur et tiramisu, soupe au chou : les thèmes ne manquent pas à l'auberge du Val Gourmand. Autant d'occasions de se retrouver à cette belle adresse tenue par Carole et Sylvain Dubreuil depuis 2017. La grande capacité d'accueil de cet établissement, jusqu'à 80 convives, permet d'organiser des repas de famille lors d'anniversaires, des baptêmes ou des réunions de travail. Un service bar et épicerie est également proposé. Le lieu idéal pour profiter d'un bon restaurant à la campagne. Bon à savoir : il propose également des soirées pour les matches de l'ASSE. De quoi cumuler le plaisir de l'assiette et l'ambiance dans la salle !

ALSACE

L'ALSACIEN

4, place Jean Jaurès
✆ 04 77 57 01 60
www.lalsacien.com
Ouvert 7j/7 midi et soir. Plats à la carte.

© L'ALSACIEN

Situé à deux pas de la mairie, le restaurant L'Alsacien a ouvert ses portes en 2021. L'établissement propose une cuisine savoureuse, avec en tête de gondole une spécialité : les flammekueches. Qu'elles soient garnies de lardons fumés, de crème fraiche, de tofu mariné au citron et au tamari ou encore de magret de canard fermier, ces tartes flambées peuvent être partagées. Et si vous êtes plus sucré que salé, n'hésitez pas à savourer une flammekueche recouverte de morceaux de pommes et de cannelle ou celle avec de la poire et du chocolat. Bref, entre amis ou en famille, c'est une bonne adresse à découvrir. Et pour un moment festif, il est possible de privatiser une salle à l'étage.

CORSE

NEW

ÉPICERIE COMPTOIR CHEZ DUMÈ

40, Av. Jean Mermoz
ANDRÉZIEUX-BOUTHÉON
✆ 04 77 74 77 36
https://www.chez-dume.com/
Restaurant ouvert du mardi au vendredi le midi. Boutique ouverte du lundi au samedi.

© JONATHAN EXBRAYAT

© JONATHAN EXBRAYAT

Avis aux amateurs de cuisine méditerranéenne, l'Epicerie Comptoir Chez Dumè est le restaurant qu'il vous faut. Dans cet antre de la gastronomie corse, les gourmets auront tout le loisir de découvrir de véritables spécialités de l'île de Beauté. Aux côtés des célèbres charcuteries et fromages, à déguster sur place en salle ou en terrasse, ou à emporter, c'est une carte de plats faits maison que propose Dumè : pâté en croute de canard maison Bayle, roulés de coppa au chèvre frais, burger, mignon de porc caponata, cannellonis au brocciu. Un lieu à découvrir !

CUISINE RÉGIONALE

LA P'TITE POULE ROUSSE

La P'tite Poule-Rousse - **DOIZIEUX** ✆ 04 77 20 94 68
www.poulerousse.fr
Ouvert vendredi et samedi soir, du vendredi au dimanche à midi. Pour les groupes en semaine. Fermé mercredi.

La P'tite Poule Rousse nous accueille dans la ferme du GAEC du Crêt Marcoux. Une adresse gourmande (lapins, volailles en bocaux et œufs en vente directe) où l'on vient sur réservation pour découvrir une cuisine traditionnelle de terroir préparée avec les bons produits de la ferme tout en participant, de temps en temps, à des soirées thématiques (5 ou 6 fois par an) pleines de saveurs (contes, histoires, musique ou théâtre). Et des saveurs, il n'en manque surtout pas autour d'une table conviviale dans un décor de pierres apparentes : charcuteries de la ferme, volaille en sauce avec des légumes du jardin, fromage frais et sec, dessert. Une P'tite Poule Rousse si douce, ça ne se refuse pas !

CUISINE RÉGIONALE

RESTAURANT L'ESSENTIEL

1109, route de la Bâtie d'Urfé - **SAINT-ETIENNE-LE-MOLARD**
✆ 04 77 97 00 19 - www.lessentiel-labatie.fr
Ouvert du mercredi au dimanche le midi. Le vendredi soir et le dimanche soir sur réservation. Menu à 25 €.

Au restaurant L'Essentiel, c'est une cuisine traditionnelle qui vous sera proposée, concoctée à partir de produits locaux et de saison. À deux pas du château de la Bâtie d'Urfé, vous pourrez ainsi savourer des salades, des burgers, des planches campagnardes, des marmites du pêcheur ou encore des souris d'agneau aux saveurs d'Orient. Notons que ce restaurant propose un menu adolescent (chose très rare !) : saucisson en entrée, suivi d'un burger classique et d'un dessert au choix. D'ailleurs, l'autre particularité de cet établissement, c'est qu'une fois par mois, un repas spectacle y est organisé. Au programme : de la musique, du théâtre ou encore de l'humour.

CRÊPERIE

JEANNETTE

13, place Jean-Jaurès ✆ 04 77 25 71 50
www.creperie-jeannette.fr
Ouvert du mardi au dimanche de 9h30 à 22h. Galettes de 10,90 € à 16,30 €.

Jeannette est une magnifique crêperie moderne située en face du Megarama Jean Jaurès. Vous serez charmé par la décoration soignée : sièges et luminaires en cannage, fleurs séchées, table en zelliges, parquet en chevrons, macramé, musique lounge douce et sensuelle... Une atmosphère cosy et féminine à découvrir tout au long de la journée. Vous pourrez déguster galettes et plats maison le midi, crêpes et gaufres en journée ou encore cocktails et planches apéritives le soir. Les assiettes sont raffinées et généreuses, la cuisine locale et gourmande. Très dynamique, le personnel est aux petits soins pour offrir à sa clientèle un moment convivial et plaisant. Coup de cœur garanti !

RESTAURANT

JEAN LES CROCS

10, place Villeboeuf
✆ 07 87 38 76 19
www.jeanlescrocs.fr

Ce restaurant sert une cuisine variée, préparée avec des produits frais et de saison. On choisit entre des sandwichs savoureux et croustillants, ou des plats du jour en bocaux à faire réchauffer. Des soupes de légumes, des entrées ou des desserts peuvent venir compléter le repas et constituer une formule avantageuse. La carte change chaque semaine et propose un très beau choix de plats végétariens. Les légumes y sont très bien cuisinés, les produits laitiers viennent directement de la ferme, et le personnel est adorable ! Il est possible de se restaurer sur place, de prendre à emporter ou de se faire livrer dans la métropole stéphanoise. Idéal pour un déjeuner sur le pouce *healthy*.

GUINGUETTE

LA FABULEUSE CANTINE

1, rue Claudius Ravachol ✆ 06 50 69 68 79
www.lafabuleusecantine.fr
Du lundi au jeudi 10h-15h, vendredi et samedi 15h-Minuit. Le dimanche : Brunch 11h-15h. Bocal dès 4,50 €. Événements

Bien plus qu'un restaurant associatif, La Fabuleuse Cantine est un fabuleux concept humaniste qui s'est exporté dans d'autres villes. Situé dans l'ancienne manufacture d'armes, avec Boris Fontimpe aux commandes, ce lieu est le rendez-vous des amateurs du mieux vivre, du partage, de la convivialité et de la culture. Dans les bocaux, honneur à la vraie cuisine, élaborée à partir de produits en circuits courts, d'invendus ou de producteurs, avec une forte tendance bio et raisonnée. On consomme sur place ou on emporte, mais surtout on contribue à ce bel élan du bien manger et de l'anti-gaspi ! Le menu est sur une base végétarienne avec possibilité d'ajout de viande ou de poisson.

HAPPYCOW

Depuis 1999, HappyCow répertorie les adresses véganes proches de chez vous. On se crée un profil, se géolocalise et c'est parti pour une aventure culinaire… internationale ! Plus de 180 000 adresses, 600 000 membres et 180 pays y sont enregistrés : de quoi se faire une to *food list* aux petits oignons et pourquoi pas rencontrer les utilisateurs près de chez soi sur son prochain lieu de vacances.

VÉGAN

GREEN BAE

5, rue Dormoy ✆ 09 87 09 41 04
www.greenbae.fr
Ouvert du lundi au samedi de 11h30 à 14h et de 18h30 à 22h. Menus de 7,25 € à 9,50 €. Vente à emporter.

Près de la place Jean-Jaurès, GreenBae est une bonne adresse syrienne proposant uniquement des plats végétariens. La viande est remplacée par d'autres protéines, graines et légumineuses comme les fèves, les lentilles et l'incontournable pois chiche. Les produits sont frais et locaux provenant du marché bio du marché de la Bourse du travail et des primeurs du quartier. Vous dégusterez sur le pouce sandwichs et menus, sur place ou à emporter. Falafel, houmous, kebbé, moussaka, soupe de lentilles, fattouche, burger végétarien, sandwich halloumi, baklava en dessert ; les assiettes sont jolies et garnies, la note très modique. En menu ou en plats individuels, ce n'est pas cher et on y mange bien.

VÉGÉTARIEN

CANTINE NUMÉRO DIX

19, rue de la Ville ✆ 09 86 31 19 69
www.numerodix-cantine.fr
Ouvert du mardi au samedi de 11h à 15h. Brunch tous les samedis et le 1er dimanche de chaque mois. Menu du jour : 16 €.

Végétariens, végétaliens, allergiques au gluten ou au lactose, nous avons trouvé votre cantine, et ce dans une rue piétonne de l'ancien centre historique stéphanois ! Durant vos pauses méridiennes, installez-vous au numéro 10, en mezzanine ou en terrasse, pour un repas gourmand fait maison à partir de produits locaux, et accompagné d'un jus de chez Bissardon ou d'une eau fraîche infusée. Et si le temps presse, emportez une lunch box ou un velouté chaud. Vous profiterez plus longuement de la décoration actuelle lors des brunchs de Karima le week-end, en formule les samedis et autour d'un buffet à volonté les premiers dimanches du mois. Manger sain fait vraiment du bien !

VÉGAN

LES PETITES GRAINES

24, rue Henri Barbusse ✆ 04 69 35 54 67
www.restaurantpetitesgraines.fr
Ouvert du mercredi au vendredi le midi ; le vendredi et samedi soir. Réservation recommandée.

Les Petites graines est le premier restaurant stéphanois 100 % végan. Aux commandes, Véronique et Isabelle, l'une cuisinière et l'autre naturopathe de métier. Faute de trouver une adresse correspondant à leur régime alimentaire, elles ont fondé leur resto en cuisinant des plats bio à base d'aliments issus des circuits courts. Créative et équilibrée, la carte évolue chaque semaine, alternant classiques et fast-food : buddha bowl, burger végétalien, galette de pois chiches, légumes rôtis, taboulé de chou-fleur et raisin, pesto aux fanes de carottes… La cuisine est excellente, copieuse et abordable, le service aux petits soins. Autrement dit, c'est un restaurant qui est à tester !

VIANDE

LE VIAND'ART

6, rue de Saint-Etienne
SAINT-CHAMOND
✆ 04 82 77 45 99

Ouvert du lundi au vendredi de 12h à 14h. Réservation recommandée. Carte : 17 € environ.

© JONATHAN EXBRAYAT

© JONATHAN EXBRAYAT

Alors que sa boucherie de la Valette a pignon sur rue depuis quelques années, Karim Semaoune s'est lancé dans un nouveau projet : un restaurant à viande. Et encore une fois, la qualité est au rendez-vous dans cet établissement au design épuré. En effet, la carte proposée est un enchantement pour les papilles. Les parts sont assez généreuses et raviront tous les amateurs de bonnes viandes. D'ailleurs, même les entrées sont agrémentées de tranches de viande. Les desserts ainsi que la carte des vins vous feront également saliver. Bref, on a vite envie d'y retourner et d'ailleurs on n'est pas les seuls car il est conseillé de réserver pour être sûr d'avoir une table.

TABLE D'HÔTES - FERME-AUBERGE

AUBERGE LES GENETS D'OR

Lieu-dit Salvaris ✆ 04 77 95 60 56
www.lesgenetsdor42.fr

Du mercredi au dimanche le midi et le soir. Formule : 16,90 € (entrée, râpée à volonté, dessert).

Après une chaude journée d'été, venir assister au coucher du soleil à la terrasse de cette auberge est un moment inoubliable. Depuis Terrenoire ou Rochetaillée, la route étroite, en lacets, vous a hissé au-dessus de la vallée à près de 1 000 m d'altitude. Dépaysement incroyable à 15 minutes de la grande ville. Outre la terrasse panoramique, l'auberge en pierre offre 2 salles douillettes à la chaude décoration de bois. C'est l'endroit idéal pour goûter à la spécialité locale de la râpée, célèbre galette de pommes de terre, servie à profusion et accompagnée d'un assortiment de charcuteries régionales. Enfin, pour vous réchauffer après une belle balade, ne manquez pas la fondue de fourme.

BOUCHON LYONNAIS

Ô DEUX BOUCHONS

8, avenue Jean-Monnet - **SAINT-GALMIER** ✆ 09 75 25 79 93
odeuxbouchons.net

Ouvert du lundi au vendredi le midi ; le vendredi soir. Carte : 16 € environ. Plat du jour : 9,90 €. Terrasse.

Nouveaux propriétaires pour O Deux Bouchons, place à Justine et Romain Epalle ! Direction Saint-Galmier, près de la source Badoit : le menu du jour s'affiche sur les ardoises, mais j'écoute attentivement les suggestions énoncées oralement : andouillette et bavette Angus servies avec leurs frites cuites dans la graisse de bœuf et salade Ceasar devant laquelle je me pourlèche les babines avec ses grands filets de poulet panés, ses généreux copeaux de parmesan, et sa sauce au citron. En dessert je craque pour un tiramisu aérien au Nutella. Et je peux vous dire que j'aime la bonne cuisine du chef mais aussi l'ambiance chaleureuse et sans prétention, et les prix très raisonnables !

NEW

BIO

Ô C BON

26, rue Brossard
✆ 04 77 34 03 49

Du mardi au vendredi le midi. Vendredi soir et samedi midi. Plat du jour 15 €, formule complète 24 €.

Nouveau nom pour nouveau propriétaire, le C laisse la place au restaurant Ô C'Bon de Pierre Jacoberger. C'est dans la rue Brossard que ce Bourguignon d'origine a décidé d'exporter son amour du terroir et des bons produits, pour le plus grand plaisir des fins palais. Si les œufs en meurette en ce mois d'octobre s'annonçaient au tableau, ils ne confirment pas une tendance exclusivement bourguignonne mais bien une volonté de mélanger les genres. Alors venez saluer Pierrot et goûter à sa belle cuisine, où la tendance bistrot s'affirme volontiers. L'accueil y est généreux, l'ambiance familiale, les assiettes sont gourmandes et les végétariens bienvenus. Oh oui, c'est bon !

BOUCHON LYONNAIS

CORNE D'AUROCHS

18, rue Michel-Servet ✆ 04 77 32 27 27
https://cornedaurochs.eatbu.com
Ouvert du lundi au vendredi de 12h à 13h et de 19h à 21h. Menus de 20,50 € à 24,50 €. Formule du midi : 14 €.

Dans un décor typique de bouchon, Corne d'aurochs propose une cuisine traditionnelle et recherchée. Le patron exprime une bonne humeur contagieuse et les napperons en dentelle donnent une touche originale à cet établissement, on se croit comme à la maison. Véritable bouchon stéphanois, ce restaurant propose des assiettes de charcuterie, de la cervelle d'agneau, des pieds de cochon grillés, de l'andouillette de veau et porc..., le tout réalisé avec des produits frais, un vrai régal pour les amateurs. Chaque jour, l'ardoise se compose d'environ six propositions d'entrées, plats et desserts. Une excellente adresse, succulente et conviviale, avec un bon rapport qualité-prix !

SAVOIE

CHEZ LES FONDUS

4, rue Sainte-Catherine ✆ 04 77 33 29 68
https://chezlesfondus.com
Ouvert tous les jours le soir ; le samedi midi. Menus de 18,50 € à 24,90 €. Menu enfant : 8,90 €.

Chez les Fondus, vous n'êtes plus en centre-ville mais au pied des pistes ! Dans ce restaurant savoyard, aux allures de chalet de montagne, le fromage est à l'honneur : raclettes, fondues à la fourme ou à la tomme, reblochonnade, croziflette, camembert et saint-félicien cuits au four, ou ossau iraty en gratin aux gnocchis ! On retrouve aussi des fondues bourguignonnes, vigneronnes et bressanes et en dessert celle, si appétissante, au chocolat. Les plats sont copieux, l'accueil est chaleureux, trois salles sont prévues pour les groupes pour plus d'intimité et la terrasse sur la rue piétonne est appréciable en été. À savoir : on chausse aussi ses skis Chez les Fondus à Montbrison !

VIANDE

AUBERGE CHEZ CAZOT

23, Route de Pélussin
MACLAS
✆ 04 74 79 95 92
https://chezcazot.business.site/
Ouvert du mercredi au samedi de 12h à 14h et de 19h à 23h.

© JONATHAN EXBRAYAT

© JONATHAN EXBRAYAT

Un large four à bois diffuse une chaleur agréable dans ce temple dédié à la bonne chère et à la générosité. Ici, la spécialité, c'est la viande ! Côte de bœuf, entrecôte, souris d'agneau flambée devant le client sont les plats signatures de la maison, ainsi que la croustade de ris de veau et de morilles à la crème. Un véritable délice. Tous les plats et accompagnements sont préparés à partir de produits frais et locaux. Pensez à garder de la place pour les fromages du marché et pour les desserts maison, notamment la crème brûlée avec son caramel directement chauffé à la cheminée. Le service est attentionné et la carte des vins met à l'honneur tout le savoir-faire des vignerons du Pilat.

ZOOM

OÙ BRUNCHER À SAINT-ÉTIENNE ?

À Saint-Étienne, les adresses pour bruncher ne manquent pas. Voici donc notre sélection pour partager un bon moment entre amis ou en amoureux. Et avant d'y aller, n'oubliez pas de réserver votre table !

AU BARATIN (rue Étienne-Mimard) : Le brunch local

Des planches de charcuterie et de fromages locaux pour un moment de partage. Voici ce qui vous attend tous les dimanches. Ici la qualité est préférée à la quantité. Deux services à 10h30 et à 13h30, 20 €/personne.

CANTINE NUMERO DIX (rue de la Ville) : Le brunch végétarien

Dans cette belle adresse, tout est végétarien. Le samedi, vous profiterez d'une assiette de brunch salé accompagnée d'un jus frais, d'une boisson chaude et d'un dessert ; alors que le dimanche, ça sera buffet à volonté. Tous les samedis, 22 €/personne ; le 1er dimanche du mois, 28 €/personne.

NINKASI (rue Barrouin) : Le brunch à la bière

La brasserie Ninkasi propose une formule brunch avantageuse. On choisit deux plats parmi un burger à l'œuf, une pita au houmous et une galette de pommes de terre au saumon. Le choix sera plus cornélien lorsqu'il faudra se décider parmi la vingtaine de bières à la carte. Le week-end de 11h à 16h, 19,90 €/personne.

BLACK FLAMINGOS (rue Dormand) : Le brunch mondial

La cheffe est canadienne. Le barista est stéphanois. Les deux se sont rencontrés en Australie. Rien de plus normal que le Black Flamingos propose des assiettes composées de spécialités du monde entier (salade de perles couscous, aubergines rôties, poulet au chipotle, œufs au bacon, houmous, cranberries séchées...). Du mardi au dimanche,15-20 €/personne.

HALLES MAZERAT (cour Victor Hugo) : Le brunch de tous les possibles

Avec leur trentaine de stands, les Halles Mazerat sont l'endroit idéal pour un brunch chamarré. Que vous soyez du genre œufs-bacon, viennoiseries ou huîtres et vin blanc, chacun trouvera chaussure à son pied. Pensez à arriver tôt le dimanche car les places sont chères et il est impossible de réserver. Du mardi au dimanche, horaires et prix en fonction du stand.

CROSSROADS TAVERN (rue Étienne-Mimard) : Le brunch irlandais

Pour finir, pourquoi pas opter pour un brunch dans une ambiance pub ? Au choix : des salades, des spécialités irlandaises, des burgers et bien sûr des bières. Tous les jours, autour de 15 €/personne.

ITALIEN ET PIZZERIA

DI VOGLIA

6, place Jean Jaurès ✆ 04 77 33 75 44
www.divoglia.com
Ouvert tous les jours le midi et le soir. Réservation recommandée en ligne. Carte : 16 € environ.

Envie de cuisine italienne ? Réservez chez Di Voglia ! Ici, vous serez séduit par les saveurs incomparables des plats. La carte est exhaustive : salades, carpaccios, pâtes, risottos, ou viandes ; les matières premières sont de qualité et les portions généreuses. Dans ce restaurant branché, vous pourrez également savourer des pizzas napolitaines dont les doux noms vous rappelleront l'Italie (Napoli, Parma, Roma, Bologna...). Et côté carte des vins, vous aurez le choix entre production française ou italienne. Chose rare à signaler : un ascenseur est à la disposition des personnes en fauteuil roulant et des poussettes. Personnes handicapées et jeunes familles, ici on a pensé à vous !

ITALIEN ET PIZZERIA

DI VOGLIA

15, rue Camille de Rochetaillée
✆ 04 77 54 94 13
https://divoglia.com
Ouvert du lundi au samedi le midi et le soir. Carte : 15 € environ. Réservation recommandée en ligne. Vente à emporter.

Dans le plus pur esprit de la trattoria, Di Voglia dispose d'un nouveau site à Saint-Étienne : en sus de la brasserie et de l'épicerie fine, place Jean Jaurès, le concept a ouvert au technopole une brasserie italienne et pizzeria napolitaine avec une vaste terrasse où déguster une sélection de produits en provenance d'Italie. Ici, la star c'est la pizza napolitaine ! Neuf variétés sont même disponibles à la livraison via Uber Eats et Deliveroo. Moi, je me suis rendue sur place, et je vous le confie, j'ai craqué sur l'Alba à la truffe fraîche et à la burrata. Mais ne me remerciez pas : allez, vous aussi, durant la pause déjeuner ou en afterwork, mener de ce pas la *dolce vita*.

ITALIEN ET PIZZERIA

NEW

MAMMA

2, Rue Jeanne d'Arc - **SAINT-GENEST-MALIFAUX**
✆ 06 69 20 77 49
https://www.mamma-boutique.fr/
Ouvert du mardi au samedi de 9h à 19h et le dimanche de 9h à 12h.

© MAMMA

Sabrina et Bertrand Giraud sont passionnés par la gastronomie italienne au point d'avoir ouvert à Saint-Genest-Malifaux un véritable temple dédié à la cuisine de la Botte. Sur place, on trouvera donc un restaurant et une épicerie. Cannelloni de tourteaux, risotto de petit épeautre aux morilles, panna cotta au lait d'amande : la carte suit le passage des saisons afin de ne proposer que des produits de première fraîcheur issus de producteurs locaux. Côté épicerie on pourra s'approvisionner en excellente huile d'olive, en bières et vins italiens, en fromage et en charcuterie. Il y également des grands classiques de la cuisine italienne préparés sur place : pâtes fraîches, gnocchis, osso buco.

ITALIEN ET PIZZERIA

LE CANICATTI

4, allée de l'Orangerie - **L'ETRAT**
✆ 04 77 56 46 52
Ouvert du mardi au samedi le midi et le soir. Réservation recommandée. Carte : 14 € environ. Menu enfant : 10,90 €.

Vous aimez les bonnes pizzas, le karaoké et les soirées festives ? Alors rendez-vous au Canicatti ! Chaque jeudi soir, Riccardo Diana vous propose, à partir de 21h, de prendre le micro et de chanter en public. Son, lumière, ambiance sont là pour vous accompagner. À la belle saison, vous pouvez déguster des glaces à l'italienne et des cocktails au bord de la piscine. Un cadre idyllique pour savourer des pizzas variées à la carte. Chaque soir, les habitués en redemandent, les pizzas sont très bonnes, les antipasti aussi, la salade et le café liégeois très bien également ! Tous les ingrédients sont réunis pour passer une bonne soirée. Le restaurant propose une boutique de produits italiens.

ITALIEN ET PIZZERIA

DOPPIO MALTO

2, rue Ferrer
✆ 04 77 01 84 49
www.doppiomalto.com
Ouvert tous les jours de 11h30 à 23h. Carte : 15 € environ.

Après une dizaine de restaurants en Italie, l'enseigne Doppio Malto a choisi d'installer son premier établissement français à Saint-Étienne. Dans cette brasserie-restaurant, vous retrouvez forcément de nombreux plats italiens : pizzas, spaghettis, fusillis, paninis, *orecchiette*... Des burgers servis avec de la mortadelle de Bologne, du jambon de Parme ou encore des tomates du Vésuve aromatisés au thym font aussi partie de la carte. Notons également que vous pourrez déguster des desserts *made in* Italie. Mais ce qui fait la différence avec les autres restaurants italiens, c'est qu'ici vous pourrez savourer l'une des bières artisanales produites par l'enseigne.

ITALIEN ET PIZZERIA

L'ARTISTE PIZZAÏOLO

28 bis, rue Charles de Gaulle - **ANDRÉZIEUX-BOUTHÉON**
✆ 04 77 54 73 57
www.lartistepizzaiolo.fr
Ouvert du mardi au vendredi le midi et le soir ; le week-end le soir. Pizza de 8 à 15,90 €. Terrasse. Vente à emporter.

© L'ARTISTE PIZZAÏOLO

L'Artiste Pizzaïolo, tenu par Adrien Puchades, c'est la promesse de manger une des meilleures pizzas du Forez, et à en juger par les mines ravies des clients, l'engagement est honoré ! Réalisées avec une pâte faite maison et des ingrédients de qualité, les pizzas sont cuites au feu de bois, ce qui leur donne un goût unique. Des recettes classiques et originales qui séduiront toutes les papilles : kebab, fruits de mer, 4 fromages, carpaccio de bœuf, cheddar... autant d'alliances imaginées pour charmer la clientèle. La Momento change tous les mois, selon les produits disponibles et l'inspiration du chef. Les desserts faits maison sont vite adoptés. Sur place ou à emporter, régal assuré !

ITALIEN ET PIZZERIA

TAGLIATELLE

47, rue de la République - **LA TALAUDIÈRE** ✆ 04 77 53 66 15
http://pizzeriatagliatelle.com
Ouvert du mardi au samedi de 10h à 15h et de 18h30 à 22h. Réservation recommandée. Menus de 15 € à 20 €.

Tagliatelle est une pizzeria bien connue à La Talaudière ! Venez déguster toute la gastronomie italienne dans ce lieu chaleureux inspiré des trattorias italiennes. Installé sur la mezzanine ou en terrasse, vous dégusterez de délicieuses pizzas préparées avec soin par Christophe, le patron du lieu. L'accueil est sympathique. Un choix varié vous est proposé : plus de 30 pizzas cuites au feu de bois n'attendent que vous. Tous les plats sont préparés sur place à partir d'ingrédients frais y compris les pâtes, pour un goût incomparable ! Vous retrouverez aussi les escalopes milanaises, et le tiramisu est exceptionnel. Enfin, Tagliatelle propose la livraison des pizzas et le service à emporter.

ITALIEN ET PIZZERIA

LA SCALA, CHEZ ROBERTO

3, place Jean-Jaurès
✆ 04 77 41 74 35
Du mardi au samedi le midi et le soir. Menus de 13,90 € à 22,90 €. Carte : 14 € environ.

La Scala - Chez Roberto sert, comme son nom l'indique, des spécialités italiennes et siciliennes. Roberto, le patron d'origine sicilienne et ancien propriétaire du San Remo, propose des pizzas cuites au feu de bois et des plats italiens : escalopes milanaises, lasagnes faites maison, risottos, cuisses de grenouilles... Les plats sont copieux et excellents. L'accent est mis sur les saveurs traditionnelles et le chef utilise des ingrédients frais. Pour les desserts, c'est tout aussi bon. Vous pouvez également acheter des glaces à emporter, vous aurez l'embarras du choix avec plus de 20 parfums proposés ! Une fois par mois, des chanteurs ou des groupes viennent mettre l'ambiance à la Scala.

ITALIEN ET PIZZERIA

LES PIEDS DANS L'O

Le Breuil - **DOIZIEUX**
✆ 04 77 74 04 21
Ouvert le jeudi de 19h à 21h ; le vendredi de 19h à 22h ; le samedi de 19h à 22h30 ; le dimanche de 12h à 14h.

C'est étonnant d'être dans ce coin du Pilat en ayant la sensation d'être en vacances au bord du Tibre... Un voyage gourmand à faire Les Pieds dans l'O, en se prélassant au soleil sur la belle terrasse ou dans la chaleureuse salle baignée des délicieuses effluves provenant du four à bois. Le chef pizzaïolo, Lorenzo Gusciglio, qui a repris l'affaire en mars 2018, est un multiple champion de la pizza, n'utilisant que des produits de qualité, frais et locaux pour obtenir de savoureuses garnitures sur ses pizzas légères et croustillantes à la fois. Des recettes originales et gastronomiques. Le restaurant fait aussi « trattoria » et vous propose ses spécialités siciliennes sur place ou à emporter.

PORTUGAIS

RESTAURANT DU MINHO

36, rue des Alliés ✆ 04 77 57 34 77
Ligne de bus 12, arrêt Gaspard Monge. - www.duminho.com
Ouvert le mardi, le mercredi et le dimanche de 11h à 15h ; du jeudi au samedi de 11h à 15h et de 19h à 22h.

Le Restaurant du Minho est un établissement idéal pour les amateurs de cuisine portugaise. Une agréable parenthèse sous les airs de fado. D'une extrême gentillesse, le personnel fait son maximum pour satisfaire ses clients et offre un service irréprochable. La carte vous surprendra par la variété des plats tous faits maison. Le *bacalhau* (morue) est délicieux quel que soit l'assaisonnement. Les gourmands apprécieront le *bolo de bolacha* (gâteau de biscuit au café) et les amateurs de bière pourront déguster la Super Bock (fameuse bière de Porto) en pression. Rapport qualité-prix imbattable, un bon plan pour les gros appétits ! Assurément le meilleur restaurant portugais de la cité stéphanoise !

FADO

ITALIEN ET PIZZERIA

LA GROTTE

34, rue Frères-Chappe ✆ 04 77 37 94 75
http://lagrotterestaurant.fr
Du mardi au vendredi midi et soir, samedi et dimanche soir uniquement. Carte : 15 € environ. Menu enfant : 7,50 €.

Vincent le dit : «Les Napolitains ont inventé la pizza, les Pignatelli l'ont mise en scène ! «. Avec son frère Daniel et avec Romain, pizzaiolo passionné, ils confectionnent à la Grotte la Prosciutto, toute simple, l'Amberti à la fourme, au miel, aux noix et à la mozza, la Capriciosa aux tomates, au mascarpone et au jambon cru (à la sortie du four) ou la Fuorigioco sur une base de crème, oignons, anchois, chèvre et bufala. Leurs pizzas sont toutes plus délicieuses les unes que les autres ! La Grotte propose aussi d'autres plats typiques tels que des escalopes milanaises ou florentines, une aubergine parmesan et surtout des *panzerotti* à ne manquer sous aucun prétexte !

NEW CORSE

ÉPICERIE COMPTOIR CHEZ DUMÈ

40, Av. Jean Mermoz - **ANDRÉZIEUX-BOUTHÉON**
✆ 04 77 74 77 36 - https://www.chez-dume.com/
Restaurant ouvert du mardi au vendredi le midi. Boutique ouverte du lundi au samedi.

Avis aux amateurs de cuisine méditerranéenne, l'Epicerie Comptoir Chez Dumè est le restaurant qu'il vous faut. Dans cet antre de la gastronomie corse, les gourmets auront tout le loisir de découvrir de véritables spécialités de l'île de Beauté. Aux côtés des célèbres charcuteries et fromages, à déguster sur place en salle ou en terrasse, ou à emporter, c'est une carte de plats faits maison que propose Dumè : pâté en croute de canard maison Bayle, roulés de coppa au chèvre frais, burger, mignon de porc caponata, cannellonis au brocciu. Un lieu à découvrir !

ITALIEN ET PIZZERIA

SOLE MIO

10, route des Monts-d'Urfé - **SAINT-GENEST-LERPT**
✆ 04 77 38 92 42
www.sole-mio.fr
Ouvert du mardi au vendredi le midi, du mardi au dimanche le soir. Pizzas de 9 € à 24 €. Plat du jour : 11 €.

Quand le soleil vient, ce serait dommage de ne pas profiter d'une terrasse ! À Saint-Genest-Lerpt, la pizzeria Sole Mio saura vous fournir votre dose d'ensoleillement. Ça tombe bien, Sole veut dire soleil en italien ! Ici, les pizzas sont cuites au feu de bois. La salle est grande et moderne, les clients s'attablent au comptoir ou s'installent pour commander. Si vous voulez être plus au calme, pour un séminaire ou un anniversaire, le Sole Mio possède une pièce à l'étage. En fonction de votre appétit, les pizzas sont disponibles en plusieurs tailles. Attention, la plus grande est à réserver aux plus voraces ! Niveau dessert, le Sole Mio a des profiteroles et des tiramisus remarquables !

ITALIEN ET PIZZERIA

ROM'ANTICA

14, avenue Denfert-Rochereau ✆ 04 82 28 42 82
www.rom-antica.com
Ouvert du lundi au samedi le midi et le soir. Réservation recommandée. Menus de 25 € à 35 €.

L'enseigne reproduit le Colisée : bienvenue dans la Rome antique ! Dans un cadre chaleureux, vous dégusterez des spécialités italiennes faites maison avec des ingrédients frais et de qualité. Pâtes aux palourdes, gambas et pesto de pistache, escalope de veau à la milanaise, thon mi-cuit gratiné au sésame : les recettes traditionnelles cuisinées par le chef Agostino séduiront vos yeux et vos papilles. Les portions sont généreuses, les plats élégants et appétissants et accompagnés, grâce à une collaboration avec le domaine viticole Marchesi Antinori, des meilleurs vins italiens : Brunello di Monticelo, Dolcetto d'Alba ou Barbera d'Asti. Pour un moment rom'antique !

ITALIEN ET PIZZERIA

PIZZERIA LE STROMBOLI

5, place Jean-Jaurès
✆ 04 77 32 38 29
Ouvert tous les jours le midi et le soir. Pizza : en moyenne 11 €. Terrasse. Vente à emporter.

La pizzeria Le Stromboli est très connue et réputée pour ses pizzas généreuses. Son nom est issu du célèbre volcan sicilien. Dans un décor qui rappelle l'Italie, vous pourrez déguster des pizzas fabriquées sur place, des plus classiques aux plus originales. Outre des pizzas, des salades ou des spécialités siciliennes telles que des boules de riz, des petits pois à la mozzarella, des lasagnes, de la ricotta… sont également à la carte. Très célèbre, cet établissement a eu l'honneur de recevoir des stars. Le lieu est convivial et insolite. Vous pouvez également commander une pizza à emporter ou profiter de la terrasse donnant sur les jardins et fontaines aux beaux jours.

ITALIEN ET PIZZERIA

LA LOCANDA ITALIANA

756, route des Granges - **LA FOUILLOUSE**
✆ 04 77 21 15 12
Ouvert du jeudi au dimanche le midi et le soir. Menus de 15 € à 23 €. Menu enfant : 10 €.

L'Auberge des Granges n'est plus, elle a été reprise par Domenico Capalbo… Bienvenue en Italie ! L'homme n'est pas novice, il a déjà tenu la Trattoria, la Strada, et l'Italien à Saint-Etienne. Il mise ici sur de grands pots verts et des nappes à carreaux vichy, aux couleurs du pays. Avec sa cuisinière Sabrina, il a conservé grenouilles et râpées mais les sert à l'italienne avec copeaux de parmesan et de provolone et accompagnées de jambon de Parme et de mortadelle de Bologne. On retrouve aussi risottos, pâtes et pizzas et différents menus : marcheurs motards, festifs les fins de semaine. D'ailleurs le propriétaire joue même quelques notes de guitare lors des soirées karaoké. *Grazie* !

NEW

ITALIEN ET PIZZERIA

PIPERNO

11, Rue Alsace Lorraine ✆ 04 82 29 80 94
https://piperno.fr/

Ouvert du dimanche au jeudi de 11h à 22h30, vendredi et samedi de 11h à 23h. Pizza 12-19 €.

Une adresse ensoleillée et cachée en plein cœur de Saint-Étienne. On entre confidentiellement par le fond du restaurant pour découvrir un cadre chic et chaleureux. L'accueil est très sympathique et le service impeccable. Côté carte, on trouve une belle sélection d'antipasti ainsi que de magnifiques pizzas napolitaines allant de la plus simple – la classique Margherita – à des créations plus élaborées comme la Rossonero – crème truffée, mozzarella *flor di latte*, jambon cuit aux herbes, ricotta, roquette, éclats de noisettes à la truffe d'été. Beignets napolitains et tiramisu vous permettront de terminer sur une note sucrée. Très belle carte de bières et vins italiens.

MAROCAIN

LE SAHEL

18, rue de l'Industrie - **SORBIERS** ✆ 06 51 28 74 39

Ouvert du mardi au vendredi le midi et le soir ; le samedi soir. Carte : 17 € environ.

Si je vous dis Sahel, vous pensez au sud du désert saharien ? Inutile d'aller si loin ! A Sorbiers, les saveurs vous transportent de l'autre côté de la Méditerranée. À la carte, un couscous dont j'ai remplacé la semoule par du msemen, des galettes orientales coupées en fines lamelles. Vous en prenez quelques-unes que vous saupoudrez de légumes croquants puis imbibez de bouillon avant de les déguster accompagnées de poulet, merguez ou agneau servis à part. Un délice ! J'ai voulu goûté aussi les pâtisseries. On me conseille un baklawa, un mille-feuille de pâte beurrée et d'amandes concassées. Un thé à la menthe fumant et un patron sympathique ont achevé de contenter mes envies de voyage !

MAROCAIN

LE COMPTOIR MARRAKECH

6, place Saint-Pierre - **SAINT-CHAMOND** ✆ 04 77 19 68 11
https://lecomptoirmarrakech.com/fr

Ouvert tous les jours, midi et soir. Menus de 13,50 € à 19,90 €. Livraison possible.

Une fois la porte du Comptoir franchie, c'est à Marrakech que l'on atterrit dans un décor authentique version riad marocain. Le chef en cuisine joue lui aussi la carte de la tradition. Cuisine réalisée à base de produits frais de qualité pour composer des plats savoureux. Parmi les spécialités, les tagines sont véritablement délicieux (tagine de poulet ou d'agneau aux pruneaux et amandes, tagine Berbère aux légumes...). Même régal côté couscous, dont un Royal agneau, merguez, poulet et boulettes de bœuf. Salade maison aux tomates et poivrons grillés et pâtisseries marocaines, sans oublier le thé à la menthe. Saveurs, dépaysement et gourmandise garantis d'origine.

ITALIEN ET PIZZERIA

SAN REMO 1

11, rue Paul-Bert ✆ 04 77 41 11 18
www.lesanremo1-pizzeria.fr

Ouvert du lundi au samedi midi et soir ; le dimanche soir. Pizzas de 8,90 à 11,90 €.

Le San Remo 1 concilie pizzas de qualité et prix très raisonnables. Les pizzas sont positionnées sur une plaque tournante favorisant une cuisson optimale puis cuites au feu de bois. La carte est exhaustive, des classiques aux recettes originales. Les garnitures sont généreuses d'une recette à l'autre. De la 4 fromages à la pizza aux aubergines, en passant par celle qui est garnie de jambon cru et d'origan ou encore la calzone, il y en a pour tous les goûts. Vous retrouverez aussi d'autres mets : calamars à la romaine, tagliatelles au saumon, gnocchis, escalopes milanaises, lasagnes, cannellonis, gambas au gril... L'accueil est chaleureux. Réservation recommandée.

ITALIEN ET PIZZERIA

PIZZERIA MISS ITALIA

139, rue des Alliés ✆ 04 77 33 49 80
www.pizzeria-miss-italia.fr

Ouvert le midi du mardi au samedi, le soir du jeudi au samedi. Menu déjeuner 15 €. Pizza 9-10,50 €.

Cette petite pizzeria sans prétention a gagné son lot d'aficionados grâce à sa cuisine simple et habilement réalisée, servie par un personnel chaleureux. Sur la carte, une très belle sélection de pizzas qui font honneur aux terroirs de l'Italie mais également quelques créations originales qui mettent en avant les produits de la région, à l'image de ces pizzas au saint-marcellin ou à la Fourme de Montbrison. On y trouve également des antipasti, quelques plats typiques de la Botte (lasagnes maison, risotto aux fruits de mer, gnocchis au gorgonzola, spaghettis carbonara), ainsi qu'un savoureux tiramisu maison. Ces délices sont à déguster sur place ou à emporter.

JAPONAIS

LES BAGUETTES D'OR

19, rue Dormoy
✆ 04 77 37 59 75

Ouvert du lundi au samedi de 19h à 22h30 ; le dimanche de 14h à 22h30. Menus de 21 € à 49,90 €.

Situé anciennement rue Honoré de Balzac, les Baguettes d'or est un restaurant japonais de type Teppan Yaki, autrement dit les plats sont cuits sur plaque chauffante devant les clients. Vous y retrouverez tous les classiques japonais : soupe miso, tofu, crevettes grillées et flambées, filet de bœuf, riz cantonais. Les menus sont composés de plusieurs petits plats façon repas asiatiques. Un délice ! Les petits appétits opteront pour le menu Mikado ou Kabuki quand les bons mangeurs choisiront Banzai ou Sumo. Le chef cuisinier assure le spectacle et vous serez émerveillé de le voir réaliser ses recettes par un enchaînement de petits gestes rapides. Expérience à vivre !

JAPONAIS

SUSHI HIMIKO

17, rue Clovis Hugues
✆ 04 77 33 41 07

Ouvert du lundi au vendredi le midi ; et le dimanche soir. Tarif midi : 17,80 €. Tarif soir : 24,80 €/26,80 €.

Si vous appréciez la nourriture japonaise, il faut absolument vous rendre au Sushi Himiko, situé à proximité de la place Carnot. Après être entré et confortablement installé, vous pouvez vous servir sur le tapis roulant qui passe dans la grande salle. Vous pourrez y déguster des poké bowls, des pièces de tofu, des boulettes de bœuf, des sashimis, des sushis, des makis, des beignets de calamar, des crevettes panées ou encore des brochettes traditionnelles (thon, poulet ou encore bœuf). Le saumon et le riz sont particulièrement présents. Le cadre est japonisant, l'accueil est sympathique, et le restaurant vend à emporter si vous désirez déguster votre repas ailleurs.

JAPONAIS

AU VIEUX KAMI

38, rue des Martyrs-de-Vingré ✆ 04 77 33 19 73
www.kami-restaurant.fr

Ouvert du mardi au samedi le soir de 19h30 à 21h30. Réservation impérative. Menus de 29 € à 61 €.

Amoureux de la France, Akiko et Koïchi Kandoko se sont installés à Saint-Étienne pour faire découvrir l'âme de la véritable cuisine japonaise. La carte évolue tous les mois, les plats sont établis en fonction des saisons et sont des plus traditionnels. Vos mets seront accompagnés des meilleurs sakés et de bières nippones. Un régal pour les papilles. Le service est particulièrement attentionné, ceux ayant visité le Japon vous diront que l'ambiance est fidèlement restituée. Les enfants sont particulièrement bien reçus, des livres japonais leur sont proposés. Un restaurant incontournable pour tous les amoureux du Japon et tous ceux qui souhaitent découvrir la culture et la cuisine japonaises.

JAPONAIS

KYOTO

8, rue des Martyrs de Vingré
✆ 04 77 21 74 26

Ouvert du mardi au samedi le midi et le soir. Menus de 18 € à 41 €. (formules midi : de 18 € à 20 €).

Le Kyoto a été le premier restaurant japonais de Saint-Étienne ouvert dans le quartier des Martyrs de Vingré. Sa façade, inspirée de la traditionnelle maison d'hôtes japonaise, incite à entrer. Une multitude de petits plats vous sont proposés : brochettes, yakiniku (lamelles de bœuf marinées), tempura, poissons grillés, misoshiru (soupe miso), généreuse assiette de sushis/sashimis/makis à la texture de riz parfaite. Vous pouvez également opter pour un barbecue japonais et convivial et faire revenir dans une poêle chaude votre propre tambouille de bœuf, champignons exotiques et légumes finement coupés. Un vrai régal très authentique que nous vous recommandons !

JAPONAIS

WA BENTO

13, rue Pointe Cadet
✆ 04 77 95 28 23

Ouvert du lundi au mercredi de 11h30 à 15h ; le jeudi et le vendredi de 11h30 à 15h et de 18h30 à 21h.

Un nouveau restaurant dans la pure tradition japonaise a ouvert ses portes en octobre 2021. Car ici, Ayako Chambost et Sakumi Ichikiwa servent leurs repas dans des bentos. Concrètement, les menus se composent de poulet mariné frit, de porc au gingembre, de colin de muso ou de racine de lotus et de pois chiche. Et à chaque fois, côté accompagnement, on retrouve du riz japonica ainsi que des légumes. S'il est possible de consommer sur place, une grande table étant installée au centre de l'établissement, vous pouvez également prendre à emporter. Enfin, sachez qu'une partie épicerie se trouve aussi sur place où vous pourrez retrouver du thé, des bières ou encore du saké.

CUISINE ASIATIQUE

RESTAURANT Ô DRAGON

13, rue Marc Charras ✆ 04 77 38 68 88
https://odragon.business.site
Ouvert tous les jours de 12h à 14h30 et de 19h à 22h30. Menus de 14,90 € à 21,90 €.

Vous cherchez un restaurant asiatique familial et de qualité à Saint-Étienne ? Ô Dragon devrait vous satisfaire ! Ce restaurant, qui se présente comme le plus grand buffet dans la Loire, propose plus de 200 choix, d'entrées chaudes ou froides, de wok, de grillades, de fruits de mer, de fromages et de spécialités françaises et asiatiques. Les repas sont qualitatifs, le cadre est spacieux et très propre et le personnel disponible. Chacun sera surpris de la variété des mets proposés. Tout est frais et savoureux : équilibre et régal garantis. Enfin une adresse où l'on se réconcilie avec les formules à volonté... Faites-vous plaisir, vous reprendrez bien un dessert ?

VIETNAMIEN

LITTLE GARDEN RESTAURANT

02, Rue Dormoy ✆ 04 87 66 90 53 - mylittlegardenresto.com
Du lundi au jeudi de 9h à 15h. Vendredi 9h-22h. Samedi 17h15-22h. Sur place, à emporter, livraison possible.

« Tout le monde ne peut pas aller au Vietnam, mais tout le monde peut pousser la porte de chez moi pour le découvrir » nous dit en substance Tam Thuy, la charmante hôtesse jardinière de ce beau jardin culinaire. Car ici, il ne s'agit pas de fleurs, mais, de goûteuses spécialités de son pays d'origine. On se régale de bo bun, de nems ou encore de délicieuses Goi, des salades aux parfums et aux saveurs variés, version végane ou non, chacun choisira. Pousser la porte de ce jardin en ville, c'est voyager et vivre un petit moment de bonheur grâce à l'amabilité de sa propriétaire. Le cadre est aussi doux que les petites attentions offertes, à l'image du thé de bienvenue. On recommande, on aime !

INDIEN

DÉLICES DE PUNJAB

7, rue René Coty - **SAINT-PRIEST-EN-JAREZ**
✆ 06 98 55 47 29
Ouvert tous les jours le midi et le soir. Menus de 12,90 € à 24,90 €. Menu enfant : 7,90 €.

À quelques pas du Musée d'Art Moderne et Contemporain, Aux délices de Punjab est un restaurant proposant un buffet à volonté de spécialités indiennes et pakistanaises. Ouvert 7 jours sur 7, midi et soir, vous dégusterez entrées chaudes, froides, plats à base de viande et de poisson accompagnés de délicieux légumes et féculents, tout aussi savoureux que les nombreux desserts proposés. Un mélange de couleurs et de saveurs douces et épicées : naan, poulet massala, poulet korma à l'indienne, tajine à l'agneau, daal, curry aux crevettes, ragoût de boulettes, riz au lait rose, pakoras, beignets de calamar... Un voyage culinaire délicieux et bon marché à découvrir en famille.

VIETNAMIEN

BOL'APPÉTIT

9, rue Clovis-Hugues ✆ 04 77 74 93 15
www.bolappetit.com
Ouvert du lundi au vendredi le midi, et le vendredi soir. Menu enfant : 11,90 €. Plat du jour : 13,90 €.

Bol'Appétit est un restaurant design de cuisine vietnamienne, avec gril et wok. C'est un concept unique à Saint-Étienne. Dans la salle, une grande plaque chauffante où sont préparés les plats asiatiques servis. La cuisine asiatique est basée sur un bol de nouilles sautées que l'on fait cuire devant vous sur un gril géant. Vous pouvez aussi savourer un traditionnel wok au bœuf, au poulet, ou encore les fameux beignets et nems de la cuisine typique de l'Extrême-Orient. Vous participez vous-même à l'élaboration de votre bol, de vrais cours de cuisine. Les menus sont très complets. L'accueil est agréable : Emilie Béal, la patronne, a du charisme et sait mettre à l'aise ses clients.

INDONÉSIEN

BALICAFÉ

5, rue de Lodi ✆ 09 52 38 45 05
www.balicafe.fr
Ouvert du lundi au mercredi de 12h à 14h ; le jeudi et le vendredi de 12h à 14h et de 18h à 23h. Menus de 15 € à 21 €.

Dans son joli décor street-art, Bali Café vous propose la fine fleur de la street-food indonésienne. Délicats et parfumés, les plats sont tous faits maison. Les assiettes sont colorées, modérément épicées, savoureuses et healthy. Ici, plaisir rime avec équilibre. Nasi rendang (bœuf au lait de coco) et mie goreng (nouilles sautées aux crevettes), lumpia (nems de fruits), karedok (salade de petits légumes) et sate ayam (poulet aux épices) sont déjà incontournables dans la cité stéphanoise ! Fait rare, le restaurant renouvelle sa carte chaque semaine. Service rapide, personnel chaleureux et plats gourmands, Bali Café est une évasion olfactive et gustative unique à Sainté.

VIETNAMIEN

FLEUR DE JADE

1 bis, rue Praire
✆ 04 77 33 67 48
Ouvert tous les jours le soir. Ouvert le midi sur réservation à partir de 15 personnes. Menus de 23,50 € à 62 €.

L'un des restaurants asiatiques les plus raffinés de Saint-Étienne. Fleur de Jade vise une clientèle de cinéphiles, qui sortiraient du cinéma proche le Megarama Jean Jaurès. Le service est accueillant et attentif. Vous avez le choix entre des menus petits budgets et d'autres plus haut de gamme, afin que toutes les bourses puissent venir manger ici. Les spécialités, vietnamiennes et chinoises, sont excellentes. Nems, rouleaux de printemps, fruits de mer à la sauce impériale, un menu barbecue préparé sur le gril avec des grillades aux 3 viandes, les plats sont préparés avec soin. Pour finir le repas en beauté, vous pouvez l'accompagner d'un baijiu, cet alcool fort chinois convivial.

INTERNATIONAL

BLACK FLAMINGOS CAFÉ

2, rue Dormand
✆ 04 77 38 77 10
Du mardi au vendredi de 9h à 18h ; le samedi de 10h à 18h et le dimanche de 11h à 15h. Formules brunch.

© BLACK FLAMINGOS CAFE

Une très belle adresse en cœur de ville. S'inspirant des cuisines du monde, le Black Flamingos propose des assiettes colorées et savoureuses, dans un esprit brunch. On y retrouvera des notes moyen-orientales, avec le halloumi, le pois chiche et le houmous, la kefta. Mais on peut aussi pousser jusqu'à l'Extrême-Orient, avec un sashimi de saumon, ou voguer vers les Amériques : quinoa, avocat et maïs séduiront les adeptes de l'Amérique du Sud, tandis que le sirop d'érable emmène pour quelques instants vers le Grand Nord canadien. Une adresse conviviale et sympathique, pleine de saveurs dépaysantes et peu communes à Saint-Étienne. La terrasse ouverte sur la ville s'appréciera aux beaux jours.

CUISINE AFRICAINE

LE BALAFON

15, rue Dormoy ✆ 04 77 32 36 97
www.lebalafon.fr
Ouvert le vendredi et le samedi de 19h à 5h. Menu complet : 23 €. Animations.

Le restaurant Le Balafon tire son nom d'un instrument de musique traditionnel venu d'Afrique. Situé rue Dormoy, à deux pas de la place Jean-Jaurès, il propose une ambiance colorée, musicale et festive ! Grâce à sa décoration aux couleurs vives et chaudes, vous serez complètement dépaysé ! Des bananiers ornent même la pièce ! La musique est endiablée et vous pourrez bouger au son de la musique antillaise. L'assiette est bien sûr garnie de plats exotiques. L'établissement organise régulièrement des soirées buffet et, ce qu'il ne faut pas manquer, ce sont les *balafonneries* le jeudi. Des soirées karaoké sont aussi proposées, ambiance et bonne humeur garanties !

LIBANAIS

ADONYS

2, cours Victor Hugo
✆ 06 64 74 93 23
Ouvert le mardi et le mercredi de 9h à 19h30 ; du jeudi au samedi de 9h à 22h30 ; le dimanche de 9h à 14h30.

Envie de connaître de nouvelles saveurs et de partir à la découverte des spécialités libanaises ? N'hésitez pas à faire un détour par le stand Adonys, situé au centre des Halles Mazenet. Ici, tout est fait maison et cuisiné sur place. Notons que vous pouvez manger sur place ou prendre à emporter. Ainsi, entre le houmous, la salade fattouche, le falafel, le caviar d'aubergine, le samoussa, le chich taouk, le kebbé ou encore le labné, le plus dur sera de choisir ce que vous souhaitez savourer. Et pour accompagner votre plat, vous pourrez également savourer du vin libanais. Bref, le temps d'un repas vous pourrez traverser la mer Méditerranée sans bouger de Saint-Étienne.

NEW

ANTILLAIS

PRESTIGE 10 VINS

9, Rue des Martyrs de la Résistance - **SAINT-JOSEPH**
✆ 04 87 66 15 71 - https://www.prestige10vins.fr/
Ouvert du mardi au samedi de 10h30 à 19h (jusque 22h le vendredi et le samedi).

Tenue par Malick et Sonia Oscar, cette île au trésor est à la fois une cave, une épicerie et un restaurant. Sur place, on ne trouve que la fine fleur du rhum martiniquais avec des références pointues, rigoureusement sélectionnées. Un bon moyen de découvrir l'histoire de cette boisson est de participer aux dégustations organisées sur place. Lors de ces ateliers, des tapas martiniquaises faites maison s'accordent à merveille avec le doux nectar. Colombo, acras, bokit : pour compléter la découverte culinaire, on peut venir se régaler de plats typiques des îles sur réservation, tous les midis et le soir à partir du jeudi. Concocté à partir de produits frais, le menu change chaque semaine.

IVOIRIEN

LE DARSHEENN

31, Rue José Frappa
✆ 06 20 38 16 84
Ouvert du mercredi au samedi, de 12h à 14h30 et de 18h30 à 22h ; brunch le dimanche de 10h30 à 14h30.

Dans un décor chaleureux, le chef Hamed Traoré nous fait découvrir toutes les saveurs de la Côte d'Ivoire. On commence le repas en choisissant entre les acras de haricots au curcuma accompagnés d'une mayonnaise pimentée maison, ou les chaussons fourrés au bœuf colombo. Mafé de bœuf, soupe d'agneau, poisson du jour : difficile de faire son choix parmi les plats. Notre préféré est certainement le *choukouya* de poulet : une montagne de morceaux de poulet braisés et cuits à l'étouffé, recouverts de délicieuses épices. On les dévore avec les doigts, en les trempant dans deux sauces maison : celle à base de gingembre, de piments oiseaux et antillais ravira les amateurs de sensations fortes.

MALICK ET SONIA OSCAR

Située à Saint-Joseph près de Rive-de-Gier, cette cave spécialisée dans le rhum est tenue par Malick et Sonia Oscar. En plus de receler une sélection très pointue de bouteilles, on s'y régale d'une excellente cuisine martiniquaise.

Comment Prestige 10 Vins a vu le jour ?

Nous avons fondé la marque Prestige 10 Vins en 2018, nous proposions des vins, des champagnes et des spiritueux. Nous travaillions surtout dans les foires et les salons. Ce qui n'a plus été possible pendant l'épidémie de Covid ! Nous avons donc dû nous adapter rapidement et avons transformé notre lieu de stockage en cave et épicerie. Nous y servons aussi depuis peu des plats et des tapas inspirés par la cuisine martiniquaise. Toutes nos petites expériences par-ci, par-là nous ont permis d'arriver au concept actuel de Prestige 10 Vins.

Quels types de rhums pouvons-nous trouver chez vous ?

Ce sont nos rhums qui ont forgé notre notoriété. Nous sommes très fiers de proposer des produits d'une grande qualité et qui sont très confidentiels. Nous avons notamment la chance de proposer des bouteilles de la distillerie Neisson qui est l'une des plus petites distilleries de la Martinique. Nous vendons aussi des rhums de la maison Hardy, qui sont également très rares. Nous devons avoir une trentaine de rhums. En plus de cela, nous avons également de belles références en vin et en spiritueux – particulièrement les whiskies. Plutôt que le quantitatif, nous mettons en avant dans notre cave des produits d'une grande qualité que nous connaissons très bien.

Comment êtes-vous venus à ajouter une partie restaurant à votre cave ?

Nous organisons des ateliers « Route des rhums », il s'agit d'une présentation de l'histoire du rhum et d'une dégustation de 5 à 6 rhums pour les groupes. Nous voulions accorder la dégustation avec des mets, mais ne souhaitions que le meilleur pour accompagner nos rhums. Nous avons donc décidé de proposer des tapas et plats antillais. Colombo, chatrou à l'antillaise, acras, bokit, agoulou : désormais, on peut manger sur place sur réservation, ou à emporter ! Tout est fait maison et le menu change chaque semaine en fonction des produits frais disponibles.

› PRESTIGE 10 VINS
9, Rue des Martyrs de la Résistance
SAINT-JOSEPH
✆ 04 87 66 15 71
https://www.prestige10vins.fr/

© JONATHAN EXBRAYAT

© JONATHAN EXBRAYAT

© PRESTIGE 10 VINS

INTERNATIONAL

NEW

MUNCHIES

39, Rue de la république
✆ 07 65 83 77 39

Street food du monde. Sur place ou à emporter.

© MUNCHIES

Munchies, c'est le coin des aventuriers de la street-food. Les plats ici se nomment Soba, Gua Bao, gyozas, tacos ou ramen, et s'accompagnent de légumes, de viandes mijotées, de cacahuètes, de gingembre et d'épices. En effet, si les propositions invitent à découvrir le Mexique et l'Asie, n'allez pas croire que les producteurs locaux ne sont pas pour autant représentés. Vous retrouverez dans vos assiettes de la viande de la ferme Bertholet, des vins de cavistes régionaux ou des bières de la Brasserie Stéphanoise... Les prix sont mini et la convivialité est assurée. Chez Munchies, on s'installe ou on emporte, mais surtout on se sent bien et on voyage !

NEW

MEXICAIN

L'AXOLOTL

39, Rue Désiré Claude
✆ 04 51 28 92 23

Ouvert du mardi au samedi de 11h30 à 14h et de 19h à 22h.

Ce restaurant mexicain a récemment ouvert rue Désiré Claude. Nous avons poussé la porte de ce nouvel établissement tenu par Miguel, et avons découvert un univers coloré rappelant les *taquerias* mexicaines. Si la carte comporte de nombreux plats typiques, on retrouvera aussi plusieurs spécialités moins connues en France comme le taco de chorizo mexicain (viande de porc hachée et marinée dans une sauce aux épices et aux piments séchés), ou encore le taco de *carnitas* (porc effiloché) accompagné de *arroz rojo*. Pour faire glisser tout ça, rien de mieux qu'une Bohemia bien fraîche, une bière mexicaine ! Une adresse pétillante et pleine de saveurs qui vous fera voyager le temps d'un repas.

CUISINE ORIENTALE

LE COMPTOIR SYRIEN

14, rue Édouard Vaillant ✆ 07 71 20 00 82
https://comptoirsyrien.fr/fr

Ouvert du lundi au samedi le midi et le soir ; le dimanche soir. Réservation impérative.

Une adresse qui met la cuisine syrienne à l'honneur dans le quartier de Tréfilerie. Fondé par Féras, ancien guide touristique à Damas, et Mohamed, qui fut pharmacien à Alep, le Comptoir syrien propose des plats traditionnels typiques et délicieux : mezzés, shawarma, falafel ou encore les fameux shakrieh (viande d'agneau cuite dans le yaourt, avec oignons, riz et cheveux d'ange) et babaganouj végétarien (caviar d'aubergines et légumes). Tout est fait maison avec des ingrédients frais et de qualité. Seuls les baklawas sont importés de Damas ! Et pour voyager à travers la musique traditionnelle du Cham, ne ratez pas la soirée organisée avec des artistes syriens une fois par mois. Nous on y va !

LIBANAIS

BYBLOS

24, rue du 11 Novembre ✆ 09 54 89 42 12 - Tramway T1 arrêt Anatole France. - www.restaurantlebyblos.com

Ouvert du lundi au samedi de 11h30 à 22h30. Menus de 14,90 € à 29,99 €. Plat du jour : 10,90 €.

Retrouvez les délicieuses saveurs libanaises chez Dallat Ahmad ! Familiale et sophistiquée, la cuisine vous transporte en douceur au Pays du Cèdre à travers ses mezzés, des hors-d'œuvre servis façon tapas. Vous dégusterez les incontournables falafels, houmous, labne (fromage blanc), moussaka, rikakat fromage (rouleau de fromage) et chankliche (salade de légumes et fromage). Les portions sont généreuses à l'image des shawarmas (poulet ou noix de veau marinés au citron) et chiche tawouk (brochette de volaille). Les recettes veggies seront appréciées des végans. Le Byblos propose la commande par Internet et la vente à emporter. Bref, c'est une adresse coup de cœur !

BURGER

CRAZY BURGER

32, route de l'Etrat - **SAINT-PRIEST-EN-JAREZ** ✆ 09 81 12 83 30
www.crazy-burger.fr
Ouvert du mardi au samedi le midi et le soir ; le dimanche soir. Burgers : entre 7,90 et 11 €. Vente à emporter.

Crazy Burger propose des burgers faits maison élaborés avec des produits locaux de qualité. La viande provient de la ferme Bertholet située à La Fouillouse, les petits pains d'un artisan-boulanger ligérien. Burger forézien, burger végétarien, burger de la mer, burger italien, burger périgourdin ou tout simplement burger classique, il y en a pour tous les goûts ! Accompagnés de frites fraîches nature ou au cheddar, vous apprécierez cette nouvelle façon de consommer la street food : gustative et qualitative. Les desserts sont aussi maison. Notons également que Crazy Burger dispose de trois autres adresses : à Saint-Just-Saint-Rambert, à Andrézieux-Bouthéon et à Savigneux.

BURGER

BRUT BUTCHER

Centre commercial Monthieu ✆ 04 77 81 72 83
www.brutbutcher.com
Ouvert du lundi au jeudi de 11h30 à 21h30 ; du vendredi au dimanche de 11h30 à 22h. Menus de 9,95 € à 14,45 €.

Créé par l'emblématique famille de bouchers ligériens Despinasse, Brut Butcher propose un nouveau concept de restauration rapide, alliant boucherie, savoir-faire ancestral, fooding gourmand et expérience 2.0 avec des commandes qui se font via l'application. L'accent est mis sur la qualité des produits, la fraîcheur de la viande et le goût. Le bœuf est 100 % charolais, le canard, le porc et le poulet français, les pains sont fabriqués maison, les sauces cuisinées par l'enseigne. L'espace boucherie permet aux clients de constater la qualité de la viande et de commander des pièces découpées sur place devant eux. Le rapport qualité-prix est excellent, et l'enseigne essaime à grande vitesse.

BURGER

NOTA BURGER LA MANUFACTURE

8, place Jean Jaurès ✆ 04 77 25 17 04
www.notaburger42.com
Ouvert du lundi au samedi le midi et le soir ; le dimanche soir. Menus de 10 à 13 €. Vente à emporter.

Le Nota Burger est le petit frère du Nota Bene. Dans une déco industrielle, on vous sert des recettes exclusives de burgers de qualité à la française. Ils sont préparés avec des ingrédients frais : viande de poulet, bœuf, poitrine de porc, cèpes, reblochon, cheddar affiné ou encore des crevettes et des pickles. La carte comporte aussi un hot-dog cuisiné comme à New York, un burger végétarien, des nuggets d'aiguillettes de poulet panés à l'aide de corn-flakes broyés et soufflés, de la friture de la mer et des beignets de poisson façon *fish & chips*. Un régal !

BURGER

MY CRÉATION

19, Rue du Onze Novembre
✆ 06 76 66 80 44
Ouvert du lundi au vendredi de 11h à 22h.

© MY CRÉATION

En écho à l'adage qui dit que le client est roi, My Création vous propose d'être le chef de votre menu ! Comment ça ? En composant vous-même ce que vous souhaitez manger, soit en indiquant comment vous voulez votre burger, vos pâtes, votre salade ou encore votre crêpe. Dans un décor élégant et moderne, lovés dans les banquettes, les gourmands vont se lécher les doigts après avoir créé le burger de leurs rêves, du pain à la sauce en passant par les garnitures. Milkshakes, tiramisu, smoothies constituent, entre autres, les petites gourmandises sucrées dont on pourra se régaler pour un quatre-heures douceur. Attention, on vous aura prévenu, vous risquez de devenir accro !

BURGER

GONZAGUE

24, rue des Martyrs de Vingré
✆ 04 77 95 10 25
https://gonzague-burger.fr
Ouvert du lundi au samedi de 12h à 14h et de 18h à 22h.

Gonzague est spécialisé dans la fabrication artisanale de burgers haut de gamme. Des recettes variées et savoureuses conçues avec des produits frais et locaux. Chaque semaine, vous découvrirez une recette temporaire qui n'a rien à envier aux burgers de la carte : le Vege garni de râpée de pomme de terre et de tomme de Savoie, les plus classiques Cheddar et le Bacon, le Chicken John composé d'un filet de poulet et accompagné d'une bûche de chèvre, et la spécialité de la maison, le Gonzague à base de fourme et de râpée. Notons que des salades composées sont également proposées. Enfin, sachez que les desserts sont confectionnés par Les Folies sucrées de Roche-la-Molière. Un délice !

FOOD TRUCKS

JOHN'S TRUCK

2, rue Font Rozet - **SAINT-CHAMOND** ✆ 06 65 63 48 20
http://johns-truck.fr
Ouvert du mardi au vendredi midi et soir. Le samedi midi et le dimanche soir. Menus de 10,90 € à 13,50 €.

© ÉRIC BAUER

À La Métare, à Unieux, à Saint-Paul-en-Jarez : le camion à burgers John's Truck circule dans l'agglomération stéphanoise. Autant d'occasions de séduire les gourmands avec des burgers faits maison. Un Savoyard (avec du fromage à raclette), un Stéphanois (avec du sarasson maison et du jambon cru), un Tandoori au poulet fermier ou encore un Crousty Chicken version hallal : il y en a pour tous les goûts ! Les végétariens pourront même remplacer la viande dans n'importe quel burger de la carte par une galette râpée. Nuggets, onion rings, bouchées au camembert, frites maison ou bière du Pilat complètent l'offre. De quoi composer à sa guise un repas complet et fait maison !

GUINGUETTE

LA GUINGUETTE DES BORDS DE LOIRE

25, boulevard de la Loire - **SAINT-JUST-SAINT-RAMBERT**
✆ 06 12 38 46 30
Ouvert d'avril à octobre, tous les jours de 10h à 21h. Vente à emporter. Animations.

Le cadre est vraiment beau, surtout lorsque le temps s'y prête ! Car ici, vous pourrez manger dans un coin verdoyant situé à quelques mètres de la Loire. Côté carte, si des nouveautés peuvent être proposées, vous pourrez notamment savourer un burger, des râpées, des cuisses de grenouilles, une salade composée, une entrecôte ou encore une raclette. Assis sur la terrasse ombragée, vous pourrez aussi déguster une glace, une crêpe ou tout simplement boire un verre. Et pour encore plus de plaisir, sachez que des concerts de groupes locaux sont également proposés.

TRAITEUR

LT TRAITEUR RESTAURANT

2 et 3, Place Dorian - **SAINT-CHAMOND** ✆ 06 30 66 18 54
https://lt-traiteur.fr/
Service traiteur ouvert du lundi au samedi. Restaurant lundi midi et samedi soir sur résa. Plat jour 11 €. Soirée 1/mois

Et si vous mettiez du soleil dans votre assiette ? Avec Vanette, ce sont les Caraïbes qui s'invitent à notre table. D'origine haïtienne, l'entrepreneuse à la tête de LT Traiteur propose à la fois un service de plats à emporter, la possibilité de se restaurer sur place, ainsi que celle de faire la fête un samedi par mois. À la carte, les plats inspirés de la cuisine exotique, que l'on pourra commander pour une réception, un repas d'affaires ou pour un dîner intime. Plateaux repas, cocktails ou événements en grand, Vanette sait tout faire, y compris vous faire danser ! Alors si vous êtes amateur d'épices et nostalgique de votre dernier voyage aux Antilles, rendez-vous chez LT Traiteur.

BURGER

BIG FERNAND

11, place Dorian
✆ 09 80 44 28 05
Ouvert tous les jours de 11h30 à 22h. Menus de 16 € à 19 €. Menu enfant : 10 €. Vente à emporter.

Pour son 57e restaurant en France, l'enseigne Big Fernand a ouvert son établissement dans le centre-ville. Et si vous ne connaissez pas encore le concept, sachez qu'ici, vous ne prendrez pas un hamburger mais un hamburgé, comme le stipule l'affiche située au-dessus du comptoir. Alors que contiennent précisément ces burgers ? De la viande d'origine française avec de la tomme de montagne au lait cru ou encore du persil plat, le tout dans du pain artisanal. Ainsi, 5 burgers sont proposés, dont un qui est végétarien. Notons que vous pouvez également composer vous-même votre hamburgé. Et pour l'accompagner, les frites et les sauces sont faites maison et les desserts sont succulents.

À EMPORTER

CHEZ MOMO'S - BAR À GAUFRES

2B, rue du Quatre Septembre
✆ 09 54 11 53 67
Ouvert le mardi, le mercredi, le vendredi et le samedi de 11h à 14h et de 18h à 21h30 ; le jeudi de 11h à 14h.

Chez Momo's, la gaufre relève de l'art. La pâte sort du pétrin, et donne naissance à une collection de gaufres sucrées, mais aussi salées. On les retrouve en croque-monsieur, avec différents fromages fondus (mozzarella, fourme d'Ambert, chèvre, raclette, emmental…), en version nordique, au saumon fumé, accompagné de lard fumé, avec du blanc de poulet fermier mariné ou dans une collection remarquable de burgers. Les produits sont sélectionnés avec le plus grand soin. Notons que ce bar à gaufres propose aussi des glaces artisanales provenant de L'Arbre à glaces.

FOOD TRUCKS

NEW

SAJ'M FOODTRUCK

17, Rue Pointe Cadet
✆ 06 60 82 50 50
https://sajmfoodtruck.com

Ouvert du lundi au vendredi de 10h à 15h sur différents emplacements. Carte : 4 € environ. Vente à emporter.

© LUCIE OLLIER

© LUCIE OLLIER

Le Saj'm FoodTruck permet de voyager jusqu'au Liban ! Ici, la spécialité est le saj, un pain plat très utilisé dans le pays du Cèdre. Qu'il soit garni de purée de pois chiche, de fromage, de bœuf, de chocolat ou encore de graines de sésame, il saura satisfaire aussi bien les végétariens que les amateurs de viande. Le petit plus de ce foodtruck, ce sont les prix très attractifs. En tout, ce camion-restaurant a 5 emplacements : le lundi à l'IUT Métare, le mardi à la Cité du design, le mercredi au CHU École de médecine, le jeudi au centre des Congrès et le vendredi au Campus Tréfilerie. Et bientôt une boutique au 17 rue Pointe Cadet à Saint-Étienne.

FOOD TRUCKS

MAISON DE L'INDE

Rue de Verdun - **L'ETRAT** ✆ 06 61 29 07 85
www.lamaisondelinde.org

Mardi et vendredi soir à l'Etrat ; le jeudi soir à Saint-Priest-en-Jarez. Plat à partir de 12 €.

Djeasridar et Tilagavady ont ouvert un camion-restaurant atypique qui permet de faire découvrir aux clients ligériens la cuisine indienne sous toutes ses facettes : poulet tandoori, rava oupma, samossas aux légumes, cheese naan, crêpes indiennes, beignets, galettes vapeur… La carte évolue chaque jour tout en proposant systématiquement au menu un plat de viande ou un plat de poisson et un plat végétarien. Alors si vous êtes passionné par l'alimentation exotique ou si vous voulez simplement découvrir la cuisine indienne à travers des plats traditionnels très variés de qualité traiteur, pensez à vous rendre à la Maison de l'Inde où vous serez accueilli avec le sourire !

FOOD TRUCKS

LISBON FOOD TRUCK

61, rue Marengo
✆ 06 89 53 07 30

Le mercredi soir à Saint-André-le-Puy, le jeudi midi à Montbrison, le vendredi midi à Feurs.

David-Alexandre Carpinteiro a toujours aimé mettre les mains dans les marmites. Il a longtemps travaillé dans l'univers du bar et de la restauration. D'un tempérament un peu vagabond, il apprécie l'idée d'être sans cesse sur les routes. Aussi décide-t-il de créer son food-truck aux spécialités portugaises. Vous le reconnaîtrez facilement avec son TUB Citroën entièrement réhabilité. Il propose des burgers, hot-dogs revisités avec un assaisonnement spécifique pour apporter une touche portugaise. Les plats cuisinés sont à base de viandes fumées, de saucisses portugaises, la Lica… Pour un régal sur le pouce, il propose aussi des beignets de morue ou des pastéis de nata en dessert.

SUR LE POUCE

JEAN LES CROCS

10, Place villeboeuf ✆ 07 87 38 76 19
www.jeanlescrocs.fr

Ouvert du lundi au vendredi de 10h à 14h30. A commander par téléphone.

Ce restaurant sert une cuisine variée, préparée avec des produits frais et de saison. On choisit parmi des sandwichs savoureux et croustillants, ou des plats du jour en bocaux à faire réchauffer. Des soupes de légumes, des entrées ou des desserts peuvent venir compléter le repas et constituer une formule avantageuse. La carte change chaque semaine et propose un très beau choix de plats végétariens. Les légumes y sont très bien cuisinés, les produits laitiers viennent directement de la ferme, et le personnel est adorable ! Il est possible de se restaurer sur place, de prendre à emporter ou de se faire livrer dans la métropole stéphanoise. Idéal pour un déjeuner *healthy* sur le pouce.

À DOMICILE
CUISINE SUR RUE

1, rue Maître Simone Levaillant ✆ 06 66 64 42 62
www.cuisine-sur-rue.fr
Ouvert du lundi au vendredi de 11h à 14h30. Carte : 7 € environ. Vente à emporter.

Vous l'avez peut-être déjà croisé, ce triporteur électrique qui arpente la ville de ses si bons produits bio ? Le cas échéant, nul doute que vous l'attendez impatiemment ! Installé en gare de La Terrasse, et distribué dans quelques points de vente, Cuisine sur rue, traiteur local, sans gluten, végan, light ou simplement gourmand, partenaire de producteurs locaux, tient haut la main sa promesse de manger sain. Et si vous n'avez pas le temps de vous déplacer, faites-vous livrer ! Durant la pause méridienne, ces plats équilibrés et de qualité viennent à vous gratuitement au bureau ou en bas de votre immeuble. Un nouveau mode de consommation, facile, accessible et respectueux.

NEW
À DOMICILE
GANDOT

6, rue Aristide Briand et de la Paix
✆ 04 77 38 75 95
www.gandot.fr
Vente à emporter.

Gandot, un établissement de restauration rapide et bon marché, a quitté la place du Peuple pour s'installer à deux pas de l'Hôtel de Ville depuis le printemps dernier. Il propose une cuisine locale composée en large part de salades délicieuses, de pâtes fraîches et de pâtisseries originales. La cuisine est concoctée avec des produits «retour de marché» bio et ligériens. Ainsi, vous y trouverez des légumes de Saint-Just-Saint-Rambert, la farine Dupuy-Couturier, des œufs de Valfleury, les jus de fruits du Pilat, des glaces de Saint-Héand. Gandot, du nom des boîtes métalliques dans lesquelles les ouvriers stéphanois emportaient leur déjeuner, est une adresse de qualité.

À DOMICILE
HONI PONI

10, place Dorian
✆ 04 77 38 76 95
Ouvert du lundi au samedi de 11h30 à 15h et de 18h à 21h30. Poke + boisson : 13,90 €.

Vous souhaitez découvrir de nouvelles spécialités gastronomiques ? Prenez donc la direction d'Honi Poni, un nouveau restaurant qui a pris place en plein centre-ville. Ici, vous pourrez savourer de délicieux poke bowls. Ce plat, originaire d'Hawaï, est vraiment copieux. Au choix, vous pourrez y mettre des falafels, des crevettes marinées, du saumon, ou encore du thon. Des toasts fraîcheurs complètent la carte : avocat, saumon et ciboulette thaïe ou encore cream cheese, saumon et coriandre pour n'en citer que quelques-uns. Enfin, les desserts exquis sont réalisés par la boulangerie-pâtisserie stéphanoise Le Croq'en bouche. Notons que l'été ce restaurant propose une belle terrasse.

À EMPORTER
BIEN DANS MON ASSIETTE

52 bis, rue des Aciéries ✆ 06 81 99 37 07
www.restaurant-bdma.fr
Ouvert du lundi au vendredi le midi de 11h30 à 14h. Menus de 12,90 € à 13,90 €. Carte : 8,50 € environ.

La Cantine qui trottine est devenue Bien dans mon assiette. Mais les ingrédients qui faisaient le charme de cet établissement sont toujours présents. Autrement dit, c'est toujours une cuisine fraîche entièrement préparée sur place. D'ailleurs, le gérant reste le même. Au choix : un bar à salades, une formule burger ou un délicieux plat du jour de saison. Il est également possible de choisir un burger seul ou un pavé de rumsteak. Bref, c'est une restauration rapide de qualité avec des burgers qui n'ont rien de comparable à ceux des grandes chaînes. De quoi régaler vos papilles ! À noter qu'il est également possible de commander directement sur le site internet du restaurant.

SUR LE POUCE
KITCHEN STREET

10, rue de la République ✆ 04 77 33 08 39
www.kitchenstreet.fr
Ouvert du mardi au samedi de 9h à 16h. Plat du jour : 12,50 €. Vente à emporter.

D'inspiration anglaise, Kitchen Street est un lieu de «snacking chic» idéal pour les pauses en centre-ville. Vous apprécierez le cadre cosy fait de mobilier chiné, de chaises en métal et de luminaires en rotin. La cuisine est ouverte et offre un panorama sur le savoir-faire de la cheffe et gérante Faty Koenig, ancienne d'Une Girafe dans la Maison des Chanoines à Saint-Chamond. Wraps, tartines, sandwichs, salades ou encore plateaux de crudités, fromages et charcuteries : les ingrédients sont frais, les recettes originales et les assiettes bien dressées. Des prises accessibles et un wifi gratuit, et on reste l'après-midi avec un goûter tout aussi beau que bon ! Une adresse coup de cœur !

FAST-FOOD
LA CABANE

29, rue Saint-Jean
✆ 06 15 46 90 20
Ouvert du mardi au samedi de 11h à 14h30 et de 18h à 21h45. Burgers : 6 € à 11,50 €.

La Cabane est une bonne adresse s'inscrivant dans la tendance street-food. Vous y dégusterez des petits plats élaborés avec des produits frais et locaux. Du burger classique au burger Jacqueline avec son cheddar affiné 18 mois, en passant par le burger Signature où l'on trouve de la raclette, la carte est variée. Les portions sont généreuses et le rapport qualité-prix inégalable. Côté déco, Émilie et Benjamin ont opté pour une décoration soignée, dans l'air du temps, et c'est réussi ! L'ambiance est chaleureuse, les propriétaires sont conviviaux. En journée, La Cabane fait office de salon de thé et propose des crêpes au sucre, au caramel, ou encore au chocolat noir Weiss.

TRAITEUR

RICHARD TRAITEUR

2, Cours Victor Hugo
✆ 04 28 04 42 87
Ouvert le mardi et le mercredi de 8h30 à 21h ; du jeudi au samedi de 8h30 à 22h30 ; le dimanche de 9h à 15h.

© RICHARD TRAITEUR

Mariage, anniversaire, repas de famille, séminaire, plateau-repas ou toute autre occasion : la Maison Richard et Garrat Traiteur a plusieurs cordes à son arc. À chaque fois, une prestation sur mesure vous sera proposée (avec ou sans service, à venir récupérer ou en livraison…), avec des produits et des cocktails faits maison. On retrouve aussi Richard Traiteur au stand n° 19 des Halles Mazérat-Biltoki. Un arrêt incontournable pour vous régaler à la maison, ou pour vous délecter sur place, en journée ou lors d'*afterworks* un peu plus animés, des spécialités bien connues de la maison comme le croque-monsieur au canard ou à la truffe, les mini-burgers et tant d'autres !

TRAITEUR

TRAITEUR GARRAT

3, rue du Grand-Moulin
✆ 04 77 32 31 64
www.garrat-traiteur.com
Ouvert du mardi au samedi de 8h à 19h.

Après des années à la tête de Garrat Traiteur, Florent Garrat a cédé en 2021 les rênes de cette belle entreprise à Pauline Catteau et Kévin Richard, les propriétaires de Richard Traiteur. Dans cette boutique à deux pas de la place Dorian, les Stéphanois se rendent chaque jour pour acheter des produits de qualité : charcuterie, poissons, viandes et volailles. Si vous avez besoin d'un traiteur de qualité pour un mariage, un événement professionnel, un cocktail ou toute autre occasion particulière, c'est Garrat Traiteur qu'il faut appeler. Très attentive aux besoins et aux exigences de leurs clients, leur équipe saura vous épauler afin de vous faire passer un moment inoubliable.

TRAITEUR

LYONNET TRAITEUR

15, rue Guynemer - **ANDRÉZIEUX-BOUTHÉON**
✆ 04 77 55 02 81
www.lyonnet-traiteur.com
Ouvert le lundi de 8h à 14h ; du mardi au samedi de 8h à 19h.

Outre les événements familiaux et professionnels, Lyonnet Traiteur propose aussi une gamme pour les repas du quotidien, de quoi s'accorder une pause gourmet et équilibrée. La marque de fabrique reste l'association de cuisines authentiques et contemporaines avec une touche d'originalité. Préparés à base de produits frais, les plats proposés sont un bonheur pour les papilles. Le plateau du mois propose des plats de saison, et les plateaux salade, végétarien ou faible en calories seront parfaits pour les personnes soucieuses de leur ligne. Bon à savoir : récemment, Lyonnet Traiteur a ouvert son propre bistrot à côté de sa boutique. Le lieu est entièrement privatisable.

TRAITEUR

TRAITEUR SCHMITT SAVEUR

32, rue Gambetta ✆ 04 77 25 25 95
Ouvert du mardi au samedi de 8h à 13h30 et de 15h15 à 19h.

Situé en plein centre-ville, l'établissement Traiteur Schmitt est très réputé dans son domaine et pour cause, il a déjà été classé 1er au Concours Rhônalpin du meilleur saucisson à cuire ! On comprend pourquoi les clients qui essaient cet établissement reviennent fidèlement ! Vous y trouverez de nombreux plats cuisinés, très diversifiés, des grands classiques et des recettes originales pour éveiller vos papilles. N'hésitez pas à leur commander vos repas à domicile ou encore des plateaux-repas pour votre entreprise, vous satisferez tous vos hôtes nécessairement ! Un accueil agréable, familial, un choix varié, c'est une bonne adresse pour un repas à domicile réussi !

© JONATHAN EXBRAYAT

© JONATHAN EXBRAYAT

À DOMICILE

HALLES MAZÉRAT BILTOKI

2, Cours Victor Hugo ✆ 04 28 04 44 18

Ouvert du mardi au dimanche. Mardi et mercredi de 8h30 à 21h. Jeudi, vendredi, samedi de 8h30 à 22h30. Dimanche 9h à 15h

Depuis leur réouverture, il y a deux ans, les Halles Mazerat sont devenues l'épicentre gourmand du centre-ville de Saint-Étienne. On peut s'y rendre pour trouver des produits de qualité auprès des primeurs, bouchers et poissonniers, mais les Halles sont aussi un lieu de rendez-vous pour les Stéphanois qui s'y retrouvent pour la pause déjeuner ou en *afterwork*. Tapas, fruits de mer, planche de charcuterie ou de fromage, ramens, cuisine libanaise : difficile de faire son choix parmi les nombreux stands de nourriture qui se disputent notre attention. C'est l'endroit idéal pour boire un verre dans une ambiance festive et conviviale autour de mets de qualité. Animations certains soirs.

© JONATHAN EXBRAYAT

© JONATHAN EXBRAYAT

JE FAIS MON MARCHÉ

Grâce à ses nombreux savoir-faire, Saint-Étienne résiste bien à l'essor des grandes surfaces implantées en périphérie. La ville compte encore de multiples commerces en son centre-ville. L'ouverture des Halles Mazerat a confirmé l'attachement des Stéphanois pour leurs petits commerçants, en particulier dans les métiers de l'alimentaire. Les auteurs du Petit Futé ont sélectionné les bonnes adresses à connaître dans la région. Saviez-vous, par exemple, qu'il existe à Saint-Étienne une épicerie fine et fabrique de pâtes artisanales nommée Cornand qui a fêté son centenaire en 2019 et qui propose des produits que l'on ne retrouve nulle part ailleurs ? Mais Saint-Étienne, ville innovante, s'adapte aussi à tous les modes de consommation : l'on constate un essor des magasins bios, de nombreuses échoppes au cadre soigné comme la jolie boutique Vrac en Vert Rue de la république. Le commerce en ligne fonctionne bien aussi à l'image de La Boge du Forez, l'épicerie dématérialisée 100 % ligérienne. Le locavorisme à portée de clic ! Alors, parcourez vite ces quelques pages à la découverte d'établissements qui vous auraient échappé !

VOTRE GUIDE DEVIENT
INTERACTIF

TAPEZ PETITFUTE.APP DANS LE NAVIGATEUR DE VOTRE SMARTPHONE.

PRENEZ UNE PHOTO DE LA PAGE DÈS QU'ELLE A CE PICTO !

POISSONS - FRUITS DE MER

POISSONNERIE ROBERT

8, place Grenette
✆ 04 77 33 29 21
www.poissonnerierobert.fr
Ouvert du mardi au samedi de 7h30 à 19h30.

Sébastien Robert le rappelle : il est artisan poissonnier, pas marchand de poissons ! Dans sa poissonnerie artisanale, il vous propose des produits issus exclusivement de la pêche française et des plats entièrement préparés dans son atelier. La partie traiteur nous fait saliver, tout est beau et surtout bon ! Les poissons ont été essentiellement pêchés à la ligne, remontés vivants à bord de petits bateaux. Sur les étals, vous trouverez de la limande, du merlu... mais aussi coquillages et crustacés ! Vous retrouverez un choix de poissons le dimanche matin sur le marché de Saint-Just-Saint-Rambert et à d'autres magasins de la Maison à Saint-Chamond, Andrézieux-Bouthéon et Montbrison.

EPICERIE FINE

LE CLOS DEVILLE

2, rue Ferrer
✆ 04 77 57 78 35
www.closdeville.wixsite.com
Ouvert du lundi au samedi de 10h à 20h. Macaron : 1,20 € l'unité.

Si vous avez déjà mangé des macarons Deville, vous connaissez alors le plaisir que l'on ressent lorsque l'on savoure ce petit gâteau. Et si vous n'y avez jamais succombé, on vous le dit : courez-y. Car même si les prix sont plus élevés si l'on compare aux produits industriels, vous ne perdrez pas au change ! Notons qu'en plus des macarons, cette boutique qui fait aussi salon de thé propose des bières, des jus de fruits, des tisanes, des chocolats, de la guimauve, des glaces, des sorbets, de la tapenade, du miel, ou encore des pâtes à tartiner. Bref, lors de votre journée shopping, n'hésitez pas à faire un détour par Le Clos Deville. Vos papilles vous remercieront !

YUKA

Star des applications à avoir en poche au quotidien, Yuka est notre meilleur allié pour se repérer dans la jungle des produits qui nous sont proposés. Avec elle, on sait ce qu'on met dans nos assiettes et sur notre peau, répertoriant 1,5 million de produits alimentaires et 500 000 produits cosmétiques en les évaluant selon des critères bien précis (niveau de risque, présence d'additifs, etc.).

EPICERIE FINE

LES ARÔMES DE CHRYSTELE

3, rue Gambetta - **SAINT-GENEST-LERPT** ✆ 04 77 25 09 10
www.lesaromesdechrystele.fr
Ouvert du mardi au vendredi de 9h15 à 12h15 et de 14h30 à 18h30 (jusqu'à 19h le vendredi) ; le samedi de 9h15 à 12h15.

Infirmière puéricultrice pendant 30 ans, Chrystèle vous fait désormais partager ses plaisirs gourmands. Dans son élégante boutique, sur ses hautes étagères rétroéclairées, elle privilégie les produits de qualité, souvent bio, et se fournit chez les producteurs locaux dont elle visite les sites de fabrication pour s'assurer de leur savoir-faire. A l'entrée, vous saisissez un panier en osier coloré et déambulez au gré des arômes de thé, de café, d'épices, de miel ou d'huiles essentielles, et parce qu'elle possède l'art de dénicher l'article qui va plaire, Chrystèle vous épaule aussi pour confectionner des paniers cadeaux personnalisés. Un délicieux moment de plaisirs partagés !

EPICERIE FINE

ÉPICERIE FINE GOÛT D'AILLEURS

94, rue Jean Jaurès - **RIVE-DE-GIER** ✆ 04 77 83 87 54
www.jullien-freres.fr
Ouvert le lundi de 15h à 18h, du mardi au vendredi de 9h à 12h et de 15h (14h le vendredi) à 19h, le samedi de 9h à 12h.

Les établissements Jullien Frères, dont la société a été créée il y a plus d'un siècle, sont les propriétaires de cette épicerie. Si vous franchissez le pas de la porte, vous découvrirez un choix varié de chocolats, calissons et autres gourmandises permettant de se faire plaisir. Mais ce qui fait le sel de cet établissement est la belle proposition de vins, de spiritueux et de boissons non alcoolisées, de quoi égayer vos papilles. Et n'oubliez pas, c'est à consommer avec modération ! Notons également que cette épicerie propose de composer vous-même des coffrets cadeaux.

EPICERIE

OMORFIA BRUNCH AND BROC

7, rue Francisque Reymond
MONTBRISON
✆ 06 89 01 18 71
Ouvert du mardi au samedi de 9h30 à 19h.

Le lieu est chaleureux et le concept original. Car Emeline, la gérante, est passionnée par la Grèce. Alors, en entrant dans ce commerce, qui fait à la fois épicerie fine, salon de thé, brocante, mais aussi restauration, vous pourrez découvrir de nombreux produits grecs. Ainsi, si vous vous attablez, vous pourrez notamment savourer une moussaka ou du mezzé. Dans l'épicerie fine, vous retrouverez du thé, des olives ou encore du vin et dans le coin brocante, vous découvrirez tout un tas de petits objets. Toutefois, il est possible de dénicher des produits qui n'ont aucun rapport avec ce pays méditerranéen. Notons également que vous avez la possibilité de manger le soir sur place.

EPICERIE
LA PIAZZETTA

9, place Saint-Pierre - **SAINT-CHAMOND**
✆ 09 88 08 37 63
Ouvert du mardi au samedi de 9h à 14h30 et le dimanche de 10h à 14h.

Ça sent bon l'Italie ! Le traiteur Lorenzo Guisciglio régale ses clients. Si la pizza y est tout à fait appétissante, on trouve également dans cette boutique de nombreuses autres spécialités italiennes. Aux beaux jours, des salades originales sont disponibles. Gnocchis, pâtes au four : les connaisseurs de la cuisine transalpine y retrouveront leurs repères. Amateurs d'arancini, Lorenzo les cuisine à merveille et les distribue également dans de nombreux établissements. Et pour compléter, quelques produits d'épicerie comme le miel d'oranger, les biscuits ou le Grana Padano. Sans oublier la gamme de produits Kalathos, une marque sicilienne à base de pistache... Un régal !

EPICERIE EN VRAC
LE BOCAL À ROULETTES

6, rue Léo Lagrange - **SAINT-PRIEST-EN-JAREZ**
✆ 06 98 71 45 50
http://lebocalaroulettes.fr
Ouvert du mardi au dimanche sur différents emplacements.

Le crédo de Rachel, la gérante du Bocal à roulettes, c'est d'agir pour une consommation plus écoresponsable. Car dans cette épicerie itinérante, tout est proposé en vrac. Autrement dit, fini les emballages, vous pourrez acheter la quantité que vous souhaitez. Ainsi, dans ce camion qui parcourt les routes ligériennes, on retrouve des produits d'hygiène (savons, shampoings, etc.), des produits d'entretien (bicarbonate de soude, savon noir, etc.), mais également des aliments (pâtes, fruits...). Notons que, dès que cela est possible, Rachel propose des produits locaux. Et si vous souhaitez découvrir cet établissement, direction son site internet car la tournée peut évoluer.

BOUCHERIE
L'ASSIETTE EST DANS LE PRÉ

2, Cours Victor Hugo ✆ 04 28 04 45 00
www.lassietteestdanslepre.com
Ouvert du mardi au samedi de 8h30 à 19h, le dimanche de 9h à 15h.

Voici la première boutique dans la Loire de Cédric Jolivet et Justin Lacroix. Bouchers, charcutiers, traiteurs, ces touche-à-tout sont originaires de Bourgogne-Franche-Comté, berceau de la race charolaise, et ont fait de cette viande leur spécialité. Si le bœuf est à l'honneur, on trouve aussi d'autres viandes qu'ils ont directement sélectionnées chez les éleveurs. En plus de la boutique, nous vous recommandons le bar à viande afin de déguster une pièce fondante. Les garnitures sont réalisées à partir de produits achetés directement chez leurs confrères des Halles Mazerat.

BOUCHERIE
LA FERME DU VIVIER

16 ter, avenue Jean Jaurès
FEURS
✆ 04 77 27 85 74
Ouvert du mardi au vendredi de 7h à 13h et de 14h30 à 18h45 ; le samedi de 7h à 13h et de 14h30 à 18h.

© CAPTURER L'INSTANT

Si vous entrez dans cette boucherie, vous rencontrerez un véritable passionné d'élevage. Car Thierry Merle propose de la viande aubrac et charolaise venant directement de son exploitation. Notons que pour nourrir les animaux, il utilise de l'herbe fraîche des prés, du foin ainsi que de l'enrubanné. Par ailleurs, sur les étals, vous pourrez également retrouver de l'agneau, du veau, de la volaille et du porc provenant à chaque fois d'éleveurs locaux. Autrement dit ici tout est fait en circuit court et vous serez sûr d'acheter du 100 % français. Enfin, des plats traiteur cuisinés maison ainsi que des charcuteries préparées sans colorant, ni sel nitrité, ni additif sont aussi proposés.

NEW
CORSE
ÉPICERIE COMPTOIR CHEZ DUMÈ

40, Av. Jean Mermoz - **ANDRÉZIEUX-BOUTHÉON**
✆ 04 77 74 77 36 - https://www.chez-dume.com/
Epicerie ouverte le lundi de 15h30 à 18h, du mardi au vendredi de 10h à 19h, le samedi de 9h30 à 18h. Restaurant.

C'est dans ce temple de la gastronomie corse et méditerranéenne que les amateurs du genre auront plaisir à venir remplir leur panier. Dans les rayons, les meilleures charcuteries et des fromages affinés corses se disputent la place aux côtés de nombreuses références qui fleurent bon le terroir et l'artisanat. Huile d'olive bio de la marque Olivier & Co, véritable foie gras du Sud-Ouest, thés, produits épiciers, ou encore un large choix de vins du Sud. À noter qu'il est aussi possible de s'attabler pour déguster nombre de ces gourmandises. Une adresse à connaître.

CHARCUTERIE

FERME DU PRINCE

Le Vernay - **COLOMBIER**
✆ 04 77 51 52 45
www.ferme-du-prince.fr
Ouvert le vendredi de 14h à 17h, et le samedi de 14h30 à 18h30.

Située au cœur du massif du Pilat, cette ferme vaut autant le détour pour son cadre magnifique que pour ses délicieux produits fermiers. La spécialité de la ferme est évidemment la charcuterie, réalisée à partir de porcs élevés sur place. On y trouve ainsi de la charcuterie sèche - saucissons, jambons, rosettes, coppa - façonnée pendant l'hiver, dans le respect de la tradition locale. Mais également une très belle gamme de charcuterie fraîche - saucisses, pâtés, fromage de tête – et des salaison - jarret à l'os, pieds de cochon. Plus atypique, la ferme a aussi un petit élevage de *Highland Cattle*, les célèbres vaches écossaises, et propose la viande à la vente.

NEW

EPICERIE FINE

DELICATESSEN SAVEURS

1, Place Saint-André - **MONTBRISON** ✆ 04 69 34 68 81
www.delicatessensaveurs.fr
Ouvert du mardi au jeudi de 8h30 à 14h et de 15h à 18h30 ; le vendredi et le samedi de 8h30 à 18h30. Plats à emporter.

En voici une bien belle épicerie avec des valeurs fortes. Caroline Vial, la gérante, a à cœur de proposer à ses clients des produits exclusifs et de qualité. Chez Delicatessen Saveurs, vous trouverez par exemple une sélection pointue de jambon, de viandes rares (comme la Picanha de bœuf Angus, le jambon ibérique de Bellota ou le Tomahawk de veau), d'épices (comme celles de Terres exotiques qui ont été acheminées à la voile), mais aussi une magnifique gamme d'huiles et vinaigres. La truffe, la moutarde ou encore les rillettes sont aussi mis en avant dans un corner. Derrière chaque produit, il y a une histoire que Caroline, en véritable passionnée, pourra vous conter.

VIANDES - VOLAILLES

FERME BERTHOLET

Lieu-dit les Perrotins - **LA FOUILLOUSE** ✆ 04 77 36 58 83
www.fermebertholet.com
Ouvert jeudi de 8h à 18h, vendredi de 8h à 19h et samedi de 8h à 17h.

Cette ferme familiale a traversé les époques, depuis sa naissance en 1920 ! Rémi prend soin des animaux : vaches laitières, allaitantes, cochons et agneaux, et quelque 150 ha de cultures et de pâtures ! Bruno et Hervé, quant à eux, œuvrent pour vous satisfaire : avec leur équipe, ils transforment les produits en début de semaine pour les proposer à la vente dès le jeudi. On ne saurait faire plus frais ! Les produits sont garantis sans colorant ni conservateur ni additif et agréés CEE. Une raison de plus pour acheter sa viande directement chez le producteur ! Envie de gagner du temps ? Un drive est dispo. A retrouver aussi au point de vente Au terroir, rue Jules Ledin à Saint-Étienne.

NEW

BOUCHERIE

AU PRÉ DE PAUL

ZI de Pralong - **SAINT-GERMAIN-LAVAL**
✆ 04 77 66 53 35
Ouvert mercredi, vendredi et samedi de 8h30 à 12h30 et de 15h à 18h30.

Ouverte il y a à peine un an, cette boucherie a fait le choix du circuit court. Après l'héritage d'une ferme familiale, David et Antoine se sont reconvertis en éleveurs. Les deux amis élèvent plusieurs races porcines : mangalitza, gascon et duroc. Les cochons naissent à la ferme et sont élevés au grand air, tout comme les volailles. Les animaux sont nourris aux céréales sans engrais. Pour le bœuf et le veau, les jeunes passionnés se fournissent auprès de producteurs locaux. Saucissons, terrines pâtés : tout est fabriqué sur place à la boucherie de façon artisanale, et la charcuterie est garantie sans nitrite ! David et Antoine vous accueillent avec le sourire et sont de très bon conseil !

VIANDES - VOLAILLES

LA FERME DE ROLBEC

52, allée du Levant - **LA FOUILLOUSE**
✆ 04 77 30 19 22
Horaires variables selon les saisons, plus d'info sur leur page Facebook ou par téléphone.

La famille Bruel vous accueille dans sa ferme spécialisée dans l'élevage en plein air. Sur des centaines d'ha des veaux jusqu'à l'âge de 6 mois, des vaches limousines, mais aussi des canards et des volailles, tous nourris avec les céréales de l'exploitation. Ici, tout le travail est pratiqué de manière artisanale. La viande est vendue directement à la ferme sous forme de caissettes, au détail ou cuisinée et conservée dans des bocaux. Leur spécialité demeure le canard que Marie-Jo et Marcel transforment sur place en foie gras, confits, rillettes, magrets, ou cassoulet. Pensez aussi aux volailles (poulet, pintade, oie ou même dinde) - à commander de préférence - pour vos repas de fêtes !

BOUCHERIE

MAISON CROS-PÉCRESSE

13, rue Praire ✆ 04 77 32 00 70
www.boucherie-pecresse.fr
Du lundi au vendredi de 6h30 à 12h30 et de 15h à 19h ; le samedi de 6h30 à 12h30. Non-stop le vendredi.

Installée à Saint-Étienne depuis trois générations, la boucherie Pécresse propose des produits de boucherie traditionnelle, de charcuterie artisanale et un service de traiteur très gourmand ! Qu'il s'agisse du bœuf (faux-filet, côte de bœuf) ou de l'agneau (gigot, selle, carré, baron d'agneau désossé), la priorité est donnée à la viande d'origine française. Grillades, cervelas truffé ou cochon à la broche cuit au feu de bois pour vos événements, la qualité est au rendez-vous. Le saucisson sec est fait maison. N'hésitez pas à demander conseil sur le choix de la viande, la manière de la préparer ou de la cuire, ou sur les accompagnements à prévoir : l'équipe est à votre écoute !

CAROLINE VIAL

© JONATHAN EXBRAYAT

Caroline Vial est la propriétaire de Delicatessen Saveurs, une épicerie fine de Montbrison qui propose des merveilles que l'on ne trouve nulle part ailleurs.

Caroline, quel genre de produits pouvons-nous trouver dans votre épicerie ?

C'est une épicerie fine qui propose également des produits frais. La grande spécialité est un commerce frais avec de la viande et de la charcuterie. J'aime à proposer des produits que l'on ne trouve pas habituellement chez son boucher : picanha de bœuf Angus, tomahawk de bœuf de Galice, des araignées de veau ou de porc, de la charcuterie ibérique. On trouve également une grande variété d'épices comme des sels, des poivres, toutes sortes de currys, afin d'assaisonner ou d'accompagner ces viandes. Comme la sauce chimichurri qui se marie à merveille avec le picanha d'Angus Je me suis inspirée des épiceries du monde anglo-saxon pour ma boutique avec une atmosphère très cocooning et différents corners. Ainsi, on y trouve également un coin dédié aux produits sucrés. Une petite table permet de grignoter des petites pâtisseries directement sur place en savourant une boisson chaude ou un jus de fruit.

© CAROLINE VIAL

Comment avez-vous acquis cette érudition de la viande et des produits rares ?

J'ai été directrice commerciale en produits carnés dans un groupe agroalimentaire pendant 20 ans. Je connais donc très bien le milieu de la viande. J'ai eu l'occasion d'organiser et de participer à énormément de salons dédiés à l'alimentaire. J'ai aussi eu l'opportunité de voyager, j'ai effectué un véritable « tour du monde culinaire » qui m'a permis de découvrir des mets incroyables. Je suis notamment tombée amoureuse de la Thaïlande qui possède une tradition culinaire remarquable.

Comment vous est venue l'envie de faire partager à votre clientèle toutes ces perles rares ?

Je souhaitais réapprendre aux personnes autour de moi comment il était possible et simple de bien manger. La grande majorité des produits que je propose à la vente dans mon épicerie sont d'ailleurs des produits que j'utilise depuis des années dans ma vie personnelle.

© JONATHAN EXBRAYAT

› DELICATESSEN SAVEURS
1, Place Saint-André
MONTBRISON
✆ 04 69 34 68 81
www.delicatessensaveurs.fr

FRUITS - LÉGUMES

BISSARDON JUS DE FRUITS

195, impasse de l'Artisanat - **SAINT-PAUL-EN-JAREZ**
✆ 04 77 73 90 41
www.bissardon.fr
Réservé aux professionnels.

Les jus de fruits Bissardon sont une institution. On ne cesse de vanter les mérites de cette marque qui, en plus de s'illustrer par son savoir-faire artisanal, se distingue depuis plus de dix ans dans les grands concours agricoles. Vous retrouvez ces produits dans les meilleurs bars, épiceries et restaurants du bassin stéphanois. Bissardon travaille avec des fruits locaux : 95 % des fruits transformés proviennent de vergers de la région. Pomme-framboise, pomme reinette ou cerise pur jus, ces jus de fruits respirent le soleil de Cellieu ! Deux gammes authentiques et créatives – Jean-Louis Bissardon et l'Arbre à jus –, et la petite dernière, entièrement bio, à découvrir : Bio les cœurs.

EPICERIE FINE

CORNAND

5, rue Pointe-Cadet ✆ 04 77 32 90 45
www.cornand.fr
Ouvert le lundi de 14h30 à 19h ; du mardi au samedi de 8h30 à 12h30 et de 14h30 à 19h30.

L'entreprise familiale Cornand fait des pâtes, mais pas n'importe comment ! Ici, on parle de haute couture ! Trois générations de créateurs se sont succédé pour nous offrir un mets des plus original, savoureux et authentique. Pâtes sèches, pâtes fraîches, pâtes fourrées sont mariées à une multiplicité de saveurs étonnantes aux couleurs attrayantes : curry de Madras, spiruline, truffes, et elles revêtent des formes originales de cœurs ou de corolles. Certifiées Origine France Garantie, elles se déclinent en des lignes gourmandes, salées ou sucrées avec le litchi-rose, chocolat ou la vanille. Et le site Internet propose de nombreuses idées de recettes ! Le vrai goût d'un luxe accessible !

FROMAGERIE - CRÈMERIE

FROMAGERIE BARET

14, rue Charles-De-Gaulle
✆ 04 77 33 31 85
Le lundi 14h30-19h30, du mardi au vendredi de 7h30 à 12h30 et de 14h30 à 19h30, le samedi de 8h à 13h et de 15h à 19h.

La Fromagerie Baret c'est une histoire de famille depuis 70 ans : créée à La Talaudière par la grand-mère Marcelle, c'est aujourd'hui sa petite-fille Lætitia qui dirige la fromagerie stéphanoise. Devanture bleu électrique, elle se modernise mais vous y trouverez toujours un très large choix de fromages de plus en plus issus de producteurs locaux en circuits courts. Privilège est donné à la tradition, les Appellations d'Origine Protégée et les gens qui travaillent dans le respect de leur métier. Fromages à la coupe, plateaux personnalisés ou encore beurre, yaourts et fromages blancs, la crèmerie-fromagerie est une passion ! Deux autres boutiques à Firminy et Saint-Chamond.

FROMAGERIE - CRÈMERIE

FROMAGERIE PERRIN

5, place Bellevue
✆ 04 27 64 82 19
Ouvert du mardi au samedi de 7h30 à 12h30 et de 15h à 19h ; le dimanche de 7h30 à 12h30.

« Tout le monde dit cheese ! ». Fromagers de père en fils depuis trois générations, la famille Perrin vous conseille sur un large choix de fromages de qualité, et confectionne des planches prédécoupées pour vos apéros dînatoires, et même des pièces montées où se succèdent les étages de tomme de brebis, morbier, comté, fourme de Montbrison, brillat-savarin ou saint-nectaire. En plus du point de vente de Bellevue, la Fromagerie Perrin est présente sur sept marchés de la Loire, et investira les futures halles gourmandes de Saint-Etienne pour que les habitants du centre-ville puissent eux aussi en profiter. De quoi multiplier les plaisirs, et je vois que ça vous donne le sourire !

FROMAGERIE - CRÈMERIE

LE PIÈGE À SOURIS

6, rue Mercière
SAINT-GALMIER
✆ 04 51 28 75 04
Ouvert du mardi au samedi. Réservation conseillée.

C'est un lieu original qui a ouvert à Saint-Galmier en décembre 2021. Car Le Piège est souris est à la fois une fromagerie et un bar à fromages. Ainsi, en poussant la porte de ce commerce, vous pourrez découvrir pas moins de 65 variétés différentes, dont la plus grande partie provient de producteurs locaux. Une partie épicerie fine, avec huile, miel, vinaigre, saucisson ou encore confiture se trouve également sur place. Par ailleurs, le midi, une formule déjeuner vous est proposée avec forcément du fromage en tête de gondole et le soir, vous pourrez savourer des planches apéro, le tout accompagné d'un jus de fruits artisanal, d'une bière ou d'un verre de vin.

FROMAGERIE - CRÈMERIE

LA JASSERIE SAINT-ANDRÉ

17, rue Colombet-Solle - **SAINT-JUST-SAINT-RAMBERT**
✆ 04 77 79 89 65 - www.jasserie-standre.fr
Ouvert du mardi au samedi de 8h30 à 12h30 et de 15h à 19h ; le dimanche de 8h30 à 12h.

Les jasseries sont des bâtiments agricoles typiques des montagnes d'estive du Forez, utilisées pour la fabrication du fromage, et en premier lieu des rigottes et des fourmes d'Ambert et de Montbrison. À la Jasserie Saint-André, fromager-affineur membre de l'académie gourmande, vous trouverez également des fromages en provenance de toute la France, de Grande-Bretagne ou de Hollande, rigoureusement sélectionnés selon un impératif de qualité. Vous êtes à la recherche d'un fromage original ? Optez pour le camembière, un fromage affiné à la bière de la Brasserie de la Loire toute proche, le claousou cerné de sa sangle d'épicéa ou le succulent brillat-savarin aux truffes !

EPICERIE FINE

L'EPICERIE GOURMANDE

4, rue Notre Dame - **MONTBRISON** ✆ 04 77 58 43 05
www.paniers-gourmets.com
Ouvert du lundi au samedi de 9h à 12h et de 14h30 à 19h. Livraison possible.

Si vous êtes un amateur de thé, vous serez au septième ciel, car en entrant dans cette épicerie, vous aurez un large choix de références : du thé blanc, au thé vert en passant par le thé noir. Et même si vous n'êtes pas friand de cette boisson qui est l'une des plus consommées au monde, n'hésitez pas à franchir la porte. En effet, les aficionados de pâtes trouveront des produits de la maison Cornand. De leur côté, les gourmands pourront se faire plaisir en optant pour du chocolat fin ou des calissons de Provence. Enfin, l'épicerie propose également des cafés torréfiés de manière artisanale, des liqueurs d'Auvergne, de l'huile du vinaigre ou encore des bières artisanales.

FROMAGERIE - CRÈMERIE

BALME

2, Cours Victor Hugo ✆ 04 28 04 44 35
www.maisonbalme.com
Ouvert du mardi au vendredi de 8h à 14h30 et de 16h30 à 22h30 ; le samedi de 8h à 22h30 ; le dimanche de 8h à 15h.

Enfin un point de vente stéphanois pour cette institution de plus d'un siècle ! Dans ce stand de la Maison Balme installé dans les halles Mazerat, la truffe est reine. La vitrine de l'épicerie regorge de merveilles : saucissons et jambons truffés, charcuterie bellota, fritons au foie de canard, fromages truffés sur place avec un mélange de truffes et de mascarpone. Il est également possible de se restaurer directement sur place. On déguste un œuf mimosa à la mayonnaise truffée et au jambon, un croque-Martine au brie et au jambon truffé couronné d'un œuf sur le plat, ou encore les coquillettes à la truffe. Également planches de charcuteries ou de fromages, à partager autour d'un verre de vin.

NEW

FROMAGERIE - CRÈMERIE

FROMAGERIE MONS

4, Rue Grenette
✆ 04 77 38 29 03
Ouvert du mardi au jeudi de 8h30 à 13h et de 15h à 15h, le vendredi et le samedi de 8h à 19h.

Ouverte depuis mars dernier, cette nouvelle boutique de la Maison Mons a déjà pris ses marques dans le paysage gastronomique local. Fourme de Montbrison, bleu de Termignon, Barriquet, comté mais également une très belle sélection de fromages italiens, suisses ou encore anglais : les Stéphanois auront désormais tout le loisir de profiter dans leur ville de la qualité et du savoir-faire de cette vénérable institution. En plus de l'affinage, la Maison Mons fabrique depuis 2016 ses propres produits laitiers. Afin de favoriser le circuit court, le lait est directement récolté auprès de producteurs locaux, et permet de proposer du fromage blanc, et des yaourts délicieux et certifiés bio.

CHARCUTERIE

MAISON DUCULTY

Le Bourg - **LA TERRASSE-SUR-DORLAY** ✆ 04 77 39 01 13
www.maison-duculty.fr
Ouvert du mardi au samedi de 9h à 18h et le vendredi de 9h à 23h.

La maison Duculty située à La Terrasse-sur-Dorlay est réputée depuis 1816. Cinq générations d'épicuriens s'y sont transmis les recettes immuables ! Au cœur du parc du Pilat, elle bénéficie de l'air pur, primordial pour le goût des salaisons qui font sa réputation ! A cette qualité environnementale s'ajoute le choix minutieux des producteurs. Au magasin et au sein du restaurant les fins de semaine, on apprécie une charcuterie de terroir : saucissons secs ou à cuire, jambon et pièces de porc séchées... Aujourd'hui, avec Gaëtan Duculty, la maison s'ouvre aux nouvelles technologies et propose des coffrets et saucibox livrés chez vous pour vous régaler en quelques clics.

EPICERIE FINE

ROUGE GOURMAND

19, rue Saint-Jean
✆ 04 77 21 08 65
www.rougegourmand.com
Ouvert du mardi au samedi de 9h30 à 19h.

© DAVID JAMES PHOTOGRAPHE

La devanture rouge accroche votre regard ? Entrez ! Serge et Chrystelle vous invitent à la gourmandise ! Laissez-vous tenter par leurs thés, tisanes, rooïbos, carcadets, cafés purs d'origine issus du monde entier, leurs 100 % arabica du Vietnam et du Mexique torréfiés par leurs soins sur place et leurs mélanges maison, que vous pouvez goûter préalablement dans le salon de thé attenant. Profitez-en également pour découvrir les belles théières, cafetières et autres accessoires. Convaincu ? Cédez aussi aux produits d'épicerie fine salée comme les féculents, les assaisonnements et tartinables pour l'apéritif, et sucrée, avec toutes sortes de chocolats et de biscuits.

HALLE COUVERTE

HALLES MAZÉRAT BILTOKI

2, Cours Victor Hugo ✆ 04 28 04 44 18
Ouvert du mardi au dimanche.

Après des travaux de rénovation, les Halles Mazerat ont fait peau neuve. Leur réouverture en 2021 a donné un véritable coup de jeune au centre-ville de Saint-Étienne. Signée Biltoki, une entreprise basque exploitant plusieurs halles commerçantes dans de grands centres-villes, cette renaissance est présentée sous les signes de la vie, de l'excellence et du partage. Une trentaine de stands (fromagers, poissonniers, boulangers...) pour savourer la Loire en un tour des Halles, à déguster sur place ou à emporter, avant d'aller se balader dans les rues accueillantes du centre-ville de Saint-Étienne. A noter, on trouve sur place plusieurs stands de cuisines du monde.

MARCHÉS

MARCHÉ ALBERT THOMAS

Place Albert Thomas ✆ 04 77 48 77 48
www.saint-etienne.fr
Ouvert le mardi et du jeudi au samedi de 6h à 13h. 100 % bio le vendredi. Marché de producteurs uniquement.

Le marché de la place Albert Thomas est très apprécié par les Stéphanois en quête de bons produits achetés directement aux producteurs. De nombreux restaurateurs aussi viennent se servir ici le samedi matin de bonne heure. Une véritable référence en matière de qualité ! Vous y trouverez fruits, légumes, fromages et yaourts artisanaux, pain... Les variétés anciennes sont à l'honneur sur la place ! Si le marché du samedi matin attire le plus grand nombre d'exposants et de clients, celui du vendredi est également très intéressant par sa spécificité marché bio exclusivement. Quant aux marchés des mardis et jeudis, ils permettent de refaire les provisions dans la semaine ! On plébiscite !

MARCHÉS

MARCHÉ DE BEL-AIR

Rue Bel-Air
Ouvert le samedi de 6h à 13h.

Dans ce quartier résidentiel en hauteur, la petite place au fond de la rue Bel-Air accueille un marché minimaliste, mais charmant. Un maraîcher de Grammont propose un vaste étal de légumes de sa production, variant au fil des saisons. Il apporte également ses fromages, qu'il complète de la production de quelques collègues de la région, et propose de la viande de bœuf et, à l'approche des fêtes, des spécialités de foie gras. Une productrice de fruits complète l'offre de ce petit marché : produits de saison, mais aussi confitures, jus et pâtes de fruits maison. De quoi remplir son panier en peu de temps, et avec des produits 100 % locaux et frais. A découvrir !

MARCHÉS

MARCHÉ DE BELLEVUE

1, place Bellevue
Ouvert le mardi, le jeudi et le dimanche de 6h à 13h.

Au sud de la ville, sur la place Bellevue, entre la voie de tram et le parc Léopold Sedar Senghor, le marché s'installe trois fois par semaine. Avant tout alimentaire, il accueille de nombreux primeurs, mais également quelques producteurs de la région qui viennent vendre leurs fruits et légumes au fil des saisons. Un grand stand d'olives, d'ail et de citrons confits nous transporte dans le bassin méditerranéen. Plusieurs étals de viande et de volailles s'y trouvent également, pour profiter du savoir-faire des producteurs et des artisans de Saint-Etienne et de ses alentours. Un marché de quartier, convivial et bien garni. Quelques stands de vêtements ajoutent à l'ambiance.

MARCHÉS - HALLES

MARCHÉ DE FAURIEL

Cours Fauriel
www.saint-etienne.fr
Ouvert le mercredi et le samedi de 6h à 13h.

Les mercredis et samedis matin, de nombreux producteurs et primeurs, pour certains bio, se donnent rendez-vous ici. Vous y trouverez tout pour concocter de bons petits plats : des œufs, des légumes, des fruits de saison et exotiques, du fromage, de la viande, des pains, des fleurs... Un traiteur italien fait le déplacement de Turin pour vendre ses pâtes, raviolis et gnocchis, tandis qu'une ostréicultrice remonte de temps de temps de l'étang de Thau pour proposer ses coquillages. Quelques marchands de vêtements viennent également. Un marché en développement, aux allées élargies suite aux consignes sanitaires, et qui accueille régulièrement des commerçants nouveaux.

MARCHÉS - HALLES

MARCHÉ DE JACQUARD

Place Jacquard
www.saint-etienne.fr
Ouvert le lundi, le mercredi, le vendredi et le samedi. De 6h à 13h30.

Sur la place Jacquard se tient un marché quatre fois par semaine : les lundis, mercredis, vendredis et samedis matin. S'il a si souvent lieu, c'est que son succès est assuré et ne se dément pas au fil des ans. La place est toujours noire de monde. Ce marché est haut en couleur. Ici vous trouverez différents produits du Maghreb notamment en vêtements et textiles mais aussi des fruits et légumes bien sûr mais encore des bibelots et gadgets, des produits en limite de date de péremption, des sous-vêtements, des fins de série, des lots achetés aux enchères suite à la liquidation d'une boutique... Autant dire que vous pourrez y faire de bonnes affaires en venant régulièrement !

BOULANGERIE

AU GRUAU LORRAIN

20, rue Denis Escoffier
✆ 04 77 32 78 95
Ouvert du lundi au samedi de 7h à 19h30.

Le Gruau Lorrain est l'une des boulangeries les plus appréciées du centre-ville. En plus de la baguette traditionnelle, cet établissement propose de très nombreuses sortes de pains. Baguette au sésame, pain complet, pain de seigle, mais aussi pain au maïs, ciabatta, pain à la fourme, le seigle aux noix, pavé de campagne moulé ou au pavot..., mais aussi quiches, brioches salées, pizzas... Le choix de viennoiseries est large : brioches, pains au chocolat, viennois chocolat, bugnes en saison, pain d'épices, sablés... Une adresse réputée à connaître qui a eu l'occasion de représenter le département en 2018 lors du concours du meilleur boulanger de France sur la chaîne M6.

BOULANGERIE

MAISON RÉOCREUX

13 bis, rue de Saint-Etienne
SAINT-CHAMOND
✆ 04 77 19 60 50
Ouvert du lundi au vendredi de 6h30 à 19h.

Vrai passionné, Sébastien Réocreux a ouvert sa nouvelle boulangerie-restaurant en avril 2019, en partenariat avec des cultivateurs de blé. Après avoir officié à Saint-Romain-en-Jarez, Rive-de-Gier et Saint-Étienne, il a décidé de s'installer de nouveau à Saint-Chamond. Dans un cadre moderne sur deux niveaux, vous découvrirez une belle gamme de pains, des viennoiseries et desserts gourmands. Tartes, gâteaux, une belle sélection réalisée avec des fruits locaux. La carte du restaurant est entièrement faite maison et propose des plats qualitatifs à manger rapidement : burgers, salades, brochettes de filet mignon, dos de lieu noir... La Maison propose ses services pour les buffets d'entreprises.

BOULANGERIE

MAISON POUILLY

16, avenue de Saint-Etienne
MONTBRISON
✆ 04 77 58 98 47
Du lundi au samedi, 6h30-19h

Boulanger, traiteur, salon de thé : la Maison Pouilly joue plusieurs cartes, à chaque fois avec le souci de l'excellence. Certaines créations pâtissières se contemplent avant de se déguster, comme par exemple cette trilogie de bonsaïs mêlant génoise et chocolat dans une composition en équilibre, impressionnante. La carte salée propose quelques spécialités tournant tous les jours, et s'enrichit au moment des fêtes. La Maison Pouilly propose aussi ses chocolats. Une très belle adresse à Montbrison, avec un pain de grande qualité - David Pouilly ayant remporté, il y a quelques années, le prix de la meilleure baguette Loire-Rhône, pour sa boutique de Saint-Just-Saint-Rambert.

BOULANGERIE

MAISON RAVEL

78, boulevard Georges Pompidou
✆ 04 77 79 33 39
www.auxdelicesdufournil.com
Ouvert du lundi au samedi de 6h à 19h30.

Installée depuis 2001 dans la Loire, la Maison Ravel arrive à Saint-Etienne. Outre ses pains fabriqués à base de farines biologiques, André Ravel propose des chocolats et pâtisseries qui ne laisseront pas les gourmands indifférents. Les oursons en guimauve maison, à base de chocolat noir ou au lait, rappellent l'enfance. Le partenariat de la Maison Ravel avec la chocolaterie Valrhona ouvre la voie à d'appétissantes créations. Côté pâtisserie, craquerez-vous pour l'éphémère, mariant framboise et goyave, ou pour l'irrésistible Cupidon, croisant le chocolat, le caramel et le citron vert ? La boulangerie propose également des sandwichs, salades, bagels... pour le déjeuner. Une saine lecture.

BOULANGERIE

LE CROQ'EN BOUCHE

25, place Chavanelle ✆ 04 77 33 90 83
www.lecroqenbouche.fr
Ouvert du lundi au vendredi de 6h30 à 19h ; le samedi de 6h à 13h.

Le Croq'en Bouche, de Laurent et Xavier Jousserand, respectivement boulanger et pâtissier-chocolatier, se repère facilement par sa vitrine aux tons orangés, primée au concours Commerce Design de Saint-Étienne. Des viennoiseries au petit matin au le pain et à la restauration rapide du midi jusqu'aux gourmandises du goûter, cette boulangerie-pâtisserie est toujours ouverte pour vous régaler et satisfaire vos envies sucrées : duchesses au chocolat, croq'en Velay au biscuit sans farine et aux lentilles, tarte aux myrtilles, mais aussi salées, avec un pâté en croûte aux pistaches et éclats de foie gras. Et pour vos occasions, n'hésitez pas, l'équipe regorge de créativité !

BOULANGERIE

LA MANUFACTURE DE JEAN

99, cours Fauriel ✆ 04 77 41 31 60
www.manufacture-jean.fr
Ouvert du lundi au vendredi de 6h30 à 19h ; le samedi de 6h30 à 12h30.

En entrant chez Jean, vous poussez la porte d'un amoureux de son métier, soucieux de social et d'écologie. Ce boulanger-pâtissier s'approvisionne en farines respectueuses de l'environnement, dans un modèle garantissant une juste rémunération aux agriculteurs. Et n'ayez crainte, il confectionne lui-même toutes ses divines viennoiseries. On trouve dans sa boutique ses créations (dont une remarquable meringue au chocolat et aux amandes), dont certaines utilisent les produits de la chocolaterie stéphanoise Weiss. On peut également y acheter des produits Weiss, s'installer dans le salon de thé pour une douceur sucrée, et même y déjeuner d'un burger ou d'une quiche.

BOULANGERIE

MOULIN MELOU

2, avenue de Saint-Etienne
SAINT-BONNET-LE-CHÂTEAU
✆ 04 77 21 87 47
Du lundi au dimanche, de 6h à 19h.

Les fervents téléspectateurs de l'émission *La Meilleure boulangerie de France* sur M6 reconnaîtront sûrement cette boulangerie qui concourait au titre en 2021. Éliminée en quart de finale, elle a toutefois, brillamment représenté la région Auvergne-Rhône-Alpes. A sa tête, Cédric Robert qui propose du pain, des pâtisseries, du chocolat et des viennoiseries. Ne manquez pas de tester le pain feuilleté au maïs, le délicieux et moelleux napolitain ou les baguettes au charbon ! L'équipe est également disponible si vous souhaitez un gâteau pour un anniversaire, une pièce montée pour un mariage... Le gros plus : le grand parking devant la boutique, qui permet de se garer sans se prendre la tête !

BOULANGERIE

LE PAIN DES MATRUS

54, rue Gambetta
✆ 04 27 64 16 47
De 6h à 19h30 du lundi au vendredi. Jusqu'à 19h le samedi, de 7h à 12h30 le dimanche.

Cette boulangerie récente accueille les gourmands dans une ambiance cosy et chaleureuse, avec une équipe souriante. Côté pains, notons la baguette tradition, fabriquée avec des farines locales, venues du Forez. D'autres spécialités (maïs torréfié, khorazan...) vous attendent. Les viennoiseries sont elles aussi maison, feuilletage compris bien évidemment. Côté pâtisserie, où tout est également fait sur place, on ne manquera pas le pâté forézien, aux pommes ou à la crème pâtissière, à la poire et aux pépites de chocolat... Et pour l'Epiphanie, découvrez les fèves mettant à l'honneur quelques monuments de Saint-Etienne, de la cathédrale Saint-Charles au Puits Couriot !

BOULANGERIE

LE PAIN DU LOUP

9, Rue Louis Braille
✆ 06 52 01 47 93
Ouvert du mercredi au vendredi de 12h à 19h.

Longtemps inoccupée, cette boulangerie de la rue Louis Braille reprise par trois jeunes boulangers a fait peau neuve ! C'est désormais Le Pain du Loup qui occupe les lieux. Ce fournil résolument engagé fonctionne en coopérative, et ne propose que des produits entièrement biologiques, façonnés à la main sur place, à partir de farines paysannes locales. La coopérative a choisi de produire peu afin de s'assurer de la qualité du produit. Les pains sont essentiellement fabriqués à partir de levain afin de les rendre plus digestes et d'assurer une meilleure conservation. En plus du pain au levain, on trouve sur place des brioches, des tartes salées et autres petits gâteaux.

BOULANGERIE

LA FERME DES BLÉS D'OR

785, Chemin du Combeau
VÉRANNE
✆ 04 74 87 76 89
www.lepaindenono.fr
Ouvert du jeudi au samedi de 16h à 19h.

© JONATHAN EXBRAYAT

© JONATHAN EXBRAYAT

L'adage «du champ à l'assiette» prend tout son sens à la Ferme des Blés d'Or grâce à Noël Lafertin, agriculteur et boulanger. Un pain divin et pour cause, puisque les céréales cultivées avec amour sont ici récoltées, broyées puis transformées pour finir en pain cuit au feu de bois. En miche, en baguette, nature ou spéciaux, lin, raisins, noix, olives, amandes, chocolat ou seigle, les pains de Nono ont leurs amateurs qui se bousculent les jours d'ouverture. Ici, on retrouve le goût du pain de notre enfance. Ne manquez pas non plus le fameux pâté aux pommes et les biscuits de Nono qui ont été primés au concours des produits fermiers de la Loire !

CHOCOLATIER

NEW

L'INSTANT CHOCOLATÉ

45, Rue de la République - **LA TALAUDIÈRE** ✆ 04 27 64 19 15

Ouvert du mardi au samedi de 8h à 19h, le dimanche de 8h à 12h30.

© L'INSTANT CHOCOLATÉ

Passer la porte de L'instant Chocolaté, c'est s'exposer à la tentation du péché de gourmandise… Depuis son laboratoire, le maitre chocolatier David Roche concocte toutes sortes de merveilles sucrées et appétissantes : pâtisseries, viennoiseries, gâteaux, macarons, pâtes à tartiner, cookies, glaces, et bien évidemment une impressionnante gamme de chocolats. Tous ces délices peuvent êtres dégustés à emporter ou sur place, dans l'adorable salon de thé de la boutique au décor floral. On peut justement y boire des thés de chez Fabrikathé, une marque qui utilise uniquement des produits naturels pour ses infusions et dont 98% des matières premières utilisées sont bio.

CHOCOLATIER

AURÉLIEN GOUJON CHOCOLATIER

24, avenue Irénée Laurent - **VEAUCHE**

✆ 04 77 39 29 11

Ouvert du mardi au vendredi de 9h à 12h30 et de 14h30 à 19h ; le samedi de 8h30 à 12h30 et de 14h30 à 19h.

Pour le bonheur des gourmands et pour nous faire partager sa passion pour le chocolat, Aurélien Goujon a ouvert sa boutique dans la Cité Saint-Laurent à Veauche. L'aspect extérieur du magasin se retrouve aussi à l'intérieur : tout est soigné. Entre pâtisseries, macarons ou encore tablettes de chocolat, tout est fait pour vous faire fondre. Ici, la fabrication est artisanale et les pralinés sont faits maison. D'ailleurs, cela se sent lorsqu'on les savoure. Et pour encore plus de plaisir, vous pouvez aussi opter pour un sorbet, que seul le maître de lieux sait faire.

CHOCOLATIER

CHOCOLATERIE ANTHONY PAILLEUX

5 bis, place de la Devise - **SAINT-GALMIER**

✆ 04 77 35 88 83

Le lundi et du mercredi au vendredi 9h-12h30 et 14h30-19h30 ; samedi 9h-12h30 et 14h-19h ; dimanche de 9h à 12h30.

D'une balade à Saint-Galmier il est de coutume de ramener une bouteille de Badoit et c'est encore mieux si elle est en chocolat ! Dans sa boutique élégante et épurée, Anthony Pailleux vous en propose emplies de pavés baldomériens, un praliné et ses éclats de noisettes grillées, le tout enrobé de cacao en poudre, prenant la forme des ruelles du village. La gamme de produits ne s'arrête pas là, elle compte nombre de confiseries artisanales confectionnées pour la majorité à partir de fruits frais, de caramels onctueux ou de marrons glacés. Des délices de créativité !

CHOCOLATIER

PRALUS

9, rue Michelet ✆ 04 77 30 26 03

www.chocolats-pralus.com

Ouvert lundi de 9h à 12h et de 13h à 19h. Du mardi au samedi de 9h à 19h.

François Pralus a ouvert une très belle boutique à Saint-Étienne avec une devanture bordeaux. Vous ne le connaissez pas encore ? Certainement que si, vous savez, c'est ce chocolatier-pâtissier roannais qui vous propose ses fameuses pralulines, des brioches aux pralines roses à la recette tenue secrète et au goût inimitable. La famille Pralus est propriétaire de plantations de cacaoyers au nord-ouest de Madagascar et réalise des chocolats à partir de cacaos de grand cru à déguster sous forme de tablettes ou de chocolats fantaisie. Un vrai délice... Ses productions sont réputées dans la France entière ! Les produits phares : la pyramide des tropiques et la barre infernale.

BOULANGERIE

PAPY JEAN

6, rue Dorien Bourneton - **ANDRÉZIEUX-BOUTHÉON**

✆ 04 81 64 03 48

https://papy-jean.fr

Ouvert du lundi au samedi de 7h à 19h.

Depuis le mois de novembre 2020, une belle boulangerie a pris place dans la zone des Coquelicots. Mais concrètement qu'est-ce qui différencie Papy Jean des autres commerces ? Sachez qu'ici, tous les aliments n'ont pas d'ajout de gluten ou d'améliorant. De plus, le pain est pétri avec du levain. Enfin, une dernière qualité : tout est fait maison, des pâtisseries aux traditionnels pains au chocolat, en passant par les brioches, les pizzas, les quiches, les sandwichs, les mousses au chocolat ou encore les yaourts. Notons également que tous les mois Papy Jean propose un nouveau sandwich et que, chaque saison, de nouveaux desserts se trouvent derrière les vitrines.

CHOCOLATIER

CHOCOLAT WEISS

8, rue du Général-Foy
✆ 04 77 21 61 09
www.chocolat-weiss.fr
Ouvert du lundi au samedi de 9h à 19h.

Originaire d'Alsace, Eugène Weiss quitte son pays natal pendant la guerre de 1870 pour venir s'installer à Saint-Etienne où il ouvre sa confiserie de bonbons et de chocolats en 1882, au 8 rue Général Foy. Outre sa boutique en ville, repeinte en violine, discret rappel de la couleur du chocolat, avec le portrait du fondateur en fond, la Maison Weiss, désireuse de partager ses secrets et métiers, ouvre à la visite ses ateliers en octobre 2016 et reçoit la même année le prix Europain pour les Sublimes, des pépites au vrai goût de chocolat, puis deux ans plus tard une étoile de l'Observeur du design. Maîtresse dans le haut chocolat, pour sûr elle ne s'arrêtera pas là...

NEW

CHOCOLATIER

L'ARBRE À CHOC

2, Rue de La Croix de Mission - **LA FOUILLOUSE**
✆ 09 77 47 79 65
Ouvert du mercredi au samedi de 9h à 19h, le dimanche de 10h à 16h.

Depuis avril 2022, cette nouvelle chocolaterie ravit les amateurs de chocolat et de pâtisserie à La Fouilllouse. Gâteaux, chocolats, verrines glacées et magnums aux fruits : on trouve dans cette belle boutique tous les délices sucrés dont on peut rêver. Si les grands classiques de la pâtisserie française sont bien représentés, nous vous invitons à goûter les créations originales comme le Cacahuète : un biscuit financier avec un crémeux de cacahuète et une mousse au chocolat au lait, un délice ! Le Yuzu est plus surprenant, mais tout aussi savoureux avec son croustillant et sa mousse pralinés sur lesquels repose un crémeux au yuzu – un agrume asiatique assez peu connu en France.

CHOCOLATIER

BRUNO MONTCOUDIOL PHILIPPE BEL

4, avenue Saint Exupéry - **ANDRÉZIEUX-BOUTHÉON**
✆ 04 77 92 96 70
Ouvert du mardi au samedi de 10h à 19h, le dimanche de 8h30 à 12h30.

L'association de deux géants de la tradition culinaire française au sein d'une même boutique : le chocolatier Philippe Bel et le chef pâtissier Bruno Montcoudiol, tous deux couronnés du titre de Meilleur ouvrier de France. Large gamme de chocolats, des tablettes, des gâteaux, des cakes. des confitures : depuis septembre dernier cette boutique réunit une sélection de créations pâtissières et chocolatières des deux artisans. A noter que tous les produits sont fabriqués dans les laboratoires des deux confrères, hormis les glaces qui sont confectionnées sur place.

CHOCOLATIER

CHOC ET VOUS

759, route de Boën
MARCILLY-LE-CHÂTEL
✆ 04 77 58 14 11
www.chocolat-loire-rhonealpes.fr
Ouvert du mardi au samedi de 9h à 12h30 et de 14h à 18h30.

© MOULIN GUILLAUME

Guillaume Moulin vous accueille dans son atelier et propose un délicieux moment autour du chocolat. Chocolatier et pâtissier, il réalise de savoureuses créations originales reflétant sa personnalité : des macarons et pâtisseries colorés, des chocolats raffinés à l'image du craquant aux épices ou du praliné amande-noisette. Un large choix est proposé sur commande : mousses, dacquoise, crémeux, craquants, bûches... Des ingrédients de qualité, des parfums délicats, des assemblages et des textures riches, un régal pour les papilles. Avec le saucisson au chocolat, vous découvrirez aussi la pâte à tartiner et les chocolats créés pour les événements. Une étape gourmande unique dans le Forez.

CHOCOLATIER

CHARLES CHOCOLARTISAN

2260, route de Roanne - **CIVENS** ✆ 04 77 26 86 51
www.pateatartiner.fr
Ouvert du lundi au vendredi de 9h à 12h30 et de 14h à 19h ; le samedi de 10h à 12h30 et de 14h à 19h.

Loin des industriels qui gâchent notre plaisir, Roland Charles est un créateur, artisan pionnier en pâtes à tartiner. Ici les pâtes à tartiner sont sans huile palme et sans cochonneries pour ne pas nuire à notre santé et à la planète. Chocolartisan fabrique sa pâte à tartiner avec une dizaine de recettes différentes : lait, pétillant, noir, « blanc », caramel au beurre salé, cacahuète, spéculoos, au piment... Certaines sont sans lactose, ou sans gluten, sans noisettes, sans sucre... Vous trouverez forcément celle à votre goût. Pour être sûr de votre achat, vous pouvez même visiter sa fabrique à Civens - sur résa - ou même participer à un des ateliers pâtes à pâtisser... On salive d'avance !

MIEL - CONFITURE

LES CONFITURIERS DU VIEUX CHERIER

23, rue du vieux Bourg - **CHERIER** ✆ 04 77 63 17 85
www.confiturecherier.com
Ouvert du lundi au vendredi de 8h30 à 17h30. Visite commentée et dégustation 5 €/personne, minimum 15 personnes.

© LES CONFITURIERS DU VIEUX CHÉRIER

Les confituriers du Vieux Chérier sélectionnent rigoureusement les fruits majoritairement en France et en particulier dans la région Auvergne-Rhône-Alpes. Tout l'art du confiturier est de sublimer les qualités des fruits. Confitures et sirops viennent satisfaire délicatement notre appétit pour le sucré, mais pas que, puisque certaines préparations allégées ou chocolatées s'offrent à nos futures tartines. Pour remplir votre panier, plusieurs possibilités : sur place ou via la boutique en ligne. La qualité des productions de ces artisans confituriers est indéniable.

CHOCOLATIER

PÂTISSERIE GUERPILLON

464, avenue de la Route Bleue - **MONTROND-LES-BAINS**
✆ 4 77 54 46 09 - www.brunoguerpillon.fr
Ouvert du mardi au samedi de 7h à 19h, le dimanche de 7h à 13h. Boutique en ligne. Traiteur.

Très connu dans la région, Bruno Guerpillon honore les plus gourmands d'entre nous, depuis plus de 20 ans, à travers ses propres recettes originales et des recettes traditionnelles revisitées. Travaillées à partir d'ingrédients rigoureusement sélectionnés, vous saurez apprécier sa carte de pâtisseries à retrouver en boutique physique ou même en ligne. Des gâteaux oui, mais des chocolats aussi ! Découvrez le mocassin chocolaté, plus masculin que son pendant l'escarpin, ou encore la cabosse aussi gourmande que son ventre renferme des mendiants et autres mini-tablettes. En bref, si vous êtes au régime, c'est clairement l'adresse à éviter, mais si ce détail vous importe peu, alors foncez !

CHOCOLATIER

MAISON GAUCHER - JEAN-PAUL GAUCHER

1, rue Léo-Lagrange - **SAINT-PRIEST-EN-JAREZ**
✆ 04 77 06 61 26
https://chocolatsgaucher.wordpress.com
Ouvert du mardi au samedi de 10h à 19h.

La Maison Gaucher, une entreprise à la fois artisanale et moderne, vous le promet : «Vous êtes gourmands, vous deviendrez gourmets» ! Pour ce faire, elle vous propose des produits de qualité autour de recettes originales de chocolats, pralinés, ganaches, oranges confites, pâtes d'amande ou de noix, des confitures aux fleurs de pissenlit, à l'alliance de la figue et de la pêche ou du pamplemousse et de la fraise et des petites bouchées, pâtes de fruits et pâtes à tartiner et même guimauves. À noter, une gamme sans sucre ajouté et la boutique d'atelier à Sorbiers.

CHOCOLATIER

AU BALLOTIN - CHAMBON FRÈRES

3, rue Aristide Briand - **ANDRÉZIEUX-BOUTHÉON**
✆ 04 77 55 00 12 - www.chambonfreres.fr
Ouvert du jeudi au samedi de 9h à 12h30 et de 14h30 à 19h ; le dimanche de 8h30 à 12h15.

La façade du Ballotin annonce la couleur : rien qu'en se promenant, on rêve de dévorer la boutique, dont les teintes évoquent le chocolat et les confiseries. La tentation s'aggrave une fois le seuil du magasin franchi. Meringues, macarons, chocolats et autres gourmandises : on vous prévient de suite, ici tout est fait pour les gourmets, et il sera difficile de ne pas craquer. Tout comme dans la boutique de Chazelles-sur-Lyon, l'endroit déborde de créativité chocolatière, avec un renouvellement fréquent qui suit le fil des saisons, des fêtes et des inspirations.

CHOCOLATIER

LES GOURMAN'DISES - CHAMBON FRÈRES

24, rue Max Fléchet - **CHAZELLES-SUR-LYON** ✆ 04 77 54 24 71
http://chambonfreres.fr
Mardi, jeudi et vendredi (8h-12h30 et 14h30-19h) ; mercredi (8h-12h30) ; samedi (7h30-12h30 et 15h-19h) ; dim. (7h-13h).

La façade d'acier et de brique, dans un style industriel, abrite l'une des merveilles de Chazelles-sur-Lyon. Dans la pâtisserie-chocolaterie historique des frères Chambon, le plaisir commence par les yeux. Du sac à main en chocolat aux gâteaux nappés de rose pour la Saint Valentin, chaque douceur se dévore des yeux. Il serait toutefois dommage de s'en tenir là tant ces deux artisans maîtrisent les savoir-faire de leur métier. Les saveurs délicates s'entremêlent pour une expérience unique. Et n'hésitez pas à demander une personnalisation pour les grandes occasions !

PÂTISSERIE

NEW

ARMAND PAGÈS

9, Avenue de la Libération
SAINT-CHAMOND
✆ 04 77 22 02 10
Ouvert du mardi au vendredi 8h-12h30/14h-19h, le samedi 7h30-19h, le dimanche 7h-12h30. Pâtisseries, chocolats, glaces.

© JONATHAN EXBRAYAT

© JONATHAN EXBRAYAT

On se sait plus où donner de la tête dans cette magnifique pâtisserie où tout est fait maison. Les réalisations d'Armand Pagès sont nombreuses et toujours réalisées avec précision, talent et gourmandise : viennoiseries, petits fours, gâteaux de toutes les tailles, appétissants macarons aux couleurs éclatantes, bonbons de chocolat aux saveurs recherchées. Sorbets et glaces font fondre petits et grands, tout comme les pâtes à tartiner et les coulis à la noisette ou au caramel au beurre salé. La boutique propose une belle gamme de vins, liqueurs et digestifs à accorder avec ses chocolats en fin de repas, mais également quelques bouteilles de champagne pour ceux qui préfèrent les bulles.

PÂTISSERIE

BOULANGERIE PÂTISSERIE DAVID BORY

9, rue de la Charité - SAINT-CHAMOND
✆ 04 77 22 16 32
www.boulangerie-patisserie-bory.fr
Ouvert du lundi au samedi de 6h30 à 19h30.

On ne présente plus la boulangerie-pâtisserie David Bory à Saint-Chamond. De nombreux Couramiauds s'y pressent pour « chercher le pain », acheter une formule déjeuner ou commander une délicieuse pâtisserie. Le choix est vaste et tout est bon : viennoiseries, pain, snacking, confiseries, chocolats, gâteaux... Les créations sont uniques et colorées comme le pain figues/framboises/chocolat. Les assemblages des gâteaux et pièces individuelles sont délicats et gourmands. Le service est impeccable. Les formules du midi se dégustent sur place (intérieur ou terrasse) ou à emporter.

PAINS - GÂTEAUX - CHOCOLATS

AU PÊCHÉ GOURMAND - MAISON DUSSAP

3, rue du 11-Novembre ✆ 04 77 32 81 65
www.maisondussap.fr
Ouvert du mardi au samedi de 8h à 19h ; le dimanche de 8h à 12h30.

Ici, les vitrines remplies de gâteaux donnent à cette boutique des allures de joaillerie et invitent à céder au péché de gourmandise… Tout est fabriqué maison avec des parfums qui évoluent au fil des saisons. Sur la carte d'été, des «Eskimos» au lait bio des vaches de Jonzieux, des «Mojitos» avec biscuit cassonade et crémeux menthe-citron, des Chococcinos ou des Merveilleux, croquant noisette, crème au nougat et confit d'abricot. Il est inutile de tenter de résister ! La Maisson Dussap dispose également d'une seconde boutique dans les Halles Mazerat.

PÂTISSERIE

LA MUSCADINE

7, avenue Mellet Mandard - SAINT-JUST-SAINT-RAMBERT
✆ 04 77 36 48 60 - www.lamuscadine.com
Ouvert du mardi au vendredi de 7h30 à 19h ; le samedi de 7h30 à 19h30 ; le dimanche de 7h30 à 17h30.

Saint-Just-Saint-Rambert ne manque pas de bonnes pâtisseries ! Près des bords de Loire, La Muscadine, tenue par Julien et Richard Joassard, est une adresse de référence pour vous faire plaisir au quotidien ou offrir un moment de gourmandise lors d'une occasion particulière. Vos convives ne seront pas déçus ! Aussi beaux que délicieux, les entremets, tartes, ballotins et desserts glacés s'exhibent, classiques ou débridés : les majestueux Croustichoc, Fleur de Vanille ou Mistral côtoient une boule de pétanque ou Sergio le Lama en chocolat ! Craquez pour un pécan exotique vanille, avec son crémeux vanille, sa compotée mangue passion et son croustillant noix de pécan. Un petit goût de paradis !

PAINS - GÂTEAUX - CHOCOLATS

LE CHARDON BLEU

18, avenue Grégoire-Chapoton - **SAINT-JUST-SAINT-RAMBERT**
✆ 04 77 52 38 04 - www.le-chardonbleu.com
Ouvert le lundi de 9h à 17h30 ; du mardi au samedi de 7h30 à 19h (jusque 19h30 le samedi) ; le dimanche de 7h à 17h30.

Connaissez-vous le Chardon Bleu ? Si vous répondez à cette question par la négative, c'est que vous n'êtes pas depuis longtemps dans le département ! La réputation de cette pâtisserie, qui existe depuis plus d'un demi-siècle, a dépassé les frontières de la ville de Saint-Just-Saint-Rambert. Ici, c'est du haut de gamme ! Des pâtisseries (entremets traditionnels ou personnalisés, farandole de tartes, pièces montées et wedding cake à l'américaine), macarons, chocolats, glaces et sorbets sont concoctés par un maître chocolatier, Olivier Buisson. Il vous livre d'ailleurs quelques-uns de ses secrets pour que vous puissiez pâtisser vous aussi lors de cours à thèmes le mercredi et le samedi !

PÂTISSERIE

PÂTISSERIE-CHOCOLATERIE MONTCOUDIOL

28, rue des Martyrs de Vingré ✆ 04 77 38 12 96
www.patisserie-montcoudiol.fr
Mercredi et jeudi 10h-12h30 et 13h30-19h15 ; vendredi et samedi 10h-13h et 13h30-19h30 ; dimanche 9h-12h30.

Meilleur Ouvrier de France, champion du monde de pâtisserie, Bruno Montcoudiol nous fait fondre de plaisir dans sa jolie pâtisserie-chocolaterie des « Martyrs ». De nombreuses recettes gourmandes n'attendent que vous : gâteaux, macarons, croquembouches, glaces... Vendus à l'unité ou en entremets, ces desserts portent des noms enchanteurs synonymes de délices : Pur Velay, Rosacé, Fleur australe, Piémont... Le chef dispense aussi à tous des cours de pâtisserie dans son atelier de Monistrol parce que, comme il le rappelle, la gourmandise est universelle !

NEW

PÂTISSERIE

OSEZ MARIE

425, Rue des vignes - **FARNAY** ✆ 06 83 16 71 00
www.osezmarie.fr
Ouvert mardi, jeudi et vendredi de 9h à 12h et le samedi pour la réception des commandes.

Cette institution de la pâtisserie a désormais son propre showroom où l'on peut voir la magie opérer en assistant à la fabrication des gâteaux. Tout est toujours préparé de façon artisanale : des guimauves à la pâte à tartiner, en passant par les sorbets, les crèmes glacées, ou les traditionnels macarons. Et d'ailleurs, les pâtisseries et les chocolats sont confectionnés à partir de produits locaux de saison, et sans colorant, sans conservateur, sans arôme artificiel. De nouvelles créations savoureuses voient constamment le jour. Le même sens du détail habite le showroom qui a été décoré avec des meubles chinés avec goût donnant au lieu un côté délicieusement vintage.

PÂTISSERIE

NEW

GLOOD COOKIES

SORBIERS
https://www.gloodcookies.com/
Site de commande en ligne, livraison (et prochainement la boutique !).

© GLOOD COOKIES

C'est tout nouveau et tellement gourmand que *Le Petit Futé* n'a pas résisté ! Glood Cookies, c'est une gamme de délicieux cookies (petits biscuits) entièrement conçus par les petites mains de la jeune pâtissière, « Glood » de son surnom. Moelleux, gourmands, savoureux, nous avons adoré le cookie spéculos. Notez que les préparations sont élaborées avec des produits de grande qualité, comme ce cookie framboise créé à partir d'un beurre aromatisé à la framboise bio fait maison, fourré avec une compotée de framboises et surélevé, bien entendu, d'un *topping* à la framboise bio : un cookie extrêmement gourmand ! On aime aussi la démarche responsable avec les producteurs locaux et les emballages recyclables.

THÉ

SAINTHÉ

26, rue du Président Wilson ✆ 06 61 68 51 90
www.sainthe.fr
Ouvert du mardi au samedi, de 10h à 18h. Fermeture en semaine entre 13h et 14h et ouverture le jeudi dès 11h.

Depuis le mois de septembre 2021, un nouvel univers a pris place sous les arcades de l'hôtel de ville : celui du thé. En faisant un détour par ce commerce, vous découvrirez une petite boutique tenue par deux gérants réellement passionnés : Thierry et Sandrine. À l'intérieur, vous pourrez retrouver une belle variété de thés (verts, noirs, blancs, oolong, etc.), des plantes pour tisanes et infusions, des mugs, des tasses, ou encore des théières. Bref, tout ce qu'il faut pour se faire plaisir lorsque l'on est friand de cette boisson qui est l'une des plus consommées au monde. À noter qu'il est également possible d'acheter les produits directement sur le site Internet.

CAFÉ

CAMINO CAFÉ ARTISAN TORRÉFACTEUR

17, Rue Champcallot - **SAINT-PIERRE-DE-BOEUF**
✆ 06 68 32 95 07
https://caminocafe.fr/
Ouvert du mardi au samedi de 9h à 12h et de 14h à 19h.

© ALAIN MANIQUANT

Un magnifique billot en guise d'îlot central, une table de bistrot, une large verrière offrant une vue sur la machine à torréfier, le décor est planté, nous sommes au Camino Café. Un lieu chic et lumineux, à l'image de Rachel, fondatrice, d'où émanent les effluves de café torréfié chaque mardi. Cette passionnée vous transmet son amour du bon café, qu'elle s'attache à sélectionner elle-même parmi ce qui se fait mieux. Salvador, Guatemala, Colombie s'affichent aux côtés des cafetières, tasses et théières et d'une belle sélection de thés de la marque Fabrikathé.

CONFISERIE - DRAGÉES

C'EST SI BON - MAISON THOMAS

30, rue du Président Wilson
✆ 06 51 28 53 37
www.confiseriedesarcades.fr
Du mardi au samedi de 10h30 à 12h30 et de 14h à 19h.

Après l'avoir découverte durant la fête du livre, nous retrouvons C'est si Bon, une boutique de la Maison Thomas, sous les arcades de l'hôtel de ville. Vous y dégusterez toute la gamme des produits Voisin : tablettes de chocolat, ballotins, quenelles et coussins de Lyon, pralines, dragées, mais aussi cafés puisque le maître chocolatier lyonnais dispose d'une torréfaction de qualité. Le choix de bonbons en vrac est large et classé par couleur, une sélection à opérer en famille avant de découvrir le savoir-faire de la maison dans son espace d'initiation sensorielle.

GLACIER

L'ARBRE À GLACES

11-13, rue Jean Claude Verpilleux
✆ 04 77 33 37 45
www.larbreaglaces.eatbu.com
Ouvert du lundi au vendredi de 9h à 18h. CB non acceptée.

Depuis 2007, l'Arbre à glaces fait le bonheur des Stéphanois avec ses délices glacés. Et pour cause, en plus de satisfaire les papilles, l'entreprise artisanale veille à choisir des produits de qualité, sans arôme supplémentaire qu'il soit naturel ou artificiel, sans colorants et sans exhausteur de goût ! Laissez-vous tenter par les classiques caramel, marron, vanille... Ou osez découvrir de divins mélanges comme verveine et yuzu, framboise et basilic pourpre, ou encore mangue, citron vert et sa pointe de curcuma... Et pour les plus gourmands, l'Arbre à glaces propose même deux sundays ! Avec eux, plus besoin d'attendre l'été pour se faire plaisir et savourer une bonne glace !

GLACIER

KARAKOLE - GLACIER GOURMAND TOURBILLONNANT

2, place Jean Jaurès ✆ 09 87 74 41 01
https://karakole.business.site
Du lundi au samedi 13h-21h (jusqu'à 23h du jeudi au samedi), dimanche 15h-21h. Fermé de novembre à avril.

Le centre-ville de Saint-Étienne dispose enfin d'un glacier avec l'enseigne Karakole créée par le tandem Ludovic Pirrera et Olivier Richard, respectivement patrons de l'Arbre à Glaces et de Yellow Jump. Karakole propose un grand choix de glaces artisanales locales produites par l'entreprise de Ludovic : saveurs vanille, thé Earl Grey, praline rouge, sorbets Kalamansi, pêche de vigne... Pourquoi ne pas se laisser tenter par les brioches glacées ? Les glaces italiennes sont agrémentées de chantilly, de coulis ou trempées dans du chocolat. Un régal de gourmand !

NEW GLACIER

GLACES MOUSTACHE

16, place des Ursules
✆ 09 81 36 11 18
Ouvert du mardi au samedi de 9h à 19h. En été : le dimanche et le lundi de 14h à 20h ; du mardi au samedi de 9h à 20h.

Depuis le mois de juin 2021, un glacier a pris place juste à côté des Halles. Ici, il est possible de choisir entre 40 et 50 parfums à savourer sur place ou à emporter. Et si vous retrouvez les grands classiques, vous pourrez aussi opter pour des goûts originaux. Notons que ces glaces sont proposées sans colorants et qu'elles sont réalisées à partir d'ingrédients naturels. Par ailleurs, en poussant la porte de cet établissement, vous pourrez également commander des gaufres et des crêpes faites maison, des pâtisseries, ainsi que des boissons, dont certaines sont bio. Enfin, sachez que pour votre pause déjeuner, vous pourrez aussi déguster des salades composées.

BIO
APRÈS LA PLUIE

2, place Villebœuf ✆ 04 77 57 94 32
www.biomonde.fr
Ouvert du lundi au vendredi de 9h à 12h et de 15h à 19h, le samedi de 9h à 12h. Livraison gratuite dès 90 €.

Après la Pluie est une supérette bio qui vous propose, à proximité du centre-ville, de nombreux produits. Vous y trouverez plus de 3 600 références de produits bio du quotidien : alimentation biologique, fruits et légumes, épicerie, produits frais, surgelés, produits sans gluten, jouets, cosmétiques, droguerie écologique... Ce commerce propose également du café participatif. Le plus : la gamme des Essentiels de la Bio, gamme de produits du quotidien à prix réduits, qui a pour vocation de mettre le meilleur du bio à la portée de chacun. L'objectif de cette boutique est de démocratiser le bio tout en demeurant une épicerie de proximité pour les habitants du quartier.

BIO
LA FOURMILIÈRE

19, rue Nicolas Chaize ✆ 09 54 13 49 78
www.coop-lafourmiliere.fr
Le lundi, le mercredi et le vendredi de 10h à 13h et de 16h à 19h30, le mardi de 16h à 19h30, et le samedi de 9h à 13h.

A La Fourmilière, le pouvoir appartient au client, qu'on appelle coopérateur. Ce magasin, proposant 2 600 références très axées vers les productions bio et locales (dans un rayon de 100 km), est en effet exploité par 860 adhérents, qui se relaient pour approvisionner les rayons, faire vivre les espaces de vente, tenir les caisses... Fruits et légumes, viandes, fromages et produits de crèmerie, vins des monts du Lyonnais : la priorité est donnée aux circuits courts. Pour y faire ses courses, il faut rejoindre la coopérative et donner 3 heures de son temps chaque mois. Une façon de revisiter la consommation, en devenant acteur du point de vente. Une belle initiative !

BIO
AU TERROIR

1, rue Jules Ledin
✆ 04 77 32 32 31
Ouvert le mardi, le mercredi et le vendredi de 7h30 à 19h.

L'histoire commencée en 1988 continue de s'écrire. Cette histoire, c'est celle de producteurs qui s'associent pour vendre directement leurs produits. Autrement dit, il n'y a pas d'intermédiaire. D'ailleurs, ils se relaient derrière la caisse pour que cette boutique reste ouverte toute la journée. Mais concrètement, que retrouve-t-on à l'intérieur ? Ici, les clients peuvent acheter tout ce qui fait le charme du terroir : des légumes, des laitages, des fruits, des fromages ou encore de la viande. Notons également qu'une majorité des produits sont bio. Le reste des aliments provient de l'agriculture raisonnée, c'est-à-dire que l'utilisation de pesticides est limitée.

BIO
MÉLIM'ÉLO

655, rue Joannes-Callet - **LA TERRASSE-SUR-DORLAY**
✆ 06 95 42 06 66
www.melimelo.org
Nombreux points de vente sur Saint-Étienne et alentour.

Elodie propose un nouveau concept pour manger sain et bio : un système de bouteilles en verre contenant des kits-recettes savoureux et simples à préparer. Près de 25 préparations sont ainsi déclinées en 3 collections : Saveurs du monde, Forme et santé, Gourmandises. À partir de ces kits, vous pourrez réaliser très facilement des galettes végétales à l'orientale à partir d'un mélange tout prêt auquel vous devrez ajouter simplement un œuf. Il est ainsi très simple de faire des galettes originales et bio ! A vous les recettes faciles de mescia de petit épeautre, de cookies apéro, de jambalaya, de semoule à la marocaine... pour épater tous vos amis ! Tous ces produits sont labellisés AB.

BIO
VRAC EN VERT

22, rue de la République ✆ 09 86 66 57 41
www.vracenvert.fr
Ouvert le lundi de 14h30 à 19h30 ; du mardi au samedi de 9h à 19h30. Jeu extérieur enfants. Livraison possible.

«Sain, tu mangeras. Au poids, tu achèteras. Du choix, tu auras. Des économies, tu feras. La nature, tu protégeras.» Le programme de l'épicerie bio Vrac en vert, en bas du Crêt de Roch, est on ne peut plus clair ! Ici les clients doivent apporter leurs contenants - avec des solutions sur place pour les étourdis. Une façon de n'acheter que le produit, et pas son contenant. Les denrées sont issues des circuits courts. La boutique propose des paniers de légumes et fruits de saison avec fiches recettes. Des stages sont organisés pour faire soi-même ses produits d'entretien. Aménagé par Franck Stindel, de l'Arrière-cour, le magasin a été primé lors du concours design de la ville.

BOULANGERIE
AUX 6 LEVAINS

Lieu-Dit Le Mas - **CHAZELLES-SUR-LAVIEU** ✆ 06 27 67 44 13
www.aux6levains.com
Tournée : Gumières, St-Jean-Soleymieux, Boisset-St-Priest, Verrières-en-F., Chazelles-sur-Lavieu, Margerie-Chantagret.

Un boulanger engagé qui privilégie la précommande pour lutter contre le gâchis, et à 95 %... ça marche ! Sylvain Thiéry, ingénieur mécanicien, a décidé de se reconvertir en artisan boulanger. Aujourd'hui, il confectionne son pain à partir d'une variété ancienne de blé, le grand épeautre Oberkulmer, qui ne se façonne que difficilement à la main. Il privilégie les farines écrasées à la meule de pierre ou avec un cylindre d'acier. Ce pain se garde 15 jours sans rassir ! Pour les personnes qui habitent Chazelles-sur-Lavieu ou dans un périmètre de 5 km aux alentours, Sylvain peut même livrer votre pain dans des boîtes à pain (deux tournées le mardi et le vendredi).

PRODUCTEUR
LA BOGE DU FOREZ

SORBIERS
✆ 06 45 34 54 76
www.bogeduforez.fr
Epicerie en ligne.

Créée par Thomas Gagnaire, un jeune entrepreneur stéphanois fier de ses origines, l'épicerie en ligne La Boge du Forez propose des produits frais, de saison et surtout 100 % *made in* Loire ! Dans votre panier, vous retrouverez une vingtaine de producteurs ligériens : épicerie salée et sucrée, fruits, légumes, boissons, crèmerie, viande et alcools et même cosmétiques. Les denrées, issues du bio ou de l'agriculture raisonnée, sont produites dans le sud du département. Pour un minimum de 20 euros d'achat, votre commande est livrée à domicile ou sur votre lieu de travail. La livraison est possible dans 17 communes en choisissant le jour et l'horaire. L'occasion de consommer du local en un clic !

PRODUCTEUR
JUS PATRICK FONT

6, route de Givors
TARTARAS
✆ 04 78 07 48 60
www.patrick-font.com

Sur l'exploitation familiale située entre les coteaux du Jarez et les monts du Lyonnais, La Maison Patrick Font révèle dans sa gamme de jus et de nectars les saveurs et les sensations du fruit frais. A partir de fruits de saison, cueillis au meilleur moment, et d'un savoir-faire artisanal entre tradition et créativité, Patrick Font propose des jus de fruits haut de gamme et de thés glacés. Dans chaque bouteille, le fruit est respecté et chaque gorgée nous donne la sensation de mordre dans un fruit frais. Pomme yuzu, pêche blanche, mûre sauvage, fraise, tomate noire de Crimée, orange blonde, cassis noir de Bourgogne, et tant d'autres sont présents sur les plus belles tables.

PRODUCTEUR
LE COIN DES PRODUCTEURS

ZI Caintin - **LA RICAMARIE**
✆ 04 77 50 24 36
Ouvert le mercredi et le vendredi de 9h à 19h ; le samedi de 9h à 12h.

Situé à 5 min à peine de Saint-Étienne en voiture, le Coin des Producteurs est l'alternative idéale au marché classique. Ici, des agriculteurs locaux viennent vendre directement leurs produits fermiers à l'intérieur de la pépinière du magasin Reynaud Fleurs. Légumes, fruits, viandes, céréales, yaourts, bocaux, vins... Vous y trouverez uniquement des aliments frais et de saison, ainsi que des produits bio ! Glaces artisanales, saucissons de brebis ou encore plantes aromatiques, on se laisse facilement tenter par de nouvelles saveurs. Les producteurs gèrent eux-mêmes le point de vente, alors n'hésitez pas à vous renseigner sur la provenance et la fabrication des produits proposés !

ETIQUETTABLE

Application de cuisine durable collaborative, Etiquettable regroupe toutes les informations nécessaires à une consommation responsable. On y trouve les fruits et légumes de saison, les espèces menacées de poissons, des adresses à la démarche durable et des astuces du quotidien comme celles de jardiner sans produits toxiques, recycler ses produits ménagers ou choisir sa gourde. D'utilité publique.

PRODUCTEUR
LE JARDIN DE VALOURS

1162, Chemin de Valours - **VILLEREST** ✆ 07 60 47 02 78
https://le-jardin-de-valours.fr/
Les catalogues et les dates des formations sont disponibles sur le site Internet.

Corinne vous accueille au Jardin de Valours pour partager son érudition en permaculture et en semences. Cette agricultrice touche-à-tout propose des formations personnalisées d'une journée, à destination des jardiniers amateurs, afin de concevoir un potager fertile et respectueux de la nature, pour développer son autonomie alimentaire. Elle cultive également ses propres semences paysannes biologiques dans un sol non labouré et en limitant l'arrosage et désherbage afin d'obtenir des graines d'une qualité et d'une résistance exceptionnelles. L'achat de semences et l'inscription aux formations se fait par mail, les dates et les catalogues sont disponibles sur son site Internet.

PRODUCTEUR
MONTS DÉLICES

Chemin de Pompey - **GÉNILAC**
✆ 04 77 04 28 90
Ouvert le mercredi et le jeudi de 9h à 13h et de 15h à 19h ; le vendredi de 9h à 19h ; le samedi de 9h à 18h.

Situé à Génilac, Monts Délices est un magasin de producteurs de la Loire. Basée sur la vente directe de produits fermiers, la boutique propose un large choix de produits frais et d'épicerie. Légumes, fruits, viandes, saumon, escargots, yaourts, sorbets... selon la saison et vos envies. Le choix en épicerie est remarquable : farines, céréales, pâtés, miel, pâte à tartiner, soupes, de quoi composer un bon repas de famille. La cave offre un petit assortiment de bières et de vins. Agréables, les producteurs sont à l'écoute des consommateurs et heureux de pouvoir transmettre leur terroir par leur savoir-faire. Une diversité de produits pour apprécier les saveurs ligériennes en toute saison.

ARTISAN DEPUIS 1993
PATRICK FONT
PUR JUS
POMME BIO
ORGANIC APPLE
PURE JUICE
8.4 fl.oz - 250ml
PATRICK FONT
PUR JUS
POMME REDLOVE®
REDLOVE® APPLE
PURE JUICE
8.4 fl.oz - 250ml
PATRICK FONT
PUR JUS
APPLE GINGER
PURE JUICE

PRODUCTEUR

LE QUART D'HEURE PAYSAN

441, route de Bourg-Argental - **PLANFOY** ✆ 04 77 93 38 53
http://lequartdheurepaysan.fr
Ouvert le mercredi et le vendredi de 9h à 19h ; le samedi de 9h à 17h.

Le Quart d'heure paysan propose à la vente les produits des fermes environnantes. Vous y trouverez les légumes bio d'Ulric Sage, producteur à Savas ; les fruits de Jérôme Pasquio, de Colombier-le-Cardinal ; la charcuterie d'Henri Cellier, la viande bovine de Virginie Jourjon de Rochetaillée, les yaourts et fromages de vache, les fromages de chèvre de la Ferme du Champ ; les glaces des Délices foréziens, à Saint-Cyr-les-Vignes, les escargots de Corinne Michel de Saint-Sauveur-en-Rue, les vins de Lupe, les produits de la Ruche de Bourg Argental... Sans oublier des paniers et corbeilles en osier créés par Corine Michel ! Une bonne adresse pour consommer local.

EPICERIE EN VRAC

PRÉ DE CHEZ VOUS

Rue de Bel Air - **VILLARS** ✆ 04 77 93 45 53
www.predechezvouscircuitcourt.com
Ouvert du lundi au vendredi de 9h à 19h, le samedi de 9h à 18h ; le dimanche et les jours fériés de 9h à 12h30.

Dans le quartier de la Feuilletière à Villars, Pré de chez vous promeut les circuits courts de notre terroir. Une épicerie éthique puisque 75 % des sommes que vous dépensez est reversé aux producteurs. On y retrouve pêle-mêle des fromages et produits laitiers, de la viande, le pain de l'Arch en Pain de Grammond, le chocolat du Veauchois Aurélien Goujon, les fruits et légumes « d'ici au bon moment » d'A pic légumes à Saint-Héand, et des produits secs et en vrac dans une optique écologique zéro déchet. Et avec les vêtements évolutifs de Crapouillette et les produits de beauté de Savon & Cosmeto, on achève de prendre soin de soi et de tous ceux qui vivent près de chez nous.

CUEILLETTE

PLEIN CHAMP

1, rue de l'Onzon - **SORBIERS** ✆ 04 77 53 33 74
www.pleinchampsorbiers.com
Ouvert du mercredi au vendredi de 9h à 19h ; le samedi de 9h à 12h30.

Ce point de vente, labellisé «Boutique paysanne» par l'association Terre d'envies, est animé par onze producteurs fermiers, qui le maintiennent ouvert à tour de rôle. Fromages et yaourts de chèvre, de brebis et de vache, fruits, viandes, volailles et charcuteries, légumes, foies gras : il y a ici de quoi se nourrir à toutes les saisons, en direct auprès des agriculteurs de la région. Le magasin s'ouvre à d'autres produits fermiers, pour des conserves, des produits frais, des vins et des bières, des épices, des poissons, des tisanes... La qualité paysanne est au rendez-vous, avec des produits issus de cultures et d'élevages respectueux de la nature et du bien-être animal.

ETIQUETTABLE

Application de cuisine durable collaborative, Etiquettable regroupe toutes les informations nécessaires à une consommation responsable. On y trouve les fruits et légumes de saison, les espèces menacées de poissons, des adresses à la démarche durable et des astuces du quotidien comme celles de jardiner sans produits toxiques, recycler ses produits ménagers ou choisir sa gourde. D'utilité publique.

EPICERIE EN VRAC

LE BOCAL À ROULETTES

6, rue Léo Lagrange - **SAINT-PRIEST-EN-JAREZ**
✆ 06 98 71 45 50
http://lebocalaroulettes.fr
Ouvert du mardi au dimanche sur différents emplacements.

Le crédo de Rachel, la gérante du Bocal à roulettes, c'est d'agir pour une consommation plus écoresponsable. Car dans cette épicerie itinérante, tout est proposé en vrac. Autrement dit, fini les emballages, vous pourrez acheter la quantité que vous souhaitez. Ainsi, dans ce camion qui parcourt les routes ligériennes, on retrouve des produits d'hygiène (savons, shampoings, etc.), des produits d'entretien (bicarbonate de soude, savon noir, etc.), mais également des aliments (pâtes, fruits...). Notons que, dès que cela est possible, Rachel propose des produits locaux. Et si vous souhaitez découvrir cet établissement, direction son site internet car la tournée peut évoluer.

MIEL - CONFITURE

MIELLERIE DES GORGES DE LA LOIRE

22, route de Saint-Victor sur Loire - **ROCHE-LA-MOLIÈRE**
✆ 04 77 90 61 82 - www.miellerieloire.com
Du mercredi au vendredi 14h-18h30. Samedi de 9h à 12h et de 14h à 18h30. Dimanche de 15h à 18h (de septembre à mai).

Créée en 1991, la Miellerie des Gorges de la Loire propose une large gamme de miels, du pain d'épices maison, des bonbons, de la gelée royale, du pollen et de la propolis. Gilles, Pierrick et Frédéric sont particulièrement vigilants sur la qualité des produits, des analyses sont régulièrement effectuées. Leur travail a d'ailleurs été récompensé par plusieurs médailles pour leurs miels. Agréée par le réseau des fermes pédagogiques, plusieurs formules de visites vous sont proposées pour découvrir le monde des abeilles. Un moment très agréable avec de bons produits !

NEW

CAVISTE

LES 20 BAVARDS

69, place Paul Doumer - **MONTROND-LES-BAINS**
✆ 04 77 74 26 17 - www.restaurant-delaloire.com
Ouvert le lundi de 10h à 15h ; du mardi au jeudi de 10h à 20h ; vendredi et samedi de 10h à 22h.

Située en plein centre de Montrond-les-Bains, la cave Les 20 Bavards propose un très grand choix de vins et de spiritueux. Que ce soit pour offrir, pour découvrir de nouvelles saveurs ou tout simplement pour un repas entre amis, il y en a vraiment pour tous les budgets et tous les goûts. Ainsi, parmi les pépites proposées, vous pourrez notamment opter pour du vin biologique produit par de jeunes talents. À moins que vous soyez plutôt grand cru ? Mais, quelles que soient vos envies, n'hésitez pas à demander conseil à ces spécialistes. Notons que cet établissement dispose également d'une partie bar à vin avec, pour accompagner votre dégustation, des planches de charcuterie ou fromage.

CAVISTE

OENOPHIL

574, RD1082 - **LA FOUILLOUSE** ✆ 09 64 10 77 52
www.oenophil.fr
Ouvert du lundi au mercredi de 10h à 12h et de 15h à 19h ; du jeudi au samedi de 10h à 19h.

À 50 ans, Philippe Vetard a changé de vie. Après une carrière dans l'industrie, il ouvre cette cave, d'abord sous franchise, puis sous sa propre enseigne. Le lieu propose une vaste sélection de bouteilles, dont le commerçant peut vous parler avec passion. Il y en a ici pour tous les budgets, mais l'ensemble des produits proposés est validé par le propriétaire. Jouxtant la cave, une salle avec quelques tables accueille régulièrement des dégustations, mettant souvent à l'honneur les producteurs locaux, de Saint-Joseph aux coteaux du Forez. Une adresse à retenir pour les amoureux de bons vins. A noter, un rayon spiritueux également bien fourni, et quelques produits alimentaires originaux.

CAVISTE

NEW

LA CAVE JOVIN

1, Bis Cours Jovin Bouchard
✆ 09 86 19 97 37
Cave du mardi au vendredi 10h-13h et 15h-19h, samedi 9h30-19h. Bar à vin jeudi et vendredi 18h-23h, samedi 11h-19h.

© LA CAVE JOVIN

Le talent n'attend pas le nombre des années, pour preuve avec Edgar, gérant de cette nouvelle échoppe. À 23 ans, ce passionné a repris «Demain les vins», après ses 3 ans passés chez «À vin pas des marches». Son objectif : transmettre sa passion des bons nectars, à partir d'une sélection issue de petits vignerons qui produisent des vins biologiques et naturels, car pour lui, chaque vin nous délivre une émotion. En plus de vous procurer le cru de votre choix, vous pourrez déguster sur place des planches composées de charcuteries Torrilhon et de fromages de chez Perrin. Notez que le lieu est aussi privatisable, pour un moment privilégié entre amis, tous les mercredis.

CAVISTE

LA CEMPOTE

3, avenue Grüner ✆ 04 77 37 63 04
www.lacempotesaintetienne.sitew.fr
Ouvert lundi et mardi de 10h à 19h, du mercredi au vendredi de 10h à minuit, samedi de 14h à minuit.

Le nom est un peu technique : une cempote est un tonneau d'une contenance d'environ 104 litres. Celui-là même que l'on retrouve sur l'enseigne de l'établissement ! A Châteaucreux, la Cempote ce sont surtout deux espaces : d'un côté une cave à vin et spiritueux bien achalandée avec plus de 700 références choisies par le sommelier Alex Liotard, et de l'autre un bar à fromage avec une sélection fromagère française, de la cochonnaille locale et du porc noir de Bigorre, des produits de la mer, et quelques salades aussi servies le midi. Et vous pouvez allier les deux : choisir votre bouteille directement dans la cave pour accompagner votre planche de fromage et les déguster avec ou sans potes !

ALCOOL

BREUVAGE DE L'APOTHICAIRE

1, rue de l'Agriculture
SAVIGNEUX
✆ 06 95 97 27 53
https://breuvagedelapothicaire.fr

Dans les restaurants et les bars, dans les épiceries et chez les cavistes, le Breuvage de l'Apothicaire, petit à petit, dissémine ses élixirs. Le packaging évoque un médicament des temps anciens, mais les arômes donnent le ton : menthe-citron, verveine ou myrtille-gingembre. Fabriqués dans les monts du Forez à partir d'ingrédients issus de l'agriculture biologique et faiblement sucrés, ces digestifs existent en différentes tailles de bouteilles, du grand contenant au coffret de petits flacons «Le trio de l'apothicaire», pour le plaisir de la découverte.

C'EST À BOIRE QU'IL NOUS FAUT

ALCOOL

MAISON 16 - LIQUEUR

19, chemin Rouge - **SAINT-MARCELLIN-EN-FOREZ**
✆ 06 18 81 44 37 - www.maison16.com

Pas de vente directe sur le site de production. A retrouver chez les cavistes et épiceries fines.

Vous connaissiez la Sapinette, voici la Serpolette ! Cette liqueur de thym sauvage, à 25° d'alcool, vient compléter l'offre de la Maison 16. Installé au cœur du Forez, ce producteur fabrique ses liqueurs artisanales à partir de cueillettes à la main de plantes issues de l'agriculture biologique. C'est aussi le cas des bourgeons et aiguilles de sapin qui entrent dans la composition de la Sapinette, la première liqueur de la maison, créée en 2019. Les produits de la Maison 16 ne sont pas vendus directement au consommateur, mais sont proposés chez de nombreux cavistes et épiceries fines de la région, pour participer au dynamisme du commerce local. Les circuits courts, toujours !

ALCOOL

NARANCIA APÉRITIF

14, rue Jean Neyret
✆ 06 16 04 97 50

Vous aimez l'orange ? Vous aimerez Narancia, avec peut-être une heure de prédilection. Pour certains, cette boisson est idéale à l'heure du thé. D'autres la plébiscitent pour l'apéritif, quand les derniers la servent avec un dessert aux agrumes ou au chocolat. Chacun son choix. La jeune équipe familiale qui a lancé cette boisson faite d'oranges, de vin blanc et d'aromates, a noué des accords avec les cavistes de Saint-Etienne. Narancia fait aussi son entrée chez des restaurateurs. Et sur le marché du cours Fauriel, le samedi matin, on croise souvent un membre de la famille, qui fait déguster et vend la bouteille seule ou, au moment des fêtes, dans un coffret de spécialités régionales.

CAVISTE

PARFUMS DE CAVE

13, boulevard Gabriel Cousin - **SAINT-GALMIER** ✆ 04 77 56 44 89
www.parfumsdecave.com

Ouvert du mardi au samedi de 10h à 12h et de 15h à 19h.
Horaires du bar à vin : du jeudi au samedi de 18h30 à 22h30.

Cédric Brisson, ancien sommelier au domaine de Capelongue dans le Lubéron, au château d'Artigny dans le Val de Loire et au Neuvième Art désormais à Lyon, a ouvert en 2015 une cave et un bar à vin à Saint-Galmier. Il propose à la vente plus de 350 références de vins et spiritueux dont vous pouvez goûter une sélection les jeudis, vendredis et samedis, autour d'une ardoise de fromages et de charcuterie. Des soirées à thème et des ateliers dégustation, dont le nombre de places est limité, sont également proposés et la cave peut même être privatisée pour vos événements. Bref, vous pourrez passer du bon temps dans cette belle cave en pierre à la découverte de nouvelles saveurs.

CAVISTE

CAVE PIOTEYRY

64, rue de La Libération - **LA FOUILLOUSE** ✆ 04 77 30 10 26
www.votrebouteille.com

Le lundi de 14h à 19h ; du mardi au samedi de 8h à 12h30 et de 14h à 19h.

Depuis 1903, les caves Pioteyry vous accueillent à La Fouillouse. Cette maison ancestrale dispose d'une bonne équipe de cavistes professionnels qui sauront vous guider dans le choix de vos bouteilles. Saint-Joseph, Côtes-de-Provence, Nuits-Saint-Georges, Châteauneuf-du-Pape, Hautes-Côtes de Beaune, Marsannay, Muscadet de Sèvre et Maine... Quelque 2 000 références sont proposées aussi bien pour les particuliers que les professionnels. Notons qu'ici vous pourrez également retrouver des bouteilles de champagne ainsi que des spiritueux. Les caves Pioteyry, dont le credo est : « le bon vin au bon moment pour le bon client ! », disposent aussi d'un magasin dans la plaine du Forez, à Feurs.

CAVISTE

LE VERRE GALANT

6, rue François-Gillet
✆ 04 77 37 81 79

Ouvert le mardi, le mercredi et le samedi de 10h à 19h ; le jeudi et le vendredi de 10h à 23h.

Jean-Jacques Maleysson n'était pas destiné aux métiers du vin. Après avoir travaillé dans l'administration universitaire, il suit une formation d'œnologue à Beaune et se lance dans le commerce de vins par passion. Il vous dispensera tous les conseils nécessaires pour acheter les meilleurs vins en fonction de la consommation que vous souhaitez en faire. Il dispose d'une large gamme issue de tous les vignobles de France : plus de 300 références parmi des vins de vignerons, champagnes et spiritueux que vous ne trouverez parfois nulle part ailleurs à Saint-Étienne. Et si vous avez le temps, installez-vous à une table et profitez-en pour découvrir les délicieux mets de ce bistrot.

CAVISTE

CAVE JULLIEN FRERES

5, avenue Maréchal Juin - **RIVE-DE-GIER** ✆ 04 77 75 02 07
www.jullien-freres.fr

Ouvert le lundi de 15h à 18h ; du mardi au vendredi de 9h à 12h et de 14h à 19h ; le samedi de 9h à 12h.

La réputation des établissements Jullien Frères créés en 1899 n'est plus à faire. En pénétrant dans cette cave, vous retrouverez un large choix de vins, de champagnes et de spiritueux. Ainsi, devant vos yeux, vous pourrez apercevoir plusieurs centaines de bouteilles. Et il y en a pour tous les budgets et tous les goûts : du bio au petit vin, en passant par les grands crus. Bref, que vous soyez novice ou un amateur de ces breuvages, vous pourrez choisir la bouteille qui correspond le mieux à vos envies et qui saura satisfaire vos papilles gustatives. Notons que pour vous aider à faire le bon choix, des dégustations gratuites vous sont proposées sur rendez-vous.

C'EST À BOIRE QU'IL NOUS FAUT

CAVISTE

CAVE À NOUS

SAINT-GENEST-MALIFAUX
✆ 04 77 51 22 50
www.caveanous.fr
Ouvert le mardi et du jeudi au samedi de 9h à 12h30 et de 15h à 19h ; le mercredi et dimanche uniquement le matin.

© CAVE À NOUS

Que vous soyez invité chez des amis ou pour vous faire plaisir, il n'est pas toujours simple de choisir le vin idéal. Alors, si vous n'êtes pas un expert, n'hésitez pas à faire un détour par la Cave à nous. Bruno vous aidera à choisir la meilleure association possible entre mets et vins. Vous aurez droit à ses conseils, et il se fera une joie de partager sa passion pour le vin. Rosés, blancs, rouges, liqueurs ou encore champagnes... En entrant dans cette cave, vous pourrez découvrir une large palette de spiritueux, pour tous les amateurs à tous les budgets. Notons que vous pourrez également retrouver un coin épicerie fine. Enfin, sachez qu'ici, des bières sont aussi disponibles à la vente.

ALCOOL

VERT DE CŒUR

121, Chemin de la gay - **SAINT-JEAN-SAINT-MAURICE-SUR-LOIRE**
✆ 06 49 33 65 35 - www.vertdecoeur.com
Ouvert le vendredi de 10h à 18h, le samedi de 9h à 23h, le dimanche de 15h30 à 20h. Boutique en ligne.

Ce hameau atypique est le projet un peu fou de Lavinia et Marius. Après avoir voyagé un peu partout dans le monde, ils posent leurs valises à Saint-Jean-Saint-Maurice-sur-Loire. Passionné de distillation qu'il pratiquait avec son grand-père, Marius commence déjà à travailler sur ses alcools lors de ses pérégrinations. De retour en France, il crée sa distillerie où il élabore ses breuvages avec de nombreuses plantes, souvent ramenées de ses voyages. Du gin, des liqueurs, dont la fameuse 108, une liqueur à 57° qui contient 108 plantes médicinales ! Nous vous recommandons également la liqueur de morilles. Il est possible de participer sur place à des ateliers de distillation ou de mixologie.

FRIGO MAGIC

Frigo Magic met au goût du jour ces dimanches soir à manger les restes de la semaine. Grâce à cette application, on cuisine uniquement avec ce que l'on a dans son frigo, pour des recettes antigaspi auxquelles on n'aurait pas forcément pensé. De quoi offrir un autre regard sur la star de nos cuisines, booster notre créativité et nous donner des informations sur nos produits en les scannant.

BRASSERIE

LA BRASSERIE DU PILAT

SAINT-JULIEN-MOLIN-MOLETTE
✆ 04 77 51 56 17
www.brasseriedupilat.com
Horaires variables selon les saisons.

Dans un bel établissement à ossature bois, la Brasserie du Pilat s'inscrit dans un cadre remarquable avec une terrasse ouverte sur la campagne environnante. Les visites de la brasserie sont possibles pour découvrir la fabrication de cette boisson entièrement bio. La brasserie est artisanale et les bières, équilibrées entre notes maltées et fruitées, sont brassées avec l'eau de source des monts du Pilat. Non pasteurisées et non filtrées, vous trouverez à la Brasserie du Pilat 8 bières différentes : 5 blondes et 3 ambrées ainsi que des bières de saison comme la Giboulée ou la Fleur de Noël. Toutes les bières sont produites à base de malt, d'épices et de houblon.

BRASSERIE

BRASSERIE DE LA LOIRE

Chemin du Béchet - **SAINT-JUST-SAINT-RAMBERT**
✆ 04 77 52 17 45 - www.brasseriedelaloire.fr
Ouvert le mardi et le jeudi de 15h à 18h ; le mercredi, le vendredi et le samedi de 15h à 19h.

Anne-Laure, biochimiste de formation, après avoir expérimenté différentes recettes, a choisi de créer des bières artisanales non filtrées, non pasteurisées. Vous pourrez découvrir des bières fabriquées annuellement et d'autres de manière saisonnière comme la Pampille, brune de Noël aux épices de pain d'épices, la Garipotte blonde de printemps à la fleur de sureau, ou encore la Boulonji, une bière ambrée au pain perdu toasté. Au lieu des grandes marques classiques, pourquoi ne pas faire confiance à un brasseur local qui saura vous faire profiter de bières certifiées 100 % biologiques et artisanales aux saveurs originales ? Nouveauté : la location de tireuse à bière pour vos événements.

© JONATHAN EXBRAYAT

© JONATHAN EXBRAYAT

CAVISTE

NEW

PICOLOGIE

9, Cours Victor Hugo
✆ 04 77 53 11 23
www.picologie.fr

Ouvert du mercredi au vendredi de 17h à 1h et le samedi de 11h à 1h en continu.

Depuis août dernier, le Geek & Beers a déménagé dans la rue Gambetta. C'est désormais Picologie qui s'est établi cours Victor-Hugo. Cette nouvelle boutique est une cave proposant un choix colossal de boissons. Plus de 100 références en vins, près de 300 bières et 150 spiritueux : les conseils de Luiz Hilario, le gérant de la boutique, ne seront pas de trop pour faire votre choix dans cette savoureuse sélection. L'accent est mis sur les productions locales et artisanales. Le soir, la boutique passe en mode bar, avec des planches de charcuteries et de fromages qui viendront s'accorder au breuvage de votre choix. Des ateliers de dégustation sont régulièrement organisés.

© JONATHAN EXBRAYAT

© JONATHAN EXBRAYAT

© JONATHAN EXBRAYAT

ALCOOL

VERVEINE DU FOREZ

Chemin des Lièvres
BONSON
www.verveineduforez.fr
Ventes sur Internet.

© VERVEINE DU FOREZ

En quelques années, la Maison Forissier a dépoussiéré la verveine cultivée autrefois dans le Forez. Un succès qui l'a poussée à doubler sa production. Avec sa Verveine du Forez, elle a remis au goût du jour la « liqueur de pépé ». Verveine sauvage, citronnelle, officinale, toutes sont labellisées bio et cultivées en plein champ sans pesticides, cueillies et émondées à la main. La macération se fait sans colorants ni conservateurs, le produit est moins alcoolisé pour une liqueur authentique et artisanale mêlant puissance et fraîcheur. De nombreux chefs étoilés, cavistes, épiceries fines, restaurants l'affichent sur leur carte et des nouveautés voient régulièrement le jour.

CAVES - MAISONS DES VINS

À VIN PAS DES MARCHES

23, rue Roger-Salengro
✆ 04 77 41 46 33
https://a-vin-pas-des-marches.fr
Ouvert du mardi au samedi de 10h à 13h et de 14h30 à 19h.

Cette cave propose une large gamme de vins français rouges, rosés, blancs sélectionnés directement chez les producteurs. Les deux tiers sont bio. Mais À Vin Pas des Marches, c'est aussi toute une offre de bières artisanales locales, de jus de fruits haut de gamme et surtout de spiritueux rares et inattendus du monde entier. Avec leurs nouveautés, pourquoi ne pas redécouvrir l'absinthe ? Différentes soirées dégustations sont proposées. Tous les jeudis soir est mis en place un afterwork. Vous pouvez découvrir trois à quatre cuvées différentes d'un bon rapport qualité-prix. Des tapas vous sont offertes pour accompagner votre dégustation. Rendez-vous sur le site Internet pour la programmation.

NEW

PRODUITS GOURMANDS

EAU DE SOURCE DE MONTARCHER

Le Suc
MONTARCHER
✆ 04 77 30 66 30

Commercialisée depuis novembre dernier, cette eau de source est puisée à Montarcher, un petit village perché à 1 100 m d'altitude dans les monts du Forez. Cette eau d'une grande qualité est faiblement minéralisée et disponible en version plate ou gazeuse. L'usine d'embouteillage se trouve dans le même village que la source, et l'eau est raisonnablement prélevée afin de respecter son cycle naturel. On trouve cette eau de source éthique, abordable et délicieuse dans les restaurants, cafés et hôtels de la région, ainsi que dans les magasins bio ou de produits locaux.

DOMAINE

DOMAINE DE LA ROCHETTE

VILLEMONTAIS
✆ 04 77 63 10 62
cote-roannaise-neron-rochette.fr
Du lundi au samedi de 8h à 12h et de 14h à 18h, sur rdv.

Le vignoble de la famille Neron s'étend sur 12 hectares, divisés en trois terroirs. La Rochette qui compte 6 hectares de vigne sur une seule parcelle, plantée avec le cépage gamay saint-romain, les plus vieilles vignes ont 80 ans ; le Bératard, terroir d'exception dont une partie est plantée avec le cépage chardonnay en terrasse ; la Combe, une parcelle plantée en 1998 et qui a nécessité un travail de déboisement pour replanter le cépage gamay saint-romain, sur des pentes de plus de 25 %. Huit cuvées sont issues de ces terroirs, un blanc de pays d'Urfé chardonnay, un rosé côte-roannaise Domaine de la Rochette, un rosé effervescent de la Rochette et différents rouges.

ALCOOL

LA SOURCE DISTILLERIE

Nermond - **CHALMAZEL** ✆ 06 58 44 63 72
www.lasource-distillerie.fr
Ouvert du lundi au samedi de 10h à 12h et de 14h à 17h. Boutique en ligne.

Les hauteurs autour de Saint-Étienne recèlent d'incroyables ressources. Les deux fondateurs de La Source Distillerie exploitent les végétaux de ces reliefs d'Auvergne pour créer des alcools locaux. Autour de la gentiane, deux apéritifs, baptisés «La petite sœur» et «La grande sœur», parlent aux amoureux de Suze. L'offre s'est enrichie d'un pastis forézien très original. Vins de sureau, de framboise ou de pêche de vigne complètent la gamme. La Source Distillerie s'est également attelée aux digestifs, avec notamment L'Instant forézien. Les ressources locales ont aussi permis la fabrication de vinaigres et de moutardes 100 % locaux mais aussi de délicieux miels et de gelées royales.

MICRO-BRASSERIE

LA BIM

2, rue de Feurs - **MONTBRISON** ✆ 06 75 14 42 80
www.brasseriebim.com
Ouvert le mardi de 9h à 17h ; le jeudi de 9h à 19h. Click and Collect ou expédition des commandes.

La BIM (Brasserie Indépendante Montbrisonnaise), c'est l'histoire d'une belle reconversion professionnelle. Car avant de devenir brasseur, Nicolas Deschamps était ouvrier verrier. Mais depuis qu'il s'est lancé dans ce nouveau secteur, cet artisan a réussi à se faire un nom. D'ailleurs, l'une de ses fabrications, la Cassiopée, a eu le titre de bière blanche la plus remarquable lors du festival stéphanois de la bière artisanale Faut que ça brasse de 2019. Notons que ce brasseur propose en tout 6 recettes différentes (blonde, à la framboise, ambrée...) ainsi que la Hoppy qui permet de faire un spritz forézien. Enfin, sachez qu'il peut aussi élaborer une bière en fonction de vos envies.

VINS - ALCOOL

LES DOMAINES QUI MONTENT

Place Saint-Exupéry - **LA FOUILLOUSE** ✆ 04 77 55 41 02
www.lesdomainesquimontent.com
Du lundi au samedi de 10h à 19h.

Pour les gourmets et amateurs de vin, c'est une adresse indispensable. Situé à La Fouillouse, l'établissement Les Domaines qui Montent propose un choix étourdissant d'alcools en tout genre. Du champagne, des cuvées de producteurs, des whiskies peu courants, du rhum, du gin, du cognac : le choix de boissons alcoolisées est large ! Les cavistes connaissent parfaitement leurs produits et sauront vous renseigner sur les producteurs. Vous trouverez également tous les accessoires pour bien apprécier ces délicieux nectars. Les Domaines qui Montent font également épicerie fine. Vous pouvez aussi déjeuner chez ce caviste qui propose ses produits en dégustation. Une adresse qui vaut le détour !

CAVE À BIÈRES

AUX FÛTS PERCÉS

28, rue Gambetta ✆ 06 99 01 62 28
www.auxfutsperces.com
Ouvert le mardi de 15h à 19h, du mercredi au samedi de 10h à 13h et de 15h (14h le samedi) à 19h.

Quelle bière choisir ? Cette question peut paraître anodine. Pourtant, il n'est pas si simple de choisir la boisson idéale surtout lorsque l'on souhaite découvrir de nouvelles saveurs. C'est pour cette raison qu'à la cave à bière Aux fûts percés vous serez parfaitement aiguillé par des spécialistes. Alors vous êtes plutôt Anosteké blonde, qui a été élue en 2021 meilleure bière blonde au monde ou amateur des Bières Georges qui sont conçues dans la région ? À moins que vous optiez pour des bières sans alcool ? Bref, en entrant dans cette boutique qui a ouvert en juin 2020, vous aurez du choix. Notons également que vous pourrez retrouver des goodies, des verres ou encore des magnums.

DISTILLERIE - LIQUORISTERIE

NEW

DISTILLERIE DE CHAVANAY

5, Lieu dit le Pêcher - **CHAVANAY** ✆ 06 88 61 86 54
https://www.distillerie-chavanay.fr/
Ouvert du lundi au vendredi de 8h30 à 18h et le samedi de 8h30 à 12h. Boutique en ligne.

© DISTILLERIE DE CHAVANAY

© FABRICE FERRER

Delphine et Maxime réalisent des spiritueux délicieux dans cette distillerie atypique. Leur spécificité ? Delphine et Maxime sont signataires du manifeste de la gnôle naturelle : cela signifie que toutes leurs recettes sont réalisées avec un alambic en cuivre et sans utiliser d'alcool industriel. Grâce à la macération de marcs, de fruits ou de vin nature, ils peuvent ainsi obtenir un alcool de base qui sera ensuite utilisé pour leurs distillations. Toutes les matières premières sont produites artisanalement et localement en agriculture biologique. Ils s'inspirent également de la biodynamie, un procédé viticole qui suit les cycles lunaires. Il sera bientôt possible de visiter la distillerie !

MICRO-BRASSERIE

BRASSERIE LA CANAILLE

1, Montée des curistes
SAIL-SOUS-COUZAN
✆ 06 79 22 41 10
www.brasserielacanaille.com/
Ouvert lundi, mardi, jeudi de 9h à 17h, vendredi de 9h à 23h et samedi 9h-21h. Bar ouvert vendredi et samedi dès 16h.

© BRASSERIE LA CANAILLE

© BRASSERIE LA CANAILLE

Elles sont blondes, rousses et brunes et ce ne sont pas les serveuses de la brasserie La Canaille mais les bières artisanales brassées en ces lieux. Installée dans un bâtiment au passé industriel, cette brasserie portée par Greg et Marion prône le local et le travail bien fait. Les bières, aux noms aussi drôles que provocateurs, revendiquent chacune leur caractère. On fait ses emplettes à la boutique, tandis que le bar offre l'occasion de finir la semaine dans la bonne humeur, dans une salle chaleureuse ou sur la terrasse aux allures de guinguette. En soirée entre amis ou pour un afterwork entre collègues, autour d'une planche de charcuterie ou en mode concert, nous on adore !

VINS - ALCOOL

LA VINIFACTURE

46, rue Barrouin
✆ 04 77 83 96 37
www.lavinifacture.fr
Ouvert le lundi de 9h à 16h ; du mardi au vendredi de 9h à 19h.

Et voici la viticulture à l'heure urbaine. Ouverte par trois passionnés de vin, La Vinifacture propose une démarche très originale. A Saint-Étienne sont assemblées des productions de vignerons amis, qui fournissent les jus. Sainté mon amour, La Syrah Canon, Ne le dis à personne : sur place sont fabriqués des vins originaux. La Vinifacture propose aussi à ses clients de fabriquer leur propre vin, en établissant eux-mêmes les assemblages. L'occasion de s'initier à cet artisanat de pointe, et de mieux comprendre les secrets qui dorment dans les bouteilles de vin. Selon l'assemblage, la durée de vieillissement avant consommation variera. Le lieu propose aussi une activité événementielle.

MICRO-BRASSERIE

BRASSERIE STÉPHANOISE

11 bis, rue Buffon ✆ 09 81 94 27 79
www.labrasseriestephanoise.com
Ouvert le vendredi et le samedi de 14h à 18h30. Ouverture et visite possibles sur rendez-vous.

« Des bières *made in* Sainté ! «. Toutes les brasseries stéphanoises avaient fermé depuis une cinquantaine d'années, mais aujourd'hui la bière revient en force dans la région. Vous trouverez ici une large gamme de délicieuses bières artisanales dont tout le monde raffole. Chaque mois, ce sont 20 000 litres qui sont brassés pour confectionner plus de 10 bières différentes. Goûtez notamment la bière Quinarelle, brassée avec cinq malts d'orge différents, ou la Machurée qui a été primée par un Fourquet d'argent (concours national de bières). Ouvert au public seulement deux jours par semaine, vous pouvez aussi visiter la brasserie pour assister au processus de fabrication (sur réservation).

CAVE

PRESTIGE 10 VINS

9, Rue des Martyrs de la Résistance - **SAINT-JOSEPH**
✆ 04 87 66 15 71 - https://www.prestige10vins.fr/
Ouvert du mardi au samedi de 10h30 à 19h (jusque 22h le vendredi et le samedi).

Tenue par Malick et Sonia Oscar, cette île au trésor est à la fois une cave, une épicerie et un restaurant. Sur place, on ne trouve que la fine fleur du rhum martiniquais avec des références pointues, rigoureusement sélectionnées. Un bon moyen de découvrir l'histoire de cette boisson est de participer aux dégustations organisées sur place. Lors de ces ateliers, des tapas martiniquaises faites maison s'accordent à merveille avec le doux nectar. Colombo, acras, bokit : pour compléter la découverte culinaire, on peut venir se régaler de plats typiques des îles sur réservation, tous les midis et le soir à partir du jeudi. Concocté à partir de produits frais, le menu change chaque semaine.

NEW

ÉPICERIE

AU COEUR DU PORTUGAL

17, rue des Alliés ✆ 04 77 38 92 78
www.aucoeurduportugal.fr
Ouvert du mardi au samedi de 10h à 12h30 et de 16h30 à 19h, le dimanche de 10h30 à 13h.

Déjà à la tête du restaurant Du Minho, José Sampaio lance un nouvel établissement : Au cœur du Portugal. Dans cette épicerie, une large place est faite aux produits provenant de ce pays situé au large de l'océan Atlantique : morue, morcela, saucisses fraîches, jambon de porc, linguiça, alheira, azeitão, fromage de Beira Baixa... Notons qu'ici, vous retrouverez également de nombreux produits surgelés (bolas de Berlim, pastéis de nata, picanha...) ainsi qu'une sélection de vins de Madère, de Porto ou encore de la région du Douro. Bref, l'occasion de découvrir toutes les saveurs de l'art culinaire portugais et si vous n'avez pas le temps de cuisiner, Au cœur du Portugal fait aussi traiteur.

EPICERIE

LA PIAZZETTA

9, place Saint-Pierre - **SAINT-CHAMOND**
✆ 09 88 08 37 63
Ouvert du mardi au samedi de 9h à 14h30 et le dimanche de 10h à 14h.

Ça sent bon l'Italie ! Le traiteur Lorenzo Guisciglio régale ses clients. Si la pizza y est tout à fait appétissante, on trouve également dans cette boutique de nombreuses autres spécialités italiennes. Aux beaux jours, des salades originales sont disponibles. Gnocchis, pâtes au four : les connaisseurs de la cuisine transalpine y retrouveront leurs repères. Amateurs d'arancini, Lorenzo les cuisine à merveille et les distribue également dans de nombreux établissements. Et pour compléter, quelques produits d'épicerie comme le miel d'oranger, les biscuits ou le Grana Padano. Sans oublier la gamme de produits Kalathos, une marque sicilienne à base de pistache... Un régal !

EPICERIE

DI VOGLIA

4 bis, Place Jean Jaurès
✆ 04 77 01 59 80
https://epicerie.divoglia.com
Ouvert du lundi au dimanche de 10h à 21h30.

Petit plus, la marque Di Voglia propose à la vente les différents produits qui composent ses plats aux restaurants : sauce tomate, charcuteries et fromages italiens AOP, huiles d'olive, sauce à la truffe... Recréez chez vous les saveurs dégustées sur place, ou offrez des coffrets à vos proches en vous rendant à l'épicerie Di Voglia attenante au restaurant. Également à l'épicerie, mangez sur place ou préférez la rapidité des plats à emporter avec une carte élaborée pour une clientèle active : panuozzos, pâtes, pizzas napolitaines et burgers napolitains, pizzas portafoglio... Retrouvez donc toutes les saveurs de l'Italie à l'épicerie italienne et pizzéria napolitaine place Jean-Jaurès.

NEW

EPICERIE

SAVEURS DOM TOM

40, rue de la République
✆ 07 65 26 25 14
www.saveurs-dom-tom.fr
Ouvert du lundi au samedi de 9h30 à 19h30.

Grâce à l'épicerie Saveurs Dom Tom, vous pourrez voyager sans sortir de Saint-Étienne. Car ce nouveau commerce, qui a été inauguré en juillet 2021, met en avant la gastronomie et le savoir-faire des outre-mer. Ici, vous trouverez un large choix de produits venant de la Guadeloupe, de la Martinique, de la Guyane, du Suriname et de la Réunion. Et entre les confitures, les tablettes de chocolat, les biscuits, les épices, les sauces, les boudins, les alcools, les thés glacés, les fruits, les légumes ou encore les surgelés, il y a de quoi se faire plaisir. Bref, c'est une belle adresse. Notons également que vous pouvez acheter directement les produits sur le site Internet du commerce.

EPICERIE

OMORFIA BRUNCH AND BROC

7, rue Francisque Reymond
MONTBRISON
✆ 06 89 01 18 71
Ouvert du mardi au samedi de 9h30 à 19h.

Le lieu est chaleureux et le concept original. Car Emeline, la gérante, est passionnée par la Grèce. Alors, en entrant dans ce commerce, qui fait à la fois épicerie fine, salon de thé, brocante, mais aussi restauration, vous pourrez découvrir de nombreux produits grecs. Ainsi, si vous vous attablez, vous pourrez notamment savourer une moussaka ou du mezzé. Dans l'épicerie fine, vous retrouverez du thé, des olives ou encore du vin et dans le coin brocante, vous découvrirez tout un tas de petits objets. Toutefois, il est possible de dénicher des produits qui n'ont aucun rapport avec ce pays méditerranéen. Notons également que vous avez la possibilité de manger le soir sur place.

NEW

EPICERIE

LA SICILIA D'ORO

41, Avenue Jean Mermoz - **ANDRÉZIEUX-BOUTHÉON**
✆ 09 73 89 46 64
Ouvert du mardi au vendredi, de 9h30 à 12h30 et de 14h30 à 19h ; le samedi de 9h30 à 19h.

Comme son nom l'indique, cette nouvelle boutique met à l'honneur les produits de l'Italie, et plus particulièrement ceux de la Sicile. Ce sont avant tout les pâtes fraîches qui sont les reines de ce commerce. Riccardo et Cécile Diana tiennent également le restaurant le Canicatti à l'Etrat, ils ont décidé d'ouvrir la Sicilia d'Oro en constatant que l'offre en pâtes fraîches manquait cruellement dans la métropole stéphanoise. Ce tort est désormais réparé : restaurateurs et particuliers peuvent désormais s'approvisionner en pâtes de qualité fabriquées sur place et à la main. Vins, sauces, gâteaux, liqueurs : une épicerie bien achalandée vient parfaire ce temple du savoir-faire italien.

JE SORS JE ME CULTIVE

Saint-Etienne est une ville de spectacles et de culture tournée vers la création contemporaine. La diversité des propositions culturelles et des lieux constitue une offre variée apte à satisfaire toutes les attentes : Opéra, Comédie, Zénith, Le Fil, Le Planétarium, La Comète, le Solar pour le jazz... Saint-Etienne a notamment choisi pour emblème la muse de Massenet, elle annonce ainsi clairement cette dimension culturelle qui lui est chère. Outre les grands spectacles, Saint-Etienne dispose également de petits théâtres tels que Le Triomphe, La Ricane et Les Brankignols, de librairies indépendantes, de magasins de jeux et jouets, d'un conservatoire de musique renommé, ou encore de nombreux artistes prêts à dispenser leur savoir à l'occasion de cours ou stages... Mais Saint-Etienne est également une ville étudiante, jeune, qui dispose de nombreux lieux très appréciés par les fêtards : boîtes de nuit, bars à vin ou à bière, rhumerie... ! En journée, des adresses chaleureuses comme Captain Donut, Le Nelson ou Comme à la maison vous accueilleront pour un moment de repos et de détente.

BAR À JUS DE FRUIT

MON BAR À SAVEURS

1, rue Jean Brossy - **LA TALAUDIÈRE** ✆ 04 77 21 94 43
www.monbarasaveurs.fr

Du lundi au vendredi de 8h à 18h. Formules petit déjeuner de 4,90 à 6,90 €. Déjeuner à partir de 8 €. Box à emporter.

Situé dans le centre de La Talaudière, Mon Bar à Saveurs est une adresse idéale pour se restaurer à toute heure et sainement. Différentes formules sont proposées, pour le petit déjeuner, le déjeuner ou même le gouter. De la salade à faire soi-même au burger carni ou veggie, en passant par les wraps, le poke bowl ou le potage, il y en a pour tous les goûts et tous les appétits. Sur place ou à emporter, les recettes sont cuisinées maison avec des produits locaux de qualité. Carrot cake, smoothie, cookie, le sucré se prêtera aussi au goûter autour d'une boisson chaude. Pour une réception de dernière minute, sachez que des box sucrées ou salées à emporter sont aussi proposées.

NEW COFFEE SHOP ET SALON DE THÉ

LE CLUB CAFÉ SAINT ÉTIENNE

27, place du Peuple
✆ 04 77 01 76 15

Ouvert du lundi au samedi de 8h à 20h. Sur place ou à emporter.

Gaufre liégeoise, gaufre chocolat glace, gaufre Kinder Bueno, gaufre Snikers... conçues par un artisan et cuites sur place, accompagnées d'un café bio ou d'un latte pumpkin space, vous l'avez deviné, au Club Café, on vous gâte ! Notons que l'établissement, qui n'a fêté qu'une année d'ouverture en août dernier, a déjà ses gourmands habitués. Le Club Café c'est aussi une gamme de sandwichs, wraps, salades et smoothies, pour se restaurer sur place ou non. Notez qu'en plus d'une décoration moderne, ce coffee shop dispose d'une belle terrasse donnant sur la place du Peuple.

COFFEE SHOP ET SALON DE THÉ

CAPTAIN DONUT

27, rue des Martyrs de Vingré ✆ 04 77 46 14 78
www.captaindonut.com

Ouvert le lundi de 9h à 19h30 ; le mardi de 10h à 19h ; du mercredi au samedi de 10h à 19h30.

Sur place ou à emporter, les donuts faits maison de Guillaume se dégustent toute la journée. En version salée façon sandwich ou sucrée, vous ne serez pas déçu par la qualité des produits. Privilégiant un savoir-faire et des fournisseurs locaux, Captain Donut propose diverses sortes de donuts préparés le jour même dans ses cuisines. Certaines boissons sont également réalisées sur place comme le café local frappé, la limonade ou le thé glacé. Le coffee shop est un espace convivial, pour se détendre ou travailler, la décoration minimaliste marie belles pierres apparentes du XVIIe siècle et mobilier contemporain. La terrasse offre une immersion dans l'ambiance de la rue.

COFFEE SHOP ET SALON DE THÉ

COLUMBUS CAFÉ & CO

12, rue du Général Foy ✆ 09 81 87 84 82
www.columbuscafe.com

Ouvert du lundi au vendredi de 8h à 19h ; le samedi de 9h à 19h. Wifi gratuit. Terrasse.

Situé en cœur de ville, Columbus Café réalise de délicieux cafés avec des machines à percolateur comme les cafetiers traditionnels. Le concept-store propose aussi une grande variété de boissons chaudes et froides, à la fois jolies et délicieuses, les instagrammeurs seront conquis ! Macchiato, café latte, cappuccino, moka, chocolat viennois, thé glacé, smoothies, café frappé... Vous pouvez accompagner votre boisson d'un donut ou d'un muffin parmi les nombreuses recettes proposées ou encore d'un sandwich salé (bagel, english toast, club toasté, ciabatta...). Une pause café à s'accorder pendant sa journée, avant de partir au travail ou durant une après-midi en ville.

COFFEE SHOP ET SALON DE THÉ

COCO'S COFFEE SHOP

11, rue Charles de Gaulle ✆ 09 86 14 21 51
cocoscoffeeshop.b.enregistreuse.fr/

Ouvert du lundi au vendredi de 7h30 à 19h ; le samedi de 9h à 19h. Dimanche 10h-19h.

Le Coco's Coffee Shop est installé à proximité de la Préfecture. Ici, vous pourrez goûter café, thé, chocolats et pâtisseries à la mode américaine : muffins, donuts, cheesecakes... L'originalité de ce lieu est qu'un espace de coworking a été aménagé pour permettre aux travailleurs nomades d'échanger, de travailler sans les interférences qu'ils rencontrent souvent à leur domicile. Toutes les chaises sont équipées d'un port USB, une imprimante et une plastifieuse sont à disposition. On y trouve même un salon privé et un espace de sieste. Des jeux de société sont également disponibles. Ce concept est inspiré du Canada. Un buffet à volonté est disponible tout au long de la journée.

COFFEE SHOP ET SALON DE THÉ

COMME À LA MAISON

25, rue du 11 Novembre ✆ 04 77 01 71 98
www.commealamaison-coffeeshop.fr

Ouvert le lundi au vendredi de 10h à 19h ; le samedi de 11h à 18h30.

Comme à la Maison est un coffee-shop installé près de la faculté Jean Monnet, l'idéal pour une pause gourmande dans une ambiance cosy, moderne et chaleureuse. Des boissons chaudes ou fraiches et des gourmandises à grignoter vous y attendent. Dans cette ambiance cocooning, on peut venir travailler, déjeuner en famille ou siroter un verre après les cours. Très dynamique et toujours pleine d'idées, la responsable organise de nombreuses animations au sein de son établissement, pouvant aller du cours de tricot à l'apprentissage des échecs par exemple, pour petits et grands. Un lieu tellement charmant avec une équipe aux petits soins qu'on y passerait facilement la journée !

COFFEE SHOP ET SALON DE THÉ

LES SIMON[E]S

40, rue de la Résistance
www.lessimonescoffeeandshop.com
Ouvert du mardi au samedi de 9h à 19h.

Nommé en hommage à Simone Veil et Simone de Beauvoir, ce coffee-shop convivial et coloré propose 80 références de thés et d'infusions de la marque Fabrikathé, une maison qui privilégie le circuit court et dont 98% des matières premières sont bio. On trouve également sur place des gâteaux et de la petite restauration pour le déjeuner. La particularité de ce lieu, c'est d'accueillir une boutique qui a pour vocation d'accompagner les femmes dans toutes les étapes de leur vie. Produits pour l'hygiène intime, livres pratiques, sextoys, cosmétiques spécial grossesse et post-partum : on aborde ici sans tabous tous les aspects de la féminité, de la préadolescence jusqu'à la post-ménopause.

COFFEE SHOP ET SALON DE THÉ

DAILY COFFEE SHOP

19, rue du 11 Novembre ✆ 06 76 03 58 06
www.dailycoffeeshop.fr
Du lundi au vendredi de 8h à 20h ; le samedi de 11h à 20h. Wifi gratuit.

Amateurs de coffee-shop à l'américaine, vous êtes au bon endroit ! Le Daily Coffee Shop de Djamel a ouvert ses portes en 2017 à quelques pas de l'université Jean-Monnet, pour le plus grand bonheur des étudiants. Cafés frappés, smoothies, crêpes, donuts, hot-dogs, salades... La carte se renouvelle au fil des saisons et saura vous séduire avec des recettes gourmandes et des prix abordables. On apprécie la déco d'inspiration new-yorkaise et l'ambiance cosy de l'établissement ainsi que l'accueil chaleureux de l'équipe. En plus du service à emporter, il est maintenant possible de vous faire livrer votre commande tous les jours (et apprécier ainsi votre cheesecake devant la TV !).

COFFEE SHOP ET SALON DE THÉ

DES PAUSES THÉ FRIPES

9, passage Sainte-Catherine ✆ 09 83 21 73 07
www.despausesthefripes.fr
Ouvert du mardi au jeudi 10h-18h ; le vendredi 14h30-18h30 et le samedi 10h-18h30. Boutique. Terrasse. Dépôt sur rdv.

Tellement malin, tellement tendance et tellement écolo ! Installée dans le passage Sainte-Catherine, Gabrielle Brun a créé un concept salon de thé friperie tel qu'on en trouve à Paris. Entre objets chinés et meubles contemporains, il est possible de déguster un thé ou un café Chapuis et de délicieuses gourmandises salées et sucrées, tout en découvrant des vêtements et accessoires de seconde main pour adapter son look à de nouvelles envies à bas coûts. Les prix sont très intéressants et les grandes tailles seront heureuses d'y trouver de jolies pièces vintage. On apprécie tout particulièrement l'accueil chaleureux de l'endroit et la charmante terrasse couverte !

COFFEE SHOP ET SALON DE THÉ

AUTHENTIQUE

29, rue Saint-Jean
✆ 04 81 64 03 75
Ouvert du lundi au vendredi de 8h à 18h ; brunch uniquement le samedi de 10h à 18h. Formule midi 11,50 €.

© AUTHENTIQUE

© AUTHENTIQUE

Authentique figure parmi les nouvelles adresses à tester sans trop attendre. Ouvert en mai 2021, cet établissement offre un véritable voyage gustatif. Ici, tout est fait maison et la carte s'adapte au fil des saisons. Dans ce paradis du bon goût, où les pâtisseries, sandwichs, gâteaux font saliver nos papilles juste en les regardant, les produits sont locaux. La décoration aux tons naturels se marie parfaitement avec le thème de ce salon de thé. Autrement dit, c'est un établissement comme on les aime qui permet d'associer un repas savoureux et un peu de repos en plein centre-ville. Et pour ceux qui souhaitent déguster une gourmandise un peu plus tard, Authentique fait la vente à emporter.

CAFÉ PHILO - LITTÉRAIRE

LE REMUE-MÉNINGES

43, rue Michelet ✆ 04 77 37 87 50
www.leremuemeninges.wordpress.com
Fermé en août. Ouvert du mardi au vendredi de 15h à 20h et plus tard en fonction des programmations. Restauration.

Le remue-méninges c'est un café-lecture associatif où le maître mot est la culture ! Si vous aimez échanger, débattre, faire des rencontres, apprendre, faire la connaissance d'auteurs, vous êtes à la bonne adresse ! Les activités organisées par cette association sont multiples et toujours dans la plus parfaite convivialité. Vous souhaitez apprendre l'Arpitan ou le Gaga afin que ces dialectes locaux ne disparaissent pas ? C'est possible ici ! L'association favorise aussi le langage des signes et accueille d'autres associations qui se battent pour d'autres causes ou met au goût du jour des ouvrages qui méritent que l'on en parle. Alors on s'assoit autour d'une boisson et on se laisse porter !

NEW

COFFEE SHOP ET SALON DE THÉ

MARY'S COFFEE SHOP

24, place du Peuple
www.maryscoffeeshop.fr
Ouvert du lundi au samedi de 9h à 19h.

Mary's Coffee Shop propose des cafés torréfiés par les Cafés Folliet, des sirops aux arômes naturels fabriqués artisanalement à Chambéry ou des muffins faits maison. En dehors de ces incontournables, vous trouverez bien sûr de nombreuses autres boissons telles que des chocolats viennois, des smoothies, du thé au lait épicé, des jus de fruit bio..., la carte est variée ! En cas de petite faim, outre les muffins, vous pourrez également déguster des cookies, des donuts ou des pancakes maison. Le succès de cet établissement se poursuit avec des ouvertures régulières sur la ville et même à Lyon. A Monthieu, un système de commande et de paiement automatiques permet de limiter les queues.

COFFEE SHOP ET SALON DE THÉ

SALON DE THÉ CHEZ MARINETTE

21, Rue José Frappa
✆ 06 80 59 25 70
Ouvert du mardi au samedi de 9h jusque 18h (jusque 18h30 vendredi et samedi).

Banana bread, tartes aux fruits, pâtisseries, viennoiseries, cakes, muffins : les délices appétissants exposés en vitrine invitent les passants à s'installer confortablement dans ce salon de thé cosy dont la décoration soignée évoque l'Angleterre victorienne. Une quinzaine de thés Whittington, cafés et chocolat chaud à l'ancienne à la crème de chocolat italien viendront accompagner le gâteau de votre choix. Également salades, quiches et tartes salées le midi. Le samedi matin, sur réservation uniquement, le salon de thé propose un généreux brunch.

COFFEE SHOP ET SALON DE THÉ

LA PATTE DE VELOURS

7, rue de la République
✆ 06 70 49 19 52
Ouvert le lundi et du mercredi au samedi de 11h30 à 18h30. Chèque Restaurant. Wifi gratuit.

À deux pas de la place Dorian se situe le premier bar à chats de Saint-Étienne : la Patte de velours ! Amis des félins, cet endroit est fait pour vous ! Dans un salon cosy, vous pourrez déguster un chocolat chaud tout en caressant un petit minet. Concept né au Japon, les bars à chats connaissent un succès fulgurant. La raison ? Le chat est un animal apaisant, de par le regard qu'on lui porte et le ronronnement qu'il nous apporte lorsqu'on le caresse. Chez Bénédicte Marabita, vous pourrez profiter de la compagnie de chats autour d'une délicieuse boisson, mais aussi en adopter si le courant mutuel passe ! Tartes salées, wraps, soupes et desserts maison accompagneront votre pause déjeuner.

COFFEE SHOP ET SALON DE THÉ

LE PETIT HELDER

9, rue Louis Braille
✆ 06 51 45 86 83
tram place de l'hôtel de ville
Ouvert du mardi au samedi de 10h à 19h.

Si vous passez par la rue Louis Braille, peut-être serez-vous attiré par de délicieuses odeurs de crêpes. Sucrées, vous pourrez les déguster dans l'après-midi accompagnées d'un chocolat chaud, d'un thé ou d'un café viennois dans un cadre cocon. Et si vous n'êtes pas amateur de crêpes, vous pourrez toujours savourer des cookies ou une glace. Dans un calme très agréable, n'hésitez pas à profiter d'un bon jus de fruit local. À midi, vous pourrez également vous restaurer avec une crêpe au saumon par exemple mais aussi avec un plat du jour ou une salade à un prix très attractif. Une terrasse fort agréable vous permettra de profiter de l'extérieur aux beaux jours !

NEW

COFFEE SHOP ET SALON DE THÉ

LE P'TEA CAFÉ

9, Rue Léon Nautin ✆ 04 77 37 75 03
https://le-ptea-cafe.eatbu.com
Ouvert du mardi au dimanche de 11h à 19h. Petite restauration 100% végétale 12 €.

C'est dans un joli cocon coloré et meublé de bois que Nancy Marion accueille sa clientèle au P'tea Café. Comme son nom l'indique, on pourra s'attabler autour d'une boisson chaude ou encore pour siroter une infusion pétillante de la marque Symples Bio. Avec une petite carte végétarienne et quelques propositions salées ou sucrées, les amateurs de cuisine simple et saine, affichant une tendance locavore, pourront aussi se restaurer de bonne manière. Tartines, bagels, crêpes ou gaufres seront idéals pour calmer les petites faims, pour un déjeuner léger ou une pause du quatre-heures. Quelques animations ponctuelles confirment l'orientation éthique voulue par Nancy.

BAR À VIN

AU BARATIN

4, rue Etienne Mimard ✆ 09 86 34 01 81
www.aubaratin.fr
Ouvert mardi et mercredi de 17h à 22h ; du jeudi au samedi de 17h à 1h ; le dimanche de 9h à 17h. Brunch-restauration.

Juste en face du cinéma Megarama Chavanelle, le Baratin c'est l'adresse idéale pour le verre d'avant-film, la petite faim après la séance, voire l'apéro qui dure plus longtemps que prévu, et pour lequel on renonce finalement le tout dernier film d'aventure. Cette adresse cosy et très accueillante ne propose que des produits choisis avec passion. À la carte, des planches de charcuterie, de fromages ou végétariennes, des produits Weiss... Elle utilise au maximum les produits locaux qu'elle travaille avec des recettes de grands-mères. « Au baratin, franc-parler et bien manger » : une jolie devise ! À ne pas rater pour les soirées thématiques avec animations et les brunchs !

BAR À VIN

ON PLANCHE SUR L'APÉRO

3, place Jean Jaurès ✆ 04 77 41 17 78
www.onplanchesurlapero.fr
Ouvert du mardi au samedi de 16h à 1h. Planchette apéritive à partir de 10 €. Happy hour dès 16h.

Anthony Vendrange planche désormais sur l'apéro, un concept unique à Saint-Étienne à mi-chemin entre le bar à tapas et l'épicerie fine, autour de produits français et pour la plupart locaux. Côté épicerie, le choix est exhaustif : terrines, tartinades, pickles, chips, jus de fruits, apéro bio, bières, cidres, digestifs et vins de qualité. Côté bar, les planches apéritives sont appétissantes avec des assortiments de charcuteries de fromages et d'autres gourmandises irrésistibles à tartiner. Pour deux personnes, on met en boîtes jambon cru IGP d'Ardèche, coppa, saucisson fumé au feu de bois, brie à la truffe, ou tomme de Savoie... et on planche aussi chez soi !

BAR À VIN

PAMPILLE

10, rue Denis Escoffier
✆ 04 77 50 43 47
Ouvert du mardi au samedi de 12h à 23h. Terrasse. Restauration.

Vous êtes amateur de bière ou de vin, et plus généralement de produits locaux et vous cherchez un endroit sympa pour les déguster ? Alors rendez-vous au Pampille ! Un lieu agréable, industriel et très cocooning, où vous serez accueilli par Amandine Mermet et Benjamin Guillaume, des propriétaires fort sympathiques, qui prennent le temps de vous expliquer la provenance de leurs produits d'artisans, installés à moins de 200 km de Saint-Étienne. Les bonnes adresses, ils connaissent ! Chaque verre de vin ou de bière est accompagné de fameuses charcuteries et de fromages affinés. Aux côtés du bar-restaurant se dresse l'épicerie fine... pour votre propre approvisionnement locavore !

FIZZUP

Solution alternative pour ceux qui veulent se mettre au sport sans se rendre à la salle ou en cours collectif, FizzUp propose des séances en vidéos à faire depuis chez soi, avec le matériel à disposition. Des séries d'exercices diversifiés et progressifs, permettant à tous les niveaux de commencer. L'application se couple même à un espace qui intègre les intolérances et régimes alimentaires.

BAR À VIN

L'ANTRE DEUX VERRES

8, rue Georges Dupré
✆ 09 86 69 56 32
www.le-grand-restaurant.com
Ouvert du mardi au samedi de 18h à 1h30.

Situé dans le quartier Saint-Jacques, à la place de Caffé de Sienne, L'Antre Deux Verres est un bar à vin créé par un passionné, Jérémie Iannuzo, ancien enseignant en lycée hôtelier pendant plus de 20 ans. Dans ce joli bar, vous découvrirez une large gamme de vins étrangers, des vins français mythiques ainsi qu'une sélection de vins de saison (Alsace, Jura, Auvergne...). Selon vos goûts, Jérémie saura vous conseiller parmi les près de 200 bouteilles différentes. Mais L'Antre Deux Verres, ce n'est pas que du vin. En effet, vous pourrez aussi y retrouver des jus de fruits Alain Millat. Enfin, des livres sont également mis à votre disposition dans la bibliothèque.

BAR - CAFÉ

CAFÉ DU VIEUX SAINT-ÉTIENNE

2, rue du Théâtre
✆ 04 77 32 66 57
Ouvert le lundi et le mardi de 9h à 17h ; du mercredi au vendredi de 8h à 17h ; le samedi de 10h à 17h.

Situé juste à côté de la Maison François Ier, le Café du Vieux Saint-Étienne est une véritable institution. Plusieurs générations se sont succédé dans cet établissement. Le lieu a conservé son charme d'antan. Le matin, les Stéphanois y font un petit arrêt pour prendre un bon café serré avant le travail, à midi, ils s'y arrêtent à nouveau pour le repas : pavé de rumsteak, gigot d'agneau, rôti de porc, pavé de saumon, ou encore fondant au chocolat. Simple et efficace. Un lieu un peu hors du temps au cœur du centre historique, une adresse à tester et à adopter !

ET SI ON PRENAIT UN VERRE ?

BAR À BIÈRE

THE TRIPLE

2, rue François Durafour - **ANDRÉZIEUX-BOUTHÉON**
✆ 07 63 62 29 57 - www.thetriple.fr

Ouvert du lundi au samedi de 12h à 14h et de 17h à 1h. Bar à bières. Concerts.

À côté du Club 42, on a déniché LE lieu festif et branché où se retrouver, mais rien de bien compliqué puisque tout le monde en parle ! The triple B : Beer, Bar & Band c'est cinq espaces sur 550 m², un cadre street art et une ambiance cosy. Le principe : on crédite la carte privilège, gratuite et nominative, du montant de son choix, et on la présente comme mode de paiement : au The Triple Snack comme au bar à cocktail façon paillote, ou face au mur à bières en libre-service. En somme, tu deviens toi-même le barman ! Ambiance festive et musicale aussi grâce aux scènes ouvertes, et soirées à thème, avec même la possibilité d'organiser des séminaires dans la salle de concert !

NEW — MUSIQUE - SPECTACLE

PAM PUB ART MUSIC

Place Saint Exupery - **LA FOUILLOUSE**
✆ 07 56 24 09 50
https://pubartmusic.fr

Ouvert du mercredi au samedi de 17h à 1h. Happy hours de 18h à 20h.

Le PAM, c'est avant tout un défi : celui d'aménager de vieux containers pour en faire un lieu artistique, animé et convivial. Car dans l'acronyme PAM, il y a le mot «Pub». Il est donc possible de se retrouver avec ses amis autour d'un verre ou de s'amuser sur le terrain de pétanque. Il y a aussi le mot «Art». En effet, en plus des tableaux dissimulés dans les 4 coins de l'établissement, des artistes seront présents de temps en temps pour exposer leurs créations. Enfin, il y a le mot «Musique» : un concert acoustique est proposé tous les 15 jours. Bref, il y en a vraiment pour tous les goûts. Notons qu'il est également possible de privatiser l'établissement.

BAR - CAFÉ

L'ÉLIXIR

12, rue François-Gillet
✆ 09 62 15 96 68

Ouvert du lundi au mercredi et le samedi de 10h30 à 15h ; le jeudi et le vendredi de 10h30 à 22h. Animations.

L'Elixir Bar Pub vous accueille avec sourire et sympathie dans une ambiance rétro avec une touche de modernité. Ce lieu chaleureux est idéal pour venir siroter bières et autres boissons entre amis. Les vendredis, une fois par mois, des soirées à thème sont proposées : dégustation, karaoké, disco... Chaque mois, un concert est proposé par des musiciens locaux. Les genres musicaux sont très larges : pop-rock, musique irlandaise, chanson française... Vous pouvez vous restaurer le midi à l'assiette selon un menu du jour qui évolue au rythme des saisons et le soir avec des planches apéro et des barquettes de frites. Une bonne adresse dans une rue tranquille près de Dorian.

PUB

LE LIPOPETTE BAR

5, rue Saint-François
✆ 04 77 32 64 08

Ouvert le lundi de 18h à 0h ; du mardi au samedi de 15h à 1h30. Animations. Concerts.

Le Lipopette a presque un côté légendaire. Son nom est inspiré d'une chanson du rappeur Oxmo Puccino qui est d'ailleurs déjà venu dans ce bar. Des concerts divers y sont régulièrement organisés. La décoration est d'esprit vintage. Le Lipopette propose 36 bières, une douzaine de whiskies et une carte de vin bien remplie. Une espèce de mélange des genres entre le meilleur de l'ancien et du moderne, qui donne envie de revenir. Dans la plus pure tradition des troquets, lieu de vie sociale, le Lipopette dispose de billards, de cibles de fléchettes, de jeux d'échecs... et propose des retransmissions de matchs. Un genre de pub à la française qu'on apprécie fortement !

BAR LOUNGE

LES SERRES DE BABYLONE

126, avenue des Barques - **SAINT-JUST-SAINT-RAMBERT**
✆ 04 77 02 62 49

Ouvert du mardi au samedi de 10h à 19h ; le dimanche de 10h à 13h.

Aux Serres de Babylone, vous passerez un agréable moment dans un lieu innovant. À la fois magasin de fleurs, salon de thé et lounge-bar, le concept-store vous accueille chaleureusement dans un joli cadre mêlant ancien et moderne. Chaises bistrot, poêle à bois suspendu, comptoir en OSB, théière vintage, une pause shopping gourmande s'impose ! Le midi, cuisine de type bistrot : salade grecque, carpaccio de bœuf, toasts de chèvre chaud, verrine aux pommes et spéculos... Simple, mais efficace ! Au goûter, des boissons chaudes et des glaces. Puis à l'apéritif, des cocktails, planches de charcuteries ou fromages et des assiettes de pickles. À côté, le magasin de fleurs est somptueux. À visiter.

PUB

THE SMOKING DOG

5, rue Georges-Dupré
✆ 04 77 47 23 57

Ouvert tous les jours de 14h30 à 1h.

The Smoking Dog est destiné à tous les amateurs de pub anglais : bières à la pression, bières en bouteille, rhums, whiskies... L'établissement est petit mais chaleureux, et accueille le visiteur avec une carte rédigée dans la langue de Shakespeare écrite à la craie sur un tableau noir. Vous serez reçu par des chiens dans différentes postures : fumant, buvant, menant une vie de gentleman. Pour rester en Perfide Albion, The Smoking Dog retransmet la Premiere's League mais aussi la Ligue 1. Le cadre est rustique et confortable. Différentes activités sont possibles : lecture, jeux d'échecs, de dames, fléchettes et même un piano. Une ambiance conviviale malgré l'étroitesse du lieu.

BAR DE SUPPORTERS
SIX NATIONS
14, Place Jean Jaurès
✆ 04 27 40 16 79
Ouvert du lundi au vendredi de 17h à 1h30, le week-end de 14h à 17h30.

Idéalement situé sur la place Jean Jaurès, ce nouveau pub est en passe de devenir le lieu de rendez-vous des amateurs de bières pression et de musique live. Avec sa décoration traditionnelle, le lieu semble tout droit sorti d'une chanson de Shane MacGowan, le charismatique chanteur édenté des Pogues. L'ambiance y est festive et la bière délicieuse, comme dans une balade irlandaise. Fish and chips, burgers, hot-dogs : on y sert les grands classiques de la cuisine anglo-saxonne qu'on savoure en assistant à une transmission de matchs de rugby ou de foot, ou à un concert de musique live le week-end. L'été, on profite de la belle terrasse ombragée pour se rafraîchir avec une bonne mousse.

BAR À COCKTAIL
L'ÉPHÉMÈRE
9, cours Victor-Hugo
✆ 06 52 57 76 67
Ouvert du mardi au samedi de 18h à 1h.

Pourquoi L'Ephémère ? Parce qu'en fonction de l'heure de la journée, l'activité de l'établissement à la décoration brune et baroque change. A midi, L'Ephémère est un restaurant proposant des plats du jour à des prix très abordables. Dans l'après-midi, il se mue en salon de thé où passer son après-midi. Et le soir, il devient un bar à tapas au choix impressionnant. Du lundi au jeudi vous êtes accueilli à partir de 18h pour les afterworks dans une ambiance 100 % latino. Les mardis soir on donne des cours de salsa, les mercredis c'est soirée latino avec des cours de bachata. Un établissement parfait pour se détendre autour d'un bon cocktail et de tapas dans un cadre unique !

BAR À COCKTAIL
SANAKA CAFÉ
4, Rue Georges Guynemer - **ANDRÉZIEUX-BOUTHÉON**
✆ 06 42 70 14 35
https://sanaka-kafe.eatbu.com/
Ouvert mardi et mercredi de 18h à minuit. Du jeudi au samedi de 18h à 1h30. Soirées SBK. Tapas.

Qui dit ambiance latino dit caïp rinha ou mojitos, mais dit aussi salsa, bachata et kizomba... Eh bien oui, le Sanaka Café c'est tout cela à la fois et plus encore. Ce bar, c'est la fête toute l'année ou comment oublier tous ses soucis le temps d'une soirée. Un lieu où se croisent toutes les générations, réunies autour du même plaisir de bouger sur des rythmes propices aux déhanchés sensuels. Vous ne savez pas faire ? Qu'à cela ne tienne, le Sanaka organise régulièrement des cours en préambule des soirées. Alors laissez-vous porter, n'ayez pas peur du ridicule, et si vraiment la danse n'est pas votre truc, il vous reste à regarder autour d'un verre et quelques tapas.

BAR À JEUX
DAME D4 CAFÉ
2, Cours Victor Hugo ✆ 06 23 33 65 13
Tram : T1, T3 arrêt Bourse du travail. - https://damed4cafe.fr
Ouvert mardi 10h-0h, mercredi 10h-1h, jeudi et vendredi 10h-1h30, samedi 9h-1h30, dimanche 9h-16h. Animations

Quel délicieux endroit que ce café pas comme les autres et dont le nom fait directement référence au jeu d'échecs ! Le Dd4, comme disent les intimes, est le lieu de tous les possibles, puisque ici se croisent clients et artistes de tous horizons. Au programme, deux tournois par an homologués par la FIDE invitant de nombreux joueurs étrangers, des expositions, des concerts tous les vendredis soir, et plus encore. On vient se détendre autour d'une bonne mousse choisie sur une carte rigoureusement travaillée par le staff, mais on peut aussi s'attabler autour d'une pizza, d'un burger ou de planches apéritives. Comme au jeu d'échecs, les possibilités et combinaisons sont multiples.

BAR DE QUARTIER
CAFÉ JEAN JAURÈS
19, place Jean-Jaurès ✆ 04 77 21 71 38
https://cafe-jean-jaures.business.site
Ouvert du lundi au vendredi de 7h à 1h30 ; le week-end de 9h à 1h30. Plat du jour : 11,50 €. Terrasse.

À Saint-Étienne, tout le monde connaît le Jean Jaurès ! Ouvert assez tôt, il est agréable d'y voir s'éveiller la ville de bon matin debout sur le zinc. Les Stéphanois aiment s'y arrêter pour prolonger une après-midi détente ou shopping. La terrasse ombragée est très agréable l'été ; bien que très fréquentée, elle offre un beau panorama sur les fontaines, le kiosque et les alentours. En juillet, il est plaisant d'y dîner ou simplement d'y boire un verre en écoutant les concerts gratuits se tenant dans le kiosque. On apprécie particulièrement les cocktails soignés et la longue carte des vins. Le midi, un service de restauration est proposé et le soir, c'est tapas !

RHUMERIE
BARBEROUSSE
27, rue Léon-Nautin
✆ 04 77 95 14 79
www.barberousse.com
Du jeudi au samedi de 20h à 1h30.

Le bar à rhum Barberousse se veut l'escale des pirates, un univers atypique à Saint-Étienne. Jacques Viallet et Claude Matencio ont décidé de créer un concept de bar à thème unique. Barberousse est le premier bar à ambiance musicale spécialisé dans le rhum. Un long couloir vous mène à la salle de dégustation, une superbe salle voûtée, vestige de l'ancienne manufacture d'armes de guerre de Saint-Étienne. Décorée comme une cale de bateau de flibustier avec lumières tamisées, cariatides, tonneaux, etc., cette salle vous met dans l'ambiance. À vous de tenir le cap parmi les 40 parfums de shooters et la dizaine de planteurs maison. Bienvenue dans l'ambiance festive et chaleureuse de Barberousse !

BAR À BIÈRE

BAR À BIÈRES LE 911

8, Rue du Moulin Gillier - **SORBIERS** ✆ 04 77 37 00 02
www.barabieresle911.eatbu.com
Mardi et mercredi 16h-22h. Jeudi et vendredi 16h-1h. Samedi de 17h à 1h. Planches, pizzas, terrasse, animations.

© LE 911

Cette belle adresse va particulièrement séduire les amateurs de bonnes mousses, comprenez de bières artisanales d'ici et d'ailleurs. Belges, françaises, en bouteille comme en pression, les bières tutoient les beaux verres à cocktails. Dans un cadre moderne, avec sa décoration style industriel et sa terrasse en *rooftop*, on aime se réunir autour des sélections du bar. On a, si une petite faim se fait sentir, la possibilité de se restaurer autour de propositions sur des planches à partager. En fin de semaine, le lieu s'anime en mode rock'n'roll, à faire trembler les murs de briques sous les sons électriques des guitares. Un cadre idéal pour un afterwork ou un week-end plus festif entre amis.

BAR À BIÈRE

BEER GARDEN

12, Place Jean Jaurès ✆ 04 26 48 95 36
www.beergarden-ste.fr
Ouvert du lundi au samedi de 11h à 1h, dimanche de 17h à 1h. Happy hour : 16h-19h. Animations. Formule à 13,90 €.

Le succès du Beer Garden est tel qu'il est souvent difficile d'y trouver une place les week-ends, mais qu'importe, on se sert en tenant son verre à la main ! Les bières proposées sont 100 % artisanales et le local est privilégié : IPA, bières aux fruits, sour beer... ce n'est pas le choix qui manque ! Et si vous ne venez pas spécialement pour la bière, vous reviendrez à coup sûr pour les délicieux plats maison. On se délecte de quelques propositions esprit bistrot, entre carbonnade, burger, ou encore magret, frites de rigueur. Oktoberfest, beaujolais nouveau ou encore raclette party : des soirées à thème électrisantes sont régulièrement organisées. Programmation sur le site Internet.

PUB - CAFÉ

LE VIP

59, Chemin de Pompey - **GÉNILAC** ✆ 04 77 35 24 26
www.brasserie-vip.com
Ouvert le lundi de 10h à 15h, du mardi au jeudi jusque 23h, vendredi et samedi jusque 3h.

Le premier établissement d'une franchise qui dynamise toute la région, désormais rejoint par un établissement à Riorges et à Saint-Etienne. Véritable lieu de vie, ce complexe de 350 m2 vous accueille tout au long de la journée : le matin on y prend un petit-déjeuner ou un brunch, le midi on mange dans la brasserie, et on se retrouve pour l'*afterwork* ou l'apéritif jusque tard dans la nuit. En effet, ici on accorde la même exigence dans l'assiette que dans les nombreuses animations qui rythment la vie du lieu : bal rock, blind test, karaoké, tournoi de poker, dégustation de vins ou encore soirée latino ou chippendale. On y trouve aussi une cave à vins ainsi qu'une belle et grande terrasse.

BAR À COCKTAIL

HIVE

18, Rue Notre Dame
✆ 06 49 60 14 59
Bar à cocktail. Ouvert du lundi au samedi de 17h à 1h30. Soirée étudiante chaque jeudi. Tapas.

C'est en août dernier que le Hive a fêté son année d'ouverture. Un tout jeune bar à cocktail donc, s'adressant pour l'essentiel à une clientèle qui l'est tout autant. Étudiante ou jeune trentenaire, cette dernière aime à se réunir dans une ambiance festive et pour le moins arrosée. Gageons qu'on ne vient pas au Hive pour boire une eau gazeuse. Les cocktails ici sont «shakés» en rythme par des bras musclés, et prennent des allures de verres fleuris pour le grand plaisir des instagrameuses. C'est d'ailleurs via ce réseau que l'on pourra s'informer des soirées prévues, telles que soirée étudiante, soirée d'intégration ou thématique ou encore DJ set. Trop sérieux s'abstenir !

BAR - CAFÉ

NINKASI

11, rue Barrouin
✆ 06 82 37 71 91
Ouvert tous les jours de 11h à 1h. Livraison à domicile et vente à emporter.

Non loin du stade Geoffroy-Guichard, la célèbre brasserie lyonnaise a enfin son antenne stéphanoise. Les grandes tables sont idéales pour accueillir les groupes. Figurent sur la carte une vingtaine de bières - à la pression ou en bouteille - de la brasserie Ninkasi, mais aussi toute une gamme de whiskies, spiritueux, vins, cidres. et de délicieux cocktails. Côté restauration, on trouve des petites portions à partager comme des aiguillettes de poulet panées, des mozza sticks, des planches de charcuteries ou de fromages, mais également de généreux burgers. La vie de l'établissement est rythmée par de nombreux événements : concerts, soirées à thème, diffusion d'événements sportifs.

CAFÉ-CONCERT

LE CHÂTEAU DU ROZIER

1, Rue d'Assier - **FEURS**
✆ 04 77 28 66 09
www.chateaudurozier.fr
Billetterie en ligne.

Ouvert en 2015, le Château du Rozier est devenu un acteur majeur de la scène culturelle de la plaine du Forez. Improvisation, performance, concerts, spectacles en tous genres : Le lieu est dédié au spectacle vivant et propose une offre culturelle éclectique et de qualité. Après la représentation, on se retrouve au bar du château pour discuter de la pièce, auteur d'une terrine et d'une bière locale. En complément de sa programmation, le Château du Rozier organise des spectacles auprès du public scolaire et est également une résidence d'artistes. Séminaire, soirée privée, journée de team building : il est possible de privatiser le lieu pour des événements privés ou d'entreprise.

SPECTACLE

CENTRE CULTUREL DU CHÂTEAU DE GOUTELAS

277, Route de Goutelas
MARCOUX
✆ 04 77 97 35 42
https://www.chateaudegoutelas.fr/

Avec son tracé en H, ses toitures vernissées, ses remparts et ses tours, ce château Renaissance construit à flanc de coteau forme un splendide ensemble architectural. Inscrit au patrimoine matériel et immatériel du Forez et du département de la Loire, ainsi qu'à l'inventaire des Monuments historiques, le château de Goutelas est aujourd'hui un centre culturel et un lieu de résidence d'artistes. Conférences, expositions, spectacles, concerts : de nombreux événements sont organisés tout au long de l'année afin de faire découvrir le travail des artistes en résidence.

THÉÂTRE

THÉÂTRE DE POCHE DES BRANKIGNOLS

36, rue Badouillère
✆ 06 15 59 96 85
Capacité de 30 spectateurs, réservation conseillée. Entrée : 12 €. Enfant : 7 €.

Le théâtre Les Brankignols tire son nom de la troupe autrefois formée par Louis de Funès, Michel Serrault et d'autres. Ce théâtre de poche dispose d'une capacité limitée, mais on s'y sent bien. Tous les types de spectacles pour enfants et adultes sont proposés : théâtre, magie, marionnettes, poésie, clowneries, concerts... La scène est surtout occupée par des troupes d'amateurs qui font face à un public désireux de passer un agréable moment de détente. Géré par une association, ce petit théâtre propose également des cours aussi bien pour les enfants que pour les adultes.

CINÉMA

MEGARAMA CHAVANELLE

1, rue Etienne-Mimard ✆ 04 77 32 10 00
http://chavanelle.megarama.fr
Ouvert du lundi au samedi de 13h30 à 23h ; le dimanche de 10h30 à 23h. Entrée : 8,50 €. Étudiants et seniors : 7,50 €.

En juillet 2020, le groupe Megarama a racheté le Camion Rouge. Mais à part le nom, pas grand-chose n'a changé dans ce cinéma qui s'appelle désormais le Megarama Chavanelle. Ainsi, avec dix salles permettant d'accueillir 1 600 spectateurs, il fait toujours bouger le monde du cinéma stéphanois ! La part belle est encore donnée aux films grand public, familiaux, sagas de super-héros, comédies françaises et films pour enfants. De plus, il propose également de nombreuses séances avec technologie 3D ainsi que des avant-premières. Enfin, le Megarama Chavanelle vous fait toujours profiter de tarifs de stationnement avantageux en centre-ville : plus de raison de ne pas voir un film sur grand écran !

CINÉMA

MEGARAMA JEAN JAURES

2, rue Praire ✆ 04 77 32 38 47
http://jean-jaures.megarama.fr
Ouvert tous les jours. Entrée : de 7,50 à 9 € selon la salle (+ 1 € pour les lunettes 3D).

Racheté en 2020 puis refait à neuf, le Megarama Jean Jaurès (anciennement L'Alhambra) reste le cinéma stéphanois pour voir les derniers blockbusters ainsi que la plupart des nouveautés. Avant-premières et retransmissions en live ou en différé d'événements culturels et musicaux sont également au programme. Notons qu'à l'intérieur, on y retrouve toujours 10 salles confortables et modernes, dont 3 salles premium appelées « Horizon » proposant plus de confort. Et en y allant, n'oubliez pas de profiter des prix attractifs des parkings Hôtel de Ville et Jean Jaurès : 2 euros toute la soirée à partir de 19h et 1,50 euro les 3 heures tous les samedis de 9h à 19h. Pratique.

CINÉMA

LE MELIES

10, place Jean Jaurès ✆ 04 77 32 32 01
www.lemelies.com
Ouvert tous les jours à partir de 12h. Possibilité d'ouverture plus tôt en fonction des séances. Entrée : 8,90 €.

Adjacent à la brasserie du même nom, le cinéma Le Méliès projette des films que vous ne trouverez sans doute pas dans les autres salles de la ville. Cinéma indépendant et de patrimoine, films en VO, incontournables en VF... Cet endroit diffuse 5 à 6 sorties par semaine de longs métrages internationaux et est apprécié de tous les cinéphiles. Le Méliès, ce sont aussi deux établissements pour deux fois plus de séances : le plus grand étant situé sur la place Jean Jaurès avec 4 salles et l'autre dans le quartier de Saint-François (en bonus : une salle avec balcon !). Il est également l'un des rares cinémas à proposer des tickets solidaires pour les personnes aux faibles revenus.

TOUT UN SPECTACLE !

ART & CULTURE

GALERIE RÊVES D'AILLEURS

29, rue Paul Bert
✆ 06 79 68 57 39
www.galerierevesdailleurs.com
Ouvert du mardi au samedi de 14h à 18h. Entrée libre.

Cette galerie associative créée par Philippe Thomas vise à promouvoir l'art actuel et l'artisanat d'art. Ici, vous retrouvez des expositions éclectiques, d'horizons multiples, qui se renouvellent toutes les 3 semaines. Et il y en a pour tous les goûts entre dessins sur papier, paysages à l'huile, tableaux abstraits, ou encore bijoux avec des formes originales. Dans ce lieu de rencontres, les artistes émergents côtoient le public lors de soirées, de conférences, ou de dialogues culturels, dans une optique d'échanges et d'économie sociale et solidaire. Suivant les mots de Marcel Arland, l'art est « à la fois l'aveu et le rêve de tout un peuple, c'est-à-dire son chant ».

CAFÉ-THÉÂTRE

LA RICANE

7, rue Camille-Pelletan ✆ 04 77 59 30 97
www.laricane.com
Ouvert le vendredi et le samedi à partir de 20h30. Entrée : 13 €. Abonnement : 50 € les 5 entrées. Restauration.

La Ricane a été créée par Jérôme Chevoppe, comédien, auteur et metteur en scène. Et depuis 2019, c'est Michèle Hirsch qui a repris les rênes de ce théâtre. Mais ce changement s'est fait dans la continuité, sans dénaturer le concept initial. Ainsi, dans un garage retapé, assez sombre, à la bonne franquette, sans luxe (car ici pas de fauteuils, de simples chaises et quelques tables font l'affaire), tous les vendredis et samedis, des artistes, exclusivement comiques, s'y produisent. L'objectif des artistes invités : faire rire les spectateurs ! Et entre le comique de situation et le comique de gestes, chaque spectacle est toujours plus décalé, toujours plus distrayant.

CAFÉ-THÉÂTRE

L'EPALLLE THÉÂTRE

Chemin du Château du Diable - **LA RICAMARIE** ✆ 04 77 21 93 63
www.epallletheatre.fr
Ouvert du mercredi au vendredi de 10h à 18h. Ouvert aussi le soir lorsqu'il y a une représentation. Spectacle : 17 €.

Situé à quelques pas du centre-ville, l'Epalle-Théâtre – L'Autre Lieu est un café-théâtre de 90 places spécialisé dans l'humour gaga. Amoureux de l'humour local et de l'esprit chansonnier, réservez une de vos soirées pour assister à un spectacle, vous ne serez pas déçu ! Esprits libres, parfois effrontés, inventifs et chaleureux, les artistes sauront embellir votre soirée par le divertissement. Outre le parler gaga, vous retrouverez aussi du cabaret, de l'humour, de la musique... La programmation s'enrichit chaque année avec une nouvelle création. Une formule repas et spectacle est proposée à tarif avantageux. Une belle manière de transmettre l'héritage du patrimoine de notre région.

CONCERT

LE FIL

20, boulevard Thiers ✆ 04 77 34 46 40
www.le-fil.com
Billetterie mercredi, vendredi, samedi de 15h à 18h ; et les soirs de concert dans la limite des places disponibles.

Réussir à proposer une programmation de qualité et à maintenir un lien entre l'artiste et le public lors des prestations : tel est le défi de nombreuses salles de concerts. Défi relevé haut la main par le Fil ! Depuis plusieurs années, les chanteurs et groupes de nombreux styles sont venus faire vibrer ses murs. Du rap, de l'électro, de la variété française, du rock'n'roll, du metal, du reggae... Le moins qu'on puisse dire, c'est que le Fil pratique l'éclectisme. Avec une capacité de 1 200 spectateurs dans la grande salle et 300 dans l'espace club, la taille est idéale et accueille même des festivals. Ambiance conviviale et tarifs accessibles, le combo parfait pour des soirées mémorables !

CAFÉ-THÉÂTRE

KFT

15, boulevard du Docteur-Gabriel-Cousin - **SAINT-GALMIER**
✆ 06 03 03 71 99 - www.le-kft.com
Les vendredis et samedis spectacle à 21h ou 21h30. Le dimanche spectacle à 17h30 ou 18h. Entrée : 18,50 €.

À Saint-Galmier, le KFT, niché dans un cloître du XVIe siècle dont la terrasse donne sur les arcades classées, est un café-théâtre réputé. Non seulement vous pourrez y déguster de délicieuses tapas faites maison, accompagnées d'une coupe de champagne dans la formule plein feu, mais vous pourrez aussi y apprécier une grande diversité de spectacles. La programmation éclectique recouvre de la magie, du théâtre bien sûr, de l'humour et de l'improvisation. Au programme cette année, les têtes d'affiche Régis Mailhot en mars, Élisabeth Buffet en mai, Booder en octobre et Laura Laune en octobre et en novembre. Notons également qu'une soirée spéciale improvisation se déroulera en juin.

CONCERT

OPÉRA DE SAINT-ÉTIENNE

Jardin des Plantes ✆ 04 77 47 83 40
www.opera.saint-etienne.fr
Service billetterie ouvert du lundi au vendredi de 12h à 19h. De 10 à 59 € selon le spectacle et l'emplacement choisis.

Situé sur la colline de Villeboeuf, l'Opéra de Saint-Étienne est un établissement dont la vocation première est de proposer une saison lyrique de qualité. Rare opéra en France à posséder en son sein ses propres ateliers de construction de décors et de confection de costumes, il réalise lui-même une création contemporaine tous les deux ans. L'Opéra remplit également une mission capitale auprès du jeune public, proposant une saison dédiée, riche et variée, et donne accès à une programmation tout public avec des concerts symphoniques et de musique de chambre, des récitals de piano, et des spectacles de danse. Pour connaître en détail le calendrier, rendez-vous sur le site Internet dédié !

TOUT UN SPECTACLE !

THÉÂTRE

LA COMÉDIE DE SAINT-ÉTIENNE

Place Jean Dasté ✆ 04 77 25 14 14
http://lacomedie.fr
Billetterie : du lundi au vendredi de 13h à 19h ; le samedi de 14h à 17h30. Service billetterie. Entrée : 23 €.

La Comédie propose depuis maintenant plus de 60 ans des spectacles vivants de renommée nationale et internationale. Mêlant jeunes talents prometteurs et artistes de renom, elle a à cœur de livrer à son public une programmation aussi variée que possible en s'adressant à tous les publics, avec des spectacles à destination des familles et des enfants. Située dans le quartier Manufacture/Plaine Achille, elle est équipée de deux salles. Elle a également mis en place une politique de théâtre itinérant dans certains quartiers stéphanois et dans les campagnes.

THÉÂTRE

COMÉDIE TRIOMPHE

4, square Violette ✆ 07 83 97 63 60
www.comedietriomphe.fr
Spectacles tout public du vendredi au dimanche et pour enfants le dimanche, certains mercredis. Plein tarif : 14,90 €.

Situé à deux pas du Square Violette, Le Triomphe est un théâtre dédié à la comédie ! De nombreux spectacles y sont joués et la programmation est riche : pièces de théâtre, improvisation, chant, humour «gaga»... Le tout placé sur le registre de la gaieté à volonté ! Le jeune public est également comblé avec des spectacles accessibles dès 1 an mêlant magie, théâtre, marionnettes... Un joli moment à passer en famille ! Pensez à réserver vos places à l'avance sur le site Internet dédié, les spectacles affichant souvent complets (des réductions sont accessibles sur billetreduc.com ou fnac.fr). Enfin, Le Triomphe propose également des cours de théâtre pour tout âge et des cours d'impro !

JAZZ

LE SOLAR

7, avnue Emile Loubet
✆ 07 49 41 91 08
https://le-solar.fr
5 €, 8 € ou 12 € selon le spectacle. Certains soirs, l'entrée est libre. Droit d'entrée annuel à partir de 2,50 €.

L'association Gaga Jazz dispose désormais de son lieu de programmation pour tous les jazz. La salle occupe l'espace du restaurant de l'ancienne Comédie, et accueille des pointures, de France mais aussi de l'étranger. Plusieurs concerts peuvent être proposés par semaine, programmés par une équipe d'amoureux des musiques improvisées. Le lieu anime ses réseaux sociaux, et en particulier Facebook, de façon très régulière. À suivre pour connaître le détail des soirées programmées et des conseils de l'association. Autour de 130 places (hors protocole sanitaire) dans ce lieu intimiste, qui joue sur la proximité avec les artistes.

CONCERT

ZÉNITH SAINT-ÉTIENNE MÉTROPOLE

Rue Scheurer-Kestner
✆ 04 77 20 07 07
www.zenith-saint-etienne.fr
Ouvert à l'occasion des spectacles et des concerts.

Construit par l'architecte de renom Sir Norman Foster, le Zénith de Saint-Etienne est l'un des plus grands de sa catégorie en termes de capacité d'accueil dans la région. L'édifice peut recevoir jusqu'à 7 200 spectateurs dont 5 400 en places assises. Cet établissement organise chaque année une soixantaine d'événements : concerts et comédies musicales, humour, manifestations sportives, défilés de mode... La programmation est de qualité, et de nombreux artistes français et internationaux viennent performer ici. Les grands parkings à proximité sont totalement gratuits !

NEW CULTURE

L'IMPASSE DU BOUT DU MONDE

121, Chemin de la gay - **SAINT-JEAN-SAINT-MAURICE-SUR-LOIRE**
✆ 06 49 33 65 35 - www.impasseduboutdumonde.fr
Ouvert le vendredi de 10h à 18h, le samedi de 9h à 23h, le dimanche de 15h30 à 20h. Programmation en ligne.

Cet incroyable hameau est la réalisation du rêve de Marius et Lavinia qui souhaitaient ouvrir un lieu dédié aux arts. On trouve ainsi dans L'Impasse du bout du Monde une distillerie, une résidence d'artistes, une auberge de jeunesse, une salle de projection. Des artistes y sont accueillis en résidence et des festivals, des concerts et des expositions y sont organisés. Ce paradis des arts n'en est qu'à son balbutiement, une amphithéâtre est en train de voir le jour et un four à pain est en rénovation afin de pouvoir rassasier les visiteurs de pizzas et de tartes flambées.

SPECTACLE

AGAPES ET SPECTACLES

18, boulevard de la Madeleine - **MONTBRISON**
✆ 04 77 24 71 38
www.agapesetspectacles.fr
Menus à 24 et 40 €, possibilité de manger à la carte, place de spectacle à 18 €.

«Régaler vos papilles et divertir votre esprit » : tel est l'engagement d'Agapes et Spectacles, le restaurant-spectacle de la plaine du Forez, élégant et chaleureux, en plein centre de Montbrison. Vous y êtes accueilli à partir de 19h pour déguster une cuisine traditionnelle autour de la scène ou partager une coupe dans une loge privée pour plus d'intimité. À 21h, place au show ! Une pièce de théâtre, un artiste comique, une soirée hypnose ou cabaret : vous repartez des étoiles plein les yeux et vous confirmez enthousiaste que le lieu tient, haut la main, toutes ses promesses !

LET'S DANCE !

DISCOTHÈQUE

CLUB 1810

Rue Ampère - **LA TALAUDIÈRE** ✆ 09 64 07 56 68 - En direction de la maison d'arrêt de La Talaudière. - www.complexe1810.com

Ouvert le jeudi de 23h30 à 3h30, le vendredi et le samedi de 23h30 à 5h30.

Situé à La Talaudière depuis 2009, le 1810 s'est imposé comme un lieu incontournable de la vie nocturne stéphanoise. Une salle intérieure, un show light unique, deux bars – dont un à l'extérieur – et un très sélect carré VIP : l'espace ne manque pas pour danser et faire des rencontres. Le 1810 organise régulièrement des soirées à thème (mojito, plage, super-héros, années 1980...) pour se dépayser. Vieilles pierres apparentes, décor contemporain, c'est classe et spacieux (250 places assises !). L'une des spécificités du Club 1810, ce sont les baies vitrées qui donnent sur le parc de 3 000 m². Original et vraiment agréable ! Sans oublier la terrasse couverte de 250 m².

DISCOTHÈQUE

LE KUB

5, rue Cugnot
✆ 07 77 82 04 27

Ouvert du jeudi au samedi de 23h à 5h et jours fériés. Entrée : 10 € avec une conso. Gratuit pour les filles jusque 1h.

Vous vous dites fêtard et vous n'allez pas au Kub ? Situé près de Châteaucreux, le Kub est un endroit chic et branché qui propose des musiques généralistes. Tous les vendredis et samedis sont organisées des soirées à thèmes : American Campus, Gaulois et Romains, Halloween, soirée des infirmières, soirée démesure, soirée palatine... Ambiance au top ! Dans le carré VIP, vous pourrez profiter de la fête installé dans un espace confortable et privé, un excellent compromis ! Au Kub, vous pourrez aussi déguster des cocktails et shooters variés ! Notons aussi que l'entrée est gratuite pour les étudiants certains jours. Bref, vous n'avez pas de raisons de ne pas y aller !

DISCOTHÈQUE

LE DISORDER CLUB

2, cours Jovin-Bouchard
✆ 04 77 95 06 52

Ouvert du jeudi au samedi de 0h à 5h.

La discothèque la plus connue de la ville La Mine a laissé place au Discorder Club, un nouveau lieu dédié à la culture indépendante. Anciens du Smoking Dog, Julien Haro et Thibault Llopis ont repris la gérance en créant deux concepts dans un même endroit : en première partie de soirée, programmation de concerts live. Artistes français, internationaux et groupes locaux s'y produisent dans des registres variés : jazz, électro, punk, rock… À partir de 0h30, le Discorder passe en mode club : les DJ se relaient pour faire danser le public jusqu'au bout de la nuit. Les gérants ont décidé de rendre l'entrée gratuite. Les concerts sont eux bon marché pour être accessibles à tous.

DISCOTHÈQUE

MENDES CLUB

2, place Chapelon
✆ 07 61 13 41 41

Ouvert vendredi, samedi et dimanche de 2h à 7h.

Situé à deux minutes de la place Chavanelle et du cours Fauriel, le Mendes Club offre une chaude ambiance très festive. D'ailleurs, l'équipe met tout en œuvre pour dégager une bonne énergie. Des soirées anniversaires, des soirées à thème et des afterworks sont fréquemment proposés. Vous avez également la possibilité de déguster les nombreuses tapas. Bref, avis à tous les fêtards, voici une bonne adresse ! Et vous êtes déjà nombreux à répondre présents, l'établissement est de plus en plus connu et devrait permettre des soirées encore plus déjantées à partager entre copains. Alors pour tous ceux qui ne connaîtraient pas encore le Mendes, l'essayer c'est l'adopter.

DISCOTHÈQUE

LE KOPA

17, rue George-Dupré
✆ 04 77 81 31 71

Ouvert du jeudi au samedi de 23h30 à 5h.

Le Kopa attire les jeunes de 20-30 ans pour se déhancher au son de la musique des DJ dans un endroit branché. Avec sa décoration moderne, son bar et ses soirées thématiques et l'entrée gratuite, le Kopa a tout pour séduire son public ! Ceux qui ont déjà foulé sa piste de danse ont désormais du mal à se rendre ailleurs, d'autant que son emplacement, au cœur de la ville, dans le quartier des Martyrs de Vingré, est très avantageux... avec la proximité des bars et des transports en commun. Ambiance délirante, emplacement de rêve, cadre contemporain, le Kopa est le meilleur allié de vos soirées ! En été, une terrasse est même ouverte, avec bar et barbecue en soirée !

DISCOTHÈQUE

LE NAUTILUS

47-49, rue Gutenberg ✆ 04 77 25 25 25
www.complexe-nautilus.com

Ouvert le vendredi et le samedi. Restaurant ouvert à partir de 20h, club et discothèque à partir de 23h.

Le Nautilus est un lieu incontournable des nuits stéphanoises ! Ce complexe regroupe 4 lieux aux ambiances complémentaires. Il est ainsi possible de s'y retrouver dès 20h autour d'une table du restaurant Le Nemo pour poursuivre la soirée. Une foule s'y presse le week-end, attirée par des musiques très actuelles, et une ambiance lumineuse soignée : lasers, mix vidéo, plafonds lumineux... Côté animations, il y en a pour tous les goûts, une soirée mensuelle spéciale filles, des soirées white et rose Martini, des soirées reggaeton... Ambiance différente et beaucoup plus feutrée au Galion, juste à côté, où résonnent les tubes actuels et passés dans un lieu propice aux rencontres.

COURS DE CUISINE

BE HAPPY, RÊVE[Z] DE GOURMANDISES

Les, Chem. des 4 vents - **FIRMINY** ✆ 06 66 37 39 16
www.behappy-latelierdesgourmands.com
Atelier de cuisine à domicile. Durée entre 1h30 et 2h. Conseils en naturopathie.

Un événement à fêter, une envie d'apprendre le secret des macarons réussis, entre amis, avec les enfants ou même entre collègues ? Be Happy s'invite dans votre cuisine pour vous prodiguer des bons soins à base de douceurs sucrées ou salées. Grâce aux cours et précieux conseils de cette cuisinière et naturopathe hors pair, vous allez apprendre ou vous perfectionner, tout en vous amusant. Il suffit de choisir un thème et une date, d'indiquer vos préférences et au besoin vos allergies, et votre professeure vient animer un cours à partir de délicieuses recettes.

ŒNOLOGIE

CUIZ'IN SUR COURS

1, place Grenette ✆ 04 77 32 26 82
www.cuizinsurcours.fr
À partir de 42 €. Possibilité d'offrir des chèques-cadeaux et des pass de 1 ou 4 cours.

Piermic Fatet, le chef et professeur de Cuiz'in sur Cours, dispense, en plus de ceux sur l'art de la cuisine, des cours d'œnologie. Notons qu'ici les cours sont accessibles à tous, confirmés ou pas. Ainsi, vous pourrez découvrir tous les secrets pour faire de bonnes pâtisseries ou vous initier à toutes les subtilités du breuvage du divin Bacchus... Cépages, terroirs, méthodes de vinifications, accords vins-plats... Cuiz'in sur Cours peut vous transformer en spécialiste du vin. Sur réservation, vous rencontrerez un vigneron qui vous transmettra la passion de son métier. Et si vous ne souhaitez pas vous déplacer, sachez que des cours de cuisine à domicile sont également proposés.

MUSIQUE

ALBAYNAC MUSIQUE

8, place Villeboeuf
✆ 04 77 49 60 50
www.albaynac.fr
Ouvert du mardi au samedi de 10h à 12h et de 14h à 19h.

Albaynac Musique vous propose, dans un local de 300 mètres carrés, tous types d'instruments à la vente : guitares et basses, percussions, pianos, claviers, clarinettes et trompettes, mais aussi des amplis et sonos. Les musiciens, amateurs ou virtuoses, y trouveront le matériel nécessaire à leur pratique, en neuf ou en occasion, ainsi qu'un atelier de réparation. Vous pouvez demander conseil, les vendeurs sont toujours disposés à vous répondre avec amabilité. Salle d'essai privée, organisation de concerts intra et extra muros... : l'équipe est passionnée ! Depuis 1980, Albaynac est le magasin de musique incontournable à Saint-Étienne, et le plus grand du département !

MUSIQUE

GUITARE AVENUE

122, rue Bergson ✆ 04 77 54 98 06
www.guitareavenue.fr
Ouvert le lundi de 14h à 19h ; du mardi au vendredi de 10h à 19h ; le samedi de 10h à 12h30 et de 14h à 19h.

Guitare Avenue, comme son nom l'indique, s'adresse principalement aux guitaristes, qu'ils jouent en acoustique, en électrique ou dans les fréquences graves avec leur basse. L'échoppe propose un choix important dont quelques marques bien connues : Fender, Martin, Gretsch, Marshall... et d'autres moins courantes, comme la marque Schecter et ses instruments conçus pour un rock musclé. Une salle de test permet aux clients d'essayer sans contraintes dans des conditions optimales. Par ailleurs, cette boutique possède également un atelier de réparation. Alors, n'hésitez pas à demander à Guitare Avenue de régler votre guitare afin de profiter au mieux de votre instrument !

COURS DE MUSIQUE

ATELIER BAO PAO

Chemin du Tour - **SAINT-JUST-SAINT-RAMBERT** ✆ 06 04 03 39 56
www.associationvitamines.fr
Atelier Bao Pao : entre 270 et 459 € par an. Atelier créatif : entre 389 et 505 € par an.

Vous vous demandez ce qui peut bien se cacher derrière ce nom aux allures exotiques ? Rendez-vous à l'association Vitamines ! Vous y découvrirez un instrument de musique atypique, composé d'un arc métallique traversé par un faisceau laser qu'il suffit de fendre à l'aide d'une baguette presque magique puisqu'elle produit une mélodie synthétique ! Sous la houlette d'Isabelle Astor, ancienne éducatrice spécialisée, et d'intervenants confirmés, cet atelier adapté s'ouvre à tous, enfants, ados, personnes âgées, ou en situation de handicap, en petit groupe et au rythme de chacun, en toute bienveillance et avec convivialité. Une belle occasion de pratiquer un loisir solidaire et singulier !

COURS DE MUSIQUE

LE CONSERVATOIRE MASSENET

32, rue des Francs-Maçons ✆ 04 77 49 65 30
www.conservatoire.saint-etienne.fr
Ouvert du lundi au vendredi de 8h15 à 21h ; le samedi de 8h30 à 12h30. Cursus : de 156 à 337 €.

Pour les Stéphanois, le Conservatoire Massenet est une véritable opportunité de solidifier ses bases musicales. S'il assure une large mission éducative en direction de publics variés, il touche chaque année près de 1 200 élèves. D'ailleurs, le Conservatoire s'est diversifié ces dernières décennies en multipliant les offres. Ainsi, 4 spécialités sont désormais proposées : musique, théâtre, danse et éducation artistique et culturelle. Notons que le cursus commence vers l'âge de 7-8 ans et peut se terminer pour les plus doués par une formation professionnelle pointue.

VIDÉO

INNOLIVE

26, Chemin de Bene
RIVE-DE-GIER
✆ 06 32 97 63 21
https://innolive.fr/

Besoin d'une communication sur mesure ? Innolive peut vous accompagner dans votre projet. Basée à Rive-de-Gier, Innolive est une société de production à la pointe des tendances et des technologies, spécialisée dans la communication visuelle. Son champ de compétence est extrêmement large : vidéos promotionnelles, clips, drone cinématique, interview, production de direct sur les réseaux sociaux, streaming, conférence en ligne, etc. Également spécialisée dans l'événementiel, elle peut organiser salons et autres événements festifs. Passionnée et experte, l'équipe saura mettre en image votre histoire et vos valeurs en vous proposant un projet sur mesure.

POTERIE - CÉRAMIQUE

ATELIER LES ZOZOS

19, rue Brossard ✆ 06 14 56 40 17
blandineleroudier.wix.com/site
Atelier adulte 30 €, enfant 25 €. Carte abonnement famille 250 € les 10 séances. Mercredi, vendredi et samedi 9h-12h.

Malgré un nom fantasque, l'Atelier des Zozos est un atelier très sérieux où les adultes comme les enfants pourront venir s'essayer à la poterie, en groupe ou en séances individuelles. De vos mains vont naître vaisselle, objets décoratifs, bijoux, ou divers sujets en fonction de la saison ou d'un événement spécial. Ainsi, à travers ses ateliers, Blandine Leroudier, céramiste, invite à la création, à la détente, mais aussi aux soins. En empruntant les voies de l'imagination et de l'expression artistique, les séances d'art thérapie pratiquées visent à déverrouiller certains blocages émotionnels. Une médecine alternative et créative aussi douce à pratiquer qu'à observer.

DESSIN

ATELIER GOÛTER CITÉ DU DESIGN

3, rue Javelin Pagnon
✆ 04 77 49 74 70
140 € pour 12 enfants, présence d'un parent obligatoire.

Envie d'une idée originale et intelligente pour fêter l'anniversaire de votre enfant ? La Cité du Design organise des ateliers-goûters le mercredi pour les 7-11 ans. Dans le cadre étudié de la Cité, l'atelier comprend une découverte ludique des expositions, en compagnie d'un guide. Chacun des bambins réalisera un cadeau-souvenir : un accessoire de bureau en liège et en cuir, et pourra repartir avec. La formule comprend également un goûter préparé ainsi que la photo-souvenir de l'après-midi. Le groupe peut comprendre jusqu'à 12 enfants, et ça dure 2h30.

LIBRAIRIE
FNAC

Centre commercial Géant Monthieu ✆ 0825 02 00 20
www.fnac.com/saint-etienne
Ouvert du lundi au vendredi de 10h à 19h ; le samedi de 9h30 à 20h ; le dimanche de 10h à 18h30.

La grande surface culturelle la plus connue de France a un magasin à Saint-Étienne. La Fnac est le lieu où vous trouverez tout ce dont vous avez besoin, aussi bien des classiques que des livres de voyage ou de cuisine, de science-fiction, des bandes dessinées... À la Fnac, vous pourrez également acquérir tout le matériel hi-fi, informatique, photo..., dont vous rêvez. Si vous désirez acquérir un produit Apple, un espace consacré à la marque vous permettra de le tester en compagnie d'un salarié chevronné. Depuis quelques années, l'enseigne vend aussi des jouets et des jeux de société. Les vendeurs sont de bon conseil, et la carte Fnac est vraiment intéressante, surtout pour les spectacles.

LIBRAIRIE
FORUM SAINT-ÉTIENNE

5, rue Michel-Rondet
✆ 04 77 32 36 59
www.forum-saint-etienne.com
Ouvert du lundi au samedi de 10h à 19h.

Sur 1 000 m², à deux pas de l'hôtel de ville, la librairie Forum est le magasin de culture du centre de Saint-Étienne. Sur deux étages, vous naviguerez entre les rayons librairie, papeterie, musique, vidéo et jeux/jouets. L'univers livre est très étoffé : des essais sur l'écologie aux beaux-arts en passant par la BD jeunesse ou la pédagogie Montessori, tous les publics s'y retrouvent. La littérature est particulièrement représentée : grands auteurs, jeunesse, traductions, pléiade, romans policiers, fantasy... Détente et flânerie seront au rendez-vous dans cet endroit toujours aussi apprécié des artistes et bibliophiles. À noter, la librairie propose la réservation ou l'achat en ligne.

LIBRAIRIE
LA BANQUE DU LIVRE

5, rue du 11-Novembre
✆ 04 77 32 77 34
Ouvert du lundi au samedi de 9h à 19h.

La Banque du Livre est une bouquinerie proposant livres, CD, DVD et disques vinyles en tout genre. Dans cette librairie, vous ne trouverez que de l'occasion, ancienne ou récente, et surtout à petit prix. Le stock est très important, mais la grande amplitude horaire vous permettra de prendre votre temps pour dénicher des petits trésors pour toute la famille. Romans, BD, mangas, livres jeunesse, littérature, théâtre ou encore livres régionaux, vous pourrez acheter, proposer vos ouvrages à la vente ou encore échanger vos livres. De même pour les autres supports. À noter, la librairie tient un stand sur les marchés de Bellevue, Firminy et Rive de Gier. Une adresse à recommander.

LIBRAIRIE
QUARTIER LATIN LIBRAIRE

4, rue Georges-Teissier
✆ 04 77 32 51 48
www.librairie-quartierlatin.fr
Ouvert du mardi au samedi de 10h à 13h et de 15h à 19h.

C'est une nouvelle page qui s'ouvre pour la librairie Quartier latin. En effet, depuis le mois de mars 2022, le magasin a déménagé... de quelques mètres pour un espace plus spacieux. Toutefois, la devanture semblant sortie des temps anciens n'a, elle, pas changé. De même, si un tri a été fait au niveau des 20 000 références, la librairie qui est désormais tenue par Daniel Damart propose toujours de nombreux livres de littérature française ou étrangère, ainsi que des poésies, de la littérature policière ou encore des BD. N'hésitez pas à demander conseil, la libraire s'y connaît ! Notons que le magasin propose aussi désormais des rencontres avec des auteurs et des expositions.

LIBRAIRIE
MAUVAIS GENRES

5, rue Notre Dame
✆ 06 68 66 30 15
www.librairiemauvaisgenres.fr
Ouvert du mardi au samedi de 11h à 19h.

Installée rue Notre-Dame, la librairie Mauvais Genres, spécialisée dans la littérature dite populaire, décline polars, science-fiction, fantastique, bandes dessinées, comics américains en traduction française ou en version originale...Tous les ouvrages, récents ou plus anciens, sont d'occasion mais en très bon état. L'achat et la vente s'opèrent dans un lieu chaleureux. Bouquiniste captivant et féru de culture, Thierry Araud saura vous guider parmi les piles de livres en vous apportant un conseil personnalisé, et en vous dénichant des raretés dont il a le secret. Rien de tel qu'un passionné pour vous trouver une perle qui vous fera frissonner lors de vos nuits blanches !

LIBRAIRIE
LUNE ET L'AUTRE

19, rue Pierre-Bérard
✆ 04 77 32 58 49
luneetlautre.canalblog.com
Ouvert le lundi de 14h à 19h ; du mardi au samedi de 9h30 à 19h.

La librairie Lune et l'Autre encourage le plaisir de la lecture. La boutique est divisée en deux parties. L'une est consacrée aux livres pour adultes, avec l'actualité littéraire du moment, mais aussi une sélection intéressante de beaux livres, idéale pour les cadeaux. L'autre est consacrée aux livres pour les enfants. L'ambiance cosy pousse à se perdre dans les rayons à la recherche de ses prochaines lectures. La composition des rayons évolue régulièrement. N'hésitez pas à y entrer souvent pour découvrir toutes les nouveautés. Littérature française, étrangère, sciences humaines, poésie, livres d'art : ici on finit par trouver ce que l'on cherche et on profite de bons conseils.

LIBRAIRIE

BLEUE COMME UNE ORANGE

12, rue de la République - **LA TALAUDIÈRE**
✆ 04 77 81 20 16
www.bleuecommeuneorange.fr
Ouvert du mardi au samedi. Chèques culture acceptés.

Le ton est donné dans le nom de cette librairie ! Expression issue d'un poème de Paul Éluard, Bleue comme une Orange est un lieu où l'on aime les mots. Située dans le centre de La Talaudière, la librairie tenue par Gilbert Castellino offre un large choix de lectures aux petits et grands. La sélection est basée sur des horizons variés : roman, livre d'histoire, récit, guide touristique, livre du terroir, recueil de poésie, policier, recettes de cuisine, livre jeunesse... Le coin enfant est dense. Tous les auteurs ont leur place : grands auteurs et écrivains récompensés côtoient des écrivains moins célèbres, sans distinction. De nombreuses animations et dédicaces sont proposées à l'année.

LIBRAIRIE

LIBRAIRIE DE PARIS

6-8, rue Michel-Rondet
✆ 04 77 49 21 21
www.librairiedeparis.com
Ouvert du lundi au samedi de 9h à 19h.

Créée en 1961, la Librairie de Paris fait partie des piliers culturels de Saint-Étienne. Ici, vous trouverez les livres du moment, les coups de cœur des libraires, ainsi que les grands classiques. Parmi les innombrables références, absolument tous les types d'ouvrages sont disponibles : littérature française, beaux-arts, jeunesse, livres scolaires et universitaires, comics, mangas, BD, livres d'activités manuelles, littérature étrangère, romance… Le livre régional reste la spécialité de la maison, avec un grand choix de livres historiques locaux. Personnel passionné et compétent, n'hésitez pas à demander conseil ou un peu d'aide pour trouver votre article !

BD

DES BULLES ET DES HOMMES

11 bis, rue du 11-Novembre
✆ 04 77 21 76 65
Ouvert le lundi de 12h à 19h ; du mardi au samedi de 10h à 19h30.

Depuis son ouverture en 2002 dans la Grand-Rue de Saint-Étienne, cette librairie spécialisée est devenue le lieu de rendez-vous pour tous les amoureux de BD franco-belge, mais pas seulement ! Amateurs de mangas, d'éditions de luxe, de livres d'art ou de non-fiction, vous trouverez forcément votre bonheur parmi les innombrables références et produits dérivés. Bien plus qu'un simple commerce, les habitués et les curieux s'y rendent pour échanger avec une équipe professionnelle qualifiée et passionnée, qui prendra le temps de discuter avec vous. La boutique possède également un coin café et accueille des artistes plusieurs fois par an pour des séances de dédicaces.

LIBRAIRIE

L'ATTIRE-LIRE

12, Avenue Paccard - **VEAUCHE**
✆ 06 98 74 93 54
www.lattirelire.sitew.fr
Du mardi au vendredi 10h-12h et 15h-19h, samedi 10h-12h et 14h-17h. Fermé le lundi et le dimanche.

En voilà une jolie petite adresse qui vous réserve bien des surprises ! François nous ouvre la porte de sa librairie d'occasion où l'on découvre un large choix de livres et BD pour toute la famille à petit prix et en excellent état. Mais L'attire-lire, c'est aussi des Ateliers lecture pour enfants, ados et adultes (« Mes petites histoires » pour les 18 mois-6 ans, club jeunes lecteurs pour les 7-14 ans, etc...) Cerise sur le gâteau, Adeline Russier, biographe vous propose ses services pour écrire « les récits de vies » le vôtre, pour retracer votre existence, parcours professionnel, l'histoire de votre vie... ou offrir tout simplement le plus original des cadeaux.

BD

L'ÉTRANGE RENDEZ-VOUS

1, rue Faure-Bélon
✆ 04 77 49 13 36
Ouvert le lundi de 14h à 19h ; du mardi au samedi de 11h à 19h.

Depuis maintenant plus d'une dizaine d'années, L'Étrange Rendez-vous attire les passionnés du 9e art. En effet, cette boutique à la décoration inédite est spécialisée dans la bande dessinée neuve et d'occasion. Avec ses airs de station de ski vintage, impression renforcée par la présence d'une télécabine ancienne au milieu du magasin, la librairie est une bonne adresse pour faire de belles découvertes. L'ambiance est chaleureuse et le conseil de qualité ; on remarque une grande connaissance des ouvrages proposés. Le gérant sera heureux de vous faire découvrir des œuvres vous correspondant. De nombreuses rencontres et dédicaces avec les auteurs se tiennent régulièrement dans la boutique.

JEUNESSE

LIBRAIRIE DES CROQUELINOTTES

23, rue de la Résistance ✆ 04 77 41 03 47
www.croquelinottes.fr
Ouvert le lundi de 14h à 19h ; du mercredi au samedi de 10h à 19h.

La Librairie des Croquelinottes est une caverne d'Ali Baba pour les petits et les grands enfants. Vous serez à coup sûr attiré par l'esthétique de la vitrine colorée, à l'image de cette charmante boutique. Spécialisée dans la littérature jeunesse, vous y découvrirez un large choix pour tous les âges : livres tactiles et sonores, dictionnaires illustrés, cahiers de coloriage, romans, mangas, méthode Montessori, ouvrages bilingues… Les adultes amateurs d'art seront aussi ravis de pouvoir y trouver de superbes albums et BD. Personnel passionné et compétent !

LIBRAIRIE DE PARIS

Beaux-arts, livres scolaires, poche, bandes dessinés, livres pratiques, mangas : on trouve tous les types d'ouvrages dans cette immense librairie. C'est la deuxième plus grande librairie indépendante de la région Rhône-Alpes-Auvergne et Rémi Boute en est son cogérant.

Rémi, pouvez-vous nous raconter l'histoire de cette vénérable institution stéphanoise ?

La librairie date de 1961, c'est la plus vieille librairie indépendante en activité en ville. Elle a longtemps été gérée par la même famille avant qu'on la reprenne il y a 6 ans avec Alexandra Charroin-Spangenberg. Avec mon associée, on travaille en duo et je crois sincèrement à l'association des dirigeants. On s'apporte mutuellement des points de vue différents, ce qui nous permet de mieux défendre les valeurs que nous cherchons à transmettre. On essaye d'être toujours à l'écoute des tendances et, en avril 2022, Paris-Tokyo a vu le jour. Paris-Tokyo, c'est LE repaire manga de la Librairie de Paris.

Au-delà des livres, on propose aussi des produits phares de la pop culture japonaise !

Quels postes exerciez-vous avant de reprendre la librairie ?

Je suis rentré dans cette librairie en tant que salarié en 1993. J'y ai occupé presque tous les postes. Alexandra a travaillé ici également avant de rejoindre une autre librairie. Puis elle est revenue en 2015 en tant que directrice juste avant que nous rachetions la librairie en 2016.

Avez-vous apporté des changements en reprenant la librairie ?

On a réaménagé le magasin dans son intégralité et investi dans du nouveau mobilier. Nous avons de même retravaillé l'identité graphique à l'occasion des 60 ans de la librairie.

Comment s'inscrit-elle désormais dans le paysage culturel local ?

La librairie est un lieu d'échange dans lequel on doit se sentir à l'aise. C'est pour cela qu'il est important pour nous de créer des moments de partage. Cela peut prendre la forme d'une conférence suivie d'une séance de dédicaces ou bien, pour les plus jeunes, de lectures de contes et d'ateliers créatifs. Il y a des périodes où nous avons 2-3 événements par semaine ! Nous sommes également très fiers d'avoir lancé Les Gueules Noires du Polar, le festival de littératures policières stéphanois qui invite chaque année auteurs et lecteurs à se rencontrer dans le cadre chaleureux de la Librairie de Paris.

› LIBRAIRIE DE PARIS
6-8, rue Michel-Rondet
42000 **SAINT-ÉTIENNE** (France)
✆ 04 77 49 21 21
www.librairiedeparis.com

© LIBRAIRIE DE PARIS

LIBRAIRIE DE PARIS
SAINT-ÉTIENNE

© LIBRAIRIE DE PARIS

© CPME42

RADIO

RLF

11, rue René Cassin
✆ 04 77 80 10 59
https://radiorlf.com
100.9 FM à Saint-Étienne.

Depuis plus de 20 ans, la radio associative RLF (ex-Loire FM) Loire FM émet à Saint-Étienne. Un salarié et plus de 70 bénévoles sont au service de la station. Vous pouvez y suivre les informations locales, nationales et internationales au cours de sept rendez-vous quotidiens, de 4h à 22h. La culture, le sport, l'actualité associative et les débats sont largement relayés au sein de son antenne. Interviews d'auteurs d'ouvrages locaux, politique et séances du conseil municipal sont rediffusées dans leur intégralité systématiquement. RLF est équipée d'un studio mobile et peut ainsi se rendre sur différents lieux afin de réaliser des émissions en dehors de ses locaux.

TÉLÉVISION

FRANCE 3 LOIRE

7, rue docteur Rémy Annino
✆ 04 77 81 42 33

Programme présent depuis plus de dix ans, l'édition locale de France 3 vous tient chaque jour au courant de tout ce qui se passe dans l'agglomération et le département de la Loire ! Diffusée tous les jours à 18h50 sur France 3, l'émission est également disponible en replay sur le site de France 3. Que ce soit la politique, l'économie, la santé, l'environnement, le sport, le culture et le tourisme, rien n'échappe aux journalistes de la chaîne présents au quotidien sur le terrain ! France 3 Loire bénéficie du réseau de télévision du service public, au niveau régional mais aussi national. France 3 Loire, la chaîne incontournable pour les actualités ligériennes.

HEBDOMADAIRE

L'ESSOR LOIRE

37-39, avenue de la Libération ✆ 04 77 37 60 60
www.lessor42.fr
Prix de vente : 1,50 €.

Magazine d'information régional présent sur plusieurs départements d'Auvergne-Rhône-Alpes, l'*Essor Affiches* paraît tous les vendredis. Vous y trouverez un nombre important d'annonces légales provenant de professionnels du droit et des entreprises, accompagnées d'un agenda des manifestations culturelles locales. Vous y trouverez aussi des informations générales, la vie économique, des thématiques relatives aux faits de société et aux collectivités territoriales. Le site Internet donne libre accès à de nombreux articles, interviews et enquêtes de qualité. Vous pourrez aussi y retrouver des dossiers ainsi que les ventes aux enchères. Bref, vous avez de quoi tout savoir sur la vie locale.

BIMESTRIEL

STEMP MAGAZINE

2, Impasse du Suc
CHAMBLES
✆ 06 69 60 28 20
www.stempmagazine.com

L'idée de ce magazine est née d'une envie de faire partager « le vivier intéressant » de Saint-Etienne et de ses alentours. Ainsi, depuis plus de 12 ans, les lecteurs peuvent (re) découvrir tous les atouts de la capitale ligérienne. Notons que les images ont une large place dans cette revue. Concrètement, à chaque numéro, des portraits, des interviews ou encore des reportages sont proposés. Plusieurs pages sont également consacrées à la vie festive ainsi qu'aux principaux événements de Saint-Etienne. Enfin, dans ce magazine qui est gratuit et qui paraît tous les mois et demi, les lecteurs peuvent lire des articles dédiés à l'univers de la mode et à celui du voyage.

TÉLÉVISION

TL7

Rue Jules-Vernes
SAINT-GENEST-LERPT
✆ 04 77 36 54 54
www.tl7.fr

Installée à Saint-Genest-Lerpt, sur les hauteurs de Saint-Étienne, TL7, c'est 25 ans d'histoire, de reportages et de vidéos sur le département de la Loire. Cette chaîne locale propose du contenu 24h/24, avec notamment un journal télévisé diffusé quotidiennement à 18h30. Mais TL7, ce n'est pas qu'un JT. C'est aussi des divertissements, des émissions sportives, culturelles, politiques ou économiques. De nombreux documents régionaux sont également proposés tout au long de la semaine. Enfin, TL7, c'est également un site Internet (tl7.fr) et des réseaux sociaux. Retrouvez la chaîne sur la TNT HD (canal 31) ou sur les boxes Bouygues Télécom (canal 314), Free (933), Orange (384) et SFR (478).

WEB

ILLIWAP PAR DIAGRAM

40, Rue des aciéries
✆ 04 77 92 30 02
www.illiwap.com
Application mobile gratuite. CB et chèques non acceptés.

Créée par l'entreprise stéphanoise Diagram, Illiwap est une application gratuite qui permet aux citoyens de recevoir des informations, vigilances et alertes en temps réel. Sans inscription et sans publicité, le citoyen doit ajouter les mairies souhaitées en composant le code mis à disposition par la mairie ou en scannant un QR Code. Un service pratique qui permet d'avoir une information instantanée sur les faits se déroulant dans votre ville : incidents, gestion des déchets, horaires communaux, trafic routier, travaux de voirie, affichage sauvage, fuite d'eau, dégradation de mobilier urbain, qualité de l'air, pollution, vigilance météo, grèves... Rapide et efficace.

STEMP
MAGAZINE
ST-ÉTIENNE
LOIRE
MODE
ÉVÉNEMENTS
RENCONTRES
CULTURE
TOURISME
CUISINE
SORTIR
DOSSIER

RADIO
CHÉRIE FM

13, rue Nicolas-Chaize
✆ 04 77 59 50 51
www.cheriefm.fr
95.9 à Saint-Étienne ; 106.7 à Roanne.

Chérie FM Loire diffuse une programmation «pop love music» via ses deux émetteurs basés à Saint-Étienne (95.9 FM) et à Roanne (106.7 FM). Le matin, réveillez-vous de bonne humeur avec la matinale de 6h à 9h avec un flash info toutes les 30 minutes, la météo, l'astrologie et des jeux vous permettant de gagner de l'argent. Bref, de quoi démarrer une bonne journée ! Puis, on poursuit avec de la musique toute la journée : pop, rock et variété française sont, bien sûr, les spécialités de la radio. Une radio qui permet d'allier musiques variées et informations pour se tenir au courant des actualités tout en bénéficiant d'un moment de détente avec des animateurs sympathiques.

RADIO
ACTIV RADIO

5, place Jean-Plotton ✆ 04 77 42 04 00
www.activradio.com
90.0 à Saint-Étienne ; 98.9 à Firminy ; 101.6 à Roanne.

ACTIV, c'est la première radio locale de Saint-Étienne et de la Loire écoutée par 161 100 auditeurs chaque semaine*. Restez connecté avec 20 points sur l'actu de la Loire, plus de 15 points info trafic et contrôles radars par jour. ACTIV propose chaque semaine des opérations jeux (voyages, conducteur activ, un an de course, la Juste Prime...) mais aussi des directs depuis les plus grands évènements de la Loire. En téléchargeant l'appli vous pourrez aussi écouter la web radio des Supporters pour suivre tous les matchs en direct.

*Source EAR local, habitudes d'écoute sur un ensemble de 13 ans et plus, de septembre 2020 à juin 2022 du lundi au vendredi de 5h à 0h.

RADIO
FRANCE BLEU

5, rue Pablo Picasso
✆ 04 77 52 08 08
http://francebleu.fr
97.1 à Saint-Étienne. 100.2 à Roanne.

Lancée en 2013 et installée dans les locaux de l'ancienne manufacture d'armes de Saint-Étienne, à côté de la Cité du Design, l'antenne France Bleu Saint-Étienne Loire propose une grille de programmes variés : infos, humour, cuisine, météo, info trafic, interviews, patrimoine, découverte des régions et musique, il y en a vraiment pour tous les goûts ! Les animateurs vous feront gagner de multiples cadeaux au fil de la journée. Et si vous avez loupé une émission, pas de problème, le site Internet permet de la (ré) écouter en intégralité. D'ailleurs, vous pourrez aussi y trouver les informations locales. Bref, France Bleu, c'est la qualité du service public et la proximité d'une radio locale.

RADIO
RADIO NOVA

10-12, rue Maurice Grimaud (18e)
PARIS
www.nova.fr

Le Grand Mix, Nova Lova, Un Nova Jour se Lève... Du soir au matin, *Radio Nova* séduit des milliers d'auditeurs chaque jour avec sa programmation originale, qui défriche tous les univers musicaux. Depuis 1981, Radio Nova est libre, curieuse et créative. Et même à quarante ans, elle reste une radio musicale de référence, média musical d'avant-garde, révélant de nombreux talents musicaux aussi bien dans la world music que dans l'électro en passant par le hip-hop ou le rock. Et avec des événements comme « Les Nuits Zebrées » ou sa présence sur les festivals de l'été, la radio parisienne ne joue pas les snobs et navigue dans toute la France à la rencontre de ses auditeurs et des talents en devenir

RADIO
NRJ

15, rue Camille de Rochetaillée
✆ 04 77 59 50 59
www.nrj.fr
102.8 à Saint-Étienne. 104.0 à Roanne.

Manu dans le 6-10 et Cauet sont aux commandes des émissions phares de la station. Pour le réveil, NRJ propose des flashs infos locaux toutes les demi-heures de 6h à 9h pour suivre en direct l'actu de la Loire et les bons plans ligériens. De 11h à 15h, les auditeurs retrouvent aussi leur émission locale en direct des studios stéphanois. Avec des hits, de la bonne humeur, des agendas sortie, de l'info trafic et des cadeaux (places de concert, places de ciné, packs consoles, etc.). Enfin, le week-end, les plus grands DJ du monde prennent le contrôle de la radio avec Extravandance, l'émission club référence. Contact et jeux concours à retrouver également sur les réseaux d'NRJ Sainté.

RADIO
RADIO SCOOP

5, place de l'Hôtel-de-Ville
✆ 04 77 49 55 45
www.radioscoop.com
91.3 à Saint-Étienne ; 91.9 à Roanne.

Sur Radio Scoop 91.3 FM, on commence la journée dans la bonne humeur avec toute l'équipe de Scoop Matin ! Horoscope, actualités locales, nationales et internationales, météo et trafic, mais surtout beaucoup de rire et de musique ! La radio diffuse les tubes du moment, et plusieurs flashs d'informations émaillent la journée. Radio Scoop passe en service de nuit après 21h, avec une équipe dédiée qui va booster votre soirée. Radio Scoop organise aussi des événements musicaux. À noter également que le site Internet permet d'écouter les émissions en replay ou en direct, de retrouver un titre et de se tenir au courant de la vie régionale et people. Rien ne vous échappera.

Vue sur Saint-Étienne.

JE PRENDS SOIN DE MOI

S'accorder un peu de temps pour une coiffure, un soin, une thérapie naturelle, c'est se rendre plus disponible pour les autres. Dans ce domaine, les initiatives ne manquent pas. On retrouvera dans ces pages des instituts de beauté, de la relaxation, du sport, mais aussi des prestations très originales, comme la flottaison ou la lumière rouge. Quelques praticiens de naturopathie et autres thérapies douces sont également recensés, les disciplines autour du bien-être connaissant un succès croissant. Cette séquence vous propose aussi de quoi faire du shopping, pour les tenues vestimentaires, les bijoux, les accessoires. Voici de bonnes adresses pour vous sentir toujours au mieux de votre forme. À plus forte raison, ces quelques pages vous indiqueront toutes les bonnes adresses pour être au top à l'occasion du plus beau jour de votre vie. Depuis le Wedding planner jusqu'au choix de la robe de mariée en passant par la sélection du traiteur et du photographe, les auteurs du Petit Futé vous facilitent la tâche et l'organisation de ce jour unique pour une cérémonie parfaitement réussie et inoubliable !

VOTRE GUIDE DEVIENT
INTERACTIF

TAPEZ **PETITFUTE.APP** DANS LE NAVIGATEUR DE VOTRE SMARTPHONE.

PRENEZ UNE PHOTO DE LA PAGE DÈS QU'ELLE A CE PICTO !

LINGERIE

LA MAILLE D'OR

17, rue Général-Foy
✆ 04 77 32 50 66
Ouvert le lundi 14h-19h ; du mardi 10h-19h, du mercredi au samedi de 10h à 12h et de 14h à 19h.

Située en plein centre-ville, légèrement cachée dans le passage commercial Sainte-Catherine, la boutique La Maille d'Or constitue, avec Simone Lingerie, un incontournable stéphanois en matière de lingerie et de vêtements de nuit de qualité pour les femmes. Dans cette boutique, vous trouverez les plus grandes marques de sous-vêtements comme par exemple Ringella, Chantelle, Sloggi ou encore Prima Donna. Vous pourrez également retrouver des habits de la marque Rose Pomme, qui est basée à Riorges. Bref, si vous êtes à la recherche de lingerie chic et confortable, n'hésitez surtout pas à vous y rendre ! C'est l'adresse qu'il vous faut et vous trouverez très certainement votre bonheur.

LINGERIE

SLIPISSIMO

11, rue Denis Escoffier
✆ 04 77 25 54 49
Lundi 14h-18h30. Mardi, jeudi, vendredi et samedi 9h45-19h. Mercredi 9h30-12h30 et 14h-19h.

Slipissimo, c'est le spécialiste du sous-vêtement homme de la ville. Du boxer au slip en passant par le string, toute la gamme dans des formes et couleurs variées est disponible. Disponible aussi : une gamme nuit avec robes de chambre en laine des Pyrénées, des tenues d'intérieur ou encore des maillots de bain, des tee-shirts, des chaussettes ou des peignoirs. Petites ou grandes tailles, l'inventaire est large et la qualité optimale ! Le coton bio côtoie les grandes marques comme Eminence, Burlington, Eden Park ou encore Tommy Hilfiger. Vous pourrez également y acheter toute la lingerie, des chaussons ou les chaussettes nécessaires pour les juniors, par exemple.

LINGERIE

MATINS D'AVRIL

✆ 06 26 80 68 29
www.matinsdavril.com
Créatrice présente sur les salons. Boutique en ligne.

Matins d'Avril, c'est l'histoire d'une styliste, Claire Picard, mère de trois filles, qui a décidé de créer sa propre marque de lingerie délicate, conçue dans des matières nobles, à partir de fibres naturelles, biologiques et recyclées, offrant un meilleur confort pour la peau. Les modèles sont chics, éthiques et poétiques, 100 % français, et mêlent savoir-faire et exigence. Bien que Matins d'Avril propose une lingerie raffinée, c'est bien plus qu'une marque dont il s'agit. En effet, c'est avant tout un état d'esprit, une belle invitation à consommer différemment, à respecter notre santé, notre environnement et à promouvoir les circuits courts. Une maison à l'esprit écoresponsable !

NEW FEMME

F2 LA SUITE

4, Avenue Saint-Exupery
ANDRÉZIEUX-BOUTHÉON
Ouvert le lundi de 14h à 19h. Du mardi au samedi de 10h à 19h.

Avant d'être une boutique de prêt-à-porter féminin, F2 la suite, c'est une histoire de famille entre Fiona et Faustine, sœurs à la ville, et leur maman, toutes passionnées de mode. Dans cette spacieuse boutique, rien ne manque et les coquettes pourront se créer des looks et s'équiper de pied en cap. Les collections italiennes et parisiennes sélectionnées avec soin, tendances et originales, sont à découvrir, tout comme les nombreux accessoires tels que des modèles de sacs exclusifs en cuir recyclé. Découvrez aussi une jolie sélection de bijoux avec en plus la possibilité de personnaliser les créations. Bijoux sur mesure, retouches, personnalisations possibles sur vêtements…

PETIT BAMBOU

Inspirez, expirez… soyez accompagnés. Petit Bambou invite à ralentir en proposant plus de 2 000 séances de méditation et cohérence cardiaque dispensées par des instructeurs tels que Christophe André, psychiatre qui a démocratisé la méditation de pleine conscience en France. Chaque séance est personnalisable (durée, voix, langue) et balaye des sujets comme le sommeil, la confiance ou la jeunesse.

ACCESSOIRES

FELIXIDADE CONCEPT STORE

8, rue Précomtal - **MONTBRISON**
✆ 09 53 78 75 18
www.felixidade.com
Ouvert du mardi au samedi de 9h à 12h30 et de 14h à 19h. Concept-store et boutique en ligne.

Créé par Carla Gonçalves, Felixidade est un concept store unique sur Montbrison, faisant office à la fois, de boutique de prêt-à-porter et de décoration et de salon de thé. Avec Felixidade, un mot signifiant « Bonheur » en portugais et clin d'œil à Félix, son chat, Carla a créé un espace chaleureux, lieu de rencontre autour de jolies marques et de cupcakes maison. La sélection mode, déco et épicerie fine reflète un art de vivre où joie et amusement sont au centre de la vie quotidienne. Des articles de qualité, comme autant d'idées cadeaux, une jolie déco et une gérante souriante, c'est assurément une adresse à visiter. Notez la présence d'un coin jeu pour les plus jeunes.

F2 La suite

2 la suite c'est une magnifique boutique, spacieuse et avec de beaux volumes qui vous habille du 36 au 48! accueil est chaleureux, les conseils avisés et les collections françaises et italiennes sont tendances et originales. 2 la suite c'est aussi une belle collection de bijoux, des bijoux sur mesure, des retouches, et même des person-alisations sur vêtements possibles.

F2 LA SUITE 4 Avenue saint Exupéry (derrière Fariner) 42160 Andrézieux bouthéon

F2lasuite F2lasuite

Horaires: Lundi 14h-19h Mardi au samedi : 10h-19h

PRÊT-À-PORTER

UN AIR D'ATELIER

28, rue Jean Huss
✆ 06 60 15 09 68
Ouvert du mardi au samedi de 10h à 17h30.

« Je suis à l'atelier » lui répétait son père lorsqu'elle était petite. Aujourd'hui, c'est elle, Nelly Barsotti, qui l'a investi. Depuis 2017, dans le secteur du Pont-de-l'Ane, l'ancien hangar de mécanique générale a cédé la place à un vide-dressing sélectif d'articles féminins éclectiques qui s'est agrémenté, au fil du temps et des tendances, de pièces de prêt-à-porter neuves, d'accessoires de créateurs et de petits objets de déco : 190 m^2 à s'émerveiller de paniers brodés, de robes bohèmes, ou de tuniques, à la fois chics et décalées. En somme, une ode au beau qui se veut accessible. Et si vous hésitez, demandez à Nelly, elle est intarissable et ses conseils sont précieux.

PRÊT-À-PORTER

SACHA

2, rue Michel Rondet
✆ 04 77 53 19 77
www.sacha-stetienne.fr
Ouvert du mardi au samedi de 10h à 19h.

Il peut être compliqué de trouver la tenue idéale, sans que cela fasse un trou dans votre budget mode. Vous aussi, vous avez connu certaines situations durant lesquelles vous reposiez un article, car votre portefeuille vous disait qu'il ne pouvait pas suivre ? Eh bien, sachez que dans la boutique Sacha, cela ne devrait pas vous arriver, parce qu'ici les tarifs sont tout doux. Dans ce beau concept store à l'esprit bohème, vous pourrez retrouver un large choix d'articles : des manteaux aux tops en passant par les vestes et les pantalons, mais aussi un large choix de sacs à main, de sacs vintage, de bijoux et autres accessoires. Bref, tout ce qu'il faut pour sublimer votre style.

PRÊT-À-PORTER

GRENADE

11, rue de la République - **LA TALAUDIÈRE** ✆ 04 26 48 37 85
www.boutiquegrenade.fr
Du mardi au jeudi 10h-12h30 et 14h30-19h. Vendredi de 10h à 19h, samedi 9h30–19h. Boutique grande taille du 44 au 52.

Avec une offre du 34 au 52, la boutique Grenade répond à presque tous les besoins, c'est pour cette raison qu'elle s'est adjointe un second point de vente. Un positionnement généreux pour habiller toutes les femmes avec la même fantaisie. «Passion explosive», c'est d'ailleurs la *baseline* que la fondatrice Inès Pradier a retenue pour définir ses boutiques. Vêtements et accessoires sont ainsi présentés. L'expérience peut être prolongée en ligne, sur le site marchand de Grenade. Des produits tendances, aux couleurs et aux motifs à la fois jeunes et élégants, à découvrir. Et ne ratez pas la page Facebook, fréquemment mise à jour avec les arrivages, les événements...

LINGERIE

SIMONE LINGERIE

1, rue Alsace-Lorraine ✆ 04 77 32 47 68
https://www.simone-lingerie-lpa.fr/
Ouvert du mardi au samedi de 9h30 à 19h.

En passant place Dorian, vous avez peut-être déjà remarqué cette belle boutique qui fait l'angle avec la rue Alsace-Lorraine. Dans ses grandes vitrines, vous découvrirez de la lingerie et des sous-vêtements pour les femmes mais aussi pour les hommes avec des marques connues comme Aubade, Chantelle, Lise Charmel, Simone Pérèle, Wacoal, Doré Doré ou Berthe aux grands pieds pour les femmes, et pour les hommes Hom, Eden Park... N'hésitez pas à entrer, vous y recevrez toujours le meilleur accueil ! Sachez également que dans cette adresse bien connue des Stéphanois depuis plusieurs générations, vous pourrez également retrouver des bijoux Made in France ainsi que des bougies parfumées.

PRÊT-À-PORTER

HISTOIRE DE FAMILLE BY MON NOUVEAU DRESSING

6, rue Sainte-Catherine
✆ 06 59 28 43 20
Ouvert du mardi au samedi de 10h à 19h.

Depuis le mois de septembre 2021, Mon Nouveau Dressing a déménagé et surtout s'est rebaptisé ! Désormais cette boutique de prêt-à-porter s'appelle Histoire de Famille by Mon Nouveau Dressing et s'adresse aux hommes comme aux femmes. Manon propose toujours une jolie sélection de vêtements du quotidien ou pour les grandes occasions, allant du 36 au 44. Dans ce lieu chaleureux au décor soigné, vous pourrez retrouver des articles tendance et chics et suivre les conseils de Manon pour vous constituer un total look, en mixant pourquoi pas une chemise homme sous un pull femme !

CRÉATEUR

L'ATELIER DU COIN

11, rue Roger-Salengro ✆ 04 77 41 20 09
Tram Jean Jaurès.
www.latelierducoin.net
Ouvert du mardi au samedi de 13h à 19h.

L'Atelier du Coin est un collectif de créateurs dont la volonté est de mettre en avant les artisans et artistes ligériens. Dans un vaste lieu, chacun dispose d'un espace pour présenter ses créations. On découvre alors des luminaires, des céramiques, des bijoux, des objets de décoration, des vêtements pour adultes et enfants, de la maroquinerie... autant de beaux objets sortis de l'imagination de ces artistes. Des expositions-ventes sont régulièrement organisées ainsi que des stages, et ce, dans le but de favoriser les rencontres entre les créateurs et le public. Une vitrine de la richesse créative locale, qui prône une autre manière de consommer entre éthique et circuit court.

L'ATELIER By Simone

L'Atelier by Simone : vos bijoux et bougies 100% Made In France ! Cette nouvelle boutique singulière et inédite met à l'honneur les créateurs français. Les bijoux sont fabriqués à Paris ou dans le sud de la France. Certaines collections sont mêmes exclusives ! Les bougies sont 100% naturelles et fabriquées également en France. L'originalité : la boutique personnalise vos étiquettes : mariage, baptême, anniversaire, ou pour toute autre occasion !

ATELIER BY SIMONE
rue Denis Escoffier 42000 Saint-Etienne
51 28 65 75
vert du mardi au samedi de 10h à 19h.

LINGERIE & BIJOUX BY SIMONE

Lingerie by Simone : Ici, la lingerie est à l'honneur. De jour, comme de nuit, été comme hiver, Lingerie by Simone vous sélectionne de grandes marques telles que Lise Charmel, Aubade, Chantelle et vous propose une belle ligne de maillot de bain, de chaussettes et de collants. Côté lingerie de nuit, on ne résiste pas aux confortables pyjamas, liquettes, ou encore robes de chambre avec les célèbres marques Le Chat, Canat, Ringella entre autres.

NGERIE BY SIMONE
ue Alsace-Lorraine 42000 Saint-Etienne - 04 77 32 47 68
os://www.simone-lingerie-lpa.fr
vert du mardi au samedi de 10h à 19h - le lundi de 14h à 19h

FEMME
LE COLIBRI
6, rue Aristide Briand - **ANDRÉZIEUX-BOUTHÉON**
✆ 09 81 82 24 96
www.lecolibri.shop
Ouvert du mardi au samedi de 9h15 à 12h15 et de 14h30 à 19h.

Un nom enchanteur pour une belle boutique de prêt-à-porter ! Le Colibri propose une jolie collection de vêtements pour femmes, des bijoux de créateurs, des sacs, des chaussures... Vous y trouverez forcément une pièce qui vous correspond. Une sélection colorée autour de marques tendance, *made in* France pour certaines : Mila Louise, Petite Mendigote, Zag, Estellon, Wild, Amenapih, Craie, Bangle Up, Franck Herval... Looks ethniques, rock ou glitter, tous les styles y sont représentés ! Des pièces mode pratiques pour la vie au quotidien comme au bureau et de jolis accessoires pour se faire plaisir sans se ruiner. Le Colibri est un véritable oiseau de paradis dans le paysage mode ligérien.

NEW
MODE
MAISON CHAIZE
11, Rue Louis Merley
✆ 06 03 36 49 79
https://www.joqle.com/
Ouvert du mardi au jeudi 10h-12h et 14h-19h. Vendredi et samedi 10h-9h non-stop. Bijoux, prêt-à-porter, accessoires.

La Maison Chaize vous plonge dans un univers unique, cumulant les coups de cœur de Clémence et les bijoux qu'elle crée dans son petit atelier. En rayon, les clientes découvrent des pièces de prêt-à-porter, tendance hippie chic, des accessoires pour peaufiner son look, tels que des sacs ou des ceintures et quelques jolies pièces déco venant s'ajouter aux collections. Le clou de la visite impose de s'attarder sur les bijoux estampillés Joqle, d'une grande finesse. Les bracelets et chaînettes traduisent une certaine spiritualité s'exprimant par une mignonne petite abeille ou un arbre de vie. Notez enfin que des ateliers brico-déco sont organisés toute l'année.

PRÊT-À-PORTER
COFFY'S
27-28, place de la Liberté - **SAINT-CHAMOND** ✆ 04 77 22 27 45
www.coffys.com
Ouvert lundi après-midi et du mardi au samedi, matin et après-midi.

Ce magasin, c'est une histoire de famille. D'abord, par le choix de la gamme, femmes, enfants, hommes, tout le monde y trouve son bonheur, mais aussi quand on essaie de connaître l'histoire de cet établissement familial qui ne désemplit pas. Jean-Camille et son équipe accueillent les clients dans une ambiance décontractée et chaleureuse, toujours avec le sourire ! C'est donc un vrai plaisir d'y aller faire son shopping pour dénicher des habits tendance. Côté marques on retrouve Cop Copine, IKKS, Pauporté, Kaporal, La Fée Maraboutée pour ces dames ; Tommy Hilfiger, Kaporal et Gentleman Farmer pour ces messieurs. À noter qu'une seconde boutique dédiée aux hommes a ouvert juste en face.

FRIPERIE
DEALEUSE DE CHIFFONS
6, rue de la Condition
www.dealeusedechiffons.com
Ouvert du mercredi au vendredi de 14h à 19h ; le samedi de 10h à 19h. Friperie et boutique en ligne.

Ecologique, économique et souvent très stylé : le *second hand* a le vent en poupe. Surtout quand il est pratiqué avec goût, ainsi que le défend Chloé Ronjat. «Friperie éthique, urbaine et singulière» : c'est ainsi que la jeune femme décrit son magasin, complété par un site Web marchand ouvert en 2019, avant l'aventure du magasin. Un vent de jeunesse et d'élégance souffle à l'intérieur de cette boutique simple, mais où tout est choisi avec goût par une commerçante engagée. Les pièces de vêtement sont mises en valeur par de jeunes mannequins photographiées par un professionnel, démontrant que le seconde main peut aussi se révéler très tendance. Une nouvelle boutique à découvrir d'urgence !

FRIPERIE
LA BELETTE
9, rue Notre-Dame ✆ 04 77 32 53 28
www.la-belette.com
Ouvert du mardi au jeudi de 14h à 19h ; le vendredi et le samedi de 10h à 12h et de 14h à 19h.

«Vaisselle et vestons » proclame fièrement la devise de La Belette, friperie du centre-ville. Au fil des saisons, vous découvrirez des vitrines joliment mises en scène par Sarah et son équipe, qui seront ravies de vous conseiller et vous montrer les dernières pièces dénichées. Vous y chinerez de nombreux articles de seconde main : chemises, blousons en cuir, lunettes de soleil, robes intemporelles... et même de la déco. Tendance, le vintage se porte fièrement et il est agréable de redécouvrir des pièces des années 1950 à 1980. Fan de cette tendance ? Vous trouverez certainement votre bonheur dans cette échoppe, véritable caverne d'Ali Baba où l'accueil est charmant.

PRÊT-À-PORTER
ZATINE SHOWROOM 16.3
9, rue de la République ✆ 04 77 01 74 03
zatineshowroom163.com
Du mardi au jeudi : 10h-12h30 et 14h-19h. Du vendredi au samedi : 10h-19h.

Dans la boutique comme sur le site Internet de Zatine Showroom 16.3, vous trouverez des gammes de vêtements, mais aussi de chaussures et d'accessoires pour la plupart venues de France et d'Italie, misant sur la qualité et l'originalité. Essentiellement axée sur la mode féminine, l'enseigne propose quelques pièces pour homme, sweats et t-shirts. Une mode urbaine et sophistiquée, voulue par la fondatrice Cécile Egaud-Girard. «Coupes audacieuses, imprimés tendance, collections capsules» : c'est ainsi que la boutique se définit. Et pour les plus curieux ou ceux qui n'ont pas le temps de passer à la boutique, rendez-vous sur le site Internet pour faire votre shopping en ligne.

NEW

PRÊT-À-PORTER

MON ARMOIRE

40, Avenue Henri Planchet
VEAUCHE
✆ 06 20 40 13 50
https://www.mon-armoire.fr/
Concept store et boutique en ligne de la naissance au 50.

Mon Armoire, c'est un double concept pour réconcilier les adeptes du shopping en ligne, les fashionistas et les accros du recyclage ! Comment faire plus fédérateur ? En effet, Mon Armoire s'est lancé dans un concept novateur permettant de s'offrir le vêtement que l'on souhaite à petit prix grâce à la seconde main. Vous retrouverez aussi des vêtements neufs, de la déco et des accessoires. Mais Mon Armoire n'arrête pas là l'innovation puisque vous pourrez aussi louer le vêtement de votre choix, pour vos cérémonies, grâce à une formule que les fondatrices se feront une joie de vous expliquer !

CRÉATEUR

LA FEMME À BARBE

13, rue Louis Braille
✆ 06 62 08 35 25
http://la-femme-a-barbe.fr
Ouvert du mardi au samedi de 10h à 19h. Sur place ou en ligne.

Aux amateurs de style et d'originalité en marge du prêt-à-porter usuel, La Femme à Barbe, boutique de curiosités, est la meilleure porte à pousser. Vous serez fort aimablement accueilli par Julie Bonnard, créatrice textile pour hommes et femmes, qui réalise entièrement à la main et en petites séries des vêtements aux coupes franches et assumées, et Marie Gonon, créatrice de bijoux fantaisie haut de gamme, inspirés de la nature, souvent légers et toujours de qualité. Toutes deux travaillent aussi le sur-mesure : présentez-leur votre projet ! À retrouver aussi en boutique : des céramiques et petits objets de décoration pour personnaliser votre intérieur, à votre image.

FRIPERIE

LA GROSSE FRIPE À POPOL

20 bis, rue de la République
www.lagrossefripeapopol.com
Ouvert le mercredi et le samedi de 14h à 19h. Friperie et boutique en ligne.

Si certains avaient encore des doutes quant à la possibilité que le vintage soit tendance, voici la bonne adresse pour définitivement s'en convaincre. En se connectant sur le site Internet, on hésiterait presque à le croire sorti des années 1970 – mais il est bien actuel, évidemment. Chaque pièce de vêtement, choisie avec le plus grand soin, est mise en avant dans une ambiance décalée et élégante. Les amateurs de fripes de la France entière ont pu saluer, sur Instagram notamment, le goût certain des deux fondateurs. La boutique stéphanoise, ouverte deux après-midi par semaine, prolonge l'expérience en cœur de ville. Branchitude garantie, sur fond de musique urbaine.

FEMME

TABOO

4, rue Mirabeau
LA TALAUDIÈRE
✆ 04 77 53 27 83
http://taboo-la-talaudiere.com
Ouvert le lundi de 14h à 19h ; du mardi au samedi de 10h à 19h.

© KF

© KF

Notez que chez Taboo, il n'y en a aucun... de tabou ! En matière de look, il y a de grandes chances que vous trouviez le vôtre, grâce aux nombreuses marques représentées ici : Please, Karma Koma, Imperial, Vero Moda, SMR, Vanessa Wu, Zag... Voilà de quoi bien s'habiller tout au long de l'année ! Taboo propose aussi de nombreux accessoires à la pointe des tendances afin de personnaliser votre look. Des nouveautés arrivent chaque semaine et vous pouvez retrouver tous les jours des idées de look sur l'Instagram de la boutique @tabootalau. La bonne humeur, l'accueil et le conseil sont les priorités de la team Taboo. La playlist du magasin vous donnera même envie de danser !

HOMME - FEMME

STYLE CONNEXION

25, rue de la République - **LA TALAUDIÈRE**
✆ 04 77 81 71 03
www.styleconnexion.com
Ouvert du lundi au samedi de 9h à 19h. Homme, femme, ado.

Bienvenue dans une boutique de prêt-à-porter hommes, femmes et adolescents. Des costumes aux jeans, en passant par les robes, les casquettes, les chaussures ou encore les doudounes, vous trouverez tous les vêtements et accessoires nécessaires pour vous habiller de la tête aux pieds. D'ailleurs, vous y recevrez un bon accueil et des conseils personnalisés. Notons qu'il est aussi possible de faire ses achats directement depuis le site Internet. Enfin, sachez qu'acheter chez Style Connexion, c'est aussi l'assurance de faire une bonne action. La boutique est engagée dans deux opérations caritatives, 10 % des bénéfices sont réservés à l'association Ass'Hum et à l'association Rêves.

ACCESSOIRES

BOYER TTE CEINTURES ET BRETELLES

27, avenue de l'Industrie - **VILLARS**
✆ 04 77 74 69 14
www.boyer-tte.fr
Fabricant et boutique en ligne.

Ce fabricant villardaire de bretelles et de ceintures, presque octogénaire, a été repris en 2021. Le travail se fait à l'atelier et à domicile pour certaines couturières. Le *made in* Loire est revendiqué par ses dirigeants. La qualité de fabrication et de finition des cuirs et tissus est un gage de tenue dans le temps. Une boutique en ligne est disponible et a son pendant physique dorénavant. De quoi trouver à parfaire ses tenues ou contribuer à un dress code pour une marque ou une entreprise. En effet, la personnalisation, à partir de 180 pièces, est possible.

FRIPERIE

LE LAPIN AUX GUÊTRES

24, rue Denis Escoffier ✆ 04 77 38 58 18
www.lelapinauxguetres.fr
Mercredi 14h30-19h, jeudi 13h30-19h, vendredi 14h30–19h et samedi 10h30–13h30 et 14h30–19h. Friperie femmes et enfants

Le Lapin aux Guêtres est une friperie chic pour femmes, femmes enceintes et enfants de 0 à 3 ans. Élodie sélectionne avec soin de jolies marques comme Des Petits Hauts, Sessun, BA&SH ou encore Bonpoint, Monoprix, Zara pour les petits. Les vêtements sont classés par couleurs et le magasin dispose également d'un rayon de vêtements pour femmes enceintes. De belles affaires en perspective, les vêtements sont proposés à -50 % du prix neuf. Une opportunité de composer sa garde-robe en créant des looks tendance à prix doux, et de contribuer à l'amélioration de notre environnement avec des petits gestes écologiques. Le magasin vend aussi une petite sélection d'objets chinés.

NEW

ENFANT - JUNIOR

LÉON&ZOÉ

3, Rue Vauban - **LA TALAUDIÈRE**
✆ 09 73 14 63 32
Ouvert le lundi de 14h à 18h ; du mardi au samedi de 9h30 à 12h et de 14h30 à 18h30 ; le dimanche jusque 17h.

Cette très belle boutique dédiée aux enfants ravira les parents soucieux de l'environnement… Et de la mode ! En effet, ici on met en avant de très belles marques françaises, voire stéphanoises, notamment Pomme de pin, une ligne de vêtements en coton bio pour toute la famille. On trouve également des veilleuses et des bouillottes adorables, de très beaux cartables, des soins pour les enfants et pour les mamans ; ainsi qu'une très belle gamme de chaussures, allant des premiers pas jusqu'au 31. L'équipe est attentionnée et de très bon conseil, elle saura vous aiguiller selon vos besoins. Un petit coin jeux permet aux enfants de patienter pendant que les parents font leur shopping.

CHAPEAUX - GANTS - FOULARDS

CAPRICE CRÉATION

4, rue Sainte-Catherine
✆ 04 77 33 63 22
Ouvert du mardi au samedi de 10h à 12h30 et de 14h à 19h.

Catherine est chapelière : elle crée des chapeaux sur commande. Son magasin propose une large gamme de références que vous pourrez vous offrir pour différentes occasions : ville, cérémonie, décontracté… Ici, le *made in* France est privilégié, vous ne trouverez que des produits d'une excellente qualité ! Non seulement les femmes tomberont certainement sur la pièce idéale pour convenir à leur garde-robe, mais les hommes ne sont pas non plus mis de côté. Ils disposent d'un grand choix de chapeaux de toutes sortes (chapeaux de paille, panamas, etc.) dans les plus grandes marques. Outre les chapeaux, vous ne manquerez pas de succomber aux gants, écharpes et autres accessoires de la boutique.

ENFANT - JUNIOR

TOUT ET SON CONTRAIRE

12, Rue des Légouvé - **MONTBRISON**
✆ 07 70 19 77 72
https://toutetsoncontraire.fr/
Ouvert lundi et mardi et du jeudi au samedi de 9h à 18h.

Dans la très belle boutique de Mathilde, vous allez découvrir de superbes articles créés et conçus par ses délicates petites mains. Cette passionnée de mode, styliste de formation, a déposé sa marque et a obtenu le label artisanat d'art. Dans le cadre d'un cadeau de naissance, à offrir ou pour s'offrir, vous serez séduit par les adorables pièces proposées. Le talent de cette gérante ne s'arrête pas là puisqu'elle propose aussi des cours de couture et des ateliers upcycling à la boutique. Le partage d'idées est à la réflexion grâce à des ateliers conférences prévus. Affaire à suivre ! La boutique de vente en ligne, disponible également, est tout aussi pratique.

NEW

ENFANT - JUNIOR

MADEMOISELLE BÉBÉ

6, rue Paul Bert ✆ 06 77 31 99 41
www.mademoisellebebe.com/
Boutique en ligne. Vêtements bébé de 0 à 6 ans. Livraison offerte dès 49 € d'achat.

Si vous êtes soucieux de la planète, en même temps que de votre porte-monnaie, alors cette friperie spécial enfants va vous plaire assurément. Dans la boutique en ligne Mademoiselle Bébé, les fashionistas vont adorer shopper ! De marques réputées, les vêtements que l'on déniche sur ce site sont proposés dans un état impeccable, proche du neuf. C'est d'ailleurs la condition si vous aussi vous souhaitez déposer vos articles, sur rendez-vous ou par envoi. Du simple body au blouson, pour fille et pour garçon, les bambins sont habillés toute l'année. N'hésitez pas à suivre la boutique sur les réseaux sociaux, afin de vous tenir régulièrement informé des nouveautés.

HOMME

CASUOWL

4, rue Michelet
✆ 04 77 37 12 31
www.casuowl.fr
Ouvert le lundi de 14h à 19h ; du mardi au samedi de 10h à 19h.

Casuowl est une boutique de prêt-à-porter pour homme en centre-ville. Élégance et qualité sont reines dans ce joli magasin raffiné qui propose aussi des accessoires de mode. Les messieurs au fait des tendances apprécieront : chemises, blazers, bracelets... De quoi séduire tous les hommes, qu'importe leur style, leur budget ou leur âge. Annie Duarte, la gérante, propose des vêtements haut de gamme et de bonne qualité. Les jeunes marques françaises côtoient les grandes références internationales : Aristow, Strellson, Les Garçons Faciles, Maison Oscar, Eden Park... Les références ne manquent pas. Petit plus : la boutique a un site Internet où vous pouvez vous inspirer des nombreux looks proposés.

HOMME

DON JUAN

2, place Dorian
✆ 04 77 32 21 80
www.donjuan.shop
Ouvert le lundi de 14h à 19h ; du mardi au samedi de 10h à 19h.

Pour tous les Stéphanois chics et élégants, cette boutique est la bonne adresse ! Depuis plus de 50 ans, ce magasin habille les hommes avec exigence. Que vous recherchiez un costume, une chemise ou des chaussures pour une occasion particulière, un t-shirt, un bermuda ou un jean pour le quotidien, vous trouverez un large choix dans cette boutique, avec des marques comme Hugo Boss, JOTT ou Diesel. Outre les vêtements, pensez aussi à profiter des lieux. Don Juan est installée dans l'ancien Café de Lyon et en a conservé la décoration avec plafond peint et staffs époustouflants de qualité et de beauté. Une adresse qui mérite la découverte ! À retrouver également au Cube à Andrézieux.

CHAUSSURES

ANN'CHAUSS

4 bis, rue Mirabeau - **LA TALAUDIÈRE** ✆ 04 77 53 14 11
www.annchauss.fr
Lundi 14h-19h, mardi et jeudi 9h-12h et 14h-19h, non-stop vendredi et samedi 9h-19h.

Vous cherchez une paire de baskets, de bottines, d'escarpins ou de ballerines ? Chez Ann'Chauss, Annabelle et son équipe vous accueillent avec le sourire, prêtes à dégoter pour vous la paire de chaussures idéale. Point fort de la boutique : on y chausse mamans et enfants ! Plus besoin de courir dans 36 magasins ! On y trouve en plus des sacs et accessoires : modèles chics, classiques ou plus originaux, à vous de voir ! Envie de découvrir ses produits ? Rendez-vous sur le site Internet, où l'on découvre baskets, bottines, talons, chaussures pour enfants, pantoufles fantaisistes, écharpes, bijoux... Elle a également une deuxième boutique rue Tupinerie à Montbrison.

HOMME

ALEXANDRE 1986

13, rue Denis Escoffier
✆ 04 77 21 32 57
www.alexandre1986-chemisier.com
Ouvert du mardi au samedi, de 10h à 19h.

100 % artisanal. Alexandre 1986 propose des collections de chemises en prêt-à-porter, mais réunissant tout le savoir-faire de multiples professionnels. Les tissus, les boutons, les coutures, les cols : tout fait l'objet d'un soin méticuleux, pour porter haut l'art de la chemise et l'élégance masculine. La boutique, aux accents de chic londonien, accueille ses clients dans une ambiance feutrée très agréable. Vous trouverez aussi chez Alexandre 1986 quelques cravates de soie finement sélectionnées, des ceintures confectionnées par tannage traditionnel de cuirs de premier choix ainsi que des accessoires, notamment des parfums pour homme. Une adresse incontournable pour l'homme stéphanois.

CHAUSSURES

LA CLAPEUSE À TALONS

24, rue des Martyrs-de-Vingré ✆ 04 77 21 73 17
www.laclapeuseatalons.fr
Ouvert le lundi de 15h à 18h ; du mardi au vendredi de 10h à 13h et de 14h30 à 19h ; le samedi de 10h à 19h.

Dans la mine, les clapeuses étaient les femmes qui triaient le charbon et les déchets minéraux. Pierre-Hadrien Vigaud a repris ce nom pour son magasin de chaussures haut de gamme destinées aux femmes essentiellement. Derbies, tropéziennes, talons hauts, bottes... Vous retrouverez des créateurs hype comme Bons baisers de Paname ou By Romance et de belles marques italiennes. Des produits de qualité qui satisferont beaucoup de looks ! La boutique propose aussi des sneakers hommes et enfants. Envie de compléter votre tenue ? La boutique propose également des bijoux, des vêtements - principalement pour femmes -, des sacs et de la petite maroquinerie... Boutique en ligne.

MAROQUINERIE

PAUL MARIUS MAROQUINERIE

12, rue Denis Escoffier ✆ 04 77 37 79 08
Lundi 14h-19h, du mardi au samedi 10h-19h.

Créée par un jeune entrepreneur rouennais, Paul Marius est une enseigne de maroquinerie implantée aux quatre coins de la France. Idéalement située en centre-ville, vous y découvrirez de belles collections d'inspiration vintage pour femmes et hommes. Sacs rétro et intemporels, portefeuilles, housses de tablettes, étui à lunettes... Les modèles sont déclinés dans plusieurs coloris : du métallisé moderne aux tons classiques en passant par le bleu électrique, chaque personnalité peut s'y retrouver. Les produits sont fabriqués de manière artisanale avec des matières de qualité, le tout à prix accessible. Pensez aussi au site Internet de la boutique et sa plateforme de vente en ligne !

COIFFURE

SÉBASTIEN COUTURIER COIFFEUR

1, place Jean-Jaurès ✆ 04 77 21 23 19
www.sebastiencouturier.fr

Ouvert du mardi au vendredi 10h à 19h, le samedi de 10h à 15h. Réductions pour les étudiants.

Sébastien Couturier, coiffeur visagiste et coloriste, est une véritable référence à Saint-Étienne. Son savoir-faire est en effet reconnu, tout comme son talent à créer des couleurs aux résultats naturels. Véritable conseiller, il sait écouter et orienter ses clients, hommes ou femmes, pour une réussite totale. Au salon, une prestation de barbier est également proposée et vous pourrez prendre directement rendez-vous sur Internet 24h/24. L'aménagement de son salon est très apprécié des clients, il a même été sélectionné pour le concours commerce design.

COIFFURE

L'INCONTOURNABLE BY LOÏC MOULIN

19, rue Notre-Dame ✆ 04 77 32 70 01
www.byloicmoulin.com

Mardi, mercredi et vendredi 9h-18h ; jeudi 8h-19h ; samedi 8h-16h. Coupe (à partir de) : femme 27 €, homme 25 €.

Dans le salon de coiffure L'Incontournable, Loïc et son équipe se montrent toujours à l'écoute de leurs clients. Ici, les clients et clientes sont assurés de coupes à la mode. Le cadre est agréable, on se sent comme chez soi, les professionnels sont sympathiques. Loïc Moulin, qui exerce son métier avec passion, est un spécialiste des coiffures de mariées, de la transformation du cheveu long, des extensions, des mèches, du lissage brésilien, de la couleur, ou encore du brushing. En plus de la coiffure, Loïc Moulin propose également un service barbier.

BEAUTÉ

ARÔMES ET SENS

13, rue Germaine Robin - **SAINT-CYPRIEN** ✆ 04 77 55 29 38
www.aromeetsens.com

Mardi-mercredi de 9h à 12h et de 14h à 18h ; jeudi-vendredi de 9h à 12h et de 13h à 18h ; samedi de 9h à 18h.

Bienvenue dans un bel institut spacieux disposant d'une jolie terrasse. Cet établissement créé en 2001 est une véritable bulle de détente où tout est fait pour prendre soin de votre corps et de votre apparence : soin du corps et du visage, massage, modelage, gommage, épilation... D'ailleurs, dans ce lieu vraiment à part qui est une invitation au bien-être, vous pourrez aussi profiter de l'espace relaxation ou encore du spa, avec sauna, piscine, hammam, fontaine de glace... Notons également que cet institut propose une jolie collection de prêt-à-porter (vêtements tendance et accessoires présentés sur des portants). À découvrir dans les cabines et dans le hall d'entrée.

MASSAGE - RELAXATION

COCOONING INSTITUT

3, rue Praire ✆ 04 77 21 06 99
www.cocooning-institut.fr

Ouvert du lundi au vendredi de 9h à 19h ; le samedi de 9h à 12h. Épilation à partir de 9 €. Massage 75 €/heure.

A quelques pas seulement de la place Jean Jaurès, laissez-vous tenter par le Cocooning Institut qui porte très bien son nom ! Un grand bravo au personnel pour son accueil dans une ambiance zen, pour la qualité des soins et l'hygiène irréprochable de l'établissement. Prestations maquillage, différents types d'épilations, soins à base de produits bio, manucure et pédicure... On pourrait rester des heures ici à se faire chouchouter ! Même les hommes ont leur carte de soins, alors messieurs, n'ayez point peur de franchir les portes du paradis vous aussi. N'oubliez pas : il est maintenant possible (et bien plus pratique !) de prendre rendez-vous en ligne via la plateforme Planity.

BEAUTÉ

INSTITUT PEAU-LINE

61, Rue Michelet
✆ 04 77 37 98 42

Du mardi au vendredi de 9h10 à 18h30 et le samedi de 8h30 à 14h30.

Et si vous preniez un peu de bon temps pour vous refaire une beauté ? Dans l'institut Peau-Line, tout est fait pour que vous retrouviez plaisir à vous regarder dans le miroir et à vous sentir mieux dans votre corps. Spécialisées dans les massages drainant de la célèbre méthode Renata França, les esthéticiennes vous invitent à vous détendre dans les cabines afin de vous affiner le corps à l'aide de leurs massages toniques. L'institut Peau-Line, ce sont aussi des soins de manucure et de pédicure, des extensions de cils ou encore une gamme de soins et de produits esthétiques Phyt's, Zao ou Baïja, et quelques bijoux ou accessoires pour repartir plus belle encore !

PARFUMERIE

L'ARTISAN PARFUMEUR

23, rue José-Frappa
✆ 04 77 32 98 49
www.artisanparfumeur.fr

Ouvert le lundi de 14h à 19h ; du mardi au samedi de 10h à 19h.

Gérée depuis plus de dix ans par Élisabeth Couchet et accompagnée de Stella, L'Étoile est une boutique de la célèbre marque L'Artisan Parfumeur. Chasse aux papillons, Verte violette, Piment brûlant, Mimosa, Patchouli, Mûre et Musc : les noms des parfums vendus dans la jolie boutique sont envoûtants, à la fois modernes et intemporels. Créé avec passion et finesse artisanale, chaque flacon représente un différent voyage olfactif, imprégné du flair artistique et de la liberté créative de son maître parfumeur. Outre les eaux de toilette de la marque Audigier, la boutique offre un joli choix de bijoux, en argent et en métal, ou d'accessoires tels que des foulards et des sacs à main.

© SUBLIM'EZ VOUS

© SUBLIM'EZ VOUS

COIFFURE

SUBLIM'EZ VOUS

16, Avenue de la Libération - **VEAUCHE**
✆ 04 77 94 92 05 - https://sublim-ez-vous.fr/
Ouvert du mardi au vendredi de 9h15 à 18h30, le samedi de 9h à 16h.

Déjà reconnue grâce à son premier salon à Villars, cette institution a ouvert un nouvel établissement à Veauche en décembre 2021. Ce nouveau temple de la beauté est élégant et cosy, tandis que les prestations proposées sont nombreuses et de qualité : coiffure, esthétique, maquillage. Vous avez besoin de l'expertise d'une professionnelle ? Laissez-vous prendre par la main par Anne et son équipe, pour un relooking total avec conseil en image, en maquillage, et en dermographie. Ces options peuvent être sélectionnées conjointement ou individuellement. Des ateliers sont aussi proposés à la boutique sur le thème de votre choix comme l'auto-maquillage, ou des soins pour futurs mariés !

© SUBLIM'EZ VOUS

© LOULETTE PHOTOGRAPHIE

© L'AS DE CŒUR PHOTOGRAPHIE

BEAUTÉ

LE COCON DES RÊVES

16, rue Victor Hugo - **LA TALAUDIÈRE** ✆ 09 61 67 53 30
https://lecocondesreves.webnode.fr
Ouvert du mardi au jeudi de 9h à 19h ; le vendredi de 9h à 20h ; le samedi de 8h à 16h.

Laissez-vous envoûter par la douceur des lieux. Car dans ce nouvel institut vous entrerez dans un monde de bien-être. En effet, ici, ce sont de véritables professionnelles qui vont prendre soin de votre corps. Ainsi, vous pourrez relâcher prise grâce à un massage du dos aux pierres chaudes, vivre un moment apaisant grâce à un massage crânien, ou encore profiter d'un moment relaxant grâce à un soin du visage. Notons que Camille et Elsa utilisent certaines techniques ancestrales. Bref, vous vous rappellerez de ce bon moment de détente. Et si vous souhaitez le prolonger, cet institut propose également d'autres prestations, comme un gommage du corps ou une séance de manucure.

BEAUTÉ

YUMI BEAUTY STUDIO

4, rue Dorine Bourneton
42160 **ANDRÉZIEUX-BOUTHÉON**
✆ 04 77 75 05 66

Une envie de restructurer vos sourcils, de détruire les callosités de vos pieds ou encore de rehausser vos cils ? N'hésitez pas à faire un tour dans cette boutique à la décoration élégante et soignée. Car ici, tout est pensé pour que vous vous sentiez bien. D'ailleurs, en entrant dans ce commerce, vous pourrez également vous faire épiler, profiter d'une manucure japonaise ou traditionnelle ou encore bénéficier d'un soin du visage, notamment pour enlever les imperfections de la peau. Bref, le temps de quelques dizaines de minutes voire plus, les esthéticiennes sauront prendre soin de votre corps. Notons également que vous pouvez prendre rendez-vous sur leur site Internet.

BEAUTÉ

SPA L'ANTIDOTE

20, rue de la Ville ✆ 04 77 32 92 56
www.lantidotespa.com
Ouvert le lundi et le samedi de 10h à 18h, du mardi au vendredi de 10h à 19h. Massage et gommage à partir de 59 €.

De nos jours, la population est de plus en plus stressée par un rythme de vie trop rapide, un travail difficile... Nous avons besoin de prendre du temps pour nous délasser et prendre soin de nous. Le spa L'Antidote est là pour vous aider à vous détendre. Laissez-vous aller entre des mains expertes qui vous vous chouchouteront. Dans un espace zen, vous pourrez profiter d'un soin du visage, d'un massage, d'un gommage : des prestations sur mesure pour vous sentir bien ! N'oubliez pas votre maillot de bain et une serviette et oubliez tout le reste ! L'établissement propose aussi des soins pour la femme enceinte, des conseils en maquillage, soins des mains et des pieds...

COIFFURE

IDENTI-T

2, place Antonin-Moine
✆ 04 77 34 00 99
Ouvert le mardi, le mercredi et le vendredi de 9h à 19h ; le jeudi de 9h à 21h ; le samedi de 8h à 18h.

© IDENTI-T

Ambassadeur de la marque GHD, le salon Identi-T décline avec passion et savoir-faire sa spécialité : la texturisation, afin de donner à votre coupe un effet « prêt-à-porter » qui vous simplifie le coiffage grâce à des techniques qui donnent un effet durable à « mémoire de forme ». Mathieu, Reno et leur équipe vous reçoivent pour des colorations et balayages personnalisés, pour des mises en forme telles que le lissage Nanoplastie de Nature Eva, et vous proposent aussi de belles mises en beauté pour les grandes occasions. Le salon est soucieux de votre bien-être grâce aux fauteuils massants, permettant de mieux profiter de soins profonds. Un moment pour soi à apprécier dans un décor élégant.

COIFFURE

WILLIAM NESTOR

1, rue Camille Colard
✆ 04 77 37 34 63
http://williamnestor.fr
Ouvert du mardi au vendredi de 9h à 19h ; le samedi de 9h à 18h.

En plein centre de Saint-Étienne, à proximité de la cathédrale Saint-Charles-Borromée, William Nestor et son équipe composée de Loraine, Sandrine et Corentin vous attendent et vous accueillent dans un superbe appartement lumineux sur deux niveaux. C'est les yeux fermés qu'on vient ici pour une coupe, une couleur, une permanente ou encore un lissage permanent à la kératine. L'équipe est experte et saura vous conseiller en fonction de votre visage et de vos envies. Et pour les hommes, l'établissement propose également la taille de barbe et le rasage à l'ancienne au couteau avec, en plus, un massage sur mesure. On recommande ! Et pour voir leur travail, rendez-vous sur leur page Instagram.

COIFFURE

DEUX PIECES + CUISINE

3, rue Louis-Merley
✆ 04 77 34 02 16
Ouvert du mardi au samedi de 9h à 18h.

Deux pièces + Cuisine n'est pas un salon de coiffure comme les autres. D'ailleurs, le concept insolite et original de ce salon vous plongera dans un lieu plein de bonne humeur et de créativité. Car ici, en plus de vous faire couper les cheveux ou de vous faire tailler la barbe, vous pourrez découvrir des expositions de dessins, de peintures ou de photos. Dans ce lieu de découvertes, Véronique Richier a aussi créé un espace pour les musiciens qui souhaiteraient faire découvrir leurs créations. Enfin, une bibliothèque participative a également été installée. Bref, c'est plus qu'un salon de coiffure, c'est un véritable lieu d'art où tout le monde peut exposer, même les amateurs !

COIFFURE

LA VILLA RUDY FOURNIER

9, rue d'Urfé - **ANDRÉZIEUX-BOUTHÉON** ✆ 04 77 55 22 33
www.lavillarudyfournier.com
Du mardi au samedi, dès 8h pour la coiffure, 9h pour le spa. Jusqu'à 16h le samedi, 18h30 la semaine, 20h le jeudi.

Unique dans la région, La Villa Rudy Fournier est le temple de la beauté par excellence. Dans une jolie villa rénovée, 400 m² dédiés à la coiffure, à la beauté et au bien-être. La Villa Rudy Fournier, ce sont trois espaces en un seul lieu, occupés par un personnel dévoué pour vous offrir une parenthèse de douceur et de légèreté. D'un côté l'espace coiffure, de l'autre le salon d'esthétique et le spa. Soin de la barbe, coiffure mixte, coiffure de soirée et de mariée, extensions, massage, soins du visage et du corps... Réalisées par une équipe de talent, les prestations sont variées et s'adressent à tous. Une adresse à retenir et à partager pour s'offrir un moment rien qu'à soi !

COIFFURE

FD CONCEPT BY FLORENCE ET DAVID

1, rue du Breuil - **VILLARS** ✆ 04 77 93 89 55
www.fdconcept-coiffure.com
Ouvert le mardi et le mercredi de 9h à 18h30 ; le jeudi de 9h à 20h ; le vendredi de 9h à 19h ; le samedi de 8h à 16h.

Voilà une année que le salon Boucle d'Ange est devenu FD Concept by Florence et David. Et si le nom de l'enseigne et la décoration ont changé, en revanche les gérants sont toujours les mêmes. Ici, vous pourrez opter pour des coupes de cheveux qui s'adaptent à votre forme de visage. Vous pourrez également vous faire maquiller, choisir la couleur qui viendra illuminer vos cheveux ou opter pour un balayage. Notez que cette enseigne propose également des cours d'auto-maquillage, une prestation d'accompagnement shopping ou encore des forfaits mariage.

COIFFURE

WORKSHOP BY LAURENT DELOM

27, Avenue de la Libération
SAINT-CHAMOND
✆ 04 77 22 84 78
Ouvert du lundi au vendredi de 9h à 19h, le samedi de 8h à 17h.

Passer les portes de Workshop by Laurent Delom, c'est pénétrer dans le temple de la coiffure. Dans cet espace grandiose designé avec un goût exquis, on se retrouve entre les mains expertes de coloristes, de barbiers, mais également de tatoueurs. Qu'il s'agisse de coloration, de gloss, de lissages brésiliens et français, d'ombré hair, ou de coiffure de mariage, les conseils y sont avisés et le savoir-faire est indéniable. L'équipe du salon participe d'ailleurs à de nombreux défilés. Une expérience à part auprès d'une équipe sympathique et dans un lieu magnifique.

COIFFURE

GOTHAM LE SALON

19, rue Léon Nautin
✆ 04 27 40 44 94
https://shopbygotham.com
Du mardi au samedi de 9h à 18h.

Situé à proximité de la rue des Martyrs, Gotham, c'est un établissement tout-en-un. Un salon de coiffure, une boutique de vêtements et une autre de décoration. Du côté du salon de coiffure, c'est à Corentin que revient la responsabilité de la mise en beauté des clients. L'accueil est convivial et le jeune coiffeur plein de talent. Ici, on aime se faire chouchouter dans un cadre chic et bohème et on adore la possibilité de faire d'une pierre deux coups, en shoppant la tenue qui se prêtera la mieux à notre nouvelle coiffure. Alors n'hésitez pas à venir tester ce concept store unique dans la région, mais pensez à réserver un peu à l'avance, l'agenda est vite plein.

COIFFURE

VOGUE COIFFURE

84, rue Docteurs-Charcot
✆ 04 77 57 06 64
Du mardi au vendredi de 9h à 18h, et samedi de 8h à 19h.

Un salon de coiffure qui a le souci des détails et le sens des petites attentions pour les clients ne pouvait que sortir du lot. Tout est fait pour passer un agréable moment et s'abandonner en douceur aux mains expertes de l'équipe. Avant de passer au bac, un tour s'impose à l'espace détente, où vous attendent de confortables fauteuils, quelques magazines et un bon expresso. Pour ce qui est des prestations, on ne ressort pas déçu. Stylistes-coloristes, Aldo et Sylvie mettent en œuvre le nécessaire pour révéler votre personnalité. Diagnostic, conseils et une implication de tous les instants, on peut largement dire que Vogue jouit d'une bonne réputation dans le quartier de Centre-Deux.

HOMME

ARTHUR AND JOHN BARBER SHOP

14, rue Léon Nautin
✆ 09 82 37 21 27
Mardi et jeudi 8h-18h, mercredi et vendredi 8h-19h et samedi 9h-18h.

Voilà un écrin «only for men» ! C'est dans leur superbe salon qu'Arthur et John s'occupent de ces messieurs, des cheveux jusqu'à la barbe. Si les conseils sont en cohérence avec vos goûts et votre physionomie, ils n'en sont pas moins hors de la tendance du moment. Le matin, c'est rock, l'après-midi chill out et acid jazz et le soir, les barbiers diffusent la crème du rap US, le tout dans une ambiance hipster et rétro. L'unique credo d'Arthur et John : l'amour d'une barbe soignée et bien entretenue ! Pour les plus pressés, prenez rendez-vous en ligne sur Planity.

HOMME

GUY'S BARBER SHOP

10, place Antonin-Moine ✆ 09 51 81 48 66
www.guys-barbershop.fr
Ouvert du mardi au vendredi de 10h à 19h ; le samedi de 9h à 17h. Jusqu'à 18h30 le mercredi.

Guy's Barber shop est un espace exclusivement réservé aux hommes ! Dans un esprit vintage inspiré du Saint-Etienne des années 1950, Guillaume et Sam vous accueillent dans un salon agréablement aménagé avec fauteuils, canapé… Pensé expressément pour l'homme, ce lieu convivial vous séduira assurément. Afin de vous occuper le temps qu'un coiffeur soit disponible, vous disposez d'un flipper, d'une platine de disques et, bien sûr, du café ou du thé incontournable des salons de coiffure. Les produits utilisés sont naturels pour bichonner tout en douceur ! On apprécie. Alors n'hésitez pas à prendre soin de vous en confiant vos cheveux et votre barbe à des mains expertes !

ENFANT

LUDOTIF COIFFURE

11, place Jean-Jaurès
✆ 04 77 38 87 66
Le mardi, le jeudi et le vendredi de 9h à 12h et de 14h à 18h30, le mercredi de 9h à 18h30 et le samedi de 9h à 18h.

Ludotif est un salon de coiffure un peu particulier, car il est avant tout destiné aux enfants, y compris pour ceux qui ne veulent pas y aller ! Ne vous arrachez plus les cheveux, Ludotif a la solution : proposer de coiffer vos bambins dans un véritable espace de jeux. Vos chères têtes blondes se déguisent, peuvent regarder une mini-télé, et même jouer pendant que le coiffeur s'occupe de les coiffer. Si tout se passe bien, votre enfant pourrait recevoir le certificat de première coupe «avec mention» et une mèche de cheveux scotchée en souvenir ! Quelle idée originale ! Sachez que ce salon coiffe aussi les hommes et les femmes et propose même un service barbier.

COMPLÉMENT CAPILLAIRE

INSTITUT CAPILLAIRE GEOFFRAY ISSARTEL

25, rue Louis-Braille ✆ 04 77 38 21 41
www.perruquessaintetienne.com
Ouvert du mardi au vendredi de 9h à 18h ; le samedi de 8h à 16h. Sur rendez-vous.

Reconnu pour ses prestations de qualité, Geoffray Issartel est depuis 28 ans spécialisé dans le domaine des compléments capillaires. Extensions, postiches et volumateurs, perruques médicales ou fantaisie, la solution idéale existe et s'adapte à votre personnalité. Faites votre choix dans un large catalogue, en prêt-à-porter ou sur mesure, en cheveux naturels ou en fibres. Par nécessité ou simplement pour changer de tête, c'est avec beaucoup de confiance que l'on vous recommande cette adresse pour son professionnalisme, sa gentillesse et sa grande disponibilité.

SOINS BIO

BETTY MJ

Boutique en ligne - **MONTBRISON**
✆ 07 68 07 17 19
www.bettymj.fr
Savons et cosmétiques

Betty MJ, c'est une sympathique savonnerie artisanale qui vous propose des cosmétiques solides, bio et naturels. C'est dans son laboratoire à Montbrison que l'équipe s'attèle à fabriquer de façon artisanale des savons avec une méthode à froid. Mais ne vous fiez pas à l'emploi du mot savon, car ici le savon se décline pour les barbes, le corps, les cheveux, le visage, et même en version déodorant, ou dentifrice solide pour les enfants et les plus grands. Également une boutique en ligne. Et si l'envie vous prend d'apprendre à fabriquer vos propres cosmétiques, des ateliers sont organisés, accessibles à tous dès 15 ans ! Rendez-vous sur le site Internet pour toutes les infos pratiques.

SOINS BIO

LA DISTILLERIE D'HUILES ESSENTIELLES ABIESSENCE

Lieu-dit Montgenest - **VERRIÈRES-EN-FOREZ** ✆ 04 77 76 58 85
www.abiessence.com
Ouvert lundi, samedi et dimanche de 14h à 18h ; du mardi au vendredi de 10h à 12h et de 14h à 18h.

Depuis 1999, la distillerie d'huiles essentielles Abiessence a pris ses quartiers dans le Forez. Ici, vous pourrez retrouver des huiles essentielles garanties sans produits chimiques ainsi que des huiles végétales et des eaux florales. Notons que les plantes servant à concevoir les crèmes, les huiles de massage ou encore les douches aromatiques sont récoltées dans les monts du Forez. En entrant dans cette boutique, vous pourrez découvrir des infusions, des parfums, mais également des bijoux d'aromathérapie. Bref, vous aurez de quoi vous faire plaisir !

NEW
GADGETS
UPARTY

11, rue des Martyrs de Vingré
✆ 06 28 82 05 82
Ouvert du mardi au samedi de 10h30 à 12h30 et de 14h à 19h.

UpArty est une véritable boutique à part, une véritable pépite. Les fans d'objets vintage seront au 7e ciel car on y trouve des cassettes, une machine à écrire, un téléphone fixe avec cadran rotatif, des objets décoratifs anciens, des vinyles ou encore de vieilles BD d'*Inspecteur Gadget*, des *Chevaliers du Zodiaque* et de *Scoubidou*... En plus de tous ces objets, ce magasin atypique propose également des tee-shirts personnalisés, dont notamment certains qui ont pour thème les Verts, ainsi que des chaussettes originales. Bref, UpArty fait partie de ces boutiques où vous pourrez dénicher la perle rare. Alors, n'hésitez pas à y faire un tour car en plus des nouveautés sont fréquemment proposées.

CONCEPT STORE
M COMME MATHILDE

5, rue Vauban
LA TALAUDIÈRE
Ouvert du mardi au samedi de 10h à 12h et de 14h30 à 18h30.

Dans sa boutique, virtuellement comme en vrai, Mathilde Fournel propose ses coups de cœur. Inspirée par les cultures du monde (Espagne et Maroc, mais aussi Inde et Bali), elle rassemble des objets de décoration, des produits de bien-être, des brûleurs de parfum, quelques accessoires pour la petite enfance. A noter, m comme Mathilde rassemble plus de120 variétés de thés, avec notamment une belle sélection de la maison Dammann, une référence pour les amateurs. La boutique édite des cartes cadeaux, très utiles pour laisser l'autre se faire plaisir, et commercialise des coffrets de Noël, autour des sens et du bien-être. Une adresse originale pour ravir ses proches ou se gâter soi-même.

CONCEPT STORE
LA BICICLETA CONCEPT STORE

5, rue Aristide-Briand et de la Paix
✆ 07 81 93 42 30
https://fr.labicicleta.fr
Ouvert du mardi au samedi de 11h à 13h et de 14h30 à 19h.

La Bicicleta Concept Store est une boutique participative de créateurs ligériens, français et d'autres continents. Dans cette boutique, vous apprécierez le charme de l'artisanat et du fait main. Vous découvrirez le travail de professionnels passionnés et vous contemplerez leur maîtrise. Sandales en cuir, robes, boucles d'oreilles, sacs à main, colliers, bagues, manchettes, capes, foulards, objets de décoration... Des créations originales, innovantes en matière de mode et de design à prix variés. Une adresse à retenir pour se faire plaisir et pour les cadeaux de Noël.

ART - DESIGN
CITÉ DU DESIGN

3, rue Javelin-Pagnon
✆ 04 77 47 74 70
www.citedudesign.com
Boutique ouverte du mardi au vendredi de 10h à 18h.

La Cité du Design est très connue à Saint-Étienne pour son architecture, ses missions de sensibilisation et ses expositions. Mais saviez-vous que vous pouviez y trouver une boutique cadeaux dans laquelle sont proposés de nombreux objets de designers ? Livres jeunesse, papeterie, produits décoratifs ou ludiques, petit mobilier... Une bonne adresse pour faire plaisir ou se faire plaisir avec des objets d'art originaux et insolites, en lien avec les expositions du moment. Ne manquez pas ce lieu incontournable avec une nouvelle sélection d'objets et de livres à l'occasion de la biennale internationale ! Vous recevrez qui plus est un accueil fort sympathique et des conseils avisés.

NEW
GADGETS
TRINCAMP

12, Rue Pointe Cadet ✆ 06 70 92 02 30
www.trincamp.fr
Ouvert du mardi au vendredi de 11h à 19h, le samedi de 10h à 19h.

Ouverte en novembre 2022, cette boutique enchantera les fétichistes des Verts ! Prenez un grand bain de nostalgie, et ravivez les souvenirs des grandes heures de l'équipe stéphanoise dans ce magasin dédié aux produits dérivés de football vintage. Veste de l'ASSE de 1980, écharpe de supporter, poncho de 1976, drapeaux, porte-voix, posters, t-shirt Cake Rocher, corne de supporter de 1990 : c'est une véritable caverne d'Ali Baba ! Vous ne rentrez plus dans votre vieux maillot des Verts ? La boutique propose de lui donner une seconde vie en le transformant en banane à la mode ! Guettez l'arrivée des dernières pièces sur la page Facebook du magasin. Également boutique en ligne.

ART - DESIGN
LE LOCAL

38, rue de la Badouillère
✆ 06 22 83 36 82
Ouvert du mardi au vendredi de 14h à 18h. Espèces acceptées. CB non acceptée.

Le Local est un atelier-boutique présentant le travail d'artistes stéphanoises. Sandra Coelho, Véronique Vernette et Sophie Court travaillent, dans l'ordre, la poterie, le dessin et les fleurs séchées avec talent. Elles exposent leurs créations dans cette jolie boutique : luminaires, vases, plats, bijoux, bouquets, livres, cartes postales... Autant d'objets à admirer dans une ambiance d'atelier d'artistes puisque l'endroit est aussi leur lieu de travail. Vous aurez la possibilité de prendre des cours de poterie et de dessin. Plusieurs formules existent : stages, anniversaires, ateliers personnalisés, cours à la carte... Et ce à tout âge, n'hésitez pas à vous renseigner.

ACCESSOIRES

SECOND SOUFFLE

11, rue du Marché
MONTBRISON
www.secondsouffle-boutique.fr
Ouvert du mardi au samedi de 9h30 à 12h30 et de 14h à 18h30.

Il nous est tous arrivé de jeter des vêtements ou des accessoires qui étaient trop usés pour être portés. Pourtant, il faut bien l'avouer, ce n'est pas très écologique, car il est possible de donner une deuxième vie à ces objets. C'est d'ailleurs ce que proposent Clara Odin et Camille Blanchard, les deux gérantes de la boutique Second souffle. Concrètement, elles récupèrent des produits d'occasion de luxe pour en créer de nouveaux. Ainsi, en poussant la porte de cette boutique, vous trouverez plein de petites pépites : colliers, boucles d'oreilles, bagues, casquettes, sacs, ceintures, housses de coussin… Et s'il y en a pour tous les goûts, il y en a aussi pour tous les budgets !

CADEAUX DU MONDE

ORIGAM'ÎLE

9, rue Roger Salengro
✆ 06 26 15 42 12
Ouvert le mardi, le jeudi et le vendredi de 14h30 à 19h ; le mercredi et le samedi de 10h30 à 19h.

Situé près du Crêt-de-Roc, Origam'île est une jolie boutique de cadeaux japonais importés du Pays du Soleil Levant. Vous y trouverez de nombreux papiers «washis», des bijoux réalisés selon la technique de l'origami, de la papeterie, des petits objets de décoration et quelques produits d'épicerie comme les fameux bonbons gélifiés Sakuma Drops. La boutique vend aussi de coquettes robes et tuniques de la marque Kimono et Maki, des vêtements conçus dans d'anciens kimonos en soie. Egalement de très beaux bijoux, uniques et vraiment originaux. Enfin, la boutique propose des ateliers créatifs pour adultes et enfants dès 7 ans. D'une durée de 1 à 3 heures, vous maîtriserez l'art de l'origami.

ART - DESIGN

L'ARCHÉTYPE

5, rue Léon Nautin
✆ 04 77 37 85 02
Ouvert du mardi au samedi de 10h à 12h et de 14h à 19h.

Vous recherchez des cadeaux artisanaux, uniques voire personnalisés ? L'Archétype est la bonne adresse ! Dans cette boutique, vous trouverez des objets pour tous les goûts : que vous ayez envie d'objets modernes, de quelque chose de plus design, d'atypique, de bijoux d'artisan, ou encore d'objets en verre de Murano, sculptures en étain, en faïence, boîtes à pilules, pots à crayon, porte-plumes en verre, chaussures miniatures… Tous les styles cohabitent dans cette boutique ! En entrant ici, c'est une véritable caverne d'Ali Baba qu'on découvre. Que ce soit pour vous ou pour offrir, il serait bien étonnant que vous ne trouviez pas l'objet idéal. Et n'hésitez pas à demander conseil !

CONSOLES - JEUX VIDÉO

FORUM GAME & GEEK

2, rue Michel Rondet ✆ 04 27 77 38 55
www.forumgameandgeek.fr
Ouvert du lundi au samedi de 10h à 19h. Étage non-accessible aux personnes à mobilité réduite.

Que vous soyez un geek assumé, un novice dans le monde du jeu vidéo ou simplement à la recherche d'une nouvelle console, vous êtes au bon endroit ! Forum Game & Geek vous offre deux étages presque entièrement dédiés à la culture gaming et nippone. Le rez-de-chaussée propose un large choix de consoles neuves et d'occasion ainsi que des jeux et autres accessoires, sans oublier le rayon manga et multimédia. Les fans de goodies auront l'embarras du choix parmi les nombreuses licences : Harry Potter, Marvel et DC, Nintendo… sans oublier Disney ! Spécialiste du rétrogaming, le magasin possède des bornes d'arcade à l'étage, de quoi satisfaire le gameur nostalgique qui sommeille en vous.

ART - DESIGN

BODO

40, rue des Martyrs de Vingré - 42000 **SAINT-ETIENNE**
✆ 04 77 57 20 90
www.mon-bodo.fr
Ouvert du mardi au samedi de 10h30 à 12h30 et de 14h à 19h.

Bodo est une adresse *slowlife* proposant des objets pratiques, élégants et responsables. Chez Dorothée, les valeurs éthiques et environnementales sont primordiales dans sa sélection d'articles. Privilégiant les circuits courts, l'artisanat et l'*upcycling*, Bodo vous permet de voyager raisonné et vous faire plaisir à tous les prix. L'art de vivre est décliné par univers : arts de la table, bijoux, petit mobilier, jouets pour enfants, textile et décoration. Vaisselle en bambou, lingettes lavables, panier marocain, bougie végétale, pâte à modeler en cire d'abeille, jonc porte-bonheur bouddhiste… Il y a tout pour une transition tout en douceur vers le zéro déchet.

BIJOUTERIE

BRIN DE CUIVRE

12, rue du Président Wilson
www.brindecuivre.fr
Ouvert du mardi au samedi de 10h à 19h.

Plutôt chic ou plutôt rock ? Plutôt classique ou plutôt bohème ? Quel que soit votre style, vous trouverez certainement votre bonheur chez Brin de Cuivre. Cette jolie enseigne propose une collection de bijoux à petit prix : bagues, boucles d'oreilles, bracelets et colliers. Des produits tout en finesse, relevés par une touche de couleur ou de fantaisie. Brin de Cuivre propose également quelques pochettes à messages, idéales pour un cadeau de Noël ou de Fête des mères. La boutique stéphanoise est complétée par un site Internet de vente en ligne très fonctionnel, avec toute l'offre, quelques promotions de dernière minute et une présentation élégante des produits de Brin de Cuivre.

NEW

BIJOUTERIE

L'ATELIER BY SIMONE

13, rue Denis Escoffier
✆ 04 51 28 65 75
Ouvert du mardi au samedi de 10h à 19h.

L'Atelier By Simone fait partie de ces petites boutiques qu'on aime découvrir lorsque l'on se balade dans le centre-ville de Saint-Étienne. Car ici, en plus de l'accueil charmant, vous pourrez découvrir de beaux bijoux (bracelets, colliers, boucles d'oreilles, etc.) fabriqués en France. LSonge, My first Diamond, By164, Mademoiselle Oups, YAY, Padam Padam... Certaines créations sont proposées en exclusivité dans cette boutique. Par ailleurs, ce magasin présente aussi des bougies 100 % *made in* France conçues à partir de produits naturels et pouvant être personnalisées. Que ce soit à la vanille, au thé vert ou encore à la verveine, vous pourrez parfumer votre intérieur avec de belles odeurs.

CRÉATEUR

TOURNAIRE

2, rue des Métiers - **SAVIGNEUX** ✆ 04 77 96 08 84
www.philippetournaire.com
A Savigneux, du mardi au samedi de 9h à 12h et de 14h à 19h. A Lyon, du mardi au vendredi de 10h à 19h. E-boutique.

Les joailliers Philippe et Mathieu Tournaire proposent des bijoux étonnants. Philippe Tournaire, créateur passionné, allie métaux et pierres précieuses avec science pour offrir des bijoux à connotation alchimique, architecturale, romantique et antique... Sur la place Vendôme à Paris, à Lyon, à Savigneux ou sur la boutique en ligne, les clients ont la chance de découvrir et plusieurs possibilités de se procurer les précieux objets. Grâce à Mathieu Tournaire, la relève est assurée, et c'est en sa qualité de nouveau président de l'entreprise qu'il a révélé en octobre 2022 le nouvel écrin de 300 m² dédié aux beaux objets signés de la grande maison Tournaire. Du grand art !

BIJOUTERIE

LE PETIT SALON DOREY

11, rue de la République - **LA TALAUDIÈRE** ✆ 04 77 57 05 31
https://lepetitsalonchic.fr
Du mardi au samedi de 14h30 à 18h30 et le mercredi et samedi matin de 9h30 à 12h.

Situé dans le centre de La Talaudière, le Petit salon Dorey est un point de vente de la renommée bijouterie-joaillerie dont l'atelier de fabrication, réparation et transformation se situe à Lorette. Dans un espace cosy, Romain Pangaud, maître artisan joaillier, et son équipe proposent une sélection de bijoux précieux et de pièces fantaisie chics, moderne et élégants, un brin bohèmes et disponibles pour toutes les bourses. Outre ses propres créations, la part belle est faite aux créateurs français comme la ligérienne Margote céramiste, les perles Simon & Simon, le parurier parisien Philippe Ferrandis ou la marque Gas bijoux. Pour un bijou tendance ou une création à votre image... unique !

CRÉATEUR

AUDOUARD MAÎTRE JOAILLIER

3, rue Praire
✆ 04 77 37 26 32
Ouvert du mardi au samedi 10h-12h et 14h30-18h30. Jusqu'à 18h le samedi, mercredi uniquement l'après-midi.

Claude Audouard, maître bijoutier-joaillier, présent sur Saint-Etienne depuis 40 ans, est un spécialiste de la perle de Tahiti et expert en diamant. Il peut aussi créer pour vous un bijou unique à partir de votre vieil or ou réparer et restaurer vos bijoux de famille. Venez découvrir sa magnifique collection de pendentifs or et argent en lave de volcan d'Auvergne et pierres précieuses et la collection de bijoux d'inspiration étrusque avec granulations antiques. Vous bénéficierez des conseils, de la réparation et de la transformation de vos bijoux par des maîtres-artisans.

CRÉATEUR

RULLIÈRE-BERNARD

3, avenue de la Libération ✆ 04 77 49 00 49
www.rb1890.fr
Du mardi au samedi : 10h-12h30 et 14h-19h. Le vendredi : 10h-19h.

La bijouterie Rullière-Bernard fait figure de référence dans le monde de la joaillerie française depuis plusieurs générations. Les marques prestigieuses côtoient des marques avant-gardistes. Rullière-Bernard a toujours eu de l'avance sur son temps ! Côté horlogerie, venez découvrir les Hermès, Oméga, Hamilton, Briston, des références incontournables. Côté bijouterie-joaillerie, outre les superbes créations de la maison, vous trouverez les marques Messika, Ginette NY, La Brune & la Blonde... Le magasin possède plusieurs ateliers : création, réparation et transformation des bijoux selon vos goûts et un dernier pour l'entretien des grandes marques de l'horlogerie.

CRÉATEUR

LA MENTEUSE

11, rue Roger Salengro
✆ 06 87 14 15 77
www.atelierlamenteuse.com
Boutique en ligne.

Derrière La Menteuse se cache Amélie Guettard, talentueuse créatrice stéphanoise de bijoux fantaisie. Poétiques et délicats, ses bijoux sont de véritables œuvres d'art composées de laiton et de tissus recyclés. Colliers, bagues, boucles d'oreilles et bracelets, ses bijoux sont entièrement travaillés à la main. Mousseline et laiton apporteront une touche de poésie à vos tenues. Titulaire d'une maîtrise en arts plastiques, formée chez des Meilleurs Ouvriers de France, ses créations en font rêver plus d'un jusqu'à inspirer largement de grandes marques... Vous retrouverez ses créations à l'Atelier du Coin ; Amélie se trouve en boutique le mardi et propose des stages certains samedis.

MASSAGE - RELAXATION

NATURE D'O

1, rue de la Marine - **SAINT-JUST-SAINT-RAMBERT**
✆ 06 12 63 69 24 - www.nature-do.fr
Lundi, mardi et du jeudi au samedi de 9h à 19h30. Luminothérapie 12 € les 30 min ; massages 65 € ; flottaison 65 €.

Place au calme et à la paix intérieure. C'est dans un environnement totalement apaisant que vous pourrez relâcher complètement votre corps, dans le bassin de flottaison de Nature d'O. Isabelle, naturopathe, propose des massages, des soins sportifs, des bilans de vitalité et de gestion du stress. Fleurs de Bach, luminothérapie, cohérence cardiaque, ventouses, moxibustion, mycothérapie : toute une palette de techniques sont ici utilisées pour le bien-être. Tous les procédés sont très bien décrits sur le site Web, où les réservations sont possibles. Le centre Nature d'O peut aussi accompagner des sportifs et athlètes, pour maintenir la forme physique aussi bien que mentale.

THERMALISME

LES ILÉADES

Avenue des Sources - **MONTROND-LES-BAINS** ✆ 04 77 20 08 00
www.lesileades-montrond.fr
Ouvert du mardi au dimanche de 10h à 19h30. Fermeture à 18h le dimanche.

Connue et reconnue pour ses vertus médicales dans le traitement des affections digestives, la station thermale de Montrond-les-Bains s'est dotée d'un équipement unique dans la Loire destiné aux personnes en quête de détente. Au sein de ce spa thermal, vous retrouverez tous les plaisirs de l'eau chaude – une eau à 32 °C toute l'année – associés à la douceur des soins corporels. Dotées de hammams et de saunas, les Iléades vous offrent un paradis de détente. Bassins aquatiques intérieurs et extérieurs, accessibles été comme hiver, rivière à courant, lits bouillonnants, parcours de massages sous l'eau..., bassin d'aquagym et d'aquacycling vous permettront des moments privilégiés de détente.

MASSAGE - RELAXATION

LE VINGT-QUATRE

24, rue Raisin
Horaires propres à chaque praticien.

Cet espace en cœur de ville rassemble neuf praticiens, avec pour fil rouge les thérapies douces et alternatives. Une thérapeute énergétique et coupeuse de feu travaille le féminin sacré et les fleurs de Bach. Une kinésiologue accompagne ses patients dans la gestion du stress. Plusieurs sortes de massages sont proposées par différents spécialistes : assis, ostéothaï, bien-être... Une naturopathe conseille sur l'alimentation. Une spécialiste de la médecine traditionnelle chinoise dispense ses connaissances. Une psychopraticienne s'est spécialisée dans l'accompagnement des burn-out maternels. Sous un même toit, vous aurez accès à différentes portes vers le mieux-être.

BALNÉOTHÉRAPIE

CAP OXYGENE

663, chemin du Tremplin - **LE BESSAT** ✆ 06 81 57 38 08
www.capoxygene.com
Ouvert toute l'année. Balnéo'bois, 1 séance d'une heure : 28 €, deux heures : 38 €.

Cap Oxygène, c'est un espace balnéo avec bains d'eau chaude et de vapeur, fontaine d'eau froide, et, pour se reposer et profiter de soirées à thème, une véritable yourte mongole mais aussi une boutique nature et bien-être et un salon de thé à votre disposition. En plus, pour accentuer le côté détente : le soin relaxant californien ! C'est tip-top ! A la séance ou à l'abonnement, différentes opportunités de se relâcher s'offrent à vous. Il est si bon de se prélasser dans un bain nordique à l'air frais du Bessat ! Cap Oxygène, c'est aussi un panel d'activités de pleine nature proposées été comme hiver. Randonnée pédestre, VTT, marche nordique, raquettes, ski de fond, yoga...

MASSAGE - RELAXATION

DU BONHEUR AMASSÉ

15, rue des Tulipes
ROCHE-LA-MOLIÈRE
✆ 06 19 28 50 14
www.dubonheuramasse.fr
Du lundi au vendredi de 9h à 19h, samedi de 9h à 17h.

Bienvenue dans le temple de la relaxation... Dans ce salon de massage, le maître mot est détente, et les masseuses ont des mains douces et expérimentées ! Laissez-vous donc aller à un massage à deux ou quatre mains par exemple. Vous aurez le choix entre le massage californien, le traditionnel chinois, la réflexologie plantaire ou encore les pierres chaudes et les marbres froids. L'objectif de ce salon est simple : apaiser vos tensions, prévenir le stress, vous aider à vous détendre, et vous tonifier, avec ou sans huile. Alors, profitez d'un moment de calme apaisant loin de la pression du quotidien et du stress professionnel, on s'installe et on se détend enfin !

PETIT BAMBOU

Inspirez, expirez... soyez accompagnés. Petit Bambou invite à ralentir en proposant plus de 2 000 séances de méditation et cohérence cardiaque dispensées par des instructeurs tels que Christophe André, psychiatre qui a démocratisé la méditation de pleine conscience en France. Chaque séance est personnalisable (durée, voix, langue) et balaye des sujets comme le sommeil, la confiance ou la jeunesse.

MASSAGE - RELAXATION

CENTRE HELIGHT

101b, cours Fauriel
✆ 07 86 95 40 97
www.helight.fr
Ouvert du lundi au samedi de 9h à 19h.

Aller mieux grâce à la lumière rouge ? C'est le pari de Helight, une jeune société fondée en banlieue lyonnaise. La compagne d'un des associés, Anne-Sophie Grange, vient d'implanter à Saint-Etienne le premier Centre Helight de France. Réparation des troubles du sommeil, mieux-être, épanouissement pour les sportifs de haut niveau, lutte contre le stress et l'anxiété : les bienfaits sont multiples. Des bénéfices physiques peuvent aussi être observés, comme l'accélération de la cicatrisation. Réflexologue plantaire de formation, Anne-Sophie Grange couple les bienfaits d'Helight avec sa compréhension globale du bien-être individuel, la lumière rouge décuplant les effets d'autres approches.

DÉTENTE - FORME

INSTANT PILAT

La Fargère - **COLOMBIER** ✆ 07 88 81 27 56
https://instant-pilat.fr
Ouvert le mercredi et le vendredi de 15h30 à 20h ; le samedi de 9h à 20h.

Laissez-vous porter par la douceur du lieu. Car dans ce havre de paix niché à plus de 1 000 mètres d'altitude, tout est fait pour que vous vous sentiez détendu. Vous pourrez notamment vous relaxer dans une eau à 37 °C ou vous détendre dans le sauna et dans le hammam. Vous pourrez aussi profiter d'un massage californien, mais également savourer une tisane bio d'herbes du jardin dans l'espace de relaxation. Bref cet établissement, ouvert en septembre 2020, est un véritable lieu de bien-être. Notons qu'avant de vous déplacer, vous devrez obligatoirement réserver. Par ailleurs, sachez que l'accès à l'espace bien-être est limité. Ce n'est pas plus de 15 personnes en même temps.

SPA

AMBIAN'SPA

7, rue Dorian - **FIRMINY** ✆ 04 77 56 05 36
www.ambianspa.com
Ouvert du mardi au vendredi de 10h à 12h et de 14h à 19h (jusqu'à 19h30 le vendredi) ; le samedi de 9h à 18h30.

Ambian'Spa, ce sont 300 m^2 dédiés à la beauté, au bien-être et à la détente où vous pourrez vous faire chouchouter en toute confiance. La carte des soins, en partenariat avec les marques Cinq Mondes, Sothys, et Mathilde M, offre une palette variée de soins du visage, de soins du corps, de soins spécifiques (minceur, endermologie,...) mais aussi l'épilation et le maquillage. La déco est soignée et douillette et les praticiennes expérimentées très à l'écoute. On appréciera aussi l'espace détente avec spa, hammam et sauna, accessible pour profiter d'un moment 100 % bien-être ou encore d'une technique manuelle particulière appelée dermapuncture. Un lieu de ressourcement et de zénitude absolue.

DÉTENTE - FORME

MON WELLNESS STUDIO

18, Rue de l'innovation ✆ 06 68 10 23 88
http://www.monwellnessstudio.fr
Ouvert du lundi au vendredi. Grand parking privé. Deux cabines de soins, une cabine Aquabike et une salle fitness.

© JONATHAN EXBRAYAT

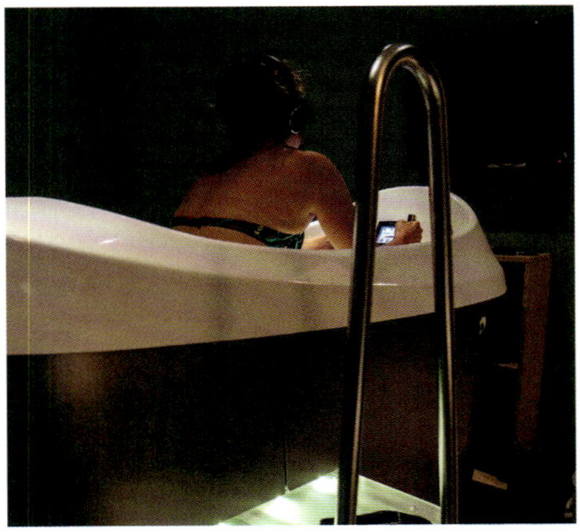

© JONATHAN EXBRAYAT

Mon Wellness Studio, c'est le nouveau centre de bien-être de la ville. Ici on vous chouchoute, on prend soin de vous, on vous conseille... en un mot on vous veut du bien ! Dans l'espace bien-être Fanny vous réserve des massages drainants méthode Rénata França et des soins anti-vieillissement. Mélanie dans sa cabine s'occupera de vos soins beauté. Joelle, elle, vous installera dans la cabine Aquabike avec jets hydromassants : on décompresse, on dégonfle et on perd des calories. Notez que l'aquabike est recommandé en post-thérapie du genou et pour l'insuffisance veineuse. Mon Wellness Studio, ce sont aussi des conseils en diététique et des cours collectifs de Pilates, Garuda et yoga !

WEDDING PLANNER - ORGANISATION D'ÉVÉNEMENT

ORIGINE

38, rue de la Badouillère
✆ 06 89 37 59 74
www.atelier-origine.com

Dans son atelier floral, Sophie travaille la fleur séchée avec beaucoup de délicatesse. Bouquets, couronnes, boucles d'oreilles, boutonnières, headbands, peignes... : chaque article embellira vos événements : mariage, baptême, enterrement de vie de jeune fille, baby shower... Hortensias, craspédias, immortelles du Var, ruscus, chardons... : des fleurs de toutes les couleurs pour ravir tous les styles et toutes les occasions. Sur sont site Internet et dans son atelier, Sophie saura vous proposer une formule qui convient à toutes les fêtes et tous les budgets. Elle propose aussi des box contenant bouquet, vase chiné et une dentelle aux fuseaux du Puy-en-Velay. Délicieusement bohème.

PHOTOGRAPHE

MADEMOISELLE HIRONDELLE

35, rue Joannès-Beaulieu - **SAINT-JUST-SAINT-RAMBERT**
✆ 04 77 61 93 24 - www.mademoisellehirondelle.fr

Ouvert du mardi au samedi de 9h30 à 18h. Sur rendez vous. Prix selon la prestation.

Mademoiselle Hirondelle, c'est un duo de jeunes photographes passionnées, Maureen et Chloé. Un tandem pétillant à la joie communicative qui saura vous mettre à l'aise pour photographier vos plus beaux portraits. Leur style est original, leurs photos superbes, elles savent voir le naturel et prendre le meilleur de chaque situation. Des instants de vie aux mariages en passant par les anniversaires, photos de naissance ou de grossesse, elles immortaliseront vos événements avec grâce et poésie. À domicile, en studio ou en extérieur, elles aiment photographier en mode reportage, avec peu de poses, place à l'improvisation et au naturel. Le résultat : des photos touchantes.

NEW

MARIAGE

ANA WEDDING EVENT

18, Avenue de la Libération - **VEAUCHE** ✆ 06 50 53 36 54
www.anaweddingevent.com

Ouvert lundi de 14h à 19h, du mardi au vendredi 10h-19h, samedi 9h-16h30. Wedding planer.

Ce merveilleux mariage dépeint dans toutes les comédies romantiques américaines, vous l'avez tant de fois imaginé. Vous, l'héroïne dans sa sublime robe immaculée avançant vers votre moitié, dans un décor champêtre... Eh bien, sachez qu'avec Ana Wedding Event c'est possible ! Rendez-vous dans la jolie boutique de Veauche et découvrez un concept unique d'organisation de mariage. Ana vous réserve une sélection de belles robes que vous pourrez essayer sous les yeux de vos amies dans un adorable petit salon confortable. Déco de salle, faire-part, dragées, menu, animations : confiez vos envies, car de la préparation de la cérémonie jusqu'au jour J, Ana s'occupe de tout.

TRAITEURS SPÉCIALISÉS

LES NÉGOCIANTS

115, rue Bergson ✆ 04 77 93 65 28
www.lesnegociants42.fr

Ouvert du lundi au vendredi. Prix par personne adapté selon formule.

Pour tous vos événements familiaux et professionnels, le restaurant Les Négociants propose un service traiteur en salle ou à domicile. Selon vos préférences, vous pourrez opter pour des plateaux-repas froids ou à réchauffer, livrés ou à emporter, un cocktail dînatoire sucré ou salé ou encore un buffet (les cuisiniers sauront s'adapter pour aller au plus près de vos envies !). Pour vos anniversaires, baptêmes, mariages, séminaires, vous pouvez privatiser la salle qui peut accueillir jusqu'à 80 personnes assises et 40 couverts dans une cour intérieure. Un espace peut être réservé pour la danse jusqu'à 1h du matin environ. Une bonne adresse où toute l'équipe sera aux petits soins pour servir !

TRAITEURS SPÉCIALISÉS

PÂTISSERIE GUERPILLON

464, avenue de la Route Bleue
MONTROND-LES-BAINS
✆ 4 77 54 46 09
www.brunoguerpillon.fr

Bruno Guerpillon et son équipe sont à votre disposition pour répondre à toutes vos attentes et vous aider dans l'organisation de vos événements importants tels que mariages, communions, baptêmes, anniversaires... Pour faire de votre mariage un moment unique, ils échangeront avec vous, vous conseilleront et s'adapteront afin de parvenir au résultat que vous souhaitiez. Des dégustations vous permettront de choisir les mets les plus adéquats pour la réussite de votre journée. Quand on connaît la qualité des mets et des gâteaux proposés par la pâtisserie Guerpillon, on n'hésite pas à s'en remettre à cet établissement pour des événements privés et professionnels réussis !

ROBE DE MARIÉE

CÉDRIC MELLADO COUTURE

8, rue Sainte-Catherine ✆ 04 77 46 63 78
www.cedricmellado.com

Ouvert du mardi au samedi de 9h30 à 12h30 et de 14h30 à 19h. Sur rendez-vous. A partir de 1 500 €.

La notoriété de ce créateur est bien établie et pour cause ! Les tenues qu'il propose sont splendides. Il saura vous écouter et vous conseiller pour répondre à vos attentes et trouver la tenue qui vous ravira pour le grand jour et fera de vous une véritable princesse. Toutes ses tenues sont adaptées à votre morphologie et autant dire qu'il y en a pour tous les goûts. Il propose même quelques vêtements de cérémonie masculins. A noter, lors des essayages la boutique est privatisée pour que le créateur puisse entièrement se consacrer à la future mariée. Et pour vous donner envie, rendez-vous sur la page Facebook du créateur, où vous pourrez découvrir quelques-unes de ses sublimes créations.

TAILLEUR - SUR MESURE

OUI

7, rue Pierre Bérard
✆ 06 21 84 70 18
Ouvert du mercredi au samedi de 13h à 18h30.

La créatrice Hélène Lequertier, bien connue à Saint-Étienne, vous accueille dans son tout nouveau concept-store en plein centre-ville, tourné vers les grands événements de la vie. Les futures mariées trouveront ici des créations originales et abordables, à ajuster selon la silhouette et les préférences. Quelques bijoux et accessoires sont également disponibles, notamment d'élégantes barrettes. La boutique proposera, au fil des saisons, de quoi accompagner les grands événements de la vie. Hélène Lequertier entend aussi accueillir d'autres créateurs dans d'autres univers (faire-part, alliances...), et créer ainsi un lieu complet pour un jour inoubliable et totalement sur mesure.

PETIT BAMBOU

Inspirez, expirez… soyez accompagnés. Petit Bambou invite à ralentir en proposant plus de 2 000 séances de méditation et cohérence cardiaque dispensées par des instructeurs tels que Christophe André, psychiatre qui a démocratisé la méditation de pleine conscience en France. Chaque séance est personnalisable (durée, voix, langue) et balaye des sujets comme le sommeil, la confiance ou la jeunesse.

TRAITEURS SPÉCIALISÉS

MAISON RICHARD ET GARRAT TRAITEUR

14, rue Jean Neyret
✆ 04 28 04 42 87
www.richardtraiteur.fr

© MAISON RICHARD ET GARRAT TRAITEUR

Mariage, anniversaire, repas de famille, séminaire, plateau-repas... : la Maison Richard et Garrat Traiteur a plusieurs cordes à son arc. À chaque fois, une prestation sur mesure vous sera proposée (avec ou sans service, à venir récupérer ou en livraison), avec des produits et des cocktails faits maison. Un chef à domicile proposant des animations culinaires peut aussi donner de l'originalité à votre repas. Enfin, sachez que ce traiteur dispose d'une boutique en centre-ville et d'un stand dans les Halles. L'occasion encore de déguster des produits frais et locaux.

TRAITEURS SPÉCIALISÉS

CUIZ'IN SUR COURS

1, place Grenette
✆ 04 77 32 26 82
www.cuizinsurcours.fr
Prix selon l'atelier.

Outre la boutique de vins et épicerie fine et les remarquables cours de cuisine aux thèmes variés, allant de la pâtisserie à la dégustation de vins. Mais Cuiz'in sur Cours, c'est également un service traiteur. Chef à domicile pour 10 à 300 personnes, Piermic Fatet, dont on ne vante plus la qualité des prestations culinaires, apporte un service sur mesure avec une composition des menus à la demande du client pouvant aller du cocktail dînatoire au repas complet. Les vins en accord avec les plats sont proposés en option. Soit Piermic vous apporte le repas tout fait, soit il peut faire de la cuisine un spectacle, un show-cooking... Admirez le spectacle et dégustez !

DÉCORATION

ATELIER BELLADONE

SAINTE-FOY-SAINT-SULPICE
✆ 06 46 80 82 28
www.atelier-belladone.fr
Ouvert du lundi au vendredi de 9h30 à 12h30 et de 13h30 à 19h.

Créé par Delphine Baligand, l'Atelier Belladone est spécialisé dans la décoration florale événementielle. Basée dans la plaine du Forez, Delphine se déplace dans toute la région Auvergne-Rhône-Alpes pour décorer à merveille vos mariages, baptêmes, anniversaires et événements professionnels. Les réalisations sont sur mesure : bouquets, peignes, boutonnières, coiffes florales, chemin de table, porte-menu... Delphine saura vous écouter et vous proposer des formules adaptées à vos budgets et styles. Ses créations sont dans l'air du temps, vous pouvez avoir un aperçu de celles-ci depuis son charmant site Internet ! L'Atelier propose aussi des abonnements hebdomadaires, mensuels ou saisonniers.

JE M'AMUSE JE FAIS DU SPORT

Pour les adeptes du sport intensif comme pour les tenants d'une pratique de loisir, la région ne manque pas d'adresses utiles. Outre l'incontournable course à pied SaintéLyon, voici rassemblées quelques salles de sport, terrains de golf, piscines et autres clubs pour vous guider vers la bonne réponse à votre besoin de dépense physique ! La créativité est également au rendez-vous. On saluera ainsi l'arrivée de Padelshot, situé à deux pas du stade Geoffroy Guichard et d'E-Kart'in Park, nouveau complexe indoor qui se trouve à Andrézieux-Bouthéon. Pour un moment au vert et au calme, on songera au golf des Étangs, à Savigneux. Et pour les sensations couplées à la réflexion, pensez aux escape games. Comme dans beaucoup de villes en France, ils se multiplient, avec des inspirations originales pour des moments d'amusement collectif. La vie urbaine de Saint-Étienne et la nature alentour, dans la moyenne montagne du Pilat ou dans les monts du Forez, varient les plaisirs entre intérieur et extérieur. Inside Park, trampoline, accrobranche, lancer de haches : tous les goûts sont dans le *Petit Futé* !

VOTRE GUIDE DEVIENT **INTERACTIF**

TAPEZ **PETITFUTE.APP** DANS LE NAVIGATEUR DE VOTRE SMARTPHONE.

PRENEZ UNE PHOTO DE LA PAGE DÈS QU'ELLE A CE PICTO !

ASSOCIATION SPORTIVE

CITY RUN BY NIGHT

✆ 06 22 48 81 77

www.sainte-cityrun.fr

Le 10 décembre 2022. 7ème édition de la course. 6 km et 12 km. 12 €.

Un City run est une course à pied en centre-ville. Cette activité, très tendance avant, vient de renaître en 2018 sous une forme festive avec un son et lumière. Les parcours présentent une grande diversité en circulant à travers un maximum de rues piétonnes et en évitant autant que possible les routes. Cette animation se déroule sous le signe de la convivialité, dans le respect de l'environnement et des autres coureurs. Deux circuits de 6 et 12 km sont prévus avec un chronométrage par puce jetable et de nombreux points de ravitaillement. Il y aussi un parcours enfants. Le départ et l'arrivée s'effectuent place Jean Jaurès. Une dotation surprise vous attend.

CYCLISME

LA JOURNÉE VÉLOCIO

Départ rond-point Paul-de-Vivie ✆ 04 77 47 56 75

https://velociosaintetienne.fr

Prochaine édition le dimanche 11 juin 2023.

Plusieurs parcours sont proposés allant de 30 à 95 km. Au programme : une dizaine de kilomètres à parcourir en montée, une montée chronométrée... Ce programme attire une centaine d'amateurs de vélo, qui s'élancent sur la pente du célèbre col de la République, au sommet duquel est érigé un monument à la mémoire de Paul de Vivie (1853-1930), grande figure du cyclotourisme français surnommé... Vélocio. Cette course est ouverte à tous les publics, certains participants ont plus de 80 ans ! Venez comme vous êtes, entraîné ou non, déguisé en rétro ou non, en vélo, en monocycle, en vélo électrique, seule compte la bonne humeur. Alors tous en selle ! Et en 2022, ce sont les 100 ans de la course !

ASSOCIATION SPORTIVE

MONTÉE CYCLISTE DES SOLEILS D'AUTOMNE

✆ 04 77 92 41 50

Course cycliste à la mi-octobre.

Chaque année, en partenariat avec la Fête du Livre de Saint-Étienne, l'OMSS42 invite les passionnés de cyclisme, y compris les auteurs de la manifestation littéraire, à venir faire une balade à vélo de 20 kilomètres d'ascension sur les pentes du Pilat. La Montée cycliste des Soleils d'automne est un événement sportif familial accessible pour les enfants à partir de 12 ans. Des haltes ravitaillement sont prévues et des animations. Venez vous essayer à ce parcours sécurisé qui vous permettra de découvrir les merveilleux paysages du Pilat qui sont toujours un enchantement !

COURSE À PIED

SAINTÉ COLOR

1, rue de la Tour ✆ 07 71 06 93 30

www.saintecolor.fr

Entre 6 € et 24 € la participation + kit offert. Course en juin de 5 km.

La Sainté Color, c'est une course à pied à faire dans la joie et la bonne humeur, colorée de préférence ! Sur un parcours de 5 km entre le Stade de l'Étivallière et le Parc François Mitterrand, les participants s'élancent sur un parcours rythmé de jets de poudre colorée non toxique. Tous les kilomètres, le public encourage les participants en leur lançant la fameuse poudre. Ambiance de folie garantie ! Aucun chronométrage, juste le plaisir de faire du sport de manière festive. Tout le monde peut participer : coureurs aguerris, sportifs occasionnels, marcheurs, familles et personnes à mobilité réduite. Pour clore la journée en beauté, un concert gratuit est donné dans le parc.

COURSE À PIED

SAINTÉ TRAIL URBAIN

Rue Jules-Janin

✆ 07 82 62 51 63

Fin octobre-début novembre 2023. La VERTigineuse 29 km, la RenVERTsante 20 km, la TraVERTsée : 11 km. De 6 à 29 €.

La Sainté Trail Urbain est une manière de découvrir la ville autrement. Différentes activités sont proposées, comme par exemple des parcours de 6 à 32 kilomètres (en passant par 12 et 22 km également), une marche gourmande, une marche découverte ou encore une marche nordique. Le but est d'accueillir le plus large public possible, de tout âge, qu'il soit entraîné ou pas. Les circuits permettent de parcourir différents endroits de la ville, parfois insolites et cachés. Grâce à ces circuits, les participants découvrent ainsi de grands parcs de verdure parfois méconnus, ils peuvent aussi courir le long de la mythique pelouse du Stade Geoffroy-Guichard, ou encore traverser le musée de la mine...

COURSE À PIED

LA SAINTÉLYON

31, boulevard Jules-Janin

www.saintelyon.com

Prochaine édition : 2 décembre 2023. Épreuves de 13 km à 156 km.

Cette année fêtera la 68e édition de cette course devenue mythique. Avec 17 000 participants de 36 nationalités, et pas moins de 1 000 bénévoles, La SaintéLyon est de loin l'événement incontournable de la ville. C'est toujours à minuit, le premier week-end de décembre, éclairés de leur lampe frontale, que les coureurs s'élancent, formant un immense convoi lumineux le long du parcours qui relie les deux métropoles. Ce raid de 77 km peut être effectué seul ou en relais à 2, 3 ou 4 coureurs, se déclinant en d'autres formules, de la Saintétic de 13 km pour se lancer à l'Ultra de 156 km pour les passionnés ! Ce raid nocturne est la plus grande course nature de l'Hexagone.

COMPLEXE MULTISPORTS

COMPLEXE SPORTIF DE BEAUREGARD

13, rue de Beauregard
MONTBRISON
✆ 04 77 58 01 27

Le complexe sportif de Beauregard à Montbrison mis en service en 1972 est très bien conçu et très vaste avec plus de 23 000 m², des vestiaires et des places de parking. Avec ses courts de tennis, plusieurs gymnases et des terrains de sport en libre accès, il offre de grandes possibilités sportives pour tous ceux qui souhaitent pratiquer. Badminton, basket, football, hand-ball, hockey, volley-ball… : le choix d'activités est large, vous trouverez certainement celle qui vous correspond. Le sport est recommandé pour une bonne santé ! Plus d'excuses pour ne pas vous y mettre !

COMPLEXE MULTISPORTS

COMPLEXE SPORTIF DES BULLIEUX

Rue des Bullieux
ANDRÉZIEUX-BOUTHÉON
✆ 04 77 36 74 82
www.andrezieux-boutheon.com

Situé au cœur d'Andrézieux-Bouthéon, le complexe sportif des Bullieux se compose de divers équipements, pour clubs sportifs et scolaires : une piste d'athlétisme homologuée pour les championnats de France, avec une aire de lancers et des sautoirs en hauteur et longueur. Cet équipement est utilisé par le club d'athlétisme du FAC. Un terrain de football en synthétique nouvelle génération, un mur d'escalade en plein air et un parcours de santé sont aussi disponibles. N'hésitez pllus, vous trouverez tous les équipements pour satisfaire vos envies !

COMPLEXE MULTISPORTS

COMPLEXE SPORTIF DE L'ÉTIVALLIÈRE

5, allée des Frères-Gauthier

A deux pas du stade Geoffroy-Guichard, le complexe sportif de l'Etivallière comprend de nombreux terrains adaptés à la pratique du sport, utilisés par le club athlétique de Saint-Etienne, club de rugby à XV évoluant en Fédérale 1 ou par l'équipe de foot féminine. Il est également possible d'y jouer au tennis, de pratiquer des sauts, des lancers, de la course à pied ou même de s'essayer à la pétanque. L'Etivallière est un des plus gros complexes sportifs stéphanois, au confluent des mondes du sport amateur et professionnel dans de nombreuses disciplines.

COMPLEXE MULTISPORTS

GYMNASE DE LA VIVARAIZE

1, rue Arsac
✆ 04 77 41 79 50
Basket-ball, multisports.

Cette salle multisports mesure 30 m sur 20 m et dispose d'un sol en synthétique. Deux vestiaires sont mis à la disposition des sportifs. De nombreuses activités sont possibles sur le site : du badminton, du jeu de volets, du basket-ball, du tennis, du volley-ball, du green-volley. Ce gymnase est accessible pour les clubs sportifs, comme pour les scolaires… Certains cours de gymnastique ou de boxe du centre social de la Vivaraize ont lieu également dans ce gymnase. Parfois, des animations y sont même organisées comme un week-end châteaux gonflables pour les enfants de 0 à 12 ans. Plus d'excuses, il est temps de se mettre au sport pour être en pleine forme !

COMPLEXE MULTISPORTS

COMPLEXE SPORTIF DE MÉONS

466, boulevard Neltner
✆ 04 77 32 58 93

On croise à Méons une grande diversité de public, des sportifs réguliers aux plus occasionnels, en passant par les enfants venus faire du vélo ou faire une partie de foot avec papa. Le foot y est d'ailleurs à l'honneur avec de nombreux terrains, en gazon ou synthétique avec éclairage, vestiaires et douches. Méons comprend aussi des terrain de rugby, de football américain et de tennis, certains couverts, un vélodrome pour les adeptes de la petite reine. Les sports plus « confidentiels » sont accueillis aussi à Méons : l'aéromodélisme, le tir à l'arc et le vélo cross.

COMPLEXE MULTISPORTS

PISCINE RAYMOND SOMMET

35 bis, boulevard Jules-Janin
✆ 04 77 43 38 38
Senior + 65 ans résident : 4,10 €, non-résident : 6 €. Tarif résident : 4,25 €, tarif réduit : 3,25 €.

Ouverte en 1978, la piscine Raymond Sommet fut classée en 1991 « meilleure piscine de France ». Pour autant elle a durant cette année 2022 subi quelques rénovations nécessaires et doit rouvrir ses portes durant le premier trimestre 2023. Elle dispose de trois bassins couverts dont un plongeoir (sauts de 1 m à 5 m). On y trouve un grand bassin, mais aussi, pour le plaisir de chacun, un bassin d'apprentissage et une pataugeoire pour les plus petits avec un piano d'eau, un bassin extérieur avec toboggans géants pour des jeux aquatiques et un vaste espace de verdure pour se faire bronzer aux beaux jours. En bref, que du bonheur en perspective pour toute la saison estivale !

FOOTBALL

STADE GEOFFROY-GUICHARD

14, rue Paul-et-Pierre-Guichard ✆ 04 77 92 31 70 - Bus M9 arrêt Technopole et ligne 8 arrêt Pierre de Coubertin. Tramway T1 arrêt Roger Rocher et T3 arrêt Geoffroy-Guichard. - www.asse.fr

166 places réservées aux personnes handicapées et autant de places pour leurs accompagnants.

S'il y a un lieu mythique à Saint-Étienne, c'est bien le Chaudron ! Inauguré en 1931, le stade Geoffroy-Guichard doit son surnom aux fumées qui s'en dégagent les soirs de match. Agrandi plusieurs fois, il compte aujourd'hui 42 000 places. Il accueille le CASE Rugby, ponctuellement des concerts, mais demeure surtout l'antre de l'équipe de football stéphanoise, l'ASSE, au palmarès impressionnant. 10 titres de Champion de France et des supporters bouillonnants ! Un Musée des Verts, retraçant notamment l'épopée des années 1960 et 1970, y a été installé et des visites du stade sont organisées, car le Chaudron, c'est plus qu'un stade, c'est presque un lieu de pèlerinage !

BOUTIQUE DE CLUB

LA BOUTIQUE OFFICIELLE DES VERTS

6, rue Pierre-et-Paul-Guichard ✆ 04 77 74 76 80
www.boutiquedesverts.fr

Ouvert du lundi au samedi de 10h à 19h. Ouvert le dimanche lors des matchs à domicile.

Que serait un club de football sans son merchandising ? À côté du stade Geoffroy-Guichard, le Chaudron fumant les soirs de matchs, la boutique officielle des Verts est iconique. Sur 800 m², les fans de l'ASSE retrouveront des écharpes, des livres, des casquettes et les incontournables maillots pour les matchs des Verts ! Toute une série d'accessoires est aussi disponible pour la maison, qu'il s'agisse de draps de lit ou de bain, de tétines, de grille-pain... Il y a même du vin et de la bière frappés du sceau des Verts ! Notons qu'on trouve ces produits sur le site Internet.

PÉTANQUE

CARRÉ PÉTANQUE OBUT

5, route du Cros - **SAINT-BONNET-LE-CHÂTEAU** ✆ 04 77 45 57 05
www.carrepetanque.fr

Du lundi au jeudi de 8h à 18h ; le vendredi et le samedi jusqu'à 00h ; le dimanche et les jours fériés de 9h à 18h.

Obut a fait de Saint-Bonnet-le-Château la capitale mondiale des boules de pétanque tant son produit est devenu une référence pour les amateurs comme pour les professionnels. Une tradition remontant à 1955, et qui vaut à l'entreprise d'être labellisée EPV (Entreprise du patrimoine vivant). Obut, c'est le paradis du bouliste. Outre les boules, il trouvera sur le site du fabricant une série d'accessoires indispensables, pour renforcer sa technique et pour soigner son élégance. L'entreprise propose aussi des stages et des cartes-cadeaux. Et pour profiter au maximum de sa journée, pourquoi pas s'attabler au restaurant pour un verre dans l'espace bar ou un bon repas ?

CIRCUIT

E-KART'IN PARK

366, rue Joseph Cugnot - **ANDRÉZIEUX-BOUTHÉON**
✆ 04 77 92 18 46 - www.ekartin.fr

Ouvert du mardi au dimanche. Paintball : à partir de 21 € par adulte. Karting : à partir de 21 € (adulte non membre).

Avez-vous déjà été sur une piste de karting ? Si c'est le cas, vous connaissez alors déjà la sensation exaltante qu'est de monter dans un kart. Mais avez-vous déjà été sur une piste indoor ? Alors on vous le dit, le sentiment est décuplé. D'ailleurs, le E-karting Park ne dispose que de karts électriques. Autrement dit, vous n'aurez plus la désagréable odeur de l'essence. Bref, il n'y a que des avantages ! Et avant que vous ne passiez à un autre établissement, on vous pose une autre question : avez-vous déjà fait du paintball ? Que ce soit le cas ou pas, vous pouvez également prendre la direction de cet établissement, car un espace de 1 200 m² est réservé à cette activité.

CIRCUIT

PADDOCK 42

Parc de l'Orme-les Sources - **ANDRÉZIEUX-BOUTHÉON**
✆ 04 77 55 47 27 - www.teampilotage.fr/

Ouvert tous les jours de 8h à 12h et 14h à 18h. Baptême sensations à partir de 89 €. Stage de pilotage à partir de 99 €.

Paddock 42 dispose de plus de 40 voitures récentes pour vous initier aux principes des pilotes de course, que vous soyez débutant ou confirmé. Toutes les motricités sont représentées sur le circuit d'Andrézieux. Différents stages vous sont proposés pour s'adapter aux envies et attentes de chacun. Des baptêmes sur circuit automobile asphalte et terre avec des moniteurs diplômés et des stages tous niveaux et tous budgets sont possibles pour acquérir une bonne maîtrise d'un véhicule. Enfin, des formations à l'écoconduite et la sécurité sont aussi proposées. Découvrez les sensations extraordinaires d'un pilotage maîtrisé ! Une expérience unique encadrée par des professionnels passionnés !

CIRCUIT

FAST AND GREEN

9, rue Bénévent ✆ 04 77 61 52 74
www.fast-and-green.fr

8 minutes, 18 € adulte, 12 € enfant. Ouvert tous les jours, horaires variables.

Le karting passe à l'heure écologique. Fast and Green propose un moment de sensations fortes, mais sans bruit et sans les inconvénients d'un moteur thermique. Le tout dans une totale sécurité, les initiateurs de Fast and Green ayant opté pour le premier constructeur mondial de karts électriques, avec des véhicules reconnus pour leur fiabilité. Sur la piste indoor, dont l'ouverture a été à de multiples reprises reportée sur fond de crise sanitaire, les amoureux de vitesse s'en donneront à cœur joie. Une activité originale, dont Saint-Étienne bénéficie désormais, comme la plupart des grandes villes françaises. A découvrir, au cœur d'un quartier en pleine renaissance.

COACHING

WASABI SPORTS

5, rue de la Terrasse
✆ 06 10 81 55 26
www.wasabi-sports.com
Ouvert tous les jours sauf le dimanche. À partir de 69 €/mois.

« Ça pique, mais c'est bon», voilà le credo des coachs Camille et Anthony de chez Wasabi Sports. Le concept est simple : proposer des séances de coaching personnalisées en salle, de 2 à 6 personnes. L'idéal pour les sportifs (et les débutants !) qui souhaitent un encadrement professionnel et individuel mais qui n'ont pas le budget pour un coaching à domicile. L'équipe est jeune et dynamique et mettra tout en œuvre pour vous aider à réaliser vos objectifs, quel que soit votre nombre d'heures par semaine. Et on ne manquera pas de vous rappeler à l'ordre si vous vous découragez ! Les locaux sont spacieux et modernes et une séance découverte est offerte à tous les curieux.

COACHING

BODYHIT

Zac de la Gouyonnière - **LA FOUILLOUSE** ✆ 06 84 48 15 58
www.bodyhit.fr
Du lundi au vendredi 8h-14h et 16h-20h ; le samedi 9h-13h. Abonnement de 99 € à 135 €. 1 séance d'essai gratuite.

Body Hit est un centre fitness installé à deux adresses dans la région stéphanoise : une salle se trouve dans le centre-ville (plage horaire plus grande) et une autre à La Fouillouse dans la zone commerciale. Spécialisé dans l'électrostimulation, le centre propose des séances de 30 minutes encadrées par des coachs sportifs diplômés d'Etat équivalentes à 4h de contraction musculaire. Vous réalisez un travail global et simultané sur l'ensemble des muscles de votre corps. Idéal pour ceux visant la performance, la perte de poids ou la rééducation. Selon vos objectifs, les coachs vous proposeront des séries d'exercices adaptés. Ils proposent également de la cryolipolyse.

GLISSE

BASE DE LOISIRS D'AUREC-SUR-LOIRE

30a, rue de la Rivière - **AUREC-SUR-LOIRE**
✆ 04 77 75 00 75
Ouvert tous les jours de 14h à 19h en haute saison. Descentes en canoë-kayak à partir de 9h30. Entrée gratuite.

La base de loisirs d'Aurec est fort appréciée à l'arrivée des beaux jours, non seulement pour sa zone de baignade surveillée dans la Loire et sa plage, mais aussi pour toutes ses activités : minigolf, kart à pédales, bateaux électriques, location de pédalos ou paddles… La base propose même des descentes en canoë-kayak dans les gorges de la Loire. Snack, stand de glaces à l'italienne, terrain de beach-volley… : tout ici a des airs de vacances ! Les tarifs restent très abordables. Au printemps, un nouvel espace de jeux aquatiques de 800 m² ouvrira ses portes !

ESCALADE

NEW

CLIMB UP SAINT-ETIENNE

9, esplanade bénévent ✆ 04 28 77 01 44
https://saint-etienne.climb-up.fr/
Du lundi au vendredi 10h-23h, week-end 9h-20h. 14 €/adulte, 9 €/enfant. Cours collectif 30 €/adulte.

© CLIMB UP SAINT-ÉTIENNE

© CLIMB UP SAINT-ÉTIENNE

Avis aux sportifs de tous âges et de tous niveaux, cette salle dédiée à l'escalade va vous en faire voir de toutes les couleurs. Venez défier la gravité, équipés et encadrés par des pros de cette pratique à sensations. Avec pas moins de 160 voies de 17,5 m de hauteur et une centaine de blocs pouvant monter à 4 m de haut, les pratiquants ont de quoi s'entraîner et affiner leurs techniques. En cours ou en accès libre pour les plus à l'aise, avec une amplitude horaire allant jusqu'à 23h en semaine, nul doute que chacun pourra venir s'essayer à assurer les meilleures prises. Équipement fourni, cafétéria et sauna pour se détendre en fin de séance viennent compléter l'offre.

GOLF

GOLF DE SAINT-ÉTIENNE

62, rue Saint-Simon ✆ 04 77 32 14 63

https://bluegreen.fr/saint-etienne/

Ouvert toute l'année. Tous les jours de 8h à 19h30. 45 € en basse saison et 51 € en haute saison 18 trous.

Longtemps considéré comme une activité élitiste, le golf devient aujourd'hui accessible à tous. Le golfeur doit, grâce à son club, envoyer sa balle dans le trou en un minimum de coups. Cette pratique nécessite beaucoup de courtoisie : auto-arbitrage, concentration, respect du terrain et des autres... Cette activité de plein air qui ne demande pas d'effort physique violent permet de s'évader le temps d'une partie. Suivant le temps dont vous disposez, votre niveau et vos attentes, vous pouvez faire le parcours de 18 trous ou opter pour des cours très professionnels pour découvrir ou se perfectionner. Et si vous aimez ça, le club propose de nombreuses formules avantageuses d'abonnements.

GYMNASTIQUE

L'INDÉPENDANTE STÉPHANOISE

1, allée des Frères-Gauthier

✆ 04 77 74 13 90

www.independante-stephanoise.fr

Du lundi au vendredi 14h30-19h ; mercredi et samedi 9h30-12h. Gym senior, Pilates, gym animation dès 225 €.

Créée dans les années 1930, l'Indépendante Stéphanoise s'est hissée en 70 ans au plus haut niveau. C'est l'un des premiers clubs français en termes de résultats. Deuxième club sportif le plus important après l'ASSE, l'Indépendante Stéphanoise est animée par des professionnels compétents et qualifiés. L'association est affiliée à la Fédération Française de Gym, elle dispose des labels Qualité et Petite enfance. Ouverte à tous, elle propose de multiples activités pour tout âge et tout niveau : baby gym, gym senior, gym forme, gym compétitive, muscu ou encore danse latino.

GYMNASTIQUE

YELLOW JUMP

41, rue des Docteurs Müller ✆ 04 77 74 20 79

http://yellow-jump.fr

Ouvert mardi, jeudi et vendredi 17h-21h ; mercredi 14h-21h ; samedi 10h-22h ; dimanche 10h-19h. Tarif : 13 €/h.

Yellow Jump est un *trampoline park* de 1 100 m² accessible aux petits et grands (dès 6 ans). Les Stéphanois s'y pressent pour décompresser et faire du sport sans s'en rendre compte. La structure regroupe 24 trampolines, 1 Dodge Ball de 20 trampolines pour former un terrain de ballon prisonnier, 1 Tumbling pour les saltos et 6 trampolines inclinés à 60 %. Les amateurs de sensations fortes testeront le Wall Run ou le Slackline et apprécieront les fosses remplies de blocs de mousse. Venez-vous tester sur le trampo Parkour ! Le défi ? Battre le record de 2 minutes et 18 secondes ! Des cours avec un coach intéresseront les sportifs. Yellow Jump organise aussi des anniversaires privés sur résa.

ESCALADE

BLOCABRAC

43, rue Saint Just ✆ 04 77 21 55 03

www.blocabrac.fr

Du lundi au vendredi 12h-22h, les week-ends de 10h-20h. Restauration. 12 €/adulte, 10 €/réduit, 9 €/-12 ans, 6 €/-6 ans.

Blocabrac est une salle d'escalade indoor ouverte en 2016 située à proximité du Puits Couriot. Les pratiquants vont adorer l'ambiance et l'équipe de moniteurs diplômés présente en soutien. Sont accueillis les grimpeurs nouveaux ou aguerris dès 3 ans. Notons que si vous souhaitez progresser, des cours d'escalade sont également dispensés. Par ailleurs, l'établissement propose, des stages pour tous et des soirées à thèmes. Pour les plus jeunes, parents, détendez-vous, ils s'occupent de tout, notamment pour des anniversaires. Avant de grimper, un briefing est fait pour vous rappeler les règles de sécurité. Bref, vous aurez de quoi passer de bons moments et même aller prendre un verre au snack !

PISCINE

CENTRE NAUTIQUE YVES NAYME

28 bis, rue de Terrenoire

✆ 04 77 42 04 70

Bus M4 Bellevue-Châteaucreux gare, arrêt Rue de Terrenoire.

Entrée : 4,25 €. Abonnement et tarif résident disponibles.

Situé à Montplaisir, le centre nautique Yves Nayme dispose de 3 grands bassins : un bassin sportif grande profondeur, une zone ludo-apprentissage puis un espace de 50 m² dédié aux enfants. Ouvert à tous, le centre nautique met à disposition des équipements pour les personnes handicapées avec le prêt de chariots et un appareil sécurisé pour l'installation dans l'eau. Lieu d'entraînement de l'équipe de natation handisport de la ville, son nom fait référence à l'organisateur des Jeux paralympiques en 1970 et 1975 et des championnats du monde handisport en 1990.

PLAN D'EAU

BAIGNADE NATURELLE DE LORETTE

24, rue des Blondières - **LORETTE** ✆ 04 77 94 58 03

www.baignadenaturelledelorette.fr

Ouvert uniquement de début juillet à fin août. Tous les jours de 11h à 19h30.

À 20 minutes de la Métropole en voiture, la baignade de Lorette vous accueille pendant la période estivale dans un cadre reposant et familial. Ici, l'eau provient du Dorlay (rivière ligérienne) et est traitée grâce aux plantes dans le jardin filtrant, rien de plus naturel ! Vous pouvez venir pique-niquer sur l'herbe ou flâner sur les pontons en bois, les pieds dans l'eau cristalline. Un lieu handi-accessible et pensé pour les enfants (qui doivent être accompagnés), où tout le monde peut être sûr de passer une journée agréable ! Le snack vous accueille toute la journée.

NEW

BADMINTON

PADELSHOT

19, allée Jean Lauer ✆ 07 83 31 50 05
https://saint-etienne.padelshot.fr
Ouvert du lundi au vendredi de 10h à 23h, les week-ends de 10h à 20h. Padel : 9 €/heure. Badminton : de 6 € à 8 €/heure.

Le secteur est déjà bien connu des sportifs. En effet, PadelShot se trouve à deux pas du stade Geoffroy-Guichard. Mais concrètement, que trouve-t-on à l'intérieur de ce complexe sportif ? Ici, vous pourrez pratiquer sur 8 terrains un sport qui a le vent en poupe : le padel. Vous pourrez également jouer à un autre sport de raquette : le badminton. Et si vous souhaitez prolonger ce moment sportif, direction le bar-restaurant où vous pourrez faire une partie de billard, prendre votre revanche sur la piste de pétanque ou vous lancer un défi au ping-pong. D'ailleurs, si vous avez un petit creux, vous pourrez également y savourer des pizzas ou une sélection de planches apéritives.

NEW

SPORTS INDIVIDUELS

MON WELLNESS STUDIO

18, Rue de l'innovation
✆ 06 68 10 23 88
http://www.monwellnessstudio.fr
Ouvert du lundi au vendredi. Grand parking privé.

Et si vous preniez vraiment du temps pour vous ? ! C'est en filigrane ce que Mon Wellness Studio propose dans un esprit de bien-être et de sport santé ! Au menu : garuda, swissball, pilates sur reformer pour une pratique plus intense, pilates pré et post-natal pour ne pas oublier son périnée et cours de stretching pour étirer son corps et gagner en souplesse. Et pour finir des cours de yoga que Marion vous fera découvrir ! Dans un cadre moderne et zen, Joelle vous invite à venir découvrir le lieu, qui en plus présente un ensemble de soins pour se sentir bien dans son corps avec massages drainants, aquabike hydromassant et soins esthétiques ! Ambiance bienveillante et sans frime !

NEW

SPORTS INDIVIDUELS

CLASH DE HACHES & SENSAS

242, rue Pierre-Georges Latécoère - **ANDRÉZIEUX-BOUTHÉON**
✆ 06 22 03 12 55 - www.clashdehaches.com
Du mardi au vendredi 17h-22h ; samedi 14h-23h ; dimanche 14h-20h. Entrée : 12 € (1h).

Nul doute que chez Clash de Haches, vous vous sentirez l'âme d'un bûcheron québécois ! Depuis avril, le centre a quitté le quartier de La Rivière, pour s'installer à Andrézieux. vous découvrirez une activité insolite lors d'une session d'une heure, une heure et demie. On s'amuse et on se défoule en toute sécurité. A l'entrée, il vous est possible d'acheter des petits snacks et des boissons pour la pause (sans alcool, c'est plus prudent !). Et dès le mois de juin, en exclusivité dans la Loire, une nouvelle activité «Sensas» promet de joyeux moments lors d'un escape game des sens. Alors, qu'attendez-vous pour venir tester ?

SPORTS DE COMBAT - ARTS MARTIAUX

JUDO CLUB DE LA LOIRE

22, allée Chantegrillet ✆ 04 77 25 49 02
http://jc.loire2.free.fr
Lundi, mardi et vendredi 16h30-19h30 ; mercredi 9h30-12h et 14h-18h (secrétariat). Environ 250 € selon les âges.

Créé en 1949, le Judo Club de la Loire propose aujourd'hui de multiples activités : judo, karaté, aïkido, yoga... Avec ses 800 m² de tatamis, une salle de musculation, un sauna, des vestiaires modernes et des installations sanitaires particulièrement soignées, des salles spacieuses, le dojo est vraiment tout confort. Il y a même une salle de conférences pour les réunions ! Le palmarès est honorable et des maîtres japonais viennent chaque année. Les enfants peuvent commencer dès le plus jeune âge. L'inscription se compose d'une cotisation annuelle, de la licence relative à chaque sport et d'une participation mensuelle. Souhaitons qu'il perdure encore longtemps !

SPORTS INDIVIDUELS

NUMÉRO 8

6, rue de la République ✆ 06 44 39 34 70
www.numero8-saint-etienne.fr
Du mardi au vendredi de 17h à 23h et le samedi de 15h à 23h. Entre 12 et 16 € par personne.

En quête d'une activité insolite ? Laissez-vous tenter par le lancer de hache ! Car contrairement à ce que vous pouvez penser, pas besoin d'avoir de gros bras musclés pour essayer de planter une hache dans une cible. Non, cette activité peut convenir aux sportifs comme aux moins aguerris. Seule contrainte : avoir des chaussures fermées. Côté âge, les mineurs de plus de 16 ans sont autorisés s'ils sont accompagnés par un adulte. Et si jamais cette activité ne vous convient pas, vous pourrez tout de même vous amuser à faire des parties de fléchettes ou de babyfoot et vous pourrez aussi profiter de la salle de billard. À noter que de nouveaux jeux seront prochainement proposés.

VÉLO

OCIVÉLO

38, rue d'Arcole ✆ 04 77 21 18 29
www.ocivelo.fr
Ouvert du mardi au vendredi de 15h à 20h. Vélo-école : lundi, mercredi et samedi de 10h à 11h30.

L'association Ocivélo a pour objectif de développer la pratique du vélo au quotidien à Saint-Etienne. Le vélo est une alternative à la voiture en ville. Ocivélo organise des bourses aux vélos, propose une vélo-école pour adultes et enfants, des conférences, des balades à thèmes pour sensibiliser le public. Elle intervient aussi sur des aménagements pour rendre l'utilisation du vélo en centre-ville plus pratique et plus sécuritaire. Enfin, elle gère aussi un atelier participatif, Le Dérailleur, où vous trouverez de l'aide pour réparer vous-même votre vélo. Si vous possédez de vieux vélos, surtout ne les jetez pas, donnez-les à l'association qui se chargera de les remettre en état !

ESCAPE GAME

1909 ESCAPE GAME

5-6, rue de la République ✆ 06 37 31 88 70
www.1909escapegame-saintetienne.fr
Ouvert du mardi au dimanche de 10h à 23h. 18 € à 24 €, selon le nombre de joueurs. A partir de 10 ans.

Escape Game 1909 dispose de 5 salles aux univers différents : Prisonniers, Sabotage, Wanted, Paranoïa, le Collectionneur de poupées. Vous devrez user de votre sens de l'observation, d'une grande logique, de beaucoup d'intuition pour résoudre les énigmes et parvenir à sortir de la pièce en maximum une heure. Vous participerez à un jeu d'évasion, grandeur nature, en famille, entre amis ou entre collègues. Vous serez sous le charme du jeu ! Garance Gamart offre des formules adaptées à vos souhaits : enterrement de vie de jeune fille ou de garçon, anniversaire... Et si vous avez envie de prendre l'air, laissez-vous tenter par le jeu de piste Saint-Etienne Challenge !

ESCAPE GAME

GAMES 42

1130, boulevard Jean Rostand - **SAINT-JEAN-BONNEFONDS**
✆ 06 31 56 40 24 - www.games42.fr
Mer. 14h-20h ; jeu. 19h-21h ; ven. 18h-20h ; w-e 10h-12h et 14h-20h. Adulte de 16 à 32 €/pers, enfant de 18 à 22 €/pers.

Games 42 vous propose ses escape games pour adultes et enfants. Véritable phénomène de mode, l'escape game est un jeu d'évasion où les participants se mettent dans la peau de personnages pour résoudre des énigmes. Deux scénarios existent pour les adultes : Mafia des années 30 en pleine prohibition et Garage dans la peau de la police scientifique. À partir de 7 ans, ils deviendront de vrais détectives à l'époque d'Al Capone ou pour mener l'enquête dans un garage. Pendant 1 heure, les enfants s'amusent accompagnés d'un animateur. En couple, en famille, entre amis, pour les collègues ou pour les ados, de nombreuses formules existent, n'hésitez pas à vous renseigner.

ESCAPE GAME

CAN YOU ESCAPE

14, avenue Benoît Fourneyron - **ANDRÉZIEUX-BOUTHÉON**
✆ 07 83 01 16 58
https://canyouescape.fr
Ouvert tous les jours. Entre 20 € et 28 € par personne.

La malédiction de Toutankhamon autour de l'Égypte ancienne, Psychose dans une ambiance d'horreur, Le Braquage du siècle comme dans un bon polar, La Chocolaterie magique pour un peu de fantastique... En tout, Can you Escape vous propose six univers pour un moment d'évasion. Entre amis ou en famille, cet escape game fait travailler la réflexion et permet de souder les liens au sein d'une équipe ! À noter, le parcours Le Braquage du siècle peut être suivi par deux équipes en parallèle, la première parvenant au bout étant déclarée vainqueur. Par ailleurs, la Maison hantée est une version plus soft de Psychose qui se déroule dans le même décor et avec un scénario identique.

NEW

ESCAPE GAME

PRISON ISLAND

2, Rue Ferrer ✆ 04 77 47 00 44
https://gamesfactory.fr/saint-etienne/
Ouvert 7j/7 du lundi au jeudi 14h-22h, vendredi 14h-00h, samedi 10h-00h, dimanche 10h-22h. Dès 5 ans. De 18 à 25 €/pers.

Vous recherchez une activité atypique à faire en famille ou entre amis et vous êtes fan du jeu télévisé Fort Boyard ? Alors rendez-vous à Prison Island. 37 cellules où l'objectif est de relever des défis de type escape game, pour une finalité : résoudre l'énigme durant un temps limité ! Un complexe inclusif, associant la logique à l'agilité, ouvert de 5 à 77 ans, aux musclés comme aux moins sportifs, puisque ici le secret est la cohésion. Pour participer, il vous faut donc constituer un groupe d'au moins trois personnes, poser votre téléphone portable, prendre une grande inspiration et vous lancer. Dans le complexe on pourra aussi s'amuser aux jeux ou prendre un verre en attendant son tour.

ESCAPE GAME

CHATEAU DE LA ROCHE

123, allée du Château - **SAINT-PRIEST-LA-ROCHE**
✆ 04 77 64 97 68 - www.lechateaudelaroche.fr
Ouvert du vendredi au dimanche. De mars à fin octobre. Escape game : 20 €/personne. Visite guidée : 6,50 €.

Construit sur un piton rocheux, au bord des gorges de la Loire, le château de la Roche défie les aléas du temps et de la météo depuis le XIIIe siècle. Géré par la Communauté de communes du Pays entre Loire et Rhône, des visites guidées théâtralisées dans une ambiance inclusive sont organisées. Le monument abrite aussi deux escape games desservis par un ascenseur. Deux salles pour deux ambiances : «Alerte submersion», où l'objectif est de fuir la montée de la Loire et éviter la noyade, puis «Esprit es-tu là ? «, où il faut libérer l'esprit qui hante le château. La volonté première était de rendre le château accessible à tous, aidants comme personnes en situation de handicap. Pari remporté !

SPORTS INDIVIDUELS

SEVEN SQUARES

2, Rue Ferrer
✆ 04 82 77 70 00
www.sevensquares.fr
Ouvert tous les jours de 10h à 0h.

Seven Squares est un véritable paradis du jeu pour les enfants, mais également pour les adultes. Car entre les toboggans, le mur d'escalade, les jeux d'arcade, le parcours d'obstacles, le laser game, le billard, le bowling ou encore le Trampoline park, ce complexe de loisirs indoor saura séduire toutes les personnes de 7 à 77 ans. Notons que les moins de 7 ans ne sont pas oubliés. En effet, ils pourront s'amuser dans l'un des labyrinthes, jouer dans les piscines à balles ou profiter de jeux en mousse... Et si, à la fin de votre partie, vous avez un petit creux ou une petite soif, sachez qu'un bar se trouve juste à côté du bowling et qu'un coin snack se trouve près du Kids park.

ET SI ON JOUAIT ?

BOWLING

INSIDE PARK

85, chemin de la Côte - **VILLARS** ✆ 04 28 70 40 75
www.insidepark.fr
Du lundi au jeudi de 14h à 0h, vendredi et samedi de 14h à 2h, dimanche 14h-23h. Ouverture à 10h pendant les vacances.

Situé près d'Auchan, Inside Park est un complexe d'activités pour toute la famille. Ouvert tous les jours, vous pourrez vous détendre avec vos proches et amis autour d'une partie de bowling, de jeux d'arcade, d'un billard, de trampolines ou en faisant une pétanque… Les bières artisanales brassées sur place n'attendent que vous ! Le Kids Park fait le bonheur des enfants ; une zone est réservée pour les tout-petits, les jeunes parents apprécieront. Plusieurs formules avantageuses existent : anniversaire, enterrement de vie de célibataire… N'hésitez pas à vous renseigner à l'accueil de l'établissement. Et le Inside Park ouvre plus tôt - dès 10h - en période de vacances scolaires.

JEUX

LA TAVERNE DU GOBELIN FARCI

39, rue du 11 Novembre
✆ 04 77 32 53 32
www.augobelinfarci.com
Du mardi au samedi 10h-19h. De 10 € à 30 €/équipe. Escape game, chasse au trésor. Café ludique.

La Taverne du Gobelin Farci est un bar sans alcool où vous pourrez venir passer des après-midi et des soirées à jouer à différents jeux de cartes, de rôles, de figurines, dans une salle de jeu de 170 m², avec une ludothèque à votre disposition constituée de plus de 400 jeux de société. Vous pourrez pratiquer des jeux de stratégie, des escape games, des chasses au trésor, entre autres. Le choix est vaste : 18 soldats du feu, Abyss, 6 qui prend, A la carte, Colt Express, Antarctica…, il y en a pour tous les goûts ! De nombreux évènements sont régulièrement organisés.

CASINO

CASINO JOA

85, rue Francis-Laur - **MONTROND-LES-BAINS** ✆ 04 77 52 70 70
www.joa.fr/casinos/montrond
Ouvert toute l'année. Du lundi au jeudi de 9h à 3h ; le vendredi et le samedi de 9h à 5h. Restauration. Boutique.

Le Casino Joa de Montrond-les-Bains est un véritable complexe de loisirs de 4 400 m² baigné de lumière naturelle qui propose une offre conviviale et inédite. Côté jeux : 225 machines à sous avec de nouvelles sensations de jeux (fauteuils vibrants, jeux tactiles…) et la particularité de pouvoir jouer en extérieur. Les jeux de table se déclinent en version traditionnelle ou électronique. Côté loisirs : dégustez une bière et découvrez les secrets de sa fabrication lors de visites, challengez-vous sur les pistes du bowling, amusez-vous sur les simulateurs 3D et 4D des jeux d'arcade. Les évènements sportifs sont rediffusés sur écran géant et le bar lounge propose une offre de snack à toute heure.

JEUX ET JOUETS

AU TAPIS VERT

9, rue de la République
✆ 04 77 37 88 25
www.autapisvert.com
Ouvert du mardi au samedi de 9h30 à 19h. Ouvert les dimanches et lundis de décembre. Boutique en ligne.

Le Tapis Vert, spécialisé dans la vente de jouets et de jeux, est né au cœur de la ville en 1903. Dans cette grande et jolie boutique, on retrouve plus de 2000 références, difficile de ne pas trouver son bonheur ! Jouets premier âge, jeux d'imitation ou de stratégie, jeux de société, créatifs, instruments de musique, échecs et dames et même jeux adaptés aux personnes malvoyantes : le choix est varié. Pour compléter son offre, le magasin vous propose d'entretenir ou de réparer vos billards et baby-foot (même si vous ne les avez pas achetés en boutique) et fait dépôt-vente de jeux d'occasion. Conseils et amusements sont de mise !

ESCAPE GAME

THE GREEN ESCAPE GAME

2, Rue Ferrer ✆ 07 88 43 41 15
www.thegreenescapegame.fr/
Ouvert 7j/7 de 10h à 23h. Escape game, green challenge, réalité virtuelle. Dès 21 € la partie, à partir de 7 ans.

À tous, grands et vrais enfants, à tous les amateurs de polars et autres fans de Cluedo, courez découvrir The Green Escape Game. Après un briefing de quelques minutes par un animateur, vous et votre équipe êtes plongés dans le mystère pour une heure minimum. Aucune épreuve de force n'est demandée, il suffit de faire appel à sa logique et à un grand esprit d'équipe pour tenter de résoudre les nombreuses énigmes. La forêt enchantée vous ramène en 1261, Huxley vous transporte en l'an 3007, avec un casque, dans le cas de la VR, différents niveaux de difficulté sont possibles selon les missions engagées. En immersion dans un monde parallèle, préparez-vous à vivre une aventure hors du commun.

JEUX ET JOUETS

P'TIT LOUSTIC

5, rue Mercière
✆ 04 77 21 07 57
https://ptitloustic.fr/
Ouvert du mardi au samedi de 9h30 à 12h30 et de 14h à 19h.

Le P'tit Loustic est une boutique enchanteresse. Si vous passez devant avec vos enfants, vous risquez fort d'avoir bien des difficultés pour en éloigner vos bambins tant les couleurs et les objets les fascinent : voitures à pédales, jeux de société, lampes de chevet, trains, garages de voitures, poupées, théâtre de marionnettes, déguisements, jeux de cartes, tabliers de jardin… Ce sont plus de 350 références que vous pourrez retrouver ici. Cette boutique est l'une des adresses favorites du père Noël. Et l'on comprend bien pourquoi ! Le propriétaire des lieux propose même des animations à la demande pour des collectivités ou des événements locaux. Une belle adresse à découvrir.

JEUX VIDÉO

4 GAMER

4, rue de la Richelandière ✆ 04 26 48 46 77
www.4gamer.fr
Mardi 17h-00h, mercredi 14h-00h, jeudi 17h-00h, vendredi 14h-1h30, samedi 14h-1h30, dimanche 14h-21h.

4 Gamer est le premier bar à jeux de Saint-Étienne. C'est le lieu idéal pour tous les jeunes qui préfèrent se retrouver sous terre plutôt que dehors au soleil. Il n'est pas toujours facile de se réunir chez soi, à cause des voisins ou des parents, alors qu'ici c'est un endroit parfait pour venir faire des tournois de jeux vidéo entre jeunes adultes tout en buvant un verre. Des animations diverses sont organisées régulièrement autour de Mario Kart par exemple ou de Warframe, Earthstone... Mais il y a aussi des soirées jeux comme le fameux loup-garou, des blind tests, des soirées musicales... Un espace dédié aux consoles vidéo vintage existe également et séduira les nostalgiques.

FIZZUP

Solution alternative pour ceux qui veulent se mettre au sport sans se rendre à la salle ou en cours collectif, FizzUp propose des séances en vidéos à faire depuis chez soi, avec le matériel à disposition. Des séries d'exercices diversifiés et progressifs, permettant à tous les niveaux de commencer. L'application se couple même à un espace qui intègre les intolérances et régimes alimentaires.

JEUX VIDÉO

GAME BUINO

10, rue Marius Patinaud
✆ 06 17 92 95 38
www.gamebuino.com
Vente sur le site internet uniquement.

Aurélien Rodot a fondé la startup stéphanoise Aadalie. Il y a 3 ans, il a créé la Gamebuino Classic et vient maintenant de lancer la Gamebuino Méta, entièrement fabriquée dans la Loire avec des matériaux recyclés. La Gamebuino Méta est une console de jeu portable d'esprit rétro. Mais c'est bien plus qu'un simple divertissement, elle permet d'apprendre à coder afin de créer ses propres jeux. C'est comme une recette de cuisine, il faut des ingrédients et respecter un ordre. Ainsi, en 30 minutes environ, chacun peut faire ses jeux personnalisés sans prérequis. Le but de la console, c'est de permettre d'essayer les jeux conçus par d'autres personnes et ainsi de créer une communauté.

SPORTS INDIVIDUELS

ALTI'FIL

4015, route de la Faye - **BURDIGNES**
✆ 09 72 60 88 29
www.altifil.fr
Du 8 avril au 5 novembre 2023. De 10 à 16 €. Dès 4 ans Ouvert samedi et dimanche de 9h30 à 17h. Vacances scolaires 7/7.

© SOPHIE PAUZE

© SOPHIE PAUZE

Jouer au football à plusieurs mètres au-dessus du sol : l'idée peut vous paraître saugrenue. Pourtant, c'est possible à l'Alti'Fil. Car ici, les visiteurs peuvent évoluer jusqu'à 7,50 mètres de hauteur sur des filets de chalut et de catamaran. Autrement dit, pas besoin de harnais pour se déplacer. D'ailleurs, ce n'est pas la seule activité que vous pourrez faire, perché au milieu des arbres. Car avec 1 300 m² de surface, ce parc acrobatique dispose également d'un terrain de volley-ball, d'un trampoline ou encore d'un labyrinthe. Notons qu'à chaque fois, plusieurs couches de filets de sécurité sont présentes. Bref, tout est fait pour passer un agréable moment en famille ou entre amis.

ET SI ON JOUAIT ?

PARCOURS DANS LES ARBRES

HÊTRE EN FOREZ

Le Pont de Chevelières - **CHALMAZEL** ✆ 06 64 04 86 26
www.hetreenforez.com

Encadrement par un moniteur expert. Demi-journée : 35 €. Journée : 60 €. Nuit : 75 €. Apéritif : 50 €.

Hêtre en Forez propose une activité originale qui permet de se reconnecter avec la nature : la grimpe d'arbre. Vous serez encadré par Justin Augay et vous pourrez passer une demi-journée, une journée ou une nuit perchée à plusieurs mètres de hauteur. Notons que vous monterez en moulinette ou en corde de déplacement et que différentes activités vous seront proposées. D'ailleurs, si vous le souhaitez, vous pourrez manger une fondue à la fourme dans les arbres. C'est pour cette raison que cette activité qui est sécurisée pourra plaire à tous les publics. Par ailleurs, les installations ne doivent pas rester un long moment au même endroit. Autrement dit, tout est fait pour respecter la nature.

NEW

PÉTANQUE

ESPACE PÉTANQUE

10, Impasse de la zone du Pilat - **MARLHES**
✆ 06 77 32 09 83

Ouvert du mercredi au vendredi de 14h à 19h et samedi de 19h à minuit.

C'est sous l'impulsion d'Emmanuel, passionné de pétanque, que ce boulodrome a récemment ouvert ses portes. En concours, tournois ou simples parties amicales, les amateurs du genre vont s'en donner à cœur joie et tâter du cochonnet, durant leurs parties, sur les 19 terrains (dont 12 extérieurs et 7 intérieurs). Ambiance et convivialité sont de rigueur et se concrétisent autour d'une bière ou lors des soirées thématiques le temps d'un repas mitonné pour l'occasion. Amis boulistes, pensez à réserver votre session, de 5h maximum, à l'avance pour être bien sûr de la disponibilité du terrain. Notez la possibilité de privatiser le lieu pour des soirées professionnelles ou privées.

LASER GAME

LASER GAME ÉVOLUTION

52, rue Gutenberg ✆ 04 77 57 82 54
www.lasergame-evolution.com

Ouvert toute l'année. 8 € la partie de 20 min, prix dégressif pour les parties suivantes.

Le Laser Game Evolution est un jeu de tir laser où plusieurs joueurs s'affrontent, en individuel ou en équipes, pour marquer un maximum de points, dans des labyrinthes obscurs sur plusieurs niveaux. Précision et rapidité seront des atouts majeurs pour surpasser vos adversaires ! Utilisez les planches du labyrinthe pour vous cacher, mais méfiez-vous des meurtrières et des miroirs ! Le Laser Game Evolution vous offre un espace de 1 000 m² de jeu sur 3 salles pour affronter vos amis de manière conviviale. Un conseil, prenez un t-shirt noir et des baskets afin d'être « invisible » et de pouvoir courir ! Une activité sympathique pour toute occasion en famille ou entre amis !

JE CRÉE MON ESPACE DE VIE

Le guide du Petit Futé vous apporte ses conseils avisés pour tous vos projets depuis l'acquisition ou la location de votre logement jusqu'à son aménagement intérieur en passant par de bonnes adresses en matière d'artisans compétents dans la rénovation, de commerçants spécialisés dans la vente ou la réparation d'électroménager, des boutiques d'art, d'art de la table et de décoration ou encore des fleuristes. Ces quelques pages vous guideront pour déceler les meilleurs établissements pour créer votre espace de vie quotidien à votre image. Vous trouverez dans cette rubrique toutes les bonnes adresses pour acheter le mobilier, les luminaires, les objets décoratifs de vos rêves mais aussi les noms de bons professionnels ultra-créatifs qui referaient entièrement votre demeure ou vous donneraient des conseils judicieux afin de créer un intérieur qui vous ressemble en associant matériaux, styles et couleurs. Leur objectif : aménager l'espace de manière à l'embellir et à le rendre agréable tout en étant fonctionnel dans le respect des contraintes budgétaires et réglementaires.

VOTRE GUIDE DEVIENT
INTERACTIF

TAPEZ **PETITFUTE.APP** DANS LE NAVIGATEUR DE VOTRE SMARTPHONE.

PRENEZ UNE PHOTO DE LA PAGE DÈS QU'ELLE A CE PICTO !

ARTS

L'ART DEMEURE

6, rue de la Condition
✆ 06 83 54 94 76

Ouvert du mardi au jeudi de 14h à 19h ; le vendredi et le samedi de 10h30 à 19h. Ouvert également sur rendez-vous.

Nathalie Berger est artiste peintre. Stéphanoise d'origine et attachée à cette ville qui regorge de gens créatifs, c'est ici qu'elle a décidé d'ouvrir un lieu différent, avec une ambiance plutôt parisienne. Dans son magasin-atelier, situé derrière la Maison des Avocats et où «rien n'est figé», on trouve ses propres œuvres mais aussi celles d'artistes locaux. D'ailleurs, tous les arts sont représentés : peintures, graffs, luminaires, sculptures, photographies, céramiques... Tout est à vendre, «à disparaître et à renaître» ! Et afin de casser l'image un peu élitiste de la galerie d'art, Nathalie Berger propose de partager en libre accès l'art...péro le samedi à midi.

ARTS

GALERIE ART PLURIEL RIVE DROITE

27, rue de la République ✆ 06 38 68 21 05
www.art-pluriel.fr

Ouvert du mardi au samedi de 15h à 19h. Ouverture possible sur rendez-vous.

Depuis 2012, la Galerie Art Pluriel expose dans ses 420 m² des sculptures, des peintures et du mobilier d'art. Ici, vous pourrez contempler le travail de 14 artistes permanents. Si vous le souhaitez, vous pourrez aussi acquérir les œuvres présentées. La galerie accueille également les ateliers de deux artistes peintres et celui du sculpteur Philippe Buil qui nous éblouit par ses créations magiques, jouant entre le conscient et l'inconscient. Notons également que des expositions temporaires mettant en lumière des œuvres originales sont fréquemment proposées.

ARTS

GALERIE BERTHEAS

8, rue Etienne Mimard ✆ 06 13 57 11 80
www.galeriebertheas.fr

Ouvert du mardi au jeudi de 14h à 19h ; le vendredi et le samedi de 10h à 12h et de 14h à 19h.

Cette galerie appartient à la famille Berthéas. Elle est entièrement dédiée aux œuvres contemporaines. Les fins collectionneurs ou amateurs du genre peuvent découvrir dans ce lieu unique les toiles de jeunes créateurs qui cherchent à acquérir une reconnaissance. Ouverte depuis plus de 8 ans, cette galerie expose des artistes comme Chamizo, Koska, Combas, Ben, Wesselman... Le courant artistique n'est pas sans rappeler celui du pop art pour certains d'entre eux. Si vous souhaitez en savoir plus sur les expositions proposées, n'hésitez pas à vous rendre sur le site Internet de la galerie où vous bénéficierez de davantage d'informations sur les artistes qui sont exposés.

NEW

ARTS

GALERIE CEYSSON & BÉNÉTIÈRE

10, rue des Aciéries ✆ 04 77 33 28 93
www.ceyssonbenetiere.com

Ouvert du lundi au mercredi, le vendredi et le samedi de 10h à 18h ; le jeudi de 10h à 21h.

Imaginez-vous bien : l'une des plus grandes galeries de France se trouve à Saint-Etienne, précisément entre le Zénith et la Comédie. Car à la Galerie Ceysson & Bénétière, vous pouvez admirer les œuvres d'artistes dans un bâtiment de 1 000 m². Notons que ce lieu n'est pas qu'un simple espace d'exposition. Ici, vous pourrez également profiter d'un restaurant et entrer dans une librairie-boutique. D'ailleurs, chaque jeudi soir, la Galerie s'anime, car des conférences, des dégustations œnologiques ou encore des vernissages d'exposition s'y déroulent.

ARTS

PASQUI GALERIE

9, rue des Creuses ✆ 06 17 87 84 47
www.pasquigalerie.com

Ouvert mardi et mercredi de 14h à 19h ; du jeudi au samedi 10h-12h et 14h-19h. Sur rdv en dehors de ces horaires.

La galerie d'art contemporain créée par deux amis d'enfance, Agnès Court et David Pasquinelli, met en valeur, dans un vaste espace épuré, la création artistique émergente. Une vingtaine d'artistes permanents y sont exposés dont certains originaires de la région stéphanoise à l'instar de Chrystelle Gouy qui puise son inspiration dans l'art urbain, délicieusement rétro, et de Lucas Mathevon, alias Luma, aux portraits expressifs, tachetés de couleurs flashy sur toiles et barils de métal. Les prix sont négociés en fonction de la cote de l'artiste et la livraison à domicile est offerte. A retrouver aussi chez Sagra-Bigmat Caparol à Saint-Étienne. Pour les amateurs d'art un brin avant-gardistes !

ARTISANAT

JE SUIS ART

7, Zone d'activité de la platière - **LA GRAND-CROIX**
✆ 06 87 93 89 82 - https://www.jesuisart.fr/

Ouvert du lundi au jeudi de 9h30 à 18h30, vendredi de 9h30 à 12h. Vendredi après-midi et samedi sur rdv uniquement.

Qu'il s'agisse d'habiller un mur intérieur ou de placer un élément décoratif au milieu de son jardin, Je Suis Art sait tout faire. Cet atelier d'artisanat propose une game de produits déjà réalisés ou conçoit avec vous la création de produits sur mesure. Sur place ou dans la boutique en ligne, on pourra ainsi choisir des skylines, sortes de scènettes façon ombres chinoises en métal noir, des objets en relief parmi toute une collection de décorations murales (animaux, carte du monde, etc.) ou encore une pièce plus imposante pour une décoration extérieure. Je Suis Art, c'est de la décoration contemporaine 100 % *made in* France conçue avec des matériaux résistants.

DÉCORATION

UNE AUTRE MAISON

4, rue Traversière ✆ 04 77 32 89 77
https://uneautremaison.fr
Ouvert du lundi au samedi de 9h à 19h. Vente à distance dans toute la France.

Une Autre Maison est une adresse incontournable pour son intérieur ! Audace, goût et luxe, voilà comment on pourrait qualifier les produits sélectionnés par la boutique. Le style est contemporain, un brin scandinave et nomade avec les créations venues d'ailleurs. En ligne ou sur place, vous pourrez admirer et acheter de la vaisselle, du linge de maison, des meubles, des canapés, des rideaux, des luminaires, des accessoires de cuisine, et même des articles d'épicerie fine ! La boutique regorge de belles marques : Pomax, Zuiver, ASA Selection, Airborne, Esteban, Côté bougie, Sits, Harmony, Beija Flor, Pappelina, Monochronic… La boutique livre partout en France.

DÉCORATION

KARTELL

31, place Chavanelle
✆ 04 77 25 84 39
www.oralto.com
Ouvert du mardi au samedi de 10h à 12h et de 14h à 19h.

Kartell propose différents meubles de designers et de grandes marques. La ligne rappelle les années 1960, époque où plastique rimait avec moderne, mais attention, pas question de regarder en arrière ! Ici, il s'agit d'innover. Les sièges, tables et autres objets du mobiliers sont sobres, épurés, audacieux. Des grands noms du design, comme Philippe Starck, ont collaboré avec Kartell. Vous y trouverez notamment la célèbre chaise Louis Ghost. La marque propose plusieurs collections par an – comme les grands couturiers – et l'accueil du magasin est vraiment sympathique. Si vous venez chez Kartell, c'est pour acheter un peu plus qu'un meuble, presque une œuvre d'art…

11 PETS

11 pets est une plateforme de soins pour animaux pensée pour les propriétaires d'animaux de compagnie, les toiletteurs professionnels et les refuges animaliers. L'objectif est de constituer un carnet de santé virtuel complet regroupant l'historique médical des compagnons à poils de notre foyer, mais aussi des soins réguliers à leur apporter (calendrier de vaccinations, toilettage, déparasitage).

DÉCORATION

L.V.C DESIGN

41, rue Gambetta
✆ 04 77 32 05 64
www.lvc-design.com
Ouvert du mardi au samedi de 10h à 12h30 et de 14h30 à 19h.

Le Vieux Colombier (désigné par l'acronyme L.V.C.) est l'une des boutiques design les plus anciennes de Saint-Etienne : l'ouverture date de 1977 ! Face au Musée d'Art et d'Industrie, vous trouverez dans le showroom de 400 m² du mobilier prestigieux : Knoll, Leolux, Moroso, Poltrona Frau, Vitra, Cassina, Artémide, Flos, Fontana Arte, Paolo Lenti… Pour les professionnels désireux d'avoir un cadre de travail haut de gamme ou les amateurs éclairés, L.V.C. propose tout ce qu'il faut en termes de mobilier, tableaux, sculptures, pour l'habitat, l'outdoor ou les collectivités, toujours tourné vers la facette la plus avant-gardiste du design. En somme, quasiment de l'art contemporain !

DÉCORATION

HOZO MA MAISON A DU GOÛT

372, RD 1082 - **LA FOUILLOUSE** ✆ 04 77 56 19 57
www.hozo.fr
Ouvert le lundi de 14h à 19h ; du mardi au vendredi de 10h à 12h et de 14h à 19h ; le samedi de 10h à 19h.

Dans le récent centre commercial de l'Arche se situe, au niveau -2, le magasin Hozo Ma maison a du goût. Spécialiste de la décoration d'intérieur, Hozo vous propose de jolis objets pour embellir vos intérieurs. Art de la table, luminaires, linge de maison, tableaux, cadres photo, horloges, petit mobilier, tapis, statuettes… Le tout dans un style moderne coloré à l'image des œuvres de Jeff Koons, une des sources d'inspiration du magasin. Les amateurs apprécieront le corner Yankee Candle. Hozo est également un spécialiste de l'art de recevoir et propose de nombreux ustensiles de cuisine qualitatifs et élégants. Une adresse pour se faire plaisir ou offrir un cadeau aux cuisiniers en herbe.

DÉCORATION

MADEMOISELLE COLETTE

24, quai de l'Astrée
MONTBRISON
✆ 09 53 11 36 27
Ouvert du mardi au samedi de 10h à 12h et de 14h à 19h.

De temps en temps, vous aussi, vous avez sans doute envie de renouveler votre intérieur. Non, on ne vous parle pas de changer toute votre décoration, mais juste de remplacer certains objets qui vous sortent par les yeux. Alors si c'est le cas, n'hésitez pas à faire un tour dans cette belle boutique. Car ici, vous trouverez un choix assez varié d'objets pouvant convenir à votre logement. Entre un miroir en forme de cœur, une lampe en raphia ajourée, une étagère déstructurée, des paniers Mifuko en plastique recyclé, une malle au trésor, ou encore de la vaisselle en grès, vous trouverez sans doute votre bonheur. Notons que des nouveautés sont fréquemment proposées.

ARCHITECTE

AIM2 ARCHITECTES D'INTÉRIEUR

41, avenue de la Libération
✆ 04 77 21 62 26
www.aim2.fr
Ouvert du lundi au vendredi de 9h à 19h.

Derrière l'acronyme AIM2 œuvrent Nicolas Mercier et Florian Meyer, deux architectes d'intérieur diplômés, qui après avoir mené huit ans durant leurs propres activités décident de s'associer. Un regard double pour répondre à vos attentes, agencer vos volumes et repenser vos espaces. Présents auprès des particuliers et des professionnels dans la définition d'avant-projets, la consultation des entreprises et le suivi de chantier, ils pensent travaux et aménagements, et pour vous aider à vous projeter, ils vous font visualiser votre projet en visite virtuelle 3D.

ARCHITECTE

MARINA DÉVIGNE

✆ 06 62 74 15 59

Décoratrice d'intérieur et passionnée de brocante, Marina Dévigne est incontournable à Saint-Etienne. Particuliers et professionnels font appel à son savoir-faire pour rénover un bien ou une pièce, construire un agencement, faire du coaching déco, du home staging et de la décoration événementielle. Son objectif : (re)créer un lieu de vie qui vous ressemblera en l'agrémentant de matériaux de qualité. Originalité, créativité, respect du budget et confort, des critères importants dans son travail. Elle vous accompagnera dans la réalisation de petits et grands changements : du conseil à la réalisation de planches 3D, de la liste shopping au suivi des travaux, elle s'occupe de tout !

AMEUBLEMENT

4 PIEDS

340, RN 82 - **LA FOUILLOUSE** ✆ 04 77 93 55 85
www.4pieds.com
Ouvert le lundi de 14h à 19h ; du mardi au samedi de 9h30 à 12h et de 14h à 19h.

4 Pieds est spécialisé dans les tables et les fauteuils, pour tous les goûts et dans tous les styles. Chaises pliantes, fauteuils de bureau ou tabourets de bar, en cuir, en verre, en bois, en métal ou en rotin... Tout y est ! On trouve aussi des bureaux, des dessertes et même un peu de mobilier pour l'extérieur. Côté gamme de prix, il y en a pour tous les budgets, de 20 à 2 000 € ! Des facilités de paiement sont proposées à partir de 300 € d'achat. N'oubliez pas de souscrire à l'offre de bienvenue (qui suit l'inscription à la lettre d'information par mail). Pour les amateurs de produits dernier cri, il est à noter que sur le site web une page complète est destinée uniquement aux nouveautés.

MEUBLES

ATELIER IMAGO

19, rue Gambetta
✆ 06 08 67 97 86
www.atelierimago.fr
Ouvert du mardi au samedi de 11h à 18h.

Une radio vintage qui se transforme en enceinte bluetooth. Une commode 1900 relookée qui conserve son charme rétro alors qu'elle était très abîmée. Un buffet 1920 qui devient une desserte. Un vieux bahut en noyer rénové qui va prendre place dans une cuisine alors qu'il avait servi de cabane à poules. Un petit bureau qui retrouve toute son élégance. Vous l'aurez compris, Clotilde Debatisse et Augustin Boyer donnent une nouvelle vie à vos vieux meubles. Et parfois, cela peut transformer votre mobilier intérieur. Notons que dans la boutique vous pourrez également retrouver des objets chinés puis relookés par les deux gérants ainsi que des expositions d'artistes locaux.

MEUBLES

EZÉQUIEL & BETTY

118, route de Champdieu - **CHALAIN-D'UZORE**
✆ 06 07 26 53 61
Sur rendez-vous. Livraison possible (règlement par espèces, chèques, virements bancaires).

L'entreprise Ezéquiel & Betty est spécialisée dans la rénovation et la vente de meubles vintage remis au goût du jour. Basée non loin de Montbrison, Betty chine et rénove avec passion des vieux meubles délaissés. Armoire, bureau, confiturier, commode, meuble de métier... : vous trouverez votre bonheur ! Chaque meuble est rénové avec soin ; les meubles sont bruts ou peints dans des tons doux avec des peintures qualitatives comme Farrow & Ball. Les détails sont toujours soignés, Betty aime choisir de belles poignées ou ajouter des touches de papiers peints assortis dans les tiroirs et intérieurs de portes. N'hésitez pas à guetter la page Facebook, la communication se fait par ce biais.

ANTIQUAIRE

ATELIER DE PAPY

2, rue Edouard Garet - **ANDRÉZIEUX-BOUTHÉON**
✆ 06 49 87 88 01
www.atelier-de-papy.com
Ouvert du mercredi au samedi de 14h à 19h.

L'Atelier de Papy, c'est un showroom de 650 m² tenu par Mathieu Momein, chineur et jeune antiquaire que l'on a vu dans *Affaire conclue* sur France 2, et qui propose des objets drôles et insolites, de styles variés : mobilier industriel, tableau du XVIIIe siècle, mobilier design des années 1970, sujets de manège, religieux ou même érotiques... Aucun fil conducteur, la sélection se fait au coup de cœur et au gré de ses pulsions. Une sélection d'antiquités et objets de déco/brocante française, plutôt haut de gamme, mais les arrivages quotidiens laissent place aux bonnes occasions. Livraison assurée partout en France et dans le monde et service pour les successions et expertises confidentielles.

PAPIER PEINT - PEINTURE

APPLICATION WALLPHONE

2 Bis, route de la Croix Rapeau - **SAINT-GALMIER**
✆ 04 77 90 04 83
https://wallphone.fr
Ouvert du lundi au vendredi de 9h à 19h.

Une balade au bord de l'eau pour contempler un coucher de soleil. Un souvenir magique de vos dernières vacances. Une journée inoubliable avec vos enfants. Bref, quel que soit le moment que vous avez choisi d'immortaliser, vous pouvez le coller sur votre mur. Concrètement, l'application Wallphone permet de personnaliser son papier peint grâce à une photo que vous avez prise. D'ailleurs, la commande est rapide car après avoir indiqué vos dimensions, vous n'avez plus qu'à effectuer les réglages et le tour est joué. Ainsi, vous pourrez personnaliser la décoration de votre intérieur en un rien de temps. Notons que la livraison s'effectue dans un délai maximum de 15 jours ouvrés.

NEW ENCADREUR - RESTAURATEUR DE TABLEAUX

ATELIER HORS CADRE

2, place Maxime Gorki
✆ 06 10 75 19 54
Du mardi au samedi 10h-19h.

Qu'il s'agisse d'une photographie, d'une sérigraphie ou d'une création manuelle, Stéphane saura la sublimer en proposant un cadre sur mesure. « A quelques millimètres près, cela change absolument tout le sens d'une œuvre » va même jusqu'à affirmer l'encadreur. On ne peut que se retourner devant sa vitrine à l'esthétique incroyable, à l'image de la petite boutique digne d'un cabinet de curiosités du XVIe siècle : papillons sous cloche, insectes, squelettes d'animaux, parchemins..., preuve du savoir-faire et du bon goût de cet artiste qui a su créer un véritable musée miniature, où l'on peut venir faire encadrer sa toile préférée, acheter une pièce unique ou simplement s'inspirer.

RIDEAUX - VOILAGES - TISSUS - TENTURES

L'ILLUSIONIST

23, rue Gambetta
✆ 06 21 03 52 77
www.illusionist-conceptstore.com
Du mardi au samedi 10h-12h et 14h-19h.

L'Illusionist est un concept-store qui redonne vie à vos sièges, qu'ils soient anciens, contemporains, classiques ou design. Marianne et Laurent, artisans tapissiers décorateurs, vous apportent leurs conseils personnalisés pour tous vos projets de décoration et de tapisserie. La restauration de sièges, la confection de coussins, de rideaux, de stores, de tentures murales…, n'ont pas de secrets pour eux. La boutique propose également plus de 130 couleurs de peinture à l'eau de la marque Farrow & Ball, ainsi qu'un coin décoration avec coussins, cadres et images... Vous pouvez également participer aux cours d'initiation à la tapisserie d'ameublement pour restaurer vous-même vos sièges favoris.

LUMINAIRES

ANGE ET LUX

21, rue Etienne-Mimard
✆ 04 77 37 48 84
www.ange-et-lux.fr
Ouvert du mardi au samedi de 10h à 12h30 et de 14h à 19h.

Travaillant avec une quarantaine de fabricants, cette enseigne propose pour vos éclairages, intérieurs et extérieurs, du technique et du décoratif. La volonté est de rester multi-marques afin de garder l'esprit design et de présenter des idées modernes. Pour vous ou votre entreprise, Fleur Contant et Gilles Garnier conçoivent des projets cohérents et adaptés qui mêlent luxe et volupté. Ils travaillent la lumière autant que la lampe ; le conseil qui vous sera apporté ne s'arrêtera pas à l'esthétique du luminaire, il sera également question d'ambiance, de blancheur de la lumière, de chaleur de la luminosité, pour que votre pièce puisse bénéficier idéalement de l'éclairage souhaité.

LUMINAIRES

RENAUD DEMURGER BOUGIES ARTISANALES PARFUMÉES

Rue de l'Industrie - **VEAUCHE**
✆ 04 77 56 01 32
www.renaud-demurger.com
Vente en ligne. 15 € la bougie parfumée.

100 % chaleur pour votre intérieur ! Les bougies R. Demurger sont réalisées à la main dans l'atelier veauchois à partir d'une cire végétale, de soja, dont la combustion est exempte de la nocivité de la paraffine, et de mèches de coton naturel tressé. Parfumées avec des huiles provenant de maîtres-parfumeurs de Grasse, elles embaument votre pièce de leurs senteurs fleuries ou fruitées pour 40 heures de pur bonheur ! Aussi des cosmétiques de fabrication artisanale et de qualité irréprochable comme le savon, le lait et la crème au karité pour le visage et le corps...

NEW GADGETS

UPARTY

11, rue des Martyrs de Vingré
✆ 06 28 82 05 82
Ouvert du mardi au samedi de 10h30 à 12h30 et de 14h à 19h.

UpArty est une véritable boutique à part, une véritable pépite. Les fans d'objets vintage seront au 7e ciel car on y trouve des cassettes, une machine à écrire, un téléphone fixe avec cadran rotatif, des objets décoratifs anciens, des vinyles ou encore de vieilles BD d'*Inspecteur Gadget*, des *Chevaliers du Zodiaque* et de *Scoubidou*... En plus de tous ces objets, ce magasin atypique propose également des tee-shirts personnalisés, dont notamment certains qui ont pour thème les Verts, ainsi que des chaussettes originales. Bref, UpArty fait partie de ces boutiques où vous pourrez dénicher la perle rare. Alors, n'hésitez pas à y faire un tour car en plus des nouveautés sont fréquemment proposées.

PAPIER PEINT - PEINTURE

ESPACE REVÊTEMENTS SIGNE INTÉRIEUR

7, impasse Côte Thiollière ✆ 04 77 34 32 00
www.signeinterieur.com
Ouvert du mardi au vendredi de 9h à 12h et de 14h à 18h ; le samedi de 10h à 17h.

Créer un intérieur unique. On vous l'accorde, vous avez souvent lu cette phrase. Pourtant au magasin Espace Revêtements Signe Intérieur, c'est vraiment ce qu'il se passe. Exemple : vous pensez à une couleur spécifique. Nous sommes sûrs que vous la retrouverez ici. À moins que vous ne soyez plutôt papier peint ? Et là encore, vous trouverez votre bonheur ! Notons que dans le showroom vous attendent parquets massifs, stratifiés, PVC ou encore moquettes. Ainsi, quel que soit votre projet, vous pouvez venir ici sans hésitation, ces experts sauront vous conseiller.

ARTISANAT

LES CAFINES

11, rue Georges Dupré
www.lescafines.fr
Ouvert du mardi au samedi de 11h à 19h.

«Les Cafines» signifie méticuleux en patois stéphanois. C'est aussi le nom d'une association d'artisans et de producteurs ainsi que sa boutique éponyme située rue Georges Dupré. Ici, tout est local et fait main. L'association compte une dizaine de membres, chacun ayant son propre parcours et son propre savoir-faire. Ainsi on peut trouver dans cette boutique bohème et chaleureuse les livres de la maison d'édition stéphanoise Abribus, du miel local, des châtaignes en bocaux, de la vannerie, des chapeaux fantaisie, des robes en crochet, des écharpes, des sacs à main aux motifs adorables et même des pantoufles excentriques avec des semelles en pneus de tracteur recyclés !

ARTS DE LA TABLE

KEMET

35, Rue de la République
✆ 06 09 23 93 11
Ouvert le mercredi de 10h30 à 19h30 et du jeudi au samedi de 14h30 à 19h30.

Trois Stéphanois talentueux ont mis en commun leurs compétences et leur savoir-faire, pour ouvrir en septembre dernier cette boutique dédiée à l'artisanat français. Lisèle, potière et céramiste, sculpte dans le grès des vases aux formes lunaires. Nathan, graphiste de formation, propose des risographies éclatantes. Anne-Laure conçoit avec sa sœur des objets décoratifs et d'art de la table, qu'elles font réaliser par des artisans français.Toutes leurs créations sont fabriquées en petites séries et se distinguent par leur grande qualité et leur originalité. Depuis janvier, un espace de coworking est également proposé à l'arrière de la boutique. Un lieu chaleureux et didactique !

ARTISANAT

GALERIE D'ART CARRÉ D'ARTISTES

10, Rue Michelet ✆ 09 82 58 29 99
https://www.carredartistes.com/fr-fr/
Ouvert du mardi au jeudi de 10h30 à 13h et de 14h à 19h ; le vendredi et le samedi de 10h30 à 12h30 et de 13h à 19h.

Depuis plus de 20 ans, cette franchise de galeries d'art contemporain propose de faire l'acquisition d'œuvres d'art à un prix abordable. Située rue Michelet, l'accueillante galerie propose une vaste sélection de peintures contemporaines se situant plutôt dans un registre pop art. Personnages de dessins animés ou de mangas et autres super-héros : les toiles mettent en scène des grandes figures de la pop culture, rappelant les peintures de Grégoire Guillemin. On trouvera également quelques tableaux abstraits ainsi que, dans un registre figuratif, quelques paysages.

ARTISANAT

CHEZ LES VOISINES

30, rue Pointe Cadet
✆ 06 62 21 90 55
Ouvert du mardi au vendredi de 14h à 18h, le samedi de 10h à 18h. Réservation atelier par téléphone ou par email.

Cette boutique pétillante met en valeur l'artisanat local et écoresponsable en exposant les créations des membres de l'association Chez les voisines. C'est l'endroit idéal pour dénicher un cadeau original pour les adultes ou pour les enfants. Ainsi, on trouve dans cette boutique chaleureuse : une friperie, des affiches en linogravure, des meubles magnifiquement rénovés, des fleurs séchées, des céramiques. Des ateliers sont régulièrement organisés afin de bénéficier de l'expertise des membres de l'association. A chaque saison, l'association organise le Marché des voisines à la bourse du travail et expose une vingtaine de créateurs de la région en plus de leurs réalisations.

MEUBLES

MAISON ICONIQUE

10, Rue Dorine Bourneton - **ANDRÉZIEUX-BOUTHÉON**
✆ 09 72 46 31 22 - https://maisoniconique.fr/
Ouvert du lundi au vendredi de 9h à 18h30, et de 10h à 18h30 le samedi.

Situé dans la zone commerciale d'Andrézieux-Bouthéon, cet élégant magasin show-room propose un service d'architecture et de décoration intérieure personnalisé à destination des particuliers et des professionnels. L'équipe de Maison Iconique vous accompagnera dans tous vos projets de décoration. Luminaires, meubles et objets décoratifs ont été sélectionnés parmi des marques de qualité et des designers reconnus tels que Børge Mogensen, Greta Magnusson-Grossman ou encore Ronan et Erwan Bouroullec. On retrouve plusieurs univers allant du design scandinave au brutalisme, en passant par le minimalisme. Tous les produits du magasin sont également disponibles sur l'e-shop.

ELECTROMÉNAGER

ENVIE ÉLECTROMÉNAGER

47, rue Gauthier-Dumont ✆ 04 77 33 35 23
https://loire.envie.org
Ouvert du lundi au samedi de 10h à 13h et de 14h à 18h30. Possibilité de livraison et service à domicile.

À la fois écolo et économique ! Du matériel neuf, déclassé ou des occasions garanties pendant deux ans, vous ne trouvez de tarifs aussi bas dans aucune autre enseigne présente sur le marché. Un rêve pour vous qui souhaitez changer vos vieux appareils usagés et un soulagement pour votre portefeuille qui réalisera ici des économies. On vous l'assure avec certitude, vous ne le regretterez pas une seule seconde ! Envie Électroménager dispose également d'un service dépannage du gros électroménager (lavage, froid, cuisson). Cette excellente adresse fait preuve d'un sens pratique hors du commun en réparant et rénovant de grandes marques qu'elle remet ensuite à la vente.

ELECTROMÉNAGER

ENVIE LOIRE

26, rue Danielle Casanova - **ROANNE**
✆ 04 77 23 35 23
https://loire.envie.org
Ouvert du mardi au samedi de 10h à 12h et de 14h à 18h30.

Grâce à Envie Loire, il est possible de faire du bien à son portefeuille mais également à la planète. Car ici, les produits électroménagers et informatiques sont de seconde main. Notons qu'avant qu'ils soient proposés à la vente, les appareils sont réparés et qu'ils sont garantis 12 mois. Alors concrètement, que pouvez-vous trouver dans ce magasin ? Du sèche-linge au réfrigérateur, en passant par la machine à café, le four ou encore la télévision, le choix est assez varié. Par ailleurs, cette association, qui recrute notamment des salariés en insertion professionnelle, assure également le service après-vente, même pour des appareils qui n'ont pas été commandés dans cette boutique.

TÉLÉPHONIE

RÉPAR' PC & MOBILE

18, place Jacquard ✆ 04 77 32 14 59
www.reparpc.fr/reparmobile.php
Ouvert lundi de 14h à 19h ; du mardi au jeudi 9h à 12h et 14h à 19h ; vendredi et samedi 10h à 12h et 15h à 19h.

Fonctionnant avec la boutique voisine de Répar'PC, Répar'Mobile propose des réparations, mais cette fois-ci pour les téléphones portables, pas pour les ordinateurs. Pour toutes les pannes connues, comme les écrans brisés, l'équipe propose un devis directement. Pour les dépannages plus compliqués, il y a une prise en charge de 15 € pour faire un diagnostic. Si le client accepte le devis, la prise en charge n'est pas facturée. Répar'Mobile offre également un coach afin de vous apprendre à vous débrouiller en informatique et à régler les petits problèmes sur vos appareils. Mais Répar' Mobile, c'est aussi une boutique d'accessoires, coques, chargeurs... pour votre smartphone préféré.

ARTS DE LA TABLE

L'AIR DE RIEN

5, rue Didier Guetton
SAINT-GALMIER
✆ 04 27 64 66 02

Ouvert lundi 9h-12h ; mardi 14h30-19h ; mercredi 10h-12h et 14h30-19h et du jeudi au samedi 9h-12h et 14h30-19h.

De la déco, en veux-tu, en voilà, c'est ce que l'on découvre «l'air de rien» en flânant dans la jolie boutique d'Emma Collet ! Cet établissement est l'occasion de se faire plaisir ou de faire plaisir, puisque vous y dénicherez le cadeau insolite qu'il vous faut. Dans un univers cosy et chaleureux, les nombreux articles concernent l'art de la table, la maroquinerie, les bijoux ou encore les cadeaux de naissance… le choix est vaste ! Notez que les évènements (Pâques, Noël, Halloween...) sont largement représentés. L'Air de Rien, c'est donc une jolie boutique pour tous les amateurs de beaux objets et qui saura émerveiller grands et petits. Allez jeter un œil !

11 PETS

11 pets est une plateforme de soins pour animaux pensée pour les propriétaires d'animaux de compagnie, les toiletteurs professionnels et les refuges animaliers. L'objectif est de constituer un carnet de santé virtuel complet regroupant l'historique médical des compagnons à poils de notre foyer, mais aussi des soins réguliers à leur apporter (calendrier de vaccinations, toilettage, déparasitage).

ARTS DE LA TABLE

AMBIANCE ET STYLES

5, rue de la République - **FEURS** ✆ 04 77 26 27 23
https://ambianceetstyles.com

Ouvert dimanche et lundi 10h-12h et 14h-18h ; du mardi au vendredi 9h-12h et 14h-19h ; samedi 9h30-12h et 14h-19h.

Vous avez envie de réaliser de belles tables à l'occasion des fêtes de fin d'année ou de vos fêtes de famille, ou tout simplement au quotidien ? Alors vous pouvez vous rendre chez Ambiance et Styles pour y découvrir une multitude d'idées pratiques et astucieuses pour cuisiner vite et surtout bien ! Grâce à cette boutique, il devient facile d'inviter ses amis ou ses proches pour un bon repas convivial. Accessoires de table, couverts, rangements, textiles de cuisine, vaisselle pour la table des adultes et celle des enfants, électroménager, accessoires de cuisson… : rien n'y manque. Vous trouverez tout ce dont vous avez besoin pour des repas réussis en un seul lieu.

ARTS DE LA TABLE

COURSOL

25, rue Michelet
✆ 04 77 33 24 02

Ouvert du mardi au jeudi et le samedi de 10h30 à 12h30 et de 14h à 18h30 ; le vendredi de 10h à 18h.

La boutique Coursol est une institution stéphanoise. Dans cet établissement, vous trouverez tout ce dont vous pouvez avoir besoin en matière d'art de la table : vaisselle simple ou plus raffinée, argenterie, casseroles et poêles de grandes marques Le Creuset, Cristel..., des moules en tout genre, du petit électroménager. Beaucoup de beaux objets, pour les adeptes du bien-recevoir avec des marques comme Alessi, Bernardaud, Christofle, Daum... C'est aussi une merveilleuse boutique de cadeaux, vous y trouverez des objets décoratifs, des bijoux... C'est une adresse parfaite pour les listes de mariage ou pour trouver des cadeaux pour ses amis, autour de la cuisine, de la table et du vin.

ARTS DE LA TABLE

CUISINE PLAISIR

4, rue Mercière ✆ 04 77 50 97 07
Tram place du peuple.

Ouvert du mardi au vendredi de 10h à 12h30 et de 14h à 19h ; le samedi de 10h à 19h.

Cuisine Plaisir est une boutique spécialisée en ustensiles de cuisine, petits électroménagers et arts de la table. Dans ce magasin où vous serez toujours accueilli très chaleureusement par une vendeuse passionnée par son métier, vous découvrirez tous les ustensiles dont vous pouvez avoir besoin : des bouilloires, des théières, des cafetières de grandes marques comme Riviera et Bar, des pinces, des spatules, des moulins à poivre, des moules anti-adhésifs, des fouets à pâtisserie, des balances, des minuteurs, des robots ménagers... N'hésitez surtout pas à lui demander conseil : elle vous aidera à trouver votre bonheur parmi les nombreuses références proposées.

QUINCAILLERIE - DROGUERIE

LA DROGUERIE DE LA TOUR

12, place du Peuple
✆ 04 77 32 40 42
www.droguerie delatour.fr

Le lundi 14h30-18h30 ; du mardi au samedi 9h30-19h.

Entreprise familiale fondée en 1820, la Droguerie de la Tour est une institution stéphanoise. Implanté dans le centre-ville, sur la charmante place du Peuple, ce commerce propose de très nombreux produits bien ordonnés qui sont parfois difficiles à trouver ailleurs. Que des marques de haute qualité : parfums d'ambiance Durance, accessoires Beaux-Arts Koh-I-Noor, cosmétiques Panier des Sens, bougies Point à la Ligne, sans oublier les nombreuses références de toiles cirées et chariots de courses... Vous y trouverez forcément ce qu'il vous faut ! Une seconde boutique (Cuisine Plaisir) vous accueille au 4 rue Mercière et propose des produits dédiés à l'art de la cuisine.

11 PETS

11 pets est une plateforme de soins pour animaux pensée pour les propriétaires d'animaux de compagnie, les toiletteurs professionnels et les refuges animaliers. L'objectif est de constituer un carnet de santé virtuel complet regroupant l'historique médical des compagnons à poils de notre foyer, mais aussi des soins réguliers à leur apporter (calendrier de vaccinations, toilettage, déparasitage).

SERVICES À LA PERSONNE

LES COURSIERS STÉPHANOIS

✆ 07 77 03 93 46

www.coursiers-stephanois.fr

Livraison du lundi au dimanche de 9h à 19h, jusqu'à 22h pour les repas.

Au sein d'une coopérative de cyclo-logistique, les Coursiers stéphanois entreprennent à Saint-Étienne, tout en œuvrant pour la transition écologique ! Leur créneau : la livraison à vélo, pour particuliers et professionnels, avec des livraisons simples en une heure qui s'effectuent selon le poids en vélo classique ou vélo cargo, et des livraisons multiples avec récupération sur rendez-vous avant 18h. Ils pédalent pour livrer vos clients, récupérer votre courrier ou vos colis, et même vos impressions en partenariat avec COREP ! Dans une démarche éthique, ils offrent une alternative locale à l'ubérisation de la profession, qui demeure pour autant économique. En somme, ils ont tout bon !

SERVICES À LA PERSONNE

LA BRICOLEUSE

27, rue de la Ville

Mercredi 14h-18h ; jeudi 14h30-17h ; vendredi 17h-20h ; samedi de 9h30 à 11h30 et de 14h à 17h.

Et si vous bricoliez en communauté ? C'est le pari de La Bricoleuse, installée en plein centre-ville. Vous y trouverez des machines puissantes pour vos travaux de bricolage, à partager avec les autres membres de l'association Alolise. Outre les référents de l'atelier, vous pourrez vous appuyer sur les conseils d'autres bricoleurs, troquer des matières premières et pourquoi pas créer ensemble meubles ou objets selon votre inspiration. L'espace accueille également un cybercafé et des ateliers autour des logiciels libres, ces alternatives aux solutions propriétaires. Un projet né en marge de la Biennale du Design de 2017, et qui vole aujourd'hui de ses propres ailes.

SERVICES AUX ENTREPRISES

CROWN AGENCY

3, Rue de la productique

✆ 06 72 49 63 06

www.crownagency.fr

Crown Agency est une agence d'hôtesses haut de gamme basée à Saint-Étienne. Créée par Amandine Costa et Cindy Patti, elles-mêmes anciennes hôtesses, Crown Agency est spécialisée dans l'accueil, l'animation et la promotion d'événements. La société intervient dans la Loire, la Haute-Loire, dans la région Auvergne-Rhône-Alpes et plus largement sur tout le territoire français. La première impression reste dans les esprits, elle mise sur un recrutement optimal, réalisé avec soin dans le but de répondre aux attentes des clients. Service sur mesure, résultats probants, réactivité, disponibilité et qualité sont les maîtres mots de l'agence. Crown Agency est également aujourd'hui une agence d'influence.

SERVICES À LA PERSONNE

DOMAVIE, MIEUX VIVRE À DOMICILE

15, rue de la République - **LA TALAUDIÈRE** ✆ 04 77 01 63 48
https://domavie42.fr

Du mardi au vendredi de 9h à 12h et de 14h à 17h ; le samedi de 9h à 12h. Sur rdv.

Domavie, Mieux Vivre à domicile est une entreprise de services à la personne intervenant 24h/24 et 7j/7. Ses prestations s'adressent aux personnes en perte d'autonomie liée au vieillissement ou au handicap. Désireux de construire une relation de confiance, l'entreprise s'emploie à faire intervenir des collaboratrices qualifiées, expérimentées, à l'écoute des personnes. La continuité de services est organisée avec la téléassistance, des roulements le week-end et une garde de nuit. Domavie se charge des formalités administratives inhérentes à la mise en place des prestations.

KOZIKAZA

Une application pratique lorsqu'on se lance dans un projet construction, rénovation ou décoration. Grâce à ses fonctionnalités, vous portez le costume d'un architecte et designeur d'intérieur en quelques clics, qui construit petit à petit son carnet de bord. Vous visualiser l'aménagement et la décoration, essayer des meubles ou réaliser des plans 3D. À utiliser de préférence depuis un ordinateur.

SERVICES À LA PERSONNE

L'OUTIL EN MAIN

13, rue de l'apprentissage
✆ 03 25 73 74 83

Permanence téléphonique du lundi au jeudi de 14h à 17h

L'association L'Outil en main vise à transmettre le goût de métiers manuels aux jeunes depuis plus de 20 ans. Le principe est simple : des retraités de métiers artisanaux tels que carreleur, charpentier, couvreur, maçon, métallier, mosaïste, plombier, tailleur…, partagent leur savoir et leur expérience avec des adolescents désireux de s'orienter vers ces professions. Le jeune qui aura appris à monter un mur, à fabriquer un objet en bois, respectera davantage son environnement. S'il est en échec scolaire, il trouvera à travers l'association un moyen de reprendre confiance en ses capacités. Cette activité permet aussi aux retraités de valoriser leur expérience, au service de la jeunesse.

SERVICES À LA PERSONNE

LAVERIE EN LIBRE SERVICE

14, rue de Molina

Ouvert tous les jours de 8h à 20h. Ouvert le dimanche. Paiement en espèces ou carte bleue.

C'est toujours pratique ! Jean-Marc Merley a installé une laverie dernier cri à destination des habitants de Montreynaud avec des machines à laver dernière génération avec un essorage maximal et deux séchoirs pour accompagner les possibilités de lavage. Deux machines peuvent accueillir 20 kg chacune, ainsi les couettes et tapis peuvent y être lavés sans souci. Deux autres machines un peu plus petites sont également à disposition. Un distributeur de lessive et d'adoucissant est à disposition des utilisateurs. L'espace est spacieux, ergonomique et accueillant. Un lieu qui rend bien service pour laver les plus grands textiles qui ne rentrent pas dans une machine ordinaire.

SERVICES À LA PERSONNE

OLIA SERVICES À DOMICILE

30, rue Gambetta ✆ 04 77 49 30 70
www.olia-services.fr

Ouvert du lundi au vendredi de 9h à 18h. Le samedi matin sur rendez-vous.

A Saint-Étienne, Olia Services vous propose tout au long de l'année, ou de manière occasionnelle, des prestations de qualité – prédéterminées ou à la carte. Les domaines couvrent tous les services du personnel de maison. Le petit plus : le service nettoyage de printemps selon un forfait de 5h qui permet de nettoyer à fond votre logement. Le personnel, sérieux, vient effectuer différentes tâches : ménage, repassage, garde d'enfants, peu importe l'âge… Olia Service détermine vos besoins et suit votre satisfaction via des contacts téléphoniques réguliers. Un plus intéressant pour ceux qui désirent se soustraire aux tâches ménagères. N'hésitez pas à les contacter pour un devis !

SERVICES À LA PERSONNE

SE FAIRE AIDER

43, rue de l'Entente
SORBIERS
✆ 06 47 94 82 04
www.sefaireaider.com

Devis gratuit.

Cyril Valdener a décidé de créer sa propre entreprise il y a un an pour venir en aide à tout un chacun dans son quotidien. Il est si difficile aujourd'hui de trouver un entrepreneur disponible pour réaliser un petit chantier ! Il est disposé à exécuter tous les petits travaux d'intérieur et d'extérieur dont vous pourriez avoir besoin : comme par exemple tailler vos arbres et haies, réparer une fuite, purger un radiateur, ou encore poser une tringle à rideaux… Les missions qu'il peut remplir sont très nombreuses. N'hésitez surtout pas à lui demander un devis gratuit, il pourra se déplacer à votre domicile et vous fournir un travail de qualité professionnelle !

FLEURISTE

ALLONS VOIR SI LA ROSE

7, place du Forez - **ANDRÉZIEUX-BOUTHÉON**
✆ 04 77 61 03 39
Ouvert du mardi au samedi de 9h à 12h et de 14h30 à 19h ; le dimanche de 9h à 12h30.

Des fleurs séchées aux plantes en pot en passant par les bouquets de fleurs fraîches et de saison, Allons voir si la rose décline un vaste champ des possibles. Les compositions sont aussi élégantes que la boutique, avec son sol en béton ciré et ses carreaux en ciment. Difficile de ne pas trouver son bonheur, pour soi-même ou pour le plaisir d'offrir. Beaucoup des fleurs commercialisées ici sont issues de la Loire, une belle priorité donnée au local et aux circuits courts. On trouve aussi dans ce magasin des bougies parfumées de la marque Durance : bois de rose, gingembre confit, camélia blanc... La boutique propose régulièrement un très bel assortiment de plantes grasses.

FLEURISTE

L'ART ET LA MANIERE

9, place Devise - **SAINT-GALMIER**
✆ 04 77 94 90 65
Ouvert du mardi au samedi de 9h à 12h et de 14h30 à 19h ; le dimanche de 9h à 12h30.

Sur la place principale de Saint-Galmier, les pots s'amoncellent. Les senteurs exhalent. Les fleurs se parent de leurs plus belles couleurs. Elle a l'art et la manière d'éveiller vos sens : Julie Escot est de ces artisans fleuristes authentiques et passionnés qui se plaisent à créer des espaces fleurs par pôles de couleurs, des bouquets ronds, champêtres, linéaires, des compositions d'art floral aux détails soignés, dont elle transmet quelques secrets dans des ateliers. Dans le grenier à déco, on se laisse gagner par les bougies et parfums d'ambiance. On entre dans la petite boutique pleine de charme pour offrir un présent et c'est nous qui passons un agréable moment. Essayez... et rêvez !

FLEURISTE

A FLEUR DE FEUILLE

FIRMINY
✆ 06 76 63 32 36
Label Nature & Progrès. 100% Bio. Ouvert tous les jours.

Les fleurs sont le langage du cœur, et lorsqu'on découvre les magnifiques bouquets réalisés par cette fleuriste, on imagine combien son cœur a des choses à dire. Pour offrir à l'occasion d'un moment spécial, heureux ou malheureux, ou simplement pour se faire plaisir, cette productrice compose pour vous le bouquet qu'il vous faut. On pourra la rencontrer sur le marché des producteurs de la place Albert Thomas, dans son magasin de Firminy ou directement passer commande par téléphone. On aime la démarche écoresponsable visant à produire ses propres fleurs selon des méthodes respectueuses pour l'environnement, validée par le label Nature et Progrès. On ne peut que dire bravo !

PÉPINIÉRISTE

LANDY PÉPINIÈRES

270, route de Richoré - **SAINT-PAUL-EN-JAREZ**
✆ 04 77 73 74 20
www.landy.fr
Basse saison du lundi au samedi 8h30-12h et 13h30-18h. Haute saison du lundi au samedi 8h30-12h et 13h30-18h45.

© P.LANDY

© P.LANDY

Landy, entreprise familiale créée en 1950, propose une gamme variée d'arbres, d'arbustes et de plantes cultivées hors sol. Vous trouverez ici de quoi réaliser toutes vos envies : plantations adaptées à votre terrain, aménagements de massifs, de talus, de bassins aquatiques... A Saint-Paul-en-Jarez sont cultivées la très grande majorité des plantes proposées à la vente. Les 9 ha de ce site en font l'une des plus grandes pépinières de la région. Quelques compléments proviennent de France ou d'Europe pour enrichir l'assortiment. Le plus : l'espace jeux pour les enfants - tables de coloriage, toboggan et tourniquet... De quoi les occuper pendant que les parents font tranquillement leur shopping.

LE DAHLIA NOIR

Lenaïc, Yanis et Emmanuelle ont ouvert en mars 2022 cette boutique à Saint-Chamond qui est à la fois un fleuriste traditionnel et un magasin de décoration et de cosmétiques. Leur collection phare, ce sont les bijoux floraux : des fleurs « stabilisées », transformées en bijoux et accessoires de mode. Leurs créations ont été récompensées par un Wedding Award en 2022 et par le titre de Meilleur Scénographe Végétal et Floral 2022.

Comment avez-vous eu l'idée de vous lancer dans la création de ces bijoux floraux ?

Nous sommes passionnés par l'art et la mode. Nous avons commencé à expérimenter pendant le confinement. On a conçu en premier lieu des boucles d'oreilles en végétaux stabilisés, puis nous avons décliné la même formule sur des accessoires de mode comme des nœuds papillon. Désormais, nous réalisons deux collections par an et nous avons beaucoup de demande pour les mariages.

Vous disposez également de tout le savoir-faire d'un fleuriste traditionnel ?

Tout à fait, nous réalisons des bouquets et des compositions florales comme chez n'importe quel fleuriste. Nous aimons travailler avec des végétaux qui sortent de l'ordinaire. Nous sommes très polyvalents et capables de nous adapter à toutes les demandes de nos clients : mariages, deuils ou autres événements. Nous aimons aussi organiser des « apéros floraux » d'une durée de 1h30 à 2h. Ce sont des ateliers conviviaux où l'on fournit les matériaux et l'apéritif ! À la fin chacun repart avec sa composition réalisée sur place. Les thématiques changent au fil des saisons et sont à découvrir sur notre site Internet.

En dehors de la boutique, où peut-on voir vos créations ?

Nous sommes très bien intégrés à Saint-Chamond où l'on développe beaucoup de partenariats. Cela prend parfois la forme d'événements. Nous organisons régulièrement des défilés, comme celui que nous avons réalisé au restaurant le Blind Cat. Nous avons également participé à l'inauguration de la salle Arena. De plus, nous faisons énormément de décoration de salles et nous réalisons des devantures de boutiques, notamment pour les fêtes de fin d'année. Nous travaillons aussi avec la Mairie pour la décoration de grands événements. Tout cela permet de créer de l'animation et de dynamiser la ville.

› LE DAHLIA NOIR
19, rue Gambetta
SAINT-CHAMOND
✆ 09 81 12 59 76
www.le-dahlia-noir.com

© LE DAHLIA NOIR

© LE DAHLIA NOIR

© LE DAHLIA NOIR

LE
DAHLIA
NOIR

FLEURISTE

LES JARDINS DE BABYLONE

31, rue de la Résistance ✆ 04 77 25 85 45
www.jardins-de-babylone.fr
Ouvert du mardi au samedi de 9h à 19h ; le dimanche de 10h à 12h30. Livraison possible (7€). Paiement à distance.

Voilà une référence évidente aux Jardins suspendus de Sémiramis, à Babylone, qui représentaient la deuxième des sept merveilles de l'ancien monde… L'équipe des Jardins de Babylone vous accueille avec sourire et bonne humeur dans un cadre chaleureux, à la fois moderne et baroque. Les bouquets sont réalisés avec un goût certain pour les camaïeux de couleurs, les formes simples et épurées. Leurs fleurs préférées ; les renoncules, le pavot, la pivoine, le pois de senteur, le dahlia, la tulipe angélique... Quelques objets déco se mélangent aux fleurs sous des lustres imposants qui donnent une touche très particulière au magasin. À noter : une autre boutique a ouvert à Saint-Just-Saint-Rambert.

FLEURISTE

LES SERRES DE BABYLONE

126, avenue des Barques - **SAINT-JUST-SAINT-RAMBERT**
✆ 04 77 02 62 49
Ouvert du mardi au samedi de 10h à 19h ; le dimanche de 10h à 13h.

Aux Serres de Babylone, vous passerez un agréable moment dans un lieu atypique au concept innovant. À la fois magasin de fleurs, salon de thé et lounge bar, le concept-store vous accueille chaleureusement dans un joli cadre mêlant ancien et moderne. Vous y retrouverez un choix de plantes et fleurs important, adapté à chaque budget et occasion. Roses, beaucarnea, chardons, eucalyptus, craspedia, hortensia, pivoine, cactus ou plantes carnivores pour fleurir le quotidien ou les grandes occasions, vous ne serez pas déçu par le savoir-faire de la maison. Pour prolonger le plaisir de la visite, vous pourrez prendre un goûter gourmand ou un apéritif festif dans le lieu attenant. À visiter.

FLEURISTE

DES FLEURS ET DES JARDINS

11, rue du 11 Novembre ✆ 04 77 30 51 93
www.desfleursetdesjardins.fr
Ouvert lundi et du mercredi au vendredi de 9h à 19h ; le mardi et le samedi de 9h à 19h30 ; le dimanche de 9h à 12h30.

Cette artisane fleuriste maîtrise son métier sur le bout des doigts, travaillant essentiellement la fleur française, et si possible cultivée dans la région. Tous les budgets s'y retrouvent. Feuillage, association de petits et de gros boutons, eucalyptus : ici, les compositions sont originales et relevées d'une touche de modernité. On trouve également dans cette boutique des fleurs séchées et des roses éternelles. Le site Internet offre la possibilité de commander en ligne et de faire livrer à un tiers. Et la boutique vend de beaux sapins pour les fêtes.

NEW FLEURISTE

LE DAHLIA NOIR

19, rue Gambetta - **SAINT-CHAMOND** ✆ 09 81 12 59 76
www.le-dahlia-noir.com
Ouvert du lundi au samedi de 9h à 19h ; le dimanche de 9h à 12h30.

Depuis le mois de mars 2022, une nouvelle boutique a pris place à deux pas de Novaciéries. À sa tête : Lénaïc Peillon, un designer floral de talent. Créatif dans l'âme, ce passionné d'art et de mode propose une nouvelle vision du végétal dans ses œuvres sculpturales. À travers le Dahlia Noir, vous découvrirez un savoir-faire haut de gamme : boucles d'oreilles créées à partir de fleurs séchées et de pétales d'hortensia, cloche en fleurs séchées, bouquets de mariées, couronnes de fleurs, boutonnières, headbands, pics à cheveux, peignes, bracelets, tableaux végétal réalisés en plantes stabilisées… Une gamme haute en couleur, adaptée à chaque personnalité.

MA CUISINE : CONCEPTION 3D

Tout est dans le titre !
Cette application vous invite à prendre part activement à la modélisation de votre future cuisine grâce à une infinité de possibilités de configurations en termes de couleurs, textures et mobiliers. Vous n'êtes plus simple spectateur auprès de votre cuisiniste, mais co-créateur du projet en pouvant clairement expliquer vos envies grâce à ce logiciel poussé de simulation 3D.

PÉPINIÉRISTE

LA COMPAGNE

PÉRIGNEUX
✆ 06 51 17 15 78
https://la-compagne.business.site
Ouvert le mercredi et le vendredi de 16h à 19h.

La Compagne est le résultat du projet de deux passionnés de réunir trois activités : la culture de plantes vivaces locales ou utilitaires, la conception paysagère de jardins et la sensibilisation du public autour du végétal et de la biodiversité. Au sein de la pépinière sont cultivés dans un terreau bio des légumes, des plantes comestibles, médicinales ou aromatiques, des épices, ornementales et sauvages, et des fleurs locales mellifères, vendus ensuite sur le marché place Albert Thomas à Saint-Étienne et dont les secrets sont révélés lors d'animations telles que des balades en famille, la composition d'un herbier ou la création d'une infusion. Un retour réussi à la terre nourricière !

FLEURISTE

À FLEUR DE POT

57B, rue de la Libération - **LA FOUILLOUSE** ✆ 04 77 34 03 77
https://www.afleurdepotjennifer.com/
Du mardi au samedi 9h-19h. Dimanche 9h-12h30. Boutique en ligne.

Jennifer, fleuriste aux doigts de fée, est une véritable virtuose. Cette gérante transmet sa passion à travers ses magnifiques créations florales. Dans chaque bouquet il y a de la délicatesse, de la poésie, délicieusement champêtre : des mots qui caractérisent parfaitement son style. Les fleurs sont présentées par couleurs, le choix est exhaustif et de saison. Jennifer dispose aussi d'un large choix de fleurs séchées. Via sa boutique en ligne, découvrez ainsi son travail autour de guirlandes de fleurs séchées, de magnifiques lettres fleuries, de tableaux, de bouquets... Un joli mélange de création décorative et d'art floral. L'occasion d'apprécier son talent toute l'année !

FLEURS

FLEURS DESIGN

30, rue Pierre Bérard ✆ 04 77 32 19 77 - tramway
https://fleursdesign-saintetienne.fr
Ouvert le lundi de 14h à 19h ; du mardi au samedi de 9h à 19h30 ; le dimanche de 9h à 13h. Livraison possible.

Fleurs Design vous offre la possibilité de personnaliser votre intérieur à l'aide de fleurs ou tout simplement d'objets décoratifs. On trouve, côté déco, de très beaux vases design, ainsi que des tableaux végétaux, des roses éternelles sous verre, des oursons colorés faits de roses artificielles, des couronnes de fleurs séchées. La boutique est distributeur des bougies en pot Yankee Candle et dispose d'un *corner* important. Vous retrouverez également des produits bio autour du bain... Venez profiter d'un savoir-faire avisé, d'un accueil chaleureux, de fleurs coupées de grande qualité, conservées dans une pièce climatisée, de fleurs artificielles et d'articles design.

FLEURISTE

DAME NATURE

3, rue de la République - **LA TALAUDIÈRE** ✆ 04 77 53 21 78
www.fleuriste-damenature.com
Mardi 8h30-12h30 et 14h30-19h ; mercredi 9h-19h, jeudi 9h-12h30 et 14h30-19h ; vendredi-samedi 8h30-19h30 ; dimanche 9h-12h30.

Dame Nature est l'un des meilleurs artisans fleuristes de la métropole. Bouquet champêtre, rond, murs végétaux, couronnes de fleurs... Ici, on ne manque ni de style ni de créativité ; il n'y a qu'à admirer les jolies vitrines. Pauline et son équipe sauront cerner vos envies et composer de jolis arrangements floraux. Que ce soit pour fleurir votre intérieur ou un événement, vous serez subjugué par leur talent. Renoncules, roses, eucalyptus, orchidées, herbes de la pampa : il y en a pour tous les styles et budgets. La jolie véranda industrielle regorge de belles plantes, compositions de fleurs séchées ou stabilisées. Un détour s'impose ! Boutique en ligne et livraisons possibles.

MA CUISINE : CONCEPTION 3D

Tout est dans le titre !
Cette application vous invite à prendre part activement à la modélisation de votre future cuisine grâce à une infinité de possibilités de configurations en termes de couleurs, textures et mobiliers. Vous n'êtes plus simple spectateur auprès de votre cuisiniste, mais co-créateur du projet en pouvant clairement expliquer vos envies grâce à ce logiciel poussé de simulation 3D.

FLEURISTE

PETITE FLEUR

25, rue Léon Nautin
✆ 07 83 85 57 88
Mardi de 15h à 19h30 ; mercredi, jeudi, vendredi et samedi de 10h à 12h30 et de 14h à 19h30 ; dimanche de 9h à 12h30.

La fleuriste Petite Fleur est située en centre-ville près de Chavanelle. Artisan-créateur, elle propose une sélection élégante et douce de fleurs françaises. La boutique ne déborde pas de références, mais tout est choisi avec soin, et chacun y trouvera le bouquet adapté. Le magasin est organisé par couleurs, les clients peuvent ainsi apprécier les fleurs coupées et les plantes, puis laisser libre cours à leur imagination. Les amoureux des fleurs apprécieront de voir défiler les saisons à travers les eucalyptus, pivoines, cyclamens ou encore renoncules. Également des petits objets de décoration. Rien ne manque pour égayer son intérieur en toute sobriété. Un fleuriste à découvrir sans tarder !

FLEURISTE

RÊVE DE FLEURS

7, rue de la République - **SAINT-GENEST-LERPT** ✆ 04 77 25 47 95
www.revedefleurs.fr
Mardi-jeudi 9h-12h et 14h30-19h ; vendredi 9h-12h et 14h30-19h30 ; samedi 9h-12h30 et 14h30-19h30 ; dimanche 9h-12h30.

Fleuriste passionné et maître artisan, Vincent Lager crée des compositions originales s'inspirant souvent de l'ikebana. Mariage, décoration, deuil... Vous avez l'embarras du choix. Dans un cadre chic, il vous accueillera pour recueillir vos envies et vous pourrez rêver en écoutant ses propositions, à base de fleurs locales ou exotiques. Rêve de Fleurs vend aussi des bougies, des fleurs artificielles, des bons cadeaux ou des abonnements floraux pour offrir des fleurs mais également de très beaux tableaux floraux. Sa dernière nouveauté : la boîte à fleurs, des mini-bouquets présentés dans des boîtes à chapeaux. Une belle boutique en ligne pour prolonger l'expérience à distance.

CUISINE - SALLE DE BAIN - SANITAIRES

ART ET CRÉATION

1, place de l'Eglise - **L'ETRAT**
✆ 04 77 93 57 89
www.art-et-creation.fr
Ouvert du lundi au vendredi de 9h à 12h et de 14h à 19h.

Art et Création met à votre service sa créativité et son expérience pour mener à bien vos travaux d'agencement sur mesure de cuisine, dressing et salle de bains. De la conception à la réalisation par les différents corps de métier impliqués, cette entreprise vous accompagne tout au long du processus. Des études en 3D vous sont proposées pour mieux cerner vos attentes et le rendu final. Le showroom de l'Etrat laisse entrevoir des créations tendance sans atteindre le bling-bling mais dans les normes modernes telles que des cuisines à l'américaine ou des salles de bains comme nouveaux lieux de relaxation. Les marques utilisées sont des valeurs sûres du secteur : Miele, Mastrad, Novy ou Fantini.

CUISINE - SALLE DE BAIN - SANITAIRES

CUISINES GUILLOT

34 bis, cours Gustave-Nadaud
✆ 04 77 25 07 51
www.cuisinesguillot.fr
Ouvert du mardi au samedi de 10h à 12h et de 14h à 19h.

Ce cuisiniste a de l'expérience ! Cours Gustave Nadaud, Cuisine Guillot vend et installe vos cuisines et salles de bains depuis 1958. Carrelées, en bois, avec un bar à l'américaine... : tous les styles sont possibles ! Du plus classique au plus chic en passant par des modèles rustiques ou plus originaux, il est fort à parier que vous trouverez ici une cuisine à votre goût ! Pour vous décider, la visite du showroom est parfaite. M. Guillot saura orienter vos choix selon de vos besoins et votre budget. Il se déplace à votre domicile pour voir les lieux et vous proposer une cuisine sur mesure en fonction de vos souhaits et de l'espace disponible. Il vous apportera des conseils judicieux !

CUISINE - SALLE DE BAIN - SANITAIRES

PORCELANOSA

51bis, cours Fauriel ✆ 04 77 30 56 76
www.porcelanosa.com
Ouvert du lundi au vendredi de 9h30 à 12h et de 14h à 18h30 ; le samedi de 9h30 à 12h et de 14h à 18h.

Installé dans l'ancienne centrale électrique de Manufrance, Porcelanosa, fabricant de carrelages haut de gamme, investit parfaitement cet ancien site industriel en conservant une touche historique tout en prévoyant des alcôves d'exposition noires et blanches résolument contemporaines. Le showroom est superbe par son design intérieur de qualité. Dans cet espace très vaste sont exposés des produits de haute technologie et haut de gamme comprenant des carreaux de revêtement de sols et murs et tout l'équipement nécessaire pour vos cuisines et vos salles de bains. Porcelanosa vous accueille avec sympathie que vous soyez particuliers ou professionnels : architectes et prescripteurs.

CUISINISTE

ART ET CUCINE

Rue Jules Verne - **SAINT-GENEST-LERPT** ✆ 04 77 21 05 78
www.art-et-cucine.fr
Ouvert du lundi au vendredi de 9h30 à 12h et de 14h à 18h. Samedi matin sur rendez-vous.

La boutique Art et Cucine a été créée par deux professionnels diplômés et reconnus : Audrey Maurin et Redouane Lasri. Ils vous présentent dans leur vaste showroom divers mobiliers de qualité dédiés à l'univers de la maison : de la cuisine à la salle de bains, en passant par le dressing, le mobilier et la décoration. Les produits exposés sont d'origine italienne, réalisés avec des laques belles et robustes. La boutique Art et Cucine s'inscrit ainsi dans un esprit tendance avec des meubles au design épuré et des matériaux naturels comme le bois ou le béton. Audrey et Redouane vous conseilleront avec plaisir et apporteront la réponse adaptée à tous vos besoins !

CUISINISTE

CUISINES ET CONFIDENCES

10, rue Dormand ✆ 04 77 21 35 04
http://cuisinesconfidences.fr
Ouvert du lundi au samedi de 10h à 19h.

Spécialisée dans l'agencement et la rénovation de cuisines intégrées et de salles de bain, Cuisines et Confidences vous accueille sur rendez-vous et vous conseille en fonction de vos projets et de votre budget. Fabien saura vous orienter vers des modèles design et contemporains afin de réaliser la cuisine ou la salle de bain de vos rêves. Les matériaux et compétences sont de qualité. Vous recevrez toujours un très bon accueil. Très professionnel, l'établissement se charge de l'installation de votre achat dans les meilleurs délais. La boutique dispose aussi d'un corner «art de vivre» où vous apprécierez de belles marques tendance. La boutique en ligne vous permet également de le découvrir.

ÉBÉNISTE

BALANDIER

18, rue du Treyve
✆ 04 77 74 32 45
Ouvert du lundi au vendredi de 8h à 12h et de 14h à 18h. En dehors de ces horaires, ouverture sur rendez-vous.

Vous êtes l'heureux propriétaire de meubles anciens qui vous tiennent à cœur mais qui ont subi les vicissitudes du temps ? Que ce soient des meubles de famille ou des achats sur des brocantes, n'hésitez pas à les confier à Michel Balandier qui, avec ses 40 ans d'expérience, les restaurera remarquablement pour un prix très raisonnable. Bois massif, marqueterie de bois, meubles laqués n'ont pas de secrets pour lui. Par ailleurs, allez le voir si vous souhaitez effectuer des transformations chez vous, si vous avez besoin d'un meuble réalisé sur mesure pour une cuisine, une salle de bains, un salon, ou si vous disposez déjà d'un élément de mobilier que vous souhaitez modifier, adapter...

PARQUET

LA MAISON ZIPFEL

60, rue Antoine-Durafour
✆ 04 77 25 13 45
www.lamaisonzipfel.com
Samedi : sur rdv.

La pose de parquets, leur entretien et leur vitrification sont des tâches que la maison Zipfel propose à sa clientèle. Pour tout dire, Zipfel est également spécialiste de la pose de tous types de revêtements de sols et même de murs. En dehors de la clientèle des particuliers, Zipfel installe des sols sportifs pour des collectivités ou même des familles. En matière de sols, Zipfel peut figurer dans le top 10 des professionnels locaux. Vous pouvez faire confiance à ces professionnels, dans le métier depuis maintenant trois générations, connus et reconnus pour leur savoir-faire. En plus, vous êtes toujours bien accueilli, ce qui est vraiment un petit plus appréciable !

TAPISSIER

L'ATELIER - AMÉLIE DURAFOUR

10, rue Marengo
✆ 06 62 11 14 73
Sur rendez-vous. Stage à la journée ou cours hebdomadaire.

Amélie vous accueille chaque fin de semaine dans son atelier à proximité de la place Jean Jaurès où elle restaure vos sièges dans les règles de l'art. Elle vous proposera un large choix de tissus d'ameublement pour vos sièges ou directement à la vente. Si vous disposez d'un fauteuil de famille qui vous tient à cœur à recouvrir, n'hésitez pas à contacter Amélie qui, de ses mains expertes, fera revivre cet élément de décoration qui vous est cher. Elle propose également des stages à la journée et des cours hebdomadaires pour vous accompagner dans votre travail.

PORTES - FENÊTRES - VOLETS - STORES

L'OUVERTURE

8, rue des Alliés
✆ 04 77 25 23 37
www.louverture.fr
Ouvert du lundi au vendredi de 9h à 18h.

L'Ouverture est un magasin à consulter lors de vos projets de construction ou de rénovation. La boutique est spécialisée dans la fourniture d'ouvertures comme les volets, persiennes, portes, portes blindées, portes de garage, fenêtres, baies vitrées, vérandas, verrières... Dimensions standards ou projets sur mesure, L'Ouverture saura répondre à toutes vos attentes en vous proposant des produits de référence en matière de protection, d'isolation acoustique et thermique. Le magasin dispose d'un choix exhaustif dans de nombreux coloris et matériaux (bois, PVC, aluminium...) pour vous proposer des aménagements personnalisés et adaptés à l'architecture de vos maisons.

TAPISSIER

OSKAR TAPISSIER

9, rue Georges Teissier
✆ 06 34 90 46 34
Du lundi au samedi de 9h à 17h, du lundi au vendredi 18h-19h.
Ateliers de réfection les lundis et samedis sur rdv.

Dans son atelier, cet artisan tapissier créateur propose la réfection de tous types de sièges anciens et modernes avec un rembourrage traditionnel recouvert de tissu ou de cuir. Il réalise également des têtes de lit sur mesure, crée et pose des rideaux, des tentures murales, confectionne des paravents ou encore propose à la vente des fauteuils anciens et modernes. Mais surtout, dans la mouvance du « Do it yourself », Javier Torres organise des cours de réfection de sièges tous niveaux et des stages à la semaine pendant les vacances. Des forfaits de 28h sont mis en place pour permettre à ceux qui le souhaitent d'avoir la satisfaction de recouvrir eux-mêmes les sièges qui leur tiennent à cœur.

REVÊTEMENT SOS - MURS

INOVATERRE 42

13, boulevard Sagnat - **ROCHE-LA-MOLIÈRE** ✆ 04 77 38 60 79
www.materiauxecologiquesloire.fr
Ouvert le lundi de 7h30 à 12h ; du mardi au vendredi de 7h30 à 18h ; le samedi de 10h à 12h.

Pour les particuliers comme pour les professionnels, Inovaterre 42 distribue des matériaux de construction écologiques. On trouve à cette adresse des isolants biosourcés, tels que le chanvre, le liège ou la fibre de bois. Côté peintures, des formulations minérales, des enduits de chaux ou de terre ou encore des adjuvants naturels sont proposés, ainsi que l'outillage adapté pour mettre en œuvre correctement ces produits spécifiques. Des solutions de cloisonnement sont également disponibles. Une bonne adresse pour qui souhaitent construire ou rénover autrement, dans le respect de l'environnement et de la santé. Et une adresse utile pour les rénovations de bâtiments anciens.

COLOR'FY

La thérapie par le coloriage n'est plus à prouver. En plus d'être bon pour sa santé mentale, le coloriage by Color'fy est bon pour la planète : plus besoin de papier ni de crayons, tout se fait au clavier. La version payante offre un grand choix d'outils, de couleurs, de motifs (mandalas, œuvres célèbres) et de personnalisations pour se détendre davantage et développer sa créativité en famille.

IMMOBILIER

42E AVENUE

1, cours Victor Hugo ✆ 04 82 82 65 80
www.42emeavenue.com
Ouvert du lundi au vendredi de 9h30 à 12h et de 14h à 18h30. Le samedi sur rendez-vous.

42e Avenue dispose de deux agences : la première à Saint-Etienne et l'autre dans la plaine du Forez. Composée de négociateurs spécialisés, une équipe compétente est à votre écoute pour vous aider à formaliser votre projet immobilier. Que vous soyez acheteur, vendeur, propriétaire ou locataire, ils trouveront avec vous la solution qui correspond à vos besoins et à vos attentes. Leur connaissance du marché et leur réseau de partenaires (architectes, courtiers en prêts, marchands de biens, etc.) faciliteront la finalisation de vos projets immobiliers. 42e Avenue vous propose également des visites virtuelles et des photos HD pour vous faire gagner du temps lors de votre prospection.

ÉNERGIES

HÉLIOSE

Maison des Associations - 7 rue du 8 mai 1945
SAINT-PRIEST-EN-JAREZ
✆ 04 77 31 61 16
www.heliose42.org

Financée par les collectivités territoriales, l'association environnementale Héliose anime le point Info Énergie du département de la Loire. Depuis son siège de la couronne stéphanoise, les conseillers d'Héliose diffusent gratuitement des renseignements aux particuliers à travers des permanences, des stands tenus lors de salons de l'habitat et de l'immobilier, ou encore lors de visites commentées de chantiers. C'est un point essentiel d'information sur les économies d'énergie. Depuis plus de trois décennies, Héliose est ainsi une référence en matière d'information grand public sur les énergies renouvelables, les questions d'isolation, d'économies d'eau et de transport.

ARCHITECTE

ATELIER D'ARCHITECTURE RIVAT

53, cours Fauriel
✆ 04 77 38 01 66
www.rivat-architecte.fr
Ouvert du lundi au vendredi de 8h30 à 12h et de 14h à 18h30.

Depuis plus de 30 ans, l'atelier d'architecture Rivat vous conseille dans les domaines du logement, tertiaire ou industriel ainsi que dans la construction de bâtiments publics à usage scolaire, socioculturel ou sportif. Sa spécialité : la rénovation prenant en compte les contraintes énergétiques. Le cabinet est trois fois lauréat du Prebat Deffibat de l'ADEME et lauréat du trophée de la performance énergétique 2012 catégorie « rénovation ». Cet atelier a réalisé la première rénovation, au niveau mondial, d'un monument historique avec le label Passiv'Haus.

DÉMÉNAGEMENT

LES JEUNES DÉBARRASSEURS STÉPHANOIS

34, boulevard Albert Premier
✆ 06 49 87 88 01
Ouvert toute l'année. Devis gratuit. Estimation faite en fonction de la taille et de l'état du bien.

Les Jeunes Débarrasseurs Stéphanois proposent un service sur mesure de débarras destiné aux particuliers, professionnels et collectivités. L'équipe se charge de vider l'intégralité d'un bien immobilier (maison, appartement, dépôt, cave et garage) et en assure le nettoyage. Les lieux vous sont rendus propres et nus, prêts à la vente en l'état. Tous les déchets sont recyclés en filière courte et si au contraire vous pensez détenir un trésor dans votre grenier, il sera évalué par un expert. Achat paiement comptant possible. Un service dynamique, réactif et compétitif.

IMMOBILIER

CABINET HUMBERT

3, rue du Général Foy ✆ 04 77 49 66 66
www.cabinethumbert.fr
Ouvert lundi 14h-17h30, du mardi au jeudi de 10h à 12h30 et de 14h à 17h30, vendredi de 10h à 12h30 et de 14h à 17h.

Depuis 50 ans, trois générations de la famille Humbert se sont succédé à la tête de ce cabinet pour accompagner les Stéphanois dans leurs projets immobiliers et patrimoniaux. Ce cabinet s'est spécialisé dans les domaines de la copropriété, de la gestion locative, de la location et des ventes immobilières. Grâce à son expérience et à une équipe composée d'une quinzaine de collaborateurs, le Cabinet Humbert répondra aimablement à toutes vos sollicitations dans les meilleurs délais pour une gestion au mieux de vos intérêts. Leurs valeurs ne sont autres que la proximité et la réactivité. Ce cabinet propose beaucoup d'immeubles de prestige à Saint-Étienne et dans sa région.

JE BOUGE

Quelques périodes de sédendarité forcée ramènent le voyageur à son goût pour l'ailleurs, qui peut se situer à des centaines de kilomètres aussi bien qu'aux alentours. Et pour chaque voyage, un mode de transport adapté. Nous vous aiderons en vous fournissant quelques bons plans comme le service Vélivert, ces vélos en libre-service dont on trouve plusieurs stations à Saint-Étienne et qui permettent de partir à l'assaut du territoire. Pour les amateurs de vélo, La Rue à Vélo est la boutique incontournable à Saint-Étienne pour trouver, outre des vélos classiques, des vélos à assistance électrique qui peuvent permettre une utilisation quotidienne de ce mode de locomotion moyennant un effort physique restreint. Nous sommes ravis de partager avec vous ces idées de modes de déplacement à la fois plus écologiques et économiques. Pour les amoureux des grands voyages, nous avons sélectionné des agences de voyages bien disposées à satisfaire vos envies d'ailleurs.

AÉROPORT

AÉROPORT DE SAINT-ÉTIENNE

✆ 04 77 55 71 71
www.saint-etienne.aeroport.fr
Les horaires d'ouverture varient en fonction des vols, consultez le site Internet.

Géré par la chambre de commerce et d'industrie de Saint-Étienne Montbrison, l'aéroport de Saint-Étienne propose toute l'année des vols charters affrétés par les agences de voyages et les tour-opérateurs. Des séjours ou des circuits incluant vol et hôtel pour des vacances clés en main, soit la formule idéale pour partir en vacances en toute décontraction ! Il y en a pour tous les goûts : séjours farniente en club, circuit découverte, 4x4 dans le désert, ou même thalasso, c'est au choix ! Des vacances à la carte qui permettent de s'adapter à tous les budgets !

TRANSPORT

STAS

1, avenue Pierre Mendès-France - **SAINT-PRIEST-EN-JAREZ**
✆ 08 00 04 10 42
www.reseau-stas.fr
Espace ouvert du lundi au vendredi de 9h à 17h. Abonnement mensuel ou annuel. Titre ponctuel, formule liberté et handi.

La STAS réunit l'ensemble des moyens de transport urbain de la métropole et sa banlieue. Le tram y circule sans interruption depuis qu'il a été installé, il y a plus de 130 ans. Depuis 2019, la cinquième génération de tramways offre des services en adéquation avec les besoins des usagers : écrans, wifi, plus d'espace et de confort ! On dénombre, 51 communes desservies, sur 78 lignes parmi les véhicules suivants : bus, trams, trolleybus ou encore le service Handi'Stas adapté aux personnes à mobilité réduite, Noctambus pour le service de nuit et ProxiStas pour le service de transport sur réservation. Pour rappel, en 2019, le trafic s'élevait à 47,2 millions de voyages.

GARE ROUTIÈRE

GARE SNCF CHÂTEAUCREUX

2, rue Esplanade de France ✆ 36 35
www.gares-sncf.com
Ouvert du lundi au vendredi de 4h45 à 0h30 ; le samedi de 5h30 à 0h30 ; le dimanche et les jours fériés de 6h à 0h30.

Construite entre 1885 et 1886 par l'architecte J. Bouvard, la gare de Châteaucreux est rénovée quasiment un siècle plus tard. La belle façade en brique rouge a subi un coup de jeune, révélant une architecture remarquable du XIXe siècle. Ses deux lignes de tramway s'ouvrent sur un hall d'accueil et une belle esplanade propres et modernes. Châteaucreux est un lieu stratégique de convergence pour l'agglomération stéphanoise, donnant lieu à la construction d'un parking aérien de 600 places ! Au cœur d'un quartier en mouvement permanent, l'édifice est devenu le symbole du renouveau de la ville, un lieu vivant où se croisent les voyageurs venant de tous les horizons.

VÉLO

VÉLIVERT

Rue Jacques-Constant Milleret ✆ 04 77 37 18 36
www.velivert.fr
Vélo en libre-service en location courte ou longue durée, à la journée, au mois, à l'année.

Accessible 7 jours sur 7 et 24 heures sur 24, VéliVert est un organisme permettant d'emprunter un vélo en libre-service dans une station puis de le rendre dans une autre. Il vous sera ainsi possible de voyager entre Bellevue et Hôpital Nord, que ce soit pour 20 minutes, une journée de balade ou toute l'année selon votre abonnement choisi (pensez à la Carte OùRa ou à l'application smartphone qui sont très fonctionnelles !). Vélivert propose également des «vélos longue durée», autrement dit des vélos à assistance électrique que l'on pourra garder chez soi sur un temps donné. Vous n'avez alors plus d'excuses pour ne pas profiter des bénéfices de la petite reine.

ARTISANAT

CAMP'IN BOX

4, rue des Haveuses - **ROCHE-LA-MOLIÈRE** ✆ 07 82 37 62 67
www.campinbox.fr
Ouvert du lundi au vendredi de 9h à 12h et de 13h30 à 18h. Samedi sur rdv uniquement.

Après avoir travaillé pendant quatre ans depuis leur domicile, Éliane et Philippe s'installent à Roche-la-Molière en 2018 pour établir Camp'in Box. Le concept ? Transformer votre véhicule en mini camping-car ! Pour cela, l'entreprise crée des box en bois standards ou sur mesure à placer dans votre coffre pour tous types de véhicules, du Ludo Space au gros fourgon. Espace couchage dépliable, compartiment à jerrican et gaz, évier, tiroirs de rangement : tout est pensé pour optimiser l'espace et rendre votre voiture fonctionnelle lors de vos escapades. Travail ultra soigné, équipe passionnée et bienveillante : on comprend pourquoi sa clientèle vient des quatre coins de la France !

TRANSPORT

ALLO AND GO

✆ 06 41 31 21 09
www.alloandgo.com
Transfert à l'aéroport Saint-Exupéry à partir de 100 €.

Appelez et partez ! C'est ce que proposent Stéphanie et Emilio qui développent Allo and Go, un service de voiture avec chauffeur depuis Saint-Etienne ou la Plaine pour vos déplacements professionnels, vos transferts à la gare ou à l'aéroport, vos rendez-vous médicaux ou encore votre visite touristique et vos événements privés. Professionnels du transport de personnes mais aussi de marchandises, ils peuvent également se charger de livrer bagages, plis urgents ou documents. Avec une flotte de plusieurs chauffeurs et véhicules (van, berlines), le service est disponible 7j/7 et 24h/24, avec un tarif fixé à l'avance et sans limitation de distance... Du haut de gamme !

TOUR OPÉRATOR

CLUB MED

10, place du Peuple
✆ 04 77 33 38 75
Du lundi au samedi matin, 9h30-12h30 et 13h30-18h30.

Envie d'un bain de soleil aux Caraïbes en février ? D'un trek en montagne en plein été ? D'une immersion dans une palmeraie de Marrakech ? Il y a sans doute ce qu'il vous faut à la carte du Club Med. L'agence de Saint-Étienne vous accueille et vous conseille tout au long de l'année. Le bon endroit pour obtenir davantage de détails après une première navigation sur le Web, et trouver le séjour idéal, seul, à deux ou en famille. L'agence Club Med vous ouvrira de nouveaux horizons, et vous fera découvrir la diversité de l'offre de cette enseigne célèbre, qui propose des séjours bien au-delà de l'image traditionnelle que la marque véhicule. Une bonne occasion de renouer avec le voyage.

VISITE GUIDÉE

CROISIÈRES DES GORGES DE LA LOIRE

1217, Rue du Port - **SAINT-VICTOR-SUR-LOIRE** ✆ 06 88 34 12 71
www.croisieres-gorges-loire.fr
Ouvert tous les jours (sauf le lundi). Départ à 15h et 16h15. Visite guidée.

Aux beaux jours, lorsque le barrage de Grangent a suffisamment d'eau pour les balades nautiques, des croisières fort agréables permettent de découvrir ce plan d'eau avec une vue imprenable sur le patrimoine historique, tels que le château d'Essalois, les Camaldules, Saint-Victor ou sur la presqu'île du Châtelet. Bien aménagé, ce bateau vous permet de profiter pleinement de la promenade et de ses attraits touristiques. Pour ceux qui souhaiteraient prolonger le plaisir de cette croisière, sachez qu'il est possible de dîner ou même de privatiser le bateau.

TOUR OPÉRATOR

HAVAS VOYAGES

4, place Dorian ✆ 04 77 32 39 81
www.havas-voyages.fr
Ouvert du lundi au vendredi de 9h30 à 18h30 ; le samedi de 10h à 13h et de 14h à 17h.

Séjours circuits ou vols secs : c'est à vous de décider ! Havas Voyages est une agence qui propose toutes les destinations, aussi bien pour les petits que pour les gros budgets. Quel est le voyage de vos rêves ? Les équipes de Havas Voyages sont là pour le réaliser. Les départs des vols peuvent se faire depuis différentes villes. Les offres dites de « dernière minute » rendent le voyage sur un coup de tête également possible quand celles de « première minute » nous permettent de prendre tout notre temps. Ouvrez donc l'œil pour ne pas rater les incroyables réductions jusqu'à 50 %. Il existe ici pas mal de formules, comme quoi c'est parfois si simple de voyager !

TOUR OPÉRATOR

VITAMINE VACANCES

ANDRÉZIEUX-BOUTHÉON
✆ 04 77 39 25 07
www.vitaminevacances.com
Ouvert du lundi au vendredi de 9h à 18h.

Vitamine Vacances, c'est une équipe de professionnels du tourisme à votre écoute pour réaliser votre projet personnel de vacances dans les meilleures conditions. Ils vous accompagneront dans la réalisation de votre voyage sur mesure. De nombreuses destinations partout dans le monde : Porto, Fès, Madère, le Mexique, l'Afrique du Sud, l'Ouest américain… Partez où vous voulez ! Que ce soit en individuel ou avec un groupe, Vitamine Vacances peut préparer le séjour que vous désirez. L'enseigne est également spécialisée dans l'organisation pour les entreprises de voyages de stimulation, récompense, conventions, congrès, séminaires et mises en scène d'événements.

TOUR OPÉRATOR

VOYAGES JUST

45, rue des Martyrs de Vingré
✆ 04 77 25 65 42
www.voyagesjust.com
Du lundi au vendredi 9h-12h et 14h-18h.

Envie de vacances ? L'agence Voyages Just de Saint-Étienne se tient à votre disposition pour vous organiser un voyage personnalisé. Dans un cadre chaleureux et dédié au voyage, une équipe de professionnels dédiée vous accueille du lundi au vendredi dans ses locaux situés dans le centre historique de la ville. Forte de sa présence dans le transport et le tourisme depuis plus de 80 ans, l'entreprise Just bénéficie d'une forte expérience : de nombreux départs de votre localité sont organisés en autocar de grand tourisme toute l'année à des tarifs très intéressants. Par ailleurs, l'agence organise tout type de voyage : avion, croisière, voyage de noces, voyage à la carte…

MAPS.ME

Vous êtes sans réseau à l'étranger et vous cherchez votre chemin : ouf ! vous avez pensé à télécharger la carte maps.me de la destination alors que vous aviez du réseau. *Must have* de tout voyageur, elle s'utilise comme un GPS de navigation mais hors ligne. Très utile pour les randonnées pédestres, les hébergements et restaurants, et pour obtenir l'itinéraire optimal parmi 5 types de navigation.

JE PENSE FUTÉ

Dans cette dernière partie, vous trouverez des adresses utiles, à connaître dans votre quotidien afin de vous faciliter la vie. Ainsi, vous y trouverez des informations sur les mairies de Saint-Étienne et de ses environs ou sur la préfecture de la Loire mais aussi sur différents organismes de formation et écoles du secteur ou sur des associations d'entraide et de solidarité qui ne manqueront pas de vous offrir leurs services en toutes circonstances. Connaissez-vous la cantine participative La Tablée qui a ouvert au pied du Crêt-de-Roc ? Avez-vous téléchargé l'application Illiwap qui vous permet de connaître l'actualité de votre ville. Les informations sont sûres puisque transmises par la ville. Et l'appli Sauv Life qui permet de pratiquer les gestes qui sauvent lorsque l'on est confronté à une personne en arrêt cardiaque ? Quant aux amoureux du patrimoine, n'hésitez pas à vous adresser à l'association Révéler Ma Colline qui vous fera découvrir la ville avec enthousiasme. Bref vous y trouverez quelques bons plans pour la vie quotidienne et les sorties.

ENSEIGNEMENT

ÉCOLE D'ARCHITECTURE DE SAINT-ÉTIENNE

1, rue Buisson
✆ 04 77 42 35 42
www.st-etienne.archi.fr
Ouvert du lundi au vendredi de 8h à 17h.

Cette école est l'un des fleurons de l'enseignement supérieur stéphanois. Elle forme des architectes avec la possibilité de se spécialiser en espaces publics ou encore pour devenir architecte ingénieur. L'école d'architecture forme tout en ouvrant sur la recherche. Cet établissement public propose des formations de qualité dans une ville au cadre de vie agréable et peu onéreux, riche d'activités sportives et culturelles. Dans le secteur périscolaire, l'école travaille avec des partenaires comme la Cité du Design pour promouvoir la diffusion de la culture architecturale.

ENSEIGNEMENT

ÉCOLE D'ARMURERIE DE SAINT-ÉTIENNE

24, rue Virgile
✆ 04 77 46 30 50
Ouvert du lundi au vendredi, de 8h à 17h.

Depuis le XVIe siècle, la tradition de la fabrication de l'arme et les activités qui en découlent se sont inscrites dans l'économie stéphanoise. Aussi, la seule école en France qui offre une filière armurerie se trouve à Saint-Étienne. Dans des locaux modernes, les élèves pourront suivre une formation de qualité. Conçue par une équipe pédagogique expérimentée et des intervenants extérieurs compétents, cette formation permet d'apporter aux élèves une dimension technique et artistique pour apprendre à fabriquer, réparer, transformer et adapter des armes anciennes.

ENSEIGNEMENT

ÉCOLE DES MINES DE SAINT-ÉTIENNE

158, cours Fauriel ✆ 04 77 42 01 23
www.mines-stetienne.fr
Ouvert du lundi au vendredi, de 8h à 12h30 et de 13h à 18h (17h30 le lundi).

L'École des Mines de Saint-Étienne est l'une des formations supérieures stéphanoises les plus connues. Depuis 1816, l'école forme des ingénieurs mais plus uniquement dans les mines ! Informatique, systèmes électroniques embarqués, valorisation énergétique, génie industriel ou des installations nucléaires... Les voies sont nombreuses pour les quelque 1 200 futurs ingénieurs. La formation est de haut niveau, et les débouchés aussi. Pas étonnant quand on en connaît la réputation ! Les diplômés constituent la future génération de cadres dirigeants.

ENSEIGNEMENT

ÉCOLE NATIONALE D'INGÉNIEURS DE SAINT-ÉTIENNE

58, rue Jean-Parot
✆ 04 77 43 84 84
www.enise.fr
Ouvert du lundi au vendredi de 7h30 à 18h.

Réputée à travers toute la France, l'ENISE est une prestigieuse école qui prépare des ingénieurs de terrain en les dotant d'une solide formation dans les domaines du génie mécanique, du génie physique et du génie civil, suivie sous statut étudiant ou apprenti, et accessible par la validation des acquis de l'expérience. Avec de nombreux stages et de possibilités de mobilité à l'étranger, les ingénieurs acquièrent un profil très recherché. A noter : l'établissement est désormais intégré à l'Ecole Centrale de Lyon. La poursuite d'un parcours scientifique d'excellence.

ENSEIGNEMENT

LYCÉE PUBLIC HORTICOLE DE MONTRAVEL

EPL de Montravel - **VILLARS** ✆ 04 77 91 11 10
www.lycee-montravel.fr
Ouvert du lundi au vendredi de 8h à 12h et de 14h à 17h. Ouvert pendant les vacances scolaires.

Le lycée horticole de Montravel est constitué de plusieurs centres : le lycée, l'exploitation agricole et une unité de formation en continu. Les filières sont dédiées au domaine de l'horticulture avec un secteur production, un autre sur l'aménagement et un dernier sur la vente. Côté bac pro, Montravel prépare à la production florale et légumière, pépinière, l'aménagement et la vente de produits horticoles et de jardinage. Les métiers de la fleuristerie sont aussi couverts. N'hésitez pas à leur rendre visite pour acheter des plants à la jardinerie.

ENSEIGNEMENT

LE RENOUVEAU

Allée Colcombet - **SAINT-GENEST-LERPT**
✆ 04 77 90 76 80
www.lerenouveau.org
Ouvert du lundi au vendredi de 8h à 17h.

École hôtelière sise dans le château Colcombet, demeure bourgeoise du siècle dernier, le Renouveau forme les jeunes aux métiers de l'hôtellerie-restauration. Avec un matériel et un équipement modernes, ainsi qu'une équipe pédagogique expérimentée issue du monde professionnel, la formation est efficace et la relève assurée. De la 3e prépa métiers au BTS et à la licence professionnelle, en passant par le CAP et le bac pro possibles en apprentissage, suivez votre propre parcours et construisez votre carrière. Comme tout lycée hôtelier digne de ce nom, il possède un restaurant d'application. Parents et proches, autour d'un menu unique, découvrez en avant-première la cuisine des futurs chefs !

BANQUE

CAISSE D'ÉPARGNE LOIRE-DRÔME-ARDÈCHE

17, rue des Frères-Ponchardier
✆ 04 77 47 74 77
www.caisse-epargne.fr
Ouvert du lundi au vendredi, de 8h à 12h et de 13h30 à 17h45.

La Caisse d'Epargne Loire-Drôme-Ardèche propose de nombreux services aux particuliers et aux entreprises. Pour les personnes souhaitant devenir propriétaires, y compris pour leur premier achat, la banque au logo à l'écureuil offre un accompagnement. La Caisse d'Epargne a également une gamme d'assurances et, bien entendu, de crédits à la consommation. Quel que soit votre projet, un conseiller pourra vous apporter de nombreux éclaircissements et répondre à vos questions. Les entrepreneurs et les jeunes trouveront des solutions spécifiques pour leurs besoins bancaires.

WEB

ILLIWAP PAR DIAGRAM

40, Rue des aciéries
✆ 04 77 92 30 02
www.illiwap.com
Application mobile gratuite. CB et chèques non acceptés.

Créée par l'entreprise stéphanoise Diagram, Illiwap est une application gratuite qui permet aux citoyens de recevoir des informations, vigilances et alertes en temps réel. Sans inscription et sans publicité, le citoyen doit ajouter les mairies souhaitées en composant le code mis à disposition par la mairie ou en scannant un QR Code. Un service pratique qui permet d'avoir une information instantanée sur les faits se déroulant dans votre ville : incidents, gestion des déchets, horaires communaux, trafic routier, travaux de voirie, affichage sauvage, fuite d'eau, dégradation de mobilier urbain, qualité de l'air, pollution, vigilance météo, grèves... Rapide et efficace.

RECHERCHE D'EMPLOI

PRAXIS ACCOMPAGNEMENT

3, place Antonin Moine ✆ 06 46 32 62 88
www.praxis-accompagnement.com
Rendez-vous téléphonique d'information gratuit, les lundis, mercredis et vendredis.

La Covid-19 a remis en question votre vie professionnelle ? Vous avez besoin de réfléchir ou de rebondir ? Fort de plus de 15 ans d'expérience, Alexandre Fradin, coach certifié pour les particuliers et consultant en ressources humaines pour les professionnels, vous accompagne dans l'évolution de vos fonctions. Écoute active, conseils personnalisés, bilan de compétences ou validation des acquis de l'expérience vous permettront de trouver votre nouvelle voie. Bien sûr, les prestations proposées peuvent être suivies à distance par Skype ou par téléphone et financées dans le cadre du DIF ou du CPF. Alors ne restez pas seul ! Le soutien d'un tiers est le meilleur tremplin de carrière !

PRÉFECTURE - SERVICES DÉPARTEMENTAUX

PRÉFECTURE DE LA LOIRE

2, rue Charles-de-Gaulle
✆ 04 77 48 48 48
www.loire.gouv.fr
Ouvert du lundi au vendredi de 9h à 12h et de 13h15 à 16h30.

La préfecture de la Loire est en charge des services de l'État dans le département. Parmi ses missions, elle assure la protection et la sécurité civile, organise les élections, contrôle la légalité des actes des collectivités locales, gère les titres de séjour ou délivre des actes d'identité. Le site Internet est régulièrement mis à jour. Vous y trouverez notamment des renseignements sur les heures d'affluence et les délais d'attente. À noter, depuis fin 2017, l'accueil guichet du service carte grise et permis de conduire est supprimé, les démarches se font en ligne. Il vaut mieux prévoir son déplacement, car la fréquentation est importante et les temps d'attente peuvent être longs.

MAIRIE - COLLECTIVITÉ LOCALE

VILLE DE SAINT-ÉTIENNE

Place de l'Hôtel de Ville
✆ 04 77 48 77 48
www.saint-etienne.fr
Ouvert du lundi au vendredi de 8h45 à 17h (16h30 le vendredi).

La vie quotidienne des Stéphanois s'est améliorée avec les années : renforcement de la sécurité, amélioration de l'habitat, progrès sur la propreté, création de la Cité des aînés... La ville investit dans le numérique, se voulant «high tech» et écologique : augmentation des bornes de wifi, accueil de Google... Une ambition en lien avec le design, pour attirer les entreprises de demain. Labellisée «Ville Amie des Enfants» par l'UNICEF, la ville veille à donner aux jeunes un cadre harmonieux pour leur épanouissement. Saint-Étienne sert 70 % de produits locaux, une première en France ! L'accueil de grands événements sportifs contribue à faire rayonner la ville au-delà de notre territoire.

BANKIN

Une application de gestion de ses comptes bancaires 3.0. L'utilisateur voit en un clic l'ensemble de ses comptes et peut y organiser ses postes de dépenses par catégorie, grâce à la synchronisation avec son application bancaire. Un outil qui peut s'avérer très utile lorsque l'on possède plusieurs comptes, que l'on souhaite comparer ses dépenses ou mettre en place un budget vacances.

ENVIRONNEMENT

LES CROQUEURS DE POMMES

Rue Antoine Marel
SAINT-MARTIN-LA-PLAINE
✆ 06 08 94 52 91
https://croqueurs-national.fr/

Les Croqueurs de Pommes œuvrent pour la sauvegarde des variétés fruitières méritantes et initient les personnes qui souhaitent faire un retour à la terre aux bonnes pratiques et à une agriculture biologique, respectueuses de l'environnement. Gestionnaires de vergers conservatoires comprenant 200 variétés de pommes différentes, 120 variétés de cerisiers et de poiriers, et une trentaine de pruniers, les Croqueurs de Pommes conservent le patrimoine génétique de variétés anciennes d'arbres fruitiers intéressantes pour leurs saveurs et leur robustesse. Ils organisent régulièrement des ateliers et formations de taille voire de greffe des arbres, et ils participent à de nombreux salons bio.

ENVIRONNEMENT

FRANCE NATURE ENVIRONNEMENT LOIRE

11, rue René Cassin
✆ 04 77 41 46 60
www.fne-aura.org
Contact par mail ou téléphone préférable.

France Nature Environnement Loire mène plusieurs actions : la sensibilisation du public, la dépollution, l'aménagement du territoire... Véritable acteur de terrain, FNE Loire protège les milieux naturels du département et gère deux sites remarquables : l'Ecopôle du Forez et la Maison de la Réserve naturelle régionale des gorges de la Loire. La fédération a aussi lancé «Loire en Vert», un programme de sorties nature dans le département. Afin de pérenniser son action de protection de la nature, il est possible de faire une donation sur le site Internet.

DÉFENSE DU PATRIMOINE

RÉVÉLER MA COLLINE

26, rue Montesquieu
✆ 06 82 19 04 98

L'association Révéler Ma Colline a pour vocation de contribuer à la valorisation du patrimoine stéphanois ainsi qu'à sa défense. Par l'organisation de visites, de conférences, d'expositions et d'autres manifestations ainsi que par la publication d'articles et d'ouvrages, l'association contribue à porter à la connaissance de tous les publics l'histoire de Saint-Etienne et de son agglomération, son développement urbain et architectural. L'association peut solliciter les politiques voire agir en justice, si nécessaire, pour défendre le patrimoine. N'hésitez pas à les contacter pour toute question ayant trait au patrimoine stéphanois, vous recevrez un aimable accueil et des conseils appropriés.

URGENCE

SAUV LIFE

✆ 01 75 90 91 15
https://sauvlife.fr
Application gratuite.

Sauv life est une application gratuite pour smartphones qui permet aux citoyens volontaires d'aider une victime d'arrêt cardiaque lorsqu'ils se trouvent à proximité. En attendant l'arrivée des secours, chaque utilisateur pourra réaliser un massage cardiaque en suivant les instructions notées sur l'application. Simple d'utilisation, elle ne nécessite pas de formation particulière. La Loire est le 36e département couvert par cette appli. Imaginée par un docteur, elle vise à développer une communauté de «citoyens-sauveteurs» pour améliorer le pronostic des patients. Parce que seule une intervention immédiate peut sauver des vies. Disponible sur Google Play (Android) et App Store (iOS).

NEW

SOLIDARITÉ - ENTRAIDE

LA TABLÉE

15, rue Robert
✆ 07 67 89 56 05
Ouvert du mercredi au samedi de 9h à 16h. Prix libre.

La cantine participative La Tablée a ouvert ses portes au mois de janvier 2022. L'objectif : que des personnes de tous les milieux et qui ne se connaissent pas partagent un moment chaleureux autour d'un repas. D'ailleurs, ici le prix est libre. Autrement dit, chacun met ce qu'il veut en fonction de ses moyens. Et ceux qui le souhaitent peuvent aussi donner un coup de main pour préparer les repas conçus à partir des produits de saison, locaux et parfois bio. Il est également possible de rester un peu plus longtemps pour partager un café, un thé ou pour aider à faire la vaisselle. Bref, le maître mot est vraiment le partage. Et n'oubliez pas de réserver pour être sûr d'avoir une place.

HANDICAP

VILLE EN PARTAGE

✆ 04 77 48 77 48

Ville en partage est une initiative de la ville de Saint-Étienne en direction des Stéphanois, en particulier des personnes en situation de handicap. L'événement se déroule sur l'année en deux saisons : de janvier à juin et de septembre à décembre. Accessible à tous, Ville en partage ce sont plus de 80 manifestations animées par près d'une soixantaine d'associations. Expositions, conférences, projections, visites, concerts, événements sportifs, ateliers sensoriels, théâtre, danse, rencontre d'auteurs... : la programmation est variée selon les intérêts et goûts de chacun. Une manifestation favorisant l'accès à la culture pour tous et sensibilisant le grand public au handicap.

ESCAPADES

La région stéphanoise bénéficie d'un cadre de vie trop souvent méconnu du grand public. Dans ces paysages vallonnés et ces vues de moyenne montagne se cachent de jolies villes et monuments. Cette année, nous avons fait le choix de vous proposer 4 escapades dans notre beau département. La découverte du pays roannais et de sa capitale, troisième commune du département en nombre d'habitants. Une ville placée sous le signe de la haute gastronomie. Dans le Forez, vous vous baladerez dans les jolies ruelles de Montbrison, ville qui peut se targuer d'abriter l'un des plus beaux marchés de France ! Découvrez-le un samedi et profitez de l'art de vivre local en dégustant de bons produits du terroir. Au sud-ouest du département, la vallée de l'Ondaine vous accueillera chaleureusement. À Firminy, vous vous plongerez dans l'architecture des années 50 avec la visite du site Le Corbusier inscrit au patrimoine de l'UNESCO. Enfin, le parc naturel régional du Pilat vous ouvrira ses portes pour une balade ressourçante au cœur de la nature. À toutes saisons, vous apprécierez son caractère sauvage, ses bonnes tables et les activités surprenantes qui y sont proposées. Dépaysement garanti !

Installée sur les bords de Loire, Roanne s'étire sur deux mille ans d'histoire et constitue la porte d'entrée de la région. Capitale économique et culturelle du Roannais, la ville s'affiche gourmande, élégante et festive. Réputée pour ses chefs étoilés et sa création textile, Roanne est chaleureuse et dynamique. Une promenade dans le centre ancien en traversant les charmants ponts vous mènera des places historiques aux rues piétonnes, des marchés aux halles, du XIIe siècle du château au XIXe du théâtre à l'italienne, des fours de potiers gallo-romains du IIe siècle au baptistère du haut Moyen Âge, en passant par l'église Saint-Étienne. Façades colorées, murs peints en trompe-l'œil, Roanne possède aussi un joli port de plaisance et des halles commerçantes où il fait bon faire son marché et dénicher de savoureux produits. Forte de ses 75 000 habitants regroupés en Communauté d'agglomération, Roanne est une terre d'eau où le goût de bien vivre domine.

OFFICE DE TOURISME

OFFICE DE TOURISME ROANNAIS AGGLOMERATION

8, place Maréchal De Lattre de Tassigny ✆ 04 77 71 51 77
http://leroannais.com
Du lundi au samedi de 9h30 à 12h30 et de 13h30 à 17h (18h en haute saison).

L'office de tourisme Roannais Agglomération est un point d'intérêt incontournable lorsque vous êtes en balade dans ce coin de la Loire. Le syndicat d'initiatives saura vous concocter un parcours touristique adapté à vos goûts : villages authentiques pour les amoureux des belles pierres, hauts lieux du patrimoine historique, animations ludiques et parcs à thème en famille, activités sportives, adresses gourmandes, découverte des savoir-faire locaux, immersion dans la nature, visites guidées de Roanne... Le choix est vaste, vous serez accueilli avec le sourire !

SPORT

BALADE VÉLO SUR LE CANAL TRANQUILLE

8, place Maréchal De Lattre de Tassigny
✆ 04 77 71 51 77
www.leroannais.com
Difficulté : facile. Gratuit.

Construit en 1830 pour faciliter le transport des marchandises, le canal de Roanne à Digoin est aujourd'hui consacré au tourisme. L'été, ses eaux se remplissent de péniches et de bateaux de plaisance, tandis que ses rives voient défiler les cyclistes et promeneurs. Depuis Roanne, vous pourrez remonter vers le nord aussi longtemps que vous le voudrez en suivant le chemin de halage du canal. Voici des exemples d'itinéraires faciles : comptez 40 minutes pour rejoindre Mably et 1h30 pour rejoindre Pouilly-sur-Charlieu. De quoi profiter d'une balade agréable en famille.

PORT

PORT DE PLAISANCE

Quai Commandant-Fourcauld
✆ 04 77 72 59 96
http://port-de-roanne.fr

A 5 min à pied du centre-ville, au départ du canal de Roanne à Digoin, sous la gestion de la Lyonnaise des Eaux, le port de plaisance est un fleuron du tourisme roannais. Inscrit dans le patrimoine affectif des Roannais qui aiment s'y promener, le port de Roanne a acquis en quelques années ses lettres de noblesse dans le monde de la navigation de plaisance. La qualité des services proposés et le prix d'amarrage modéré, sa situation privilégiée lui ont procuré une bonne réputation. L'hiver, il accueille une centaine de bateaux et péniches, l'été, les plaisanciers y font halte. Parmi les animations programmées : la fête du port, début septembre, les marchés d'été, Roanne Plage...

HALLE COUVERTE

LES HALLES DIDEROT

Rue Diderot
✆ 04 77 70 02 63
Ouvert du mardi au samedi de 8h à 12h30 et de 15h à 19h30 ; le dimanche de 9h à 12h15.

C'est le rendez-vous des Roannais, particulièrement le dimanche matin. Vous découvrez une multitude de produits du terroir sous ce marché couvert qui existe depuis plus de trois décennies, version salée ou version sucrée, côté mer comme côté terre. Les primeurs sont là, le grand chocolatier Pralus aussi, les poissonniers, dont monsieur Chavrier (Meilleur Ouvrier de France), des stands de fruits de mer, des fromagers comme monsieur Mons (autre MOF), des bouchers, des vins et spiritueux, un torréfacteur, etc. Votre panier plein, n'hésitez pas à faire escale pour une dégustation de vin ou/et d'huîtres ou tout simplement un bon café. Que du bonheur en perspective !

GASTRONOMIQUE

RESTAURANT DE LA LOIRE

30, rue de la Berge - **POUILLY-SOUS-CHARLIEU** © 04 77 60 81 36
www.restaurantdelaloire.fr

Ouvert du jeudi au samedi midi et soir, dimanche midi, lundi midi et soir. Réservation recommandée. Menus de 38 à 79 €.

Avez-vous déjà choisi un menu dans un restaurant sans avoir la moindre idée de ce qu'il contenait ? Avant que vous répondiez, on est quasiment sûrs que cela ne vous est jamais arrivé. Pourtant, c'est le concept du restaurant de la Loire ! Ici, on vous présente une carte contenant une liste d'ingrédients pouvant être ou non dans les assiettes. Et on vous demande également vos allergies. Puis, vous n'aurez plus qu'à vous laisser guider et savourer les plats succulents que l'on vous propose. Alors, faites-vous confiance au chef Fabien Raux ? On peut vous dire que nous, on n'a pas été déçus ! Et si jamais vous ne souhaitez pas tenter l'expérience, une carte plus détaillée vous sera présentée.

BISTRONOMIE

CHEZ NINE EN PROVENCE

10, place Victor Hugo
© 04 77 67 38 16

Du mardi au vendredi midi ; le soir du mercredi au samedi. Menu à 35 €. Carte : 17 € environ. Formule du midi : 19 €.

Chez Nine en Provence est un restaurant convivial où le soleil se reflète dans les plats, la décoration et le sourire du personnel. Il y a un petit côté familial que l'on apprécie. La cuisine, d'esprit bistronomique, saura vous séduire de l'entrée au dessert : velouté de courge muscade avec sa chantilly au camembert, filet de truite au cidre et son chou-fleur, ou encore un sauté de pintade et de délicieux desserts comme la panna cotta... De quoi se régaler le midi comme le soir ! Les produits sont de qualité, frais et de saison et les recettes sont travaillées et originales. Une belle adresse atypique à recommander ; chaque mercredi, une soirée spectacle est organisée.

BISTRONOMIE

L'ATELIER LOCAVORE

2, avenue de la Libération - **LE COTEAU** © 04 77 68 12 71
www.atelier-locavore.fr

Ouvert du mardi au samedi le midi et le soir. Menus du mois de 37 € à 51 €. Menu du marché 19 €.

Voici un restaurant qui porte bien son nom ! L'Atelier Locavore, c'est une cuisine bistronomique réalisée avec des produits saisonniers, frais et locaux. Plus qu'un repas, c'est une démarche qui vous est proposée à la dégustation. Ici, les aliments proviennent tous des circuits courts, dans un rayon de 200 km. Ici, on vous parlera de la manière dont travaillent les producteurs locaux pour cultiver leurs terres, élever leur bétail. Vous découvrirez une carte différente chaque mois. Du foie gras, suivi d'un duo de lotte et de daurade accompagné de polenta et pourquoi pas un entremets à la vanille et aux marrons pour finir ! Des saveurs de terroir dressées avec élégance. On en redemande !

BISTRONOMIE

AU JARDIN GOURMAND

1, allée Claude Barge © 04 77 67 18 52
www.aujardingourmand.fr

Ouvert du mercredi au samedi le midi et le soir, ainsi que le dimanche midi. Menus de 29 € à 49 €.

Bienvenue dans un restaurant qui porte bien son nom. Car ici, les assiettes sont copieuses et sont agréablement présentées. Laissez-vous donc subjuguer par le velouté automnal avec un mélange de saveurs qui saura satisfaire vos papilles. Puis, laissez-vous tenter par le filet mignon avec sa sauce au porto qui fond littéralement dans la bouche. Enfin, finissez votre repas par un dernier délice : la brioche perdue aux poires pochées, sauce caramel beurre salé. Selon vos envies, vous pourrez bien sûr choisir d'autres plats. D'ailleurs, vous pourrez même composer votre menu ! Mais, quel que soit votre choix, vous serez sans doute séduit par la créativité du chef.

BISTRONOMIE

RESTAURANT CÔTE À CÔTE

35, Place des Chalands
SAINT-JEAN-SAINT-MAURICE-SUR-LOIRE
© 04 82 77 08 22

Ouvert du mercredi au samedi de 10h à 21h, le dimanche de 10h à 19h. Menu à 28 €. Planches.

Face au donjon, le restaurant Côte A Côte, géré par Louise et Antoine Blondel, est une table de choix pour qui passe par le charmant village médiéval. Salle et tables sobres, ici point de manières ni de carte à rallonge, car tout est dans l'accueil et dans l'assiette. Tataki de bœuf à la flamme et ses petits légumes rôtis, pavé de bœuf, rattes et son jus aux herbes, panna cotta à la pâte à tartiner maison… La cuisine, inventive, est concoctée à partir de produits frais et locaux, sublimés par le talent du chef. Aux beaux jours, on apprécie la terrasse et sa vue sur la Loire, et selon le programme l'ambiance musicale. Une adresse vraiment futée, à découvrir !

INSOLITE

CHÂTEAU DE MATEL

19, allée du Château de Matel © 04 77 69 72 88
www.chateaudematel.fr

5 chambres d'hôtes à partir de 89 €. Gîte des Loges entier soit 6 chambres : 540 €. Châteaubus à partir de 100 €.

Envie de tenter une expérience insolite ? N'hésitez pas à partir au château de Matel qui se trouve à six minutes de Roanne. Car ici, vous pourrez notamment dormir dans un ancien bus entièrement réaménagé. Notons qu'à l'intérieur, vous pourrez retrouver tout le confort nécessaire : cuisine, salle de bains avec wc et bien sûr des lits. Par ailleurs, cet hébergement vous propose également cinq chambres d'hôtes ouvrant sur le parc. Parmi elles, deux suites sont à disposition. Enfin, un gîte composé de six chambres se trouve aussi dans les loges du château. Bref, vous avez du choix et sachez que sur place, des promenades à pied ou à vélo sont agréables le long du canal.

GASTRONOMIQUE

TABLE L'ESSENTIEL - DOMAINE DE CHAMPLONG

100, Chemin de La Chapelle - **VILLEREST**
✆ 04 77 69 69 69
Le restaurant L'EsSENSiel est ouvert le mardi soir, le mercredi soir et du jeudi au dimanche midi. Menus 55-120 €.

Dans le cadre magnifique du château de Champlong, le restaurant L'EsSENSiel, tenu par le chef Olivier Boizet, vous accueille pour un repas gastronomique exceptionnel. La carte suit avec précision le passage des saisons et fait la part belle aux produits frais et locaux. La cuisine qu'on y sert est généreuse et inventive : noix de Saint-Jacques blanches françaises en carpaccio, fenouil et orange sanguine ; côte de turbot rôtie sur l'os, grecque d'artichauts violets, beurre de cuisson au wasabi ; fraîcheur de kiwi, bouillon à la citronnelle et sorbet yuzu.

GASTRONOMIQUE

CHÂTEAU D'ORIGNY

2210, route de Roanne - **OUCHES** ✆ 04 77 72 52 67
www.chateaudorigny.com
Restaurant ouvert du mercredi au dimanche, midi et soir. Menu «Marché» 55 €, menu 75-105 €.

Charme à la française, romantisme anglais, fresque et couleur pastel : l'atmosphère de chacune des cinq chambres de ce château du XVIe siècle est unique, mais toutes sont décorées avec un sens du détail et du luxe. Récemment, cette institution de la Côte Roannaise s'est dotée d'un restaurant où l'on retrouve avec plaisir ce même goût de l'accueil et de la perfection. C'est Julien Laval qui y conçoit des plats splendides et créatifs à partir de produits frais et locaux : risotto d'épeautre, gelée de cresson, encornets juste raidis et crème Dubarry. De belles associations ! Le lieu est très beau avec sa grande et splendide cuisine ouverte sur la salle, et le service est impeccable.

NEW
BISTRONOMIE

LES GENS HEUREUX

15, Rue du Tacot - **RENAISON** ✆ 09 88 01 95 64
www.gens-heureux.com
Ouvert mardi, mercredi, jeudi et samedi de 9h à 19h30, et vendredi de 9h à 22h. Formule midi 18-24 €.

Un concept store gourmand récemment installé en Côte Roannaise. A l'intérieur, on peut trouver réunis sous le toit de l'ancienne gare de Renaison un bar, un restaurant, une épicerie et une cave à vin. Un lieu à découvrir à toute heure de la journée pour savourer une boisson chaude accompagnée d'un petit gâteau ou d'un biscuit ; ou plus tard pour boire une mousse à la pression ou en bouteille. On trouve dans l'épicerie toutes sortes de petits plaisirs à grignoter à l'apéritif majoritairement d'origine française mais aussi de la jolie vaisselle. Côté restaurant, la carte change chaque semaine et propose des plats savoureux cuisinés à partir de produits frais et locaux.

CHAMBRE D'HÔTE

LA FERME AUX ABEILLES

Lieu-dit les Alliers - **AMBIERLE** ✆ 09 84 16 38 92
www.chambre-hotes-roanne.fr
4 chambres. Chambre double à partir de 66 €, chambre triple à partir de 73 €, familiale à 101 €.

Au cœur du vignoble de la Côte Roannaise, Anne et Christophe vous accueillent dans un havre de verdure et de tranquillité et vous feront partager leur passion pour l'apiculture et l'agriculture. La ferme, entièrement restaurée, dispose à l'étage de quatre chambres, dont une chambre familiale, équipées de salles de bains et sanitaires privatifs. Dans la mezzanine se trouve un agréable salon avec télévision et des jeux de société pour la veillée. Dans la salle à manger, éclairée par une large baie vitrée, une grande table de ferme vous invite à déguster miel et pain d'épices au petit déjeuner et les produits de la ferme au dîner. Idéal pour un séjour tranquille au grand air.

CHAMBRE D'HÔTE

LA FERME DE LA SOURCE

1702, route de Lupé - **SAINT-JEAN-SAINT-MAURICE-SUR-LOIRE**
✆ 09 88 02 41 65 - www.lafermedelasource.com
Clévacances (3 clés). 3 chambres. Chambre double 75 €. Petit-déjeuner inclus. Yourtes de 69 à 79 € pour 2 personnes.

La Ferme de la Source est une ancienne ferme vigneronne de 1870, joliment restaurée. Elle domine les gorges de la Loire et le lac de Villerest. Les chambres Lotus, Tilleul et Grain d'orge comportent chacune une salle d'eau et des wc privatifs. Tout a été conçu pour que vous vous sentiez chez vous. Trois yourtes mongoles de 20, 27 et 50 m² sont également proposées, et pour le plus grand bonheur des enfants un trampoline est même installé. Le spa avec vue sur la Loire est complété par une salle de massage, un hammam et une baignoire balnéo. Et ne boudez pas votre plaisir avec la table d'hôtes qui propose de bons petits plats avec des produits locaux en provenance d'une AMAP.

Sous-préfecture du département, à la frontière de la plaine et des monts du Forez, Montbrison compte environ 15 500 habitants. Mentionnée dès le IXe siècle, Montbrison est née autour du château des comtes du Forez, dont elle devint la capitale en 870. De son passé prestigieux, la cité conserve un riche patrimoine dont la collégiale Notre-Dame-d'Espérance, fondée en 1223 est l'illustration la plus imposante. D'autres lieux sont à voir tels la salle héraldique de la Diana (XIIIe), qui compte plus de 1 700 blasons. Ce lieu abrite également le Musée archéologique du Forez ; l'ensemble de bâtiments de l'actuelle mairie (XIIIe-XVIIIe), et ancien couvent des Cordeliers ; le collège des Oratoriens (XVIIIe), devenu sous-préfecture ; le couvent des Ursulines (XVIIIe) et le couvent de la Visitation (XVIIIe), devenus respectivement collège Victor de Laprade et centre musical Pierre Boulez ; la chapelle des Pénitents (XVIIIe) transformée en théâtre ; ainsi que de nombreuses façades d'anciens hôtels particuliers, qui remontent aux XVIe et XVIIe siècles. Du côté de la gastronomie, impossible de passer à côté de la fourme de Montbrison et de son marché, sacré « plus beau marché de France » en 2019.

OFFICE DE TOURISME

OFFICE DE TOURISME LOIRE FOREZ

1, place Eugène Baune ✆ 04 77 96 08 69
www.loireforez.com
En juillet et août, ouvert du lundi au samedi 9h30-12h30 et 13h30-17h30, fermé le mardi.

Située dans le magnifique cloître des Cordeliers, la Maison du Tourisme vous fera découvrir les sites d'intérêt de Montbrison et des alentours. Tenté par une visite guidée des hôtels particuliers de Montbrison par exemple, une ville qui a connu une période extrêmement prospère et qui possède un fabuleux patrimoine Renaissance ? L'organisme bénéficie des labels Tourisme et Handicap avec un circuit du centre historique de Montbrison adapté à la déficience visuelle. La Maison du Tourisme comporte aussi un service de billetterie pour les spectacles programmés sur le territoire.

GOURMAND

LES JOURNÉES DE LA FOURME

✆ 04 77 96 39 42
www.fourme-de-montbrison.fr
Premier week-end d'octobre. Entrée gratuite. Restauration.

Les journées de la fourme à Montbrison sont devenues un incontournable des week-ends gourmands de la Loire ! De nombreuses manifestations sont prévues : randonnée de la fourme, messe du vœu de ville, corso, démonstration de fabrication de fromages... Différentes dégustations sont proposées ; l'occasion de découvrir des recettes variées. Le dimanche après-midi, le traditionnel corso composé de chars fabriqués par les associations locales défile aux côtés des groupes folkloriques pour clore la manifestation à portée départementale. Convivialité et gourmandise au menu !

EDIFICE RELIGIEUX

MONASTÈRE SAINTE-CLAIRE

29, avenue de la Libération ✆ 04 77 58 13 35
www.clarissesmontbrison.org
Boutique : lun.-jeu. et sam. 9h30-11h30 et 15h-16h15 ; dim. 9h15-10h.

Depuis plus de 500 ans, le monastère des clarisses est implanté à Montbrison. Fondé par la famille de Pierre II d'Urfé après son retour de Turquie, c'est l'un des plus anciens monastères de France. Parti en disgrâce avec le roi, il revient quelques années plus tard en faveur et attribue ce retour en grâce aux prières de sa sœur qui était clarisse. La famille d'Urfé apportera toujours son soutien à ce monastère. Aujourd'hui, les clarisses intercèdent aux intentions des gens qui vivent près d'elles, de leur famille et de toutes les grandes causes mondiales. Une boutique propose des articles et livres religieux, produits du commerce équitable et produits monastiques : confiture, miel, pâtés...

MONUMENTS & ÉDIFICES

SALLE HÉRALDIQUE DE LA DIANA

7, rue Florimond-Robertet ✆ 04 77 96 01 10
www.ladiana.com
Ouvert le mardi et le vendredi de 14h à 17h ; le mercredi et le samedi de 9h à 12h et de 14h à 17h. Gratuit.

Construite vers 1295, sur ordre de Jean Ier, comte du Forez, sans doute à l'occasion de son mariage avec Alix de Viennois, la salle héraldique de la Diana avait pour but d'accueillir les fêtes et les assemblées. Sa voûte de bois ogivale décorée de 1 728 blasons, certainement des familles invitées au mariage, est exceptionnelle. Un décor d'animaux fantastiques à la base des voûtes vient compléter ce plafond hors du commun. Une cheminée monumentale participe au décor somptueux. La facture d'ensemble et la profusion de couleurs de ce plafond gothique impressionnent.

THÉÂTRE
THÉÂTRE DES PÉNITENTS

Place des Pénitents ✆ 04 77 96 39 16
www.theatredespenitents.fr
Billetterie en ligne ou sur place avant chaque spectacle. Tarifs déterminés selon les spectacles.

Le Théâtre des Pénitents est situé en centre-ville, sur l'emplacement de l'ancienne chapelle des Pénitents. Rénové en 2003, ce théâtre de 230 places, classé aux monuments historiques, accueille de nombreux spectacles avec une dominante autour de la musique, du théâtre et des arts du cirque. C'est aussi un espace d'expression pour les nombreuses associations culturelles de la ville. Plus récemment, le Théâtre des Pénitents a obtenu une reconnaissance régionale avec l'obtention du label Scène Rhône-Alpes. Mention spéciale : la programmation est vraiment géniale et fait régulièrement bonne pioche. La direction n'a pas son pareil pour dénicher les artistes en devenir !

SPECTACLE
AGAPES ET SPECTACLES

18, boulevard de la Madeleine
✆ 04 77 24 71 38
www.agapesetspectacles.fr
Menus à 24 et 40 €, possibilité de manger à la carte, place de spectacle à 18 €.

« Régaler vos papilles et divertir votre esprit » : tel est l'engagement d'Agapes et Spectacles, le restaurant-spectacle de la plaine du Forez, élégant et chaleureux, en plein centre de Montbrison. Vous y êtes accueilli à partir de 19h pour déguster une cuisine traditionnelle autour de la scène ou partager une coupe dans une loge privée pour plus d'intimité. À 21h, place au show ! Une pièce de théâtre, un artiste comique, une soirée hypnose ou cabaret : vous repartez des étoiles plein les yeux et vous confirmez enthousiaste que le lieu tient, haut la main, toutes ses promesses !

BISTRONOMIE
APICIUS

29, rue Martin Bernard
✆ 09 82 38 34 65
Ouvert le midi : du lundi au vendredi ; le soir : vendredi. Menus de 42 € à 46 €. Formule du midi : 19 à 22 €.

Situé dans le centre de Montbrison, Apicius est une délicieuse surprise bistronomique. Chez Audrey et Jean-Christophe, le végétal et le retour aux sources sont les inspirations premières. Primés par de nombreux spécialistes, les plats sont aussi beaux que savoureux. Vous dégusterez une cuisine gourmande et de saison à base de produits frais, plantes et herbes aromatiques. Escalope de foie gras avec datte Medjool (les meilleures !), filet de bœuf et ses légumes racines ou Saint-Pierre en aiguillettes avant de fondre pour un soufflé chocolat noir accompagné de son sorbet safran, la sophistication est de mise. A noter : le nombre de couverts étant limité, il est préférable de réserver.

FROMAGERIE - CRÈMERIE
FROMAGERIE MONS

11, rue de la Tupinerie ✆ 04 77 96 16 74
www.mons-fromages.com
Lun. 10h-12h30 et 14h-19h, mar.-jeu. 8h30-12h30 et 14h-19h, ven. 8h30-12h30 et 14h-19h30, sam. 7h-19h, dim. 8h30-12h30.

Un historique s'impose ! Dès 1964, Hubert Mons décide de vendre sur les marchés. En 1983, son fils Hervé, formé à Paris chez les plus grands fromagers, ouvre le premier magasin à Roanne et en 2000 il devient Meilleur Ouvrier de France. Forte de son savoir-faire d'excellence, l'entreprise prospère, se développe en France et à l'étranger, et fournit en peu de temps les plus grandes tables de restaurants. Aujourd'hui la maison Mons ce sont 3 sites d'affinage, 1 unité de production de produits laitiers en côte roannaise, 250 fromages en affinage permanent, 1 centre de formation international et 10 points de vente dont la fromagerie montbrisonnaise originelle... une chance !

MARCHÉS
MARCHÉ DE MONTBRISON

Place de l'Hôtel de Ville
Ouvert le samedi de 6h30 à 13h.

Sacré plus beau marché de France en 2019, le marché de Montbrison est une véritable institution locale ! Il s'agit du plus ancien marché de la Loire dont on retrouve des traces d'existence depuis le Moyen Âge ! C'est aussi l'un des plus grands du département avec plus de 250 commerçants passionnés, issus principalement des métiers de bouche. Producteurs locaux, consommateurs soucieux de recourir aux circuits courts, produits de qualité, voici la recette d'un vainqueur ! Vous y retrouverez notamment les spécialités du terroir comme les côtes-du-forez ou l'incontournable fourme de Montbrison. Un marché hebdomadaire à découvrir sans tarder lors d'une virée gourmande.

EPICERIE
OMORFIA BRUNCH AND BROC

7, rue Francisque Reymond
✆ 06 89 01 18 71
Ouvert du mardi au samedi de 9h30 à 19h.

Le lieu est chaleureux et le concept original. Car Emeline, la gérante, est passionnée par la Grèce. Alors, en entrant dans ce commerce, qui fait à la fois épicerie fine, salon de thé, brocante, mais aussi restauration, vous pourrez découvrir de nombreux produits grecs. Ainsi, si vous vous attablez, vous pourrez notamment savourer une moussaka ou du mezzé. Dans l'épicerie fine, vous retrouverez du thé, des olives ou encore du vin et dans le coin brocante, vous découvrirez tout un tas de petits objets. Toutefois, il est possible de dénicher des produits qui n'ont aucun rapport avec ce pays méditerranéen. Notons également que vous avez la possibilité de manger le soir sur place.

NEW

EPICERIE FINE

DELICATESSEN SAVEURS

1, Place Saint-André ✆ 04 69 34 68 81
www.delicatessensaveurs.fr
Ouvert du mardi au jeudi de 8h30 à 14h et de 15h à 18h30 ; le vendredi et le samedi de 8h30 à 18h30. Plats à emporter.

En voici une bien belle épicerie avec des valeurs fortes. Caroline Vial, la gérante, a à cœur de proposer à ses clients des produits exclusifs et de qualité. Chez Delicatessen Saveurs, vous trouverez par exemple une sélection pointue de jambon, de viandes rares (comme la Picanha de bœuf Angus, le jambon ibérique de Bellota ou le Tomahawk de veau), d'épices (comme celles de Terres exotiques qui ont été acheminées à la voile), mais aussi une magnifique gamme d'huiles et vinaigres. La truffe, la moutarde ou encore les rillettes sont aussi mis en avant dans un corner. Derrière chaque produit, il y a une histoire que Caroline, en véritable passionnée, pourra vous conter.

MISE EN SCÈNE

15, place des Pénitents
✆ 04 77 76 28 13
www.restaurant-miseenscene.com
Ouvert du mardi au samedi le midi ; du jeudi au samedi le soir. Menus de 39 € à 49 €. Formule du midi : 23,50 €.

En mangeant au restaurant Mise en scène, vous aurez la même sensation qu'après être allé voir un film que vous avez adoré. Vous n'aurez qu'une seule envie, c'est d'y retourner ! Ici, vous pourrez profiter de deux salles : la première étant spacieuse se prête parfaitement aux repas de groupe, alors que la seconde permet d'avoir une ambiance plus intime. Mais les deux choses que vous apprécierez le plus seront la qualité des produits et la présentation des assiettes. D'ailleurs, pour avoir l'eau à la bouche, n'hésitez pas à faire un tour sur leur page Facebook. Ça donne vraiment envie et en regardant les photos, vous comprendrez pourquoi ce restaurant s'appelle Mise en scène.

MICRO-BRASSERIE

LA BIM

2, rue de Feurs ✆ 06 75 14 42 80
www.brasseriebim.com
Ouvert le mardi de 9h à 17h ; le jeudi de 9h à 19h. Click and Collect ou expédition des commandes.

La BIM (Brasserie Indépendante Montbrisonnaise), c'est l'histoire d'une belle reconversion professionnelle. Car avant de devenir brasseur, Nicolas Deschamps était ouvrier verrier. Mais depuis qu'il s'est lancé dans ce nouveau secteur, cet artisan a réussi à se faire un nom. D'ailleurs, l'une de ses fabrications, la Cassiopée, a eu le titre de bière blanche la plus remarquable lors du festival stéphanois de la bière artisanale Faut que ça brasse de 2019. Notons que ce brasseur propose en tout 6 recettes différentes (blonde, à la framboise, ambrée...) ainsi que la Hoppy qui permet de faire un spritz forézien. Enfin, sachez qu'il peut aussi élaborer une bière en fonction de vos envies.

CHAMBRE D'HÔTE

UNE ODEUR DE TILLEUL

2 Ter, quai des Eaux Minérales ✆ 04 81 17 05 10
www.une-odeur-de-tilleul.fr
2 chambres. Basse saison : de 100 € à 210 € la nuit. Haute saison : de 100 € à 220 € la nuit. Chèque Vacances.

Envie de passer un moment chaleureux au cours de votre week-end ou de vos vacances ? Cette maison d'hôtes saura répondre à votre besoin ! Située à 300 mètres de l'office de tourisme et à côté de nombreux restaurants, elle dispose de deux chambres. La première, dans l'esprit bohème chic, a un côté authentique et un intérieur cosy. La seconde s'inspire quant à elle de l'univers industriel/atelier et offre un mélange assez brut qui fait son charme. Mais ce que vous apprécierez le plus au cours de votre séjour est sans doute la piscine chauffée ! Notons qu'en hiver vous pourrez également passer de bons moments conviviaux autour du poêle fumant situé dans le salon.

DÉCORATION

MADEMOISELLE COLETTE

24, quai de l'Astrée
✆ 09 53 11 36 27
Ouvert du mardi au samedi de 10h à 12h et de 14h à 19h.

De temps en temps, vous aussi, vous avez sans doute envie de renouveler votre intérieur. Non, on ne vous parle pas de changer toute votre décoration, mais juste de remplacer certains objets qui vous sortent par les yeux. Alors si c'est le cas, n'hésitez pas à faire un tour dans cette belle boutique. Car ici, vous trouverez un choix assez varié d'objets pouvant convenir à votre logement. Entre un miroir en forme de cœur, une lampe en raphia ajourée, une étagère déstructurée, des paniers Mifuko en plastique recyclé, une malle au trésor, ou encore de la vaisselle en grès, vous trouverez sans doute votre bonheur. Notons que des nouveautés sont fréquemment proposées.

MUSIQUE - SPECTACLE

LENGUA LOCA

20, rue des Cordeliers
✆ 04 77 58 08 01
Ouvert le mercredi de 15h à 22h ; le jeudi et le vendredi de 15h à 1h ; le samedi de 9h à 1h ; le dimanche de 15h à 21h.

Situé dans le centre de Montbrison, Lengua Loca est un bar à tapas basques festif et chaleureux. De nombreux concerts et des soirées karaoké sont régulièrement organisés au sein de ses jolis murs en pierre. Effet cave garanti ! On y sert de délicieux produits ibériques et du Sud-Ouest, comme du pâté basque au piment d'Espelette, des patatas bravas ou encore de la charcuterie. Les pintxos sont à l'honneur ; fraîches et très élaborées, les tapas vous surprendront par leur originalité. La carte évolue en fonction des saisons, les saveurs restent. On appréciera l'utilisation d'aliments bio pour la préparation des bouchées. Chez Lengua Loca, les tapas sont un art !

La capitale de l'Ondaine témoigne d'un passé minier et sidérurgique. Avec une population d'environ 20 000 habitants, cette cité ouvrière a vécu la fermeture des houillères et de nombreuses usines. Aujourd'hui, l'activité industrielle perdure grâce à un savoir-faire local. À l'image du bassin stéphanois, la ville est une terre de PME. Le site d'exception « Le Corbusier » est un incontournable et attire des touristes de plus en plus nombreux et venant du monde entier. La première industrie fut la fabrication de clous. Au XIXe siècle, les cloutiers portaient un tablier en peau appelé la basane ou la « pelou » ; ceux qui le portaient, étaient les *appelous*, l'origine du surnom des habitants. La houille issue des mines de charbon fit naître la forge et avec la révolution industrielle, la ville devint un bastion métallurgiste. Encore aujourd'hui, le paysage garde les traces de ce glorieux passé. Le quartier de Chazeau, autrefois ville indépendante, demeure le poumon vert de la ville : jadis, les ouvriers venaient se détendre. Riche de traditions ouvrières, Firminy est fière de sa vie associative dense et variée. À l'automne, la « Vogue des Noix » perpétue la tradition de la fête foraine annuelle et le Corso attire des dizaines de milliers de spectateurs.

ARCHITECTURE

SITE LE CORBUSIER

Route de Saint-Just-Malmont ✆ 04 77 61 08 72
www.sitelecorbusier.com
Ouvert tous les jours de 10h à 12h30 et de 13h30 à 18h. Gratuit jusqu'à 8 ans. Adulte : 6,50 €. Boutique.

Claudius Petit, ancien maire de Firminy, décide d'édifier le Centre de récréation du Corps et de l'Esprit, inscrit aujourd'hui au patrimoine mondial de l'Unesco. Cet ensemble architectural se voit destiné à l'origine à l'habitat ouvrier : une unité d'habitation avec tout le nécessaire à proximité, le sport avec un stade, les loisirs avec la Maison de la Culture, et la vie spirituelle avec l'église Saint-Pierre. Commencé par Charles-Edouard Jeanneret-Gris dit Le Corbusier, et achevé par son élève André Wogenscky, il forme aujourd'hui un site d'exception au cœur du Firminy vert, le plus grand réalisé par Le Corbusier en Europe et le 2e dans le monde. Une chance.

MUSÉE

CHÂTEAU DES BRUNEAUX

3, rue Chanzy ✆ 04 77 89 38 46
www.chateaudesbruneaux.fr
Ouvert du mercredi (à partir du mardi en haute saison) au dimanche de 14h à 18h. Gratuit jusqu'à 6 ans. Adulte : 4 €.

Dans l'écomusée du château des Bruneaux, vous découvrirez des collections permanentes comme l'atelier du cloutier, la mine-témoin ouverte exclusivement les mercredis, jeudis et week-ends. Des salles sont dédiées à la vie quotidienne : un fournil, la salle dite des « perruques » pour les objets confectionnés par les ouvriers sur leur lieu de travail, une salle de classe, mais aussi une pièce consacrée aux jouets anciens ainsi que des appartements du XVIIIe siècle. L'association qui gère le site, très dynamique, organise régulièrement des expositions temporaires au fil de l'année. Des formules visites/goûters sont proposées aux groupes et les enfants peuvent y fêter leur anniversaire.

MUSÉE

MUSÉE DES SAPEURS POMPIERS DE LA LOIRE

10, rue de l'Abattoir
✆ 04 77 10 06 86
Ouvert le week-end et les jours fériés de 14h à 18h et les mercredis pendant les vacances scolaires. Adulte : 5 €.

Panoplie des casques français et étrangers, enfilade de halls où s'alignent de superbes camions au rouge emblématique, ce musée est le troisième en France sur le thème des soldats du feu. Le capitaine André Despréaux a amassé des camions de pompiers aux carrosseries rutilantes, des pompes à bras dont la plus ancienne remonte à 1877, un attelage hippomobile, originaire d'Yssingeaux des années 1900… Une exposition permanente sur les attentats du World Trade Center permet de rendre hommage aux pompiers morts dans l'exercice de leur devoir. Une vraie curiosité !

BISTROT - BRASSERIE

LE GARAGNA-L'ENFANT TERRIBLE

24, chemin du Béal ✆ 04 69 68 39 64
www.garagna-restaurant.com
Ouvert du lundi au vendredi le midi ; du jeudi au samedi le soir. Menu enfant à 10 €, menus adultes de 13,60 € à 26 €.

Avec sa façace rouge, impossible de rater ce restaurant ! Dans un cadre moderne et chic, le Garagna propose une cuisine de type brasserie, à base de produits frais. De bons petits plats comme un roulé d'agneau confit à l'orientale, le risotto aux asperges, moules et gambas ou encore la pièce du boucher et ses frites maison. La carte propose aussi des burgers maison et des râpées à composer soi-même, la signature de la maison. Les desserts sauront séduire les amateurs de fruits, chocolat et caramel. Les menus sont complets et copieux. Agréable !

BISTROT - BRASSERIE

RESTAURANT LA CONCIERGERIE

13, rue Dorian ✆ 04 77 56 42 79
www.restaurant-la-conciergerie.fr
Ouvert du lundi au samedi le midi, du mercredi au samedi le soir. Menus de 28 € à 39 €. Réservation recommandée.

Dans un cadre moderne et chaleureux, toute l'équipe de La Conciergerie est à votre service pour vous faire déguster une cuisine uniquement composée de produits frais et de spécialités régionales : pièces du boucher, burgers régionaux… A noter, une très belle carte de salades gourmandes aux noms originaux : La Marche sur Rome, La Sortie en mer, Le Globe-trotter… La carte des vins laisse l'embarras du choix pour accompagner la terrine de foie gras ou le croustillant de boudin. Choisissez le salon intime ou la terrasse ombragée pour vos repas de travail ou en famille.

BISTROT - BRASSERIE

CANAILLES

1, rue Benoît Frachon
✆ 04 26 48 96 08
Ouvert du lundi au vendredi de 8h30 à 18h et le samedi de 8h30 à 17h. Entrée + plat + dessert : 18 €.

Préparée depuis l'automne 2020, l'ouverture de cette nouvelle adresse à Firminy était très attendue. Les clients ont pu se faire une idée de la cuisine grâce aux plats à emporter proposés pendant plusieurs mois. Cantine gourmande, bistrot, glacier : c'est ainsi que se définit ce lieu ouvert par une équipe passionnée autour de Malik Tizghat, gérant de plusieurs restaurants (O Corso, La Mine, Garagna). Bières locales, cuisine de bistrot, plat du jour renouvelé à chaque fois, formule salée du matin, café équitable : la maison soigne les détails. Une terrasse est prévue pour les beaux jours, et un salon privatif accueille les déjeuners privés ou les groupes en soirée.

MODE

L'ANNEXE FIRMINY

7, rue Verdié
✆ 04 77 61 65 89
Ouvert le lundi de 14h à 19h ; du mardi au samedi de 9h à 12h et de 14h à 19h.

Pour hommes comme pour femmes, L'Annexe Firminy propose des arrivages réguliers de vêtements élégants et dans l'air du temps. Polos, doudounes, chemisiers : il y en a pour tous les goûts. De belles marques y sont rassemblées : Grace & Mila, Tomy Hilfiger, Molly Bracken, Kaporal, Levi's, Maison Scotch, Jack & Jones… De belles promotions sont régulièrement organisées, notamment au moment des soldes. A suivre sur les réseaux sociaux, où l'enseigne est très active pour mettre ses produits et ses actions commerciales en avant. Une belle adresse pour s'habiller à budget maîtrisé et en restant à la page ! Et quelques rues plus loin, ne manquez pas L'Annexe Shoes.

BISTROT - BRASSERIE

Ô CORSO

38, boulevard Fayol ✆ 04 87 66 04 56
www.ocorso-restaurant.com
Ouvert du mardi au samedi de 12h à 13h30 et de 19h à 0h. Formule du midi : de 13,50 à 16 €.

Ô Corso est une adresse gourmande à ne pas manquer à Firminy. L'enseigne propose deux concepts dans un même lieu : une première salle où sont servies des tapas et une seconde réservée au restaurant traditionnel. Le personnel, aux petits soins, saura vous guider en fonction de vos envies. La cuisine est de qualité et les plats sont très appétissants. Difficile de choisir parmi les 4 entrées et les 4 plats proposés dans un même menu ! Exhaustive, la carte saura convaincre toutes les papilles : agneau de 7 heures, burger maison, cuisse de canard, tartare de crevettes, cappuccino de cèpes… Des plats frais et copieux, un service impeccable, des prix abordables, Ô Corso a tout d'un grand.

FÊTE

VOGUE DES NOIX

✆ 09 66 40 29 07
www.lesvitrinesdefirminy.fr
En octobre.

La vogue des noix est la plus ancienne animation se déroulant sur notre région. Cette manifestation existe officiellement depuis 1507 ! Certains historiens font même remonter son existence au XIIIe siècle ! La manifestation a évolué au fil du temps, au départ l'objectif était de vendre des noix, aujourd'hui il s'agit d'une fête foraine, ou vogue en gaga. Cette manifestation se classe en 3e position derrière la Foire du Trône et la Foire de Nancy et première vogue d'Europe en centre-ville. Petits et grands attendent chaque année avec impatience cette fête à ne pas rater qui regroupe environ 250 attractions. Durant 9 jours, Firminy est véritablement en fête !

Situé sur les contreforts du Massif central, le Pilat est un massif montagneux qui culmine au crêt de la Perdrix niché à 1 432 mètres d'altitude. Parc national régional depuis 1974, le « Poumon stéphanois » couvre un territoire de 700 km² et regroupe 47 communes de la Loire et du Rhône. Au cours de balades, vous découvrirez une grande variété de végétaux formant ainsi différents paysages : la vallée du Rhône, au climat méditerranéen favorisant la présence d'arbres fruitiers, de vignes ; le plateau du Grand-Bois, influencé par un climat continental (le climat plus froid et la neige attirent les conifères, faisant penser aux Vosges) ; les crêts et leur climat montagnard où les plantes d'altitudes sont reines (bruyères, callune, myrtilles...). Des paysages variés favorisant l'épanouissement de la faune et la flore et le développement d'un écosystème riche. Dans le Pilat, touristes, sportifs, motards, promeneurs côtoient les élevages bovins et caprins. Le parc dispose de près de 1 500 km de sentiers balisés ; idéal pour les randonnées, la pratique du VTT, de cross-country et d'enduro. L'hiver, la pratique du ski de fond est possible sur les pistes de l'Espace nordique des monts du Pilat.

OFFICE DE TOURISME

OFFICE DE TOURISME DU HAUT-PILAT

1, rue du Feuillage - **SAINT-GENEST-MALIFAUX** ✆ 04 77 51 23 84
www.pilat-tourisme.fr
Haute saison : mar-sam 9h30-12h30/14h-18h, dim 9h30-12h30. BS : mar et mer 9h-12h/14h-17h, sam 9h-12h.

L'office de tourisme du Haut-Pilat se tient à votre disposition pour vous transmettre les bonnes adresses et jolis endroits à découvrir au sein du Parc naturel régional. Amoureux de la nature, découvrez le Pilat autrement : jeux de piste, Pilat à vélo, virée gourmande, balade en raquette au crépuscule, randonnée avec votre chien, nuit au refuge, sensations fortes... En solo ou en famille, entre collègues ou amis, l'office de tourisme vous propose des parcours en fonction de vos intérêts. Vignobles, montagne, la nature s'offre à vous à travers les fameux sentiers du Pilat.

CHAMBRE D'HÔTE

LA FORTANCE PARADIS NATUREL

Route du Barrage - **PLANFOY** ✆ 06 14 14 23 39
www.la-fortance-paradis-naturel.com/fr
Ouvert toute l'année. 3 chambres. Chambre double à partir de 80 € ; suite à partir de 135 €.

Un petit paradis au cœur du Pilat proposé par Rachel dans cette ancienne ferme entièrement rénovée de ses propres mains. Le bois, le Tadelakt et la pierre apportent confort et douceur au lieu. Ses chambres d'hôtes, décorées avec goût, offrent la quiétude avec aucun bruit de civilisation, pourtant si près du col de la République. Notons qu'en 2022, il y a de la nouveauté avec l'installation de la piscine naturelle et la construction d'un chalet insolite. Bref, tout est fait pour que vous vous sentiez bien dans ce lieu où vous pourrez aussi rencontrer des lamas.

CONFISERIE - DRAGÉES

LES BONBONS DE JULIEN

48, boulevard d'Almandet - **BOURG-ARGENTAL** ✆ 04 77 51 55 88
www.bonbons-julien.fr
Du mardi au samedi 10h-12h et 14h-19h. En été, tous les jours de 10h à 12h et de 14h à 19h.

Ce qui est merveilleux pour les plus grands, c'est de retrouver ses yeux et son palais d'enfant en allant découvrir les célèbres Bonbons de Julien. Des visites sont organisées chaque semaine et pendant les vacances scolaires afin de faire découvrir aux petits et aux parents la fabrication des bonbons sans produit chimique. A côté des grands classiques comme les caramels au beurre salé, les guimauves à l'ancienne, chaque année de nouveaux produits sont mis en vente tels que les pâtes de fruits à la verveine, le nougat au sésame ou encore le petit roudoudou dans une cuillère en bambou. Une dégustation gratuite est proposée à la fin de chaque visite : à consommer sans modération !

CAVISTE

CAVE À NOUS

SAINT-GENEST-MALIFAUX ✆ 04 77 51 22 50
www.caveanous.fr
Ouvert le mardi et du jeudi au samedi de 9h à 12h30 et de 15h à 19h ; le mercredi et dimanche uniquement le matin.

Que vous soyez invité chez des amis ou pour vous faire plaisir, il n'est pas toujours simple de choisir le vin idéal. Alors, si vous n'êtes pas un expert, n'hésitez pas à faire un détour par la Cave à nous. Bruno vous aidera à choisir la meilleure association possible entre mets et vins. Vous aurez droit à ses conseils, et il se fera une joie de partager sa passion pour le vin. Rosés, blancs, rouges, liqueurs ou encore champagnes... En entrant dans cette cave, vous pourrez découvrir une large palette de spiritueux, pour tous les amateurs à tous les budgets. Notons que vous pourrez également retrouver un coin épicerie fine. Enfin, sachez qu'ici, des bières sont aussi disponibles à la vente.

DÉTENTE - FORME

INSTANT PILAT

La Fargère - **COLOMBIER** ✆ 07 88 81 27 56
https://instant-pilat.fr
Ouvert le mercredi et le vendredi de 15h30 à 20h ; le samedi de 9h à 20h.

Laissez-vous porter par la douceur du lieu. Car dans ce havre de paix niché à plus de 1 000 mètres d'altitude, tout est fait pour que vous vous sentiez détendu. Vous pourrez notamment vous relaxer dans une eau à 37 °C ou vous détendre dans le sauna et dans le hammam. Vous pourrez aussi profiter d'un massage californien, mais également savourer une tisane bio d'herbes du jardin dans l'espace de relaxation. Bref cet établissement, ouvert en septembre 2020, est un véritable lieu de bien-être. Notons qu'avant de vous déplacer, vous devrez obligatoirement réserver. Par ailleurs, sachez que l'accès à l'espace bien-être est limité. Ce n'est pas plus de 15 personnes en même temps.

MUSÉE

MAISON DE LA PASSEMENTERIE

5, rue des Passementiers - **JONZIEUX** ✆ 04 77 39 93 38
www.maison-passementerie.info
De mai à début octobre, dimanche 14h30-18h30. En semaine, visite groupes sur rdv. Adulte : 3 €. Enfant : 1 €.

La maison de la passementerie est un lieu de mémoire de l'activité textile dans le Pilat. La visite se concentre sur la reconstitution du savoir-faire local. Vous découvrirez l'atelier et l'appartement-type d'un passementier au siècle dernier. Vous suivrez sa journée de travail puis sa vie quotidienne. À travers cette histoire, vous découvrirez de belles collections : un métier à ruban Jacquard toujours en état de fonctionnement, de beaux rubans, des meubles d'époque, un film retraçant la vie du passementier. Les commentaires sont assurés par d'anciens passementiers.

CIRCUIT

DEVALKART

Les Réalles - **GRAIX**
✆ 04 77 20 43 93
Ouvert tous les jours en juillet et août 14h-18h. 1 passage 3,80 €. Forfait 1h, 22 €. A partir de 10 ans.

Réservé aux plus de 10 ans, en période estivale on abandonne les tenues de ski pour dévaler les pentes de téléskis de Graix sur trois pistes au choix à bord de VTT ou de karts. Ces derniers, engins non motorisés (respect du parc oblige), sont certes un peu difficiles à contrôler mais fournissent véritablement leur lot de sensations. Soit sur une piste verte de 550 m, soit sur deux rouges de 450 m, côte à côte pour une descente en « dual », histoire de mettre une pincée de compétition. Pour les petits frères et petites sœurs qui n'ont pas encore 10 ans, un circuit de 150 m de mini-kart électrique (4 ans minimum) leur est consacré. Une bonne dose d'adrénaline vous attend !

PARC D'ATTRACTIONS

LES ACROBOIS

Les Trois-Croix - **LA VERSANNE** ✆ 04 82 29 80 01
www.pilat.les-acrobois.fr
Du 1er we d'avril à fin septembre, week-end et vacances scolaires de 10h à 18h. Adulte 24 €. Enfant (6-10 ans) 12 €.

Du petit bambin qui veut crapahuter dans les arbres jusqu'à l'adulte qui se rêve en Tarzan, il n'y a pas d'âge pour s'amuser ! À 20 km de Saint-Etienne, 14 parcours et 150 jeux différents vous attendent. Le must, la vertigineuse descente en tyrolienne sur 130 m. Le Snack des Acros propose boissons, glaces, pizzas ou gaufres : la faim est vite calée. Pour les 2-3 ans, rendez-vous au Village des Elfes : parcours d'initiation, espace bébé, un endroit parfait pour former de bons grimpeurs ! Les Acrobois, c'est l'idéal pour les familles avec son aire de pique-nique. Tout est envisageable, de l'enterrement de vie de garçon aux séminaires d'entreprises ou simplement pour un goûter d'anniversaire.

NEIGE

FOYER DE SKI NORDIQUE

Le Bourg - **SAINT-RÉGIS-DU-COIN**
✆ 07 83 79 84 44
Ouvert de mi-novembre à mi-mars selon neige. Ski de fond adulte : 4 €, 3 € pour les enfants de 6 à 16 ans.

Juste en bordure du village, mais malgré tout indépendant, le foyer de ski de fond est d'un accès facile. Rénové en 1993, il bénéficie d'une structure d'accueil satisfaisant aux normes des agréments Jeunesse et sport ou Education nationale. Possibilité de location de skis de fond et raquettes sur place. Vous apprécierez la salle à manger avec la cheminée et l'aspect chaleureux de l'ensemble du gîte (d'une capacité de 29 places). De là, vous pourrez découvrir tout un réseau d'itinéraires de ski de fond qui s'étend sur 35 km et rejoint l'espace nordique du Haut-Pilat par le GR7. Vous apprécierez les 15 km de pistes de ski de fond ainsi que les 5 km d'itinéraires découverte en raquettes.

PARC ANIMALIER / FERME

VERT-ÂNES

Saint-Sabin - **VÉRANNE** ✆ 04 77 39 98 46
www.vertanes.fr
Balade : 25 € les 2h. Journée : 45 €. Anniversaire enfant : 120 € pour 10 enfants maximum. Restauration. Animations.

Au cœur du Parc régional du Pilat, à plus de 1 000 m d'altitude, Vert-ânes vous accueille pour une activité nature avec les ânes de la maison. Au départ des sentiers de randonnée, pour débutants ou confirmés, louez un âne bâté ! Le temps d'une heure, ou d'une journée, vous découvrirez la faune et la flore autrement. Une promenade qui enchantera petits et grands. Et après l'effort, le réconfort ! L'auberge propose des paniers-repas en guise de pique-nique, remplis de charcuterie, fromages, pain et fruits issus de petits producteurs locaux. L'auberge propose aussi l'organisation d'anniversaires pour enfants : soins aux animaux, balade à dos d'âne, promenade des chèvres et goûter. Inoubliable.

PARCOURS DANS LES ARBRES

LE MONDE DES PENTES

GRAIX ✆ 04 77 39 63 49
https://www.lemondedespentes.fr/
Ouvert uniquement les après-midi en été, de 13h30 à 18h. Tarif unique 8 €.

Envie d'une expérience originale au contact de la nature ? Situé au cœur du massif du Pilat, Le Monde des Pentes est un parcours en forêt. Au programme, une trentaine de jeux fabriqués par des artisans locaux qui s'intègrent harmonieusement avec le paysage forestier. Ces installations ludiques mettent aussi bien à l'épreuve la force, l'adresse que les capacités de réflexion des jeunes aventuriers. On découvre tout au long du sentier l'univers de la forêt : la vie qui fourmille dans les sols, le cycle des arbres et les animaux sauvages du Pilat. Également un sentier à parcourir pieds nus pour se reconnecter à la nature. Petite buvette et tables de pique-nique pour se restaurer sur place.

SPORTS INDIVIDUELS

ALTI'FIL

4015, route de la Faye - **BURDIGNES** ✆ 09 72 60 88 29
www.altifil.fr
Du 8 avril au 5 novembre 2023. De 10 à 16 €. Dès 4 ans Ouvert samedi et dimanche de 9h30 à 17h. Vacances scolaires 7/7.

Jouer au football à plusieurs mètres au-dessus du sol : l'idée peut vous paraître saugrenue. Pourtant, c'est possible à l'Alti'Fil. Car ici, les visiteurs peuvent évoluer jusqu'à 7,50 mètres de hauteur sur des filets de chalut et de catamaran. Autrement dit, pas besoin de harnais pour se déplacer. D'ailleurs, ce n'est pas la seule activité que vous pourrez faire, perché au milieu des arbres. Car avec 1 300 m² de surface, ce parc acrobatique dispose également d'un terrain de volley-ball, d'un trampoline ou encore d'un labyrinthe. Notons qu'à chaque fois, plusieurs couches de filets de sécurité sont présentes. Bref, tout est fait pour passer un agréable moment en famille ou entre amis.

NEW CAMPING

CAMPING LE COTTET PILAT

372, Route de Limonne - **SAINT-APPOLINARD** ✆ 06 23 81 13 09
https://camping-le-cottet.fr/
Emplacement dès 11 €/nuit. Mobil-homes dès 55 €. Animaux acceptés. Aire camping-cars. Restauration. Piscine extérieure.

Vous rêvez de vacances au vert ? Alors ce camping est le lieu tout trouvé pour vous ressourcer tout en partageant la vision de séjours écoresponsables proposés par ses propriétaires. Idéalement situé dans une nature préservée, le camping implanté sur le massif du Pilat s'inscrit dans une démarche respectueuse. Sur les emplacements ombragés, on vient planter la tente ou louer un hébergement et profiter des activités nature qu'offre le secteur. Loin du tumulte, on vient ici pour se remplir les poumons d'air pur et se vider la tête. Un lieu idéal pour les familles avec des petits qui apprécieront de barboter dans la piscine, tandis que l'espace cuisine sera l'occasion de belles rencontres.

CAFÉ

CAMINO CAFÉ ARTISAN TORRÉFACTEUR

17, Rue Champcallot - **SAINT-PIERRE-DE-BOEUF**
✆ 06 68 32 95 07
https://caminocafe.fr/
Ouvert du mardi au samedi de 9h à 12h et de 14h à 19h.

Un magnifique billot en guise d'îlot central, une table de bistrot, une large verrière offrant une vue sur la machine à torréfier, le décor est planté, nous sommes au Camino Café. Un lieu chic et lumineux, à l'image de Rachel, fondatrice, d'où émanent les effluves de café torréfié chaque mardi. Cette passionnée vous transmet son amour du bon café, qu'elle s'attache à sélectionner elle-même parmi ce qui se fait mieux. Salvador, Guatemala, Colombie s'affichent aux côtés des cafetières, tasses et théières et d'une belle sélection de thés de la marque Fabrikathé.

CHAMBRE D'HÔTE

JARDIN DES 4M

Lieu-dit La Rouchouse - **SAINT-RÉGIS-DU-COIN** ✆ 06 63 94 66 85
www.jardindes4m.fr
Chambre 110-130 €. Restaurant ouvert le vendredi et samedi soir, ainsi que le dimanche midi.

Située au cœur du massif du Pilat, cette ancienne ferme typique de la région a été réhabilitée en restaurant et en lieu d'hébergement. Ici, l'art du cocooning règne en maître : les chambres sont confortables et adorables, tandis que l'espace détente est équipé d'un sauna, d'un bain nordique et l'on y propose des massages afin de parfaire la détente. Pour ceux qui ont besoin de se reconnecter à la nature, une balade dans la campagne environnante ou simplement un petit tour dans le jardin cultivé en permaculture vous fera du bien. Le restaurant propose une cuisine originale concoctée avec des produits de saison, locaux - voire du jardin -, majoritairement bio et sans gluten.

CHAMBRE D'HÔTE

LA MINUTE PAPILLON

35, Chemin du Gué - **JONZIEUX** ✆ 06 15 49 13 81
www.la-minute-papillon.com
3 chambres d'hôtes (3 à 4 personne/chambre). Gîte 7 personnes. Table d'hôtes végétarienne. Stages et séjours bien-être.

Nous connaissons tous l'effet papillon et ses réactions en chaîne, mais connaissez-vous la Minute Papillon ? Un séjour réservé dans ce cocon et vous avez toutes les chances de ressentir d'agréables effets sur votre moral. Car dans ce havre de paix, le maître mot est : zen ! Pour une nuit ou pour un séjour bien-être, vous allez profiter des petites attentions de votre hôtesse, la thérapeute énergéticienne Élodie Franck. Les chambres claires et soignées invitent au repos, tandis que l'on pourra, dans l'ordre choisi, profiter du cadre pour se promener, pratiquer le yoga, ou ne rien faire du tout ! La table d'Élodie est végétarienne et fait la part belle aux produits de saison.

NEW

ITALIEN ET PIZZERIA

MAMMA

2, Rue Jeanne d'Arc - **SAINT-GENEST-MALIFAUX**
✆ 06 69 20 77 49
https://www.mamma-boutique.fr/
Ouvert du mardi au samedi de 9h à 19h et le dimanche de 9h à 12h.

Sabrina et Bertrand Giraud sont passionnés par la gastronomie italienne au point d'avoir ouvert à Saint-Genest-Malifaux un véritable temple dédié à la cuisine de la Botte. Sur place, on trouvera donc un restaurant et une épicerie. Cannelloni de tourteaux, risotto de petit épeautre aux morilles, panna cotta au lait d'amande : la carte suit le passage des saisons afin de ne proposer que des produits de première fraîcheur issus de producteurs locaux. Côté épicerie on pourra s'approvisionner en excellente huile d'olive, en bières et vins italiens, en fromage et en charcuterie. Il y également des grands classiques de la cuisine italienne préparés sur place : pâtes fraîches, gnocchis, osso buco.

VIANDE

AUBERGE CHEZ CAZOT

23, Route de Pélussin - **MACLAS**
✆ 04 74 79 95 92
https://chezcazot.business.site/
Ouvert du mercredi au samedi de 12h à 14h et de 19h à 23h.

Un large four à bois diffuse une chaleur agréable dans ce temple dédié à la bonne chère et à la générosité. Ici, la spécialité, c'est la viande ! Côte de bœuf, entrecôte, souris d'agneau flambée devant le client sont les plats signatures de la maison, ainsi que la croustade de ris de veau et de morilles à la crème. Un véritable délice. Tous les plats et accompagnements sont préparés à partir de produits frais et locaux. Pensez à garder de la place pour les fromages du marché et pour les desserts maison, notamment la crème brûlée avec son caramel directement chauffé à la cheminée. Le service est attentionné et la carte des vins met à l'honneur tout le savoir-faire des vignerons du Pilat.

NEW

GÎTE

GÎTE « AU CLAIR DE L'EAU »*****

Lieu dit la Manufacture
BOURG-ARGENTAL
✆ 06 59 11 69 28
Bain bouillonnant. Piscine chauffée de mai à septembre.

Situé dans les monts du Pilat, au cœur de la nature, ce gîte insolite est propice à la détente la plus totale. Il s'agit d'un ancien à eau moulin et d'une chapelle du XVIIIe siècle magnifiquement rénovés. La rivière qui alimentait le moulin en eau passe encore sous le bâtiment, tandis que dans le salon une baie vitrée donne sur une petite cascade, magique ! En plus plus de toutes les commodités que l'on peut attendre d'un logement de cette envergure, vous serez ravi de profiter du spa privatif, du Jacuzzi et de la piscine extérieure chauffée. Un gîte 5 étoiles !

BURGER

LA TANIERE GOURMANDE

1, place de la bascule - **SAINT-PIERRE-DE-BOEUF**
✆ 09 86 67 17 95
la-taniere-gourmande.business.site/
Ouvert du mardi au samedi, midi et soir. Restaurant de burgers. Burgers de 12 à 15,50 €. Terrasse.

© LA TANIERE GOURMANDE

La Tanière Gourmande, c'est le repère des gourmands et des gros appétits, comme en témoigne la carte des burgers. Des burgers oui, mais pas de simples sandwichs, ici les burgers remplissent toutes les espérances en matière d'originalité, de saveur et de qualité. Venez découvrir le Grec, le Savoyard, le Cantalou, le Saint-Marcelin ou même le Veggie. La recette du succès est simple : des bons produits frais entre deux pains, rustiques ou aux graines. Si vous faites partie des résistants de la fourchette, sachez que des viandes grillées figurent aussi à la carte. Une belle terrasse ombragée pour les beaux jours et une animation concert tous les 15 jours contribuent à la convivialité du lieu.

BOULANGERIE

LA FERME DES BLÉS D'OR

785, Chemin du Combeau - **VÉRANNE**
✆ 04 74 87 76 89
www.lepaindenono.fr
Ouvert du jeudi au samedi de 16h à 19h.

L'adage «du champ à l'assiette» prend tout son sens à la Ferme des Blés d'Or grâce à Noël Lafertin, agriculteur et boulanger. Un pain divin et pour cause, puisque les céréales cultivées avec amour sont ici récoltées, broyées puis transformées pour finir en pain cuit au feu de bois. En miche, en baguette, nature ou spéciaux, lin, raisins, noix, olives, amandes, chocolat ou seigle, les pains de Nono ont leurs amateurs qui se bousculent les jours d'ouverture. Ici, on retrouve le goût du pain de notre enfance. Ne manquez pas non plus le fameux pâté aux pommes et les biscuits de Nono qui ont été primés au concours des produits fermiers de la Loire !

Les Monts du Pilat.

INDEX

Vue sur la ville de Saint-Étienne.